ОЧЕРКЪ ИСТОРІИ

МОРСКАГО КАДЕТСКАГО КОРПУСА.

издано по ВЫСОЧАЙШЕМУ повелѣнію.

ОЧЕРКЪ ИСТОРІИ

МОРСКАГО КАДЕТСКАГО КОРПУСА

СЪ ПРИЛОЖЕНІЕМЪ

СПИСКА ВОСПИТАННИКОВЪ

ЗА **100** ЛѢТЪ.

составилъ

Ѳ. Веселаго.

САНКТПЕТЕРБУРГЪ
1852.

Въ Типографіи Морскаго Кадетскаго Корпуса.

ОЧЕРКЪ

ИСТОРІИ МОРСКАГО КАДЕТСКАГО КОРПУСА.

I.

Школа Математическихъ и Навигацкихъ наукъ.

1701 — 1715.

Корабельное дѣло доселѣ у насъ такъ странное, что едва о немъ и слыхали.
Предисловіе къ Морскому уставу, 1720 года.

Созданіе Русскаго флота было однимъ изъ величайшихъ благодѣяній Петра Великаго. Высоко цѣня пользу и важное значеніе морскихъ силъ, Государь говорилъ: «Сіе дѣло необходимо нужно есть государству, по оной пословицѣ: что всякой потентатъ, которой едино войско сухопутное имѣетъ, одну руку имѣетъ; а которой и флотъ имѣетъ, обѣ руки имѣетъ.»[1]

Шестнадцатилѣтнимъ юношею, Царь обратилъ вниманіе на морское дѣло, съ постояннымъ терпѣніемъ и любовію изучалъ его, и не смотря на безчисленныя препятствія, скоро достигъ въ немъ совершенства. Въ безводныхъ окрестностяхъ Москвы, безъ книгъ и наставниковъ, геній Петра нашелъ средства и способы для своего морскаго образованія, и положилъ начало кораблестроенію.

Вотъ собственный разсказъ Государя, объ отысканіи знаменитаго «дѣдушки» и о началѣ Русскаго флота. «Случилось намъ, пишетъ Царь, быть въ Измайловѣ на льняномъ дворѣ, и гуляя по амбарамъ, гдѣ лежали остатки вещей дому дѣда, Никиты Ивановича Романова, между которыми увидѣлъ я судно иностранное, спросилъ Франца (Тиммермана, своего учителя математики), что то за судно? Онъ сказалъ, что то ботъ Англійскій. Я спросилъ: гдѣ его употребляютъ? Онъ сказалъ, что при корабляхъ, для ѣзды и возки. Я паки спросилъ: какое преимущество имѣетъ предъ нашими судами (понеже видѣлъ его образомъ и крѣпостью лучше нашихъ)? Онъ мнѣ сказалъ, что онъ ходитъ на парусахъ не только что по вѣтру, но и противъ вѣтру; которое слово меня въ великое удивленіе привело и якобы неимовѣрно. Потомъ я его паки спросилъ: есть ли такой человѣкъ, который бы его починилъ и сей ходъ мнѣ показалъ? Онъ сказалъ мнѣ, что есть. То я, съ великою радостію сіе услыша, велѣлъ его сыскать. И вышереченной Францъ сыскалъ Голландца Карштенъ Бранта, который призванъ при отцѣ моемъ въ компаніи морскихъ людей, для дѣланія морскихъ судовъ на Каспійское море; который оный ботъ починилъ и сдѣлалъ мачтъ и парусы, и на Яузѣ при мнѣ лавировалъ, что мнѣ паче удивительно и зѣло любо стало. Потомъ, когда я часто то употреблялъ съ нимъ, и ботъ не всегда хорошо ворочался, но болѣе упирался въ берега, я спросилъ: для чего такъ? Онъ сказалъ, что узка вода. Тогда я перевезъ его на Просяной прудъ, но и тамъ не много авантажу сыскалъ, а охота стала отъ часу быть болѣе. Того для я сталъ провѣдывать, гдѣ болѣе воды, то мнѣ объявили Переяславское озеро, яко наибольшее, куды я, подъ образомъ обѣщанія въ Троицкій монастырь, у матери выпросился; а потомъ уже сталъ ее просить и явно, чтобы тамъ дворъ и суды сдѣлать. И такъ вышерѣченный Карштенъ Брантъ сдѣлалъ два малые фрегата и три яхты. И тамъ нѣсколько лѣтъ охоту свою исполнялъ. Но потомъ и то показалось мало; то ѣздилъ на Кубенское озеро; но оное ради мелкости не показалось. Того ради уже положилъ свое намѣреніе, прямо видѣть море».[2]..

Въ 1694 году исполнилось это намѣреніе, и Государь плавалъ по Бѣлому морю; въ 1695 началъ кораблестроеніе въ Воронежѣ, и отпраздновалъ крестины новорожденнаго флота взятіемъ Азова и открытіемъ для нашего флага двухъ морей: Азовскаго и Чернаго. Въ слѣдующемъ 1697 году, Онъ отправился путешествовать за границу, и пополнилъ свои морскія свѣденія всѣмъ, что могъ изучить, въ двухъ славныхъ морскихъ державахъ: Голландіи и Англіи.

Слѣдя за исправленіемъ знаменитаго ботика, геніальный Царь, въ объясненіяхъ простаго матроса, или точнѣе, блоковаго подмастерья Карштенъ Бранта, получилъ первые уроки въ кораблестроеніи; въ своихъ потѣшныхъ плаваніяхъ, по Яузѣ и озерамъ, Государь, учился управлять рулемъ и парусами, а въ Архангельскѣ, своимъ знаніемъ, смѣлостію и ловкостію уже изумлялъ опытныхъ моряковъ. Наконецъ въ Голландіи и въ Англіи, Великій Морякъ такъ хорошо изучилъ кораблестроеніе, что корабль Петръ I и II, построенный по составленному Имъ чертежу, и спущенный послѣ Его кончины, оказался по испытаніи на морѣ «во всякомъ дѣйствіи доволенъ, какъ въ ходу, такъ и въ крѣпости и подъ парусами, и въ поворачиваніи, и въ строеніи онаго никакого погрѣшенія, за что такаго мастера Великаго, за Его труды вѣчно прославлять надлежитъ.»[3] Это не льстивый отзывъ, но оффиціальное донесеніе, основанное на точномъ испытаніи построеннаго корабля, и за неправильность котораго отвѣчалъ бы адмиралъ, дѣлавшій испытаніе.

Все совершенное и предположенное для флота Царемъ Петромъ согласно свидѣтельствуетъ, что Великій Царь въ совершенствѣ зналъ теорію и практику морскаго дѣла, и былъ морякъ по душѣ.

Нельзя сомнѣваться, что мысль объ основаніи морскаго училища родилась и созрѣвала въ головѣ Петра еще въ то время, когда Онъ самъ съ такимъ трудомъ собиралъ отрывочныя и неполныя свѣдѣнія, отъ шкиперовъ, кораблестроителей и т. п. Онъ понималъ, что изъ подобныхъ матеріаловъ только Его геній могъ выработать полное и отчетливое знаніе; а что для обыкновенныхъ умовъ, нужны книги, учители и правильное преподаваніе. Сознаніе это не рѣдко выражалось Его сожалѣніемъ о своей молодости: «Я желалъ бы охотнѣе, говорилъ Петръ, не имѣть у руки одного пальца, нежели того, что въ молодости меня не учили.»[4]

Но не смотря на это, въ первые годы существованія нашего флота, кромѣ самого Государя, почти не было Русскихъ свѣдущихъ моряковъ, и всѣ офицерскія должности занимали нанятые иностранцы. Вѣроятно не представлялось только случая, или не находилось подъ рукою людей, способныхъ привести въ исполненіе мысль Царя объ морскомъ училищѣ.

Наконецъ, въ бытность Свою въ Лондонѣ (1698

года), Государь приказалъ отыскать хорошаго преподавателя математики и морскихъ наукъ, и по этому приказанію, представили Ему профессора Абердинскаго университета Фарварсона, который, по приглашенію Государя, рѣшился вступить въ Русскую службу.

Андрей Даниловичъ Фарварсонъ (Henry Fargwarson), или какъ онъ самъ подписывался по Русски «Ѳархварсонъ,» былъ хорошій математикъ, астрономъ и зналъ морскія науки. Съ нимъ вмѣстѣ, собственно для обученія морскихъ или по тогдашнему «навигацкихъ» наукъ были вызваны, — Степанъ Гвынъ (Stephen Gwyn) и Рыцарь Грызъ, какъ произносили на Русской ладъ имя и фамилію Ричарда Грейса (Richard Gries).

Учителямъ Англичанамъ положено значительное жалованье и, кромѣ того Фарварсону обѣщано за каждаго ученика, кончившаго съ успѣхомъ курсъ морскихъ наукъ, 50 фунтовъ стерлинговъ.

1701 года, января 14, послѣдовалъ Высочайшій указъ объ учрежденіи школы «Математическихъ и навигацкихъ, то есть, мореходныхъ хитростно искуствъ ученія.»[5]

Школѣ повелѣно состоять въ вѣденіи оружейной палаты, у Боярина Ѳедора Алексѣевича Головина, «съ товарищи,» и въ ученье приказано набирать «добровольно хотящихъ, иныхъ же паче и со принужденіемъ.»

Первоначально для помѣщенія школы, велѣно очистить мастерскія палаты, или такъ называемый «полотняной дворъ,» (находящійся въ Кадашевѣ въ Замоскворѣчьѣ), и что нужно пристроить. Но потому ли, что Англичане нашли назначенное строеніе тѣснымъ и, по низменности, неудобнымъ для астрономическихъ наблюденій; или по другимъ причинамъ, только черезъ пять мѣсяцовъ послѣ перваго указа (Іюня 23), Государь отдалъ подъ школу Срѣтенскую или Сухареву башню, со всѣми бывшими при ней строеніями и землею.

Сухарева башня находилась въ сѣверовосточной части Москвы, на земляномъ валу, окружавшемъ въ то время столицу. Отъ нея шла дорога въ Троицко-Сергіевскую Лавру. Прежде, на этомъ мѣстѣ были деревянныя Срѣтенскія проѣзжія ворота, и при нихъ стояла караульня, съѣзжая и мытная избы, для сбора пошлинъ съ возовъ; а по валу тянулись стрѣлецкія слободы. Во время стрѣлецкихъ бунтовъ, здѣсь расположенъ былъ полкъ Лаврентія Панкратьевича Сухарева, который не только не участвовалъ въ возмущеніи, но даже охранялъ юнаго Петра, съ матерью, на пути въ село Преображенское и въ Троицкую Лавру. По имени полка, урочище получило названіе «Сухарево»; а впослѣдствіи и самую башню безъ различія, стали называть иногда «Срѣтенскою», по имени воротъ, а чаще «Сухаревою»; — послѣднее названіе осталось и до сихъ поръ.

При развитіи страсти Царя къ морю, у Него родилась оригинальная мысль, осуществить свой идеалъ — корабль, не на морѣ, которое было далеко, а на землѣ, въ самой столицѣ.

Если вѣрить преданію, то каменныя Срѣтенскія ворота «съ шатромъ», начатыя строиться въ 1692 году, должны были походить на корабль съ мачтою. Галлереи втораго яруса, представляли шканцы (верхнюю палубу корабля), восточная сторона, — корабельный носъ, а западная — корму. По свидѣтельству надписи, сохранившейся на башнѣ, строеніе ея кончено въ 1695 году; но какъ изъ дѣлъ видно, что она еще

Лит. Прохорова.

СУХАРЕВА БАШНЯ.

достроивалась съ 1698 по 1701 годъ, то можетъ быть въ это время и получила нынѣшній свой видъ.

На башнѣ, (въ 1695), поставлены были боевые часы, уничтоженные впослѣдствіи. Въ третьемъ ярусѣ ея находились классныя комнаты Навигацкой школы, и такъ называемый «рапирный» залъ, гдѣ ученики занимались фехтованьемъ.

При Петрѣ, съ западной стороны башни, пристроенъ былъ деревянный амфитеатръ, въ которомъ хранился маскарадный корабликъ, называемый «памятникомъ миротворцемъ». Въ торжественные случаи, какъ напримѣръ при заключеніи мира со Шведами, въ 1721, и даже въ 1744 годахъ, корабликъ этотъ возили по Москвѣ, съ распущенными парусами, украшенный днемъ флагами, а вечеромъ фонарями. [6]

Планъ учрежденія школы составлялъ самъ Государь съ Фарварсономъ и хотя главнымъ и высшимъ предметомъ ученія были морскія науки, но вмѣстѣ съ тѣмъ предположено изъ этого, покуда единственнаго свѣтскаго училища, выпускать молодыхъ людей во всѣ роды службъ, военныя и гражданскія, которыя требовали нѣкоторыхъ научныхъ свѣдѣній, или даже одного знанія Русской грамоты. Такимъ образомъ изъ Навигацкой школы выходили, кромѣ моряковъ, инженеры, артиллеристы, учители въ другія новыя школы, геодезисты, архитекторы, гражданскіе чиновники, писаря, мастеровые и пр. Однимъ словомъ, изъ Навигацкой школы требовали способныхъ служивыхъ, почти для всѣхъ службъ.

Кромѣ Англичанъ, въ числѣ учителей Навигацкой школы былъ Леонтій Филипповичъ Магнитскій, одинъ изъ образованнѣйшихъ Русскихъ. Онъ зналъ нѣсколько иностранныхъ языковъ, былъ человѣкъ умный, свѣдущій въ наукахъ, и по отзыву Третьяковска[го] «сущій Христіянинъ, добросовѣстный человѣкъ, [въ] немъ же лести не было» [7]. Въ это время онъ имѣ[лъ] 32 года отъ роду, слѣдовательно находился въ по[л]ной порѣ дѣятельности.

Не даромъ Государь былъ къ нему особенно [ми]лостивъ, жаловалъ его деревнями, приказалъ выстр[о]ить ему домъ въ Москвѣ, и даже благословилъ обр[а]зомъ; а за его глубокія познанія и, вѣроятно, прив[ле]кательную для любознательнаго Монарха бесѣду, [на]зывалъ «магнитомъ», и приказалъ писаться «Магни[т]скимъ.» [8]

При тогдашней кипучей дѣятельности и неустан[о]вившейся админастраціи, всякое новое дѣло не об[хо]дилось безъ задержекъ и недоразумѣній. Такъ бы[ло] и въ школѣ: бѣдные Англичане, по пріѣздѣ ихъ [въ] Москву, вѣроятно долго не могли добиться толку, [къ] кому обратиться съ своими требованіями, и пото[му] терпѣли большую нужду. Они помѣстились у свое[го] соотечественника Андрея Кревета, переводчика посо[льс]скаго приказа, всѣ трое въ одной тѣсной комнат[ѣ] или какъ они писали «палатченкѣ», хозяинъ котор[ой] «сподоблялъ ихъ всякими нуждами, питьемъ и лю[дь]ми и лошадьми и прочимъ, только кромѣ харча [и] платья.» [9]

Въ Навигацкую школу велѣно было принимать [дѣ]тей дворянскихъ, дьячихъ, подъячихъ, изъ домо[въ] боярскихъ и другихъ чиновъ, отъ 12 до 17 лѣтъ; [и] какъ въ эти лѣта, изъ домовъ боярскихъ, явля[лось] малое число, то стали принимать и 20-ти лѣтнихъ. Впрочемъ, изъ многихъ званныхъ, было мало избра[н]ныхъ. Не говоря уже о грубости прочихъ сослов[ій,] Русскій баричъ Петровскаго времени, 17 или 18 лѣ[тъ] считался неразумным младенцем, и жил в своем поместье в самом безсознательном невежестве. Капризам балованнаго дитяти нередко повиновалось все окружающее, и ему, с самых пеленок, подобострастныя нянюшки и дядьки вбивали в голову барскую спесь и презрение к труду и работе, как делу холопскому.

Воспитание, по большей части, ограничивалось чтением букваря и псалтири, под указку сельскаго дьячка, котораго мальчик почитал более своей забавой, нежели наставником. И вдруг, против таких-то баричей, загремели грозные Царские указы, которыми повелевалось «всем недорослям, дворянским детям, явиться на службу;» из иных мест, как напр., из Новгородской губернии, требовали на смотр дворян, от 10 до 30 лет.[11]

Но вместо стремления к общей пользе Великий труженик часто встречал неохоту и уклончивость в тех, для блага которых Он трудился. Подданные еще не понимали и не могли оценить благодетельных Его начинаний, и на службу смотрели с предъубеждением и даже страхом. Для объяснения их боязни надо впрочем заметить, что и дело было новое, и совершенно противоречило вековым привычкам и обычаям. Служили дети боярские и до Петра, только другим образом. В случае нужды, по предварительному Царскому указу, обыкновенно весною, выезжали они на назначенное сборное место, каждый на своем коне, в доспехе, с оружием, и брали с собою, сколько следовало по величине поместья, людей и запас на все время похода. Всякой служил с земляками, и почти всегда к осени возвращался домой, до новаго требования. Теперь было другое дело; взрослаго дворянина требовали на *вѣчную* службу, отъ которой его могло избавить только увѣчье, тяжкая болѣзнь и глубокая старость; или малолѣтнаго брали въ ученье, въ руки ненавистныхъ иностранцевъ, въ товарищество къ холопамъ, гдѣ, въ случаѣ нерадѣнія или шалости, ему угрожали плети, батоги и кошки.¹²

Не трудно понять, что основаніе новой школы было принято непріязненно. Не смотря на хорошее жалованье, на обѣщаніе «Царской милости,» которымъ всякой ученикъ обнадеженъ былъ «въ пріятіи чести, противъ мѣры дѣла своего;» не смотря на угрозы ослушникамъ «въ потеряніи чести и живота,» — не многіе дворяне поступали въ ученье добровольно.

Наконецъ, такое сопротивленіе превзошло мѣру терпѣнія Царя; кротость замѣнилась строгостью, угрозы — дѣйствительными мѣрами. На городскихъ воротахъ и во всѣхъ большихъ селахъ, выставили Царскіе указы, строго подтверждавшіе явиться на смотръ всѣмъ дворянскимъ дѣтямъ указныхъ лѣтъ; при этомъ приложены были списки неявившихся, для того, чтобы знали, кто укрывается.

Публиковано было, что всякому, кто откроетъ укрывавшагося отъ службы дворянина, будетъ отдано имѣніе виновнаго.¹³ Сверхъ того, для избѣжанія потворства и личныхъ отношеній, Царь дозволилъ доносителямъ являться прямо къ Нему, что прежде допускалось только въ доносахъ о государственныхъ дѣлахъ и о неправомъ рѣшеніи суда. Мѣры сильныя, но все еще не достигавшія цѣли; не смотря на нихъ, въ школѣ не было избытка учениковъ, и добровольно являлись болѣе разночинцы, а не дворяне.

Комплектъ воспитанниковъ положенъ былъ 500 человѣкъ. Кто имѣлъ крестьянъ болѣе пяти дворовъ, тотъ долженъ былъ жить на свой счетъ, не получая ничего отъ казны; прочіе получали, по степени познаній, порядочное жалованье, или, какъ тогда называли, «кормовыя деньги.» Сначала (1701 г.) большій окладъ положенъ 5 алтынъ, слѣдующій за нимъ гривна и менѣе; а послѣ (1709 г.) отъ 6 денегъ до гривны и даже до 4-хъ алтынъ (12 коп.) въ сутки.[14]

Содержаніе школы и учебныя пособія были отъ казны; только въ 1713 году, приказано изъ жалованья каждаго школьника дѣлать небольшой, пропорціональный жалованью, вычетъ на покупку инструментовъ и и «школьныя всякія починки.»[15]

На жалованье учителямъ, кормовыя деньги ученикамъ, всѣ школьные расходы, и даже на содержаніе за границею учениковъ кончившихъ курсъ (навигаторовъ), было назначено 22,459 руб. 6 алт. и 5 денегъ.[16]

Въ школѣ учили: ариѳметикѣ, геометріи, тригонометріи, съ ихъ практическими приложеніями къ геодезіи и, главное, къ мореплаванію, для котораго проходили навигацію и часть астрономіи.

Изъ гимнастическихъ упражненій было фехтованье, «рапирная наука,» за которую ученикамъ прибавлялось излишнее противъ другихъ жалованье.

Незнающихъ Русской грамоты, разумѣется, первоначально обучали читать и писать, и по этому классъ Русской грамоты получилъ названіе *Русская школа;* такъ какъ классъ ариѳметики назывался *Цифирною школою.* Юноши нисшихъ сословій «разночинцы», научившіеся въ Русской и Цифирной школахъ читать, писать и считать, этимъ оканчивали свое ученье, и назначались въ писаря, къ разнымъ должностямъ въ адмиралтейства, въ помощники архитекторамъ, аптекарямъ и т. п. Дѣти дворянскіе «шляхетскіе,» изъ Русской и Цифирной школъ поступали въ высшіе классы, для дальнѣйшаго обученія.[17]

Названія поименованныхъ наукъ требуютъ нѣкоторыхъ поясненій, потому что ихъ не должно понимать по нынѣшнему. Проходимый въ школѣ курсъ, весьма не трудный и не объемистый, при нынѣшнихъ способахъ ученія, въ то время былъ тяжелымъ бременемъ для головы ученика, и требовалъ большихъ усилій, терпѣнія и прилежанія.

Тяжелая, схоластическая система преподаванія и новость Русскаго научнаго языка до послѣдней крайности затемняли самыя простыя вещи. Надъ тѣми предметами, которыя теперь играючи можно передать 13-лѣтнему мальчику, не очень быстрыхъ способностей, взрослый ученикъ Навигацкой школы убивалъ нѣсколько мѣсяцовъ постояннаго, усерднаго труда, и нерѣдко въ результатѣ оказывалось, что большая часть его знаній состояла въ изученіи безполезныхъ фразъ, пустыхъ опредѣленій и множества научныхъ фокусовъ, только для профановъ кажущихся наукою. Къ этому надо прибавить, что въ первые годы существованія школы, Англичане худо знали Русскій языкъ, и слѣдовательно уроки ихъ были мало понятны.

Чтеніе шло общепринятымъ, освященнымъ древностію, порядкомъ; оно начиналось Азбукою, продолжалось Часословомъ, Псалтиремъ и оканчивалось гражданскою печатью; степень успѣховъ соразмѣрялась числомъ заученыхъ страницъ или, въ псалтири, каѳизмъ. Остальное все проходилось въ школѣ довольно мудрено. Ариѳметика была затемнена и растянута такимъ образомъ, что напр. дѣйствія надъ каждымъ родомъ именованныхъ чиселъ излагались, какъ отдѣльные независимые между собою предметы. Въ геометріи и тригонометріи, сколько можно догадываться, проходились одни результаты безъ доказательствъ, но и здѣсь также пугали опредѣленія. Навигація, наука въ сущности самая простая и легкая, подраздѣлялась на нѣсколько частей довольно трудныхъ. Изъ астрономіи проходили необходимыя части морской астрономіи и подъ именемъ «географіи» разумѣли немногія свѣдѣнія изъ географіи математической.

Для примѣра трудности изученія приведемъ нѣсколько выписокъ изъ книгъ, какъ употреблявшихся въ преподаваніи, такъ и вообще изданныхъ для моряковъ около этого времени.

Что есть ариѳметика, спрашивалъ учитель? Ученикъ отвѣчалъ: «ариѳметика, или числительница, есть художество честное, независтное и всѣмъ удобопоятное, многополезнѣйшее, и многохвальнѣйшее, отъ древнѣйшихъ же и новѣйшихъ, въ разныя времена явившихся изряднѣйшихъ ариѳметиковъ, изобрѣтенное и изложенное.

Вопросъ: Коликогуба есть ариѳметика практика? Отвѣтъ «Есть сугуба. 1. Ариѳметика Политика, или гражданская. 2. Ариѳметика Логистика, не ко гражданству токмо, но и къ движенію небесныхъ круговъ принадлежащая» и т. д.[18]

На вопросъ учителя, что есть навигація плоская, и въ какихъ мѣстахъ обрѣтающихся на землѣ употребляется оная? Ученикъ отвѣчалъ: «ничто же ино именуется навигація плоская, но токмо кораблеплаваніе прямолинейное на плоской суперѳиціи моря, и употребляется оное отъ всѣхъ нынѣшнихъ навклеровъ въ бытность ихъ близь экватора, зѣло преизрядно и правдиво; а въ нашихъ Европскихъ государствахъ, въ дальнихъ путешествіяхъ по морю, заподлинно на оное надѣяться невозможно, потому что сіе кораблеплаваніе въ употребленіи своемъ разумѣетъ полусуперфицію земную быти плоскимъ квадратомъ, а не шаровиднымъ корпусомъ и т. д.»

«Навигація круглая есть мореплаваніе всѣхъ короче, однако зѣло трудно, на силу можно кораблемъ плавать и пр. Географія есть математическое смѣщенное, изъясняетъ фигура или корпусъ и фикція свойство земноводнаго корпуса, купно съ феноминами, со явленіями небесныхъ свѣтилъ, солнца, луны и звѣздъ и т. д.»[19]

Во всемъ этомъ, съ толковымъ объясненіемъ преподавателя, легко добиться смысла, но каково понять слѣдующее описаніе погони корабля за непріятелемъ, взятое изъ одной современной книги. «При розсвѣтаніи дня, едінъ молодоі человѣкъ ілі два на верхъ, і посмотріте прілѣжно прівосхожденіи солнца, невозможноль единого корабля тамо получіть, съ тѣмъ восточнымъ вѣтромъ (едінъ парусъ едінъ парусъ) блізко прі насъ такъ лежітъ онъ лавеертъ теловертъ збакъ боордсъгалсенъ, которой лежітъ южно черезъ штромъ я віжу его здѣсь около нізости, какъ есть онъ отъ насъ посаді его при компасѣ прямо зюіде веста. Слушаі іскусноі человѣкъ круеру, пусть падетъ фока и грота зііль, і прімчі бакъбордсъ галсенъ сюды, вытолкні фооръ и гроотъ марзііль, пусть падетъ ваше безансъ учреді гроотъ і форъ марзііль; опусті ваше блінде; разрѣші гроотъ и форъ брамъ зііль; прікажі і содѣлаі просты всѣ парусы; стерегі хорошо у руера, такъ прямо такъ, нашъ корабль бѣжітъ зѣло скоро чрезъ воду, і мы набѣгаемъ его жестоко; есть лі онъ свої курсъ такъ содержітъ, мы імамы въ два глазенъ прі немъ быть; и т. д.»[20]

Хотя языкъ современныхъ книгъ и руководствъ нельзя считать языкомъ преподаванія, но, судя по этимъ образцамъ, мы вправѣ думать, что и преподаваніе было для учениковъ не совсѣмъ удобопонятно.

Пособіемъ въ классахъ могли служить нѣкоторыя книги, изданныя на Русскомъ языкѣ, — сначала въ Амстердамѣ, и потомъ въ Москвѣ.

Во время путешествія Государя, въ 1698 году, Амстердамскій типографщикъ Тессингъ, угадывая, что при Царѣ Петрѣ книжная торговля съ Россіею будетъ прибыльна, просилъ позволенія завести въ Амстердамѣ Русскую типографію. Государь милостиво принялъ его предложеніе, и далъ ему привиллегію (1698, мая 14) печатать «карты всего свѣта, какъ сухопутныя, такъ и морскія, изображенія всѣхъ славныхъ особъ, и всѣ книги до сухопутной и морской войны относящіяся, а равно до архитектуры и математики, строенія крѣпостей, и касающіяся изящныхъ искуствъ и художествъ;» и всѣ эти книги, карты и пр. пересылать изъ Амстердама, через Архангельскъ, въ Россію, «дабы симъ средствомъ подданные Его Царскаго Величества, бывъ просвѣщены и познавъ свои обязанности, могли изъ того почерпнуть важныя выгоды.»[21]

У Тессинга печаталъ и переводилъ на Русскій языкъ книги Бѣлорусскій студентъ Копьевскій или Копіевичъ, который потомъ имѣлъ свою типографію. Книги печатались славянскими буквами. Первая книга, напечатанная въ Амстердамѣ была: «Введеніе во всякую исторію» (1699 г), и того же года: «Краткое введеніе въ Ариѳметику.» Потомъ (1701 г.), «Книга учащая морскаго плаванія», сочиненіе Авраама де-Графа, славянскими же буквами, только съ арабскими цифрами. При ней находились таблицы логариѳмовъ, склоненій солнца (съ 1701 — 32 годъ), и меридіональныхъ частей. Это первая на Русскомъ языкѣ книга «учащая морскаго плаванія въ кратцѣ и совершенно, рядовымъ чиномъ. Обаче: Математыка, Космографія, Геометрія и Географія неумолкоша». «Здѣ всякъ обрящетъ ищущій премудрости, много зѣло полезная,» говоритъ переводчикъ Копіевскій въ своемъ предисловіи.

Въ этой книгѣ разсуждается: о точкахъ и кругахъ воображаемыхъ на небѣ, о компасѣ, объ исправленіи румбовъ и о морскихъ картахъ, объ опредѣленіи широты по высотамъ солнца или звѣзды, о теченіи моря, и наконецъ, «искушеніе или свидѣтельство Шиперское.» Здѣсь многія иностранныя слова переведены по русски: Инструменты — посуды; экваторъ — верстатель; зодіакъ — животворный кругъ и т. д.

Въ 1703 году, уже въ Москвѣ, вышло первое изданіе ариѳметики Магнитскаго; полное заглавіе ея было: «Ариѳметика, сирѣчь наука числительная, съ разныхъ діалектовъ на Славянской языкъ переведенная учителемъ математики Леонтіемъ Магнитскимъ.» Эта компилляція, составленная по греческимъ, латинскимъ, нѣмецкимъ, и прежде переведеннымъ славянскимъ источникамъ, заключаетъ въ себѣ родъ современной математической энциклопедіи. Самая виньетка, на первомъ листѣ, ясно выражаетъ эту мысль автора. Въ срединѣ храма, надъ которымъ написано по Еврейски имя Божіе, сидитъ женщина въ коронѣ, съ ключемъ въ рукѣ — это *Ариѳметика*. Къ ея трону ведутъ пять ступеней: счисленіе, сложеніе, вычитаніе, умноженіе и дѣленіе. Портикъ храма съ надписями, на одной сторонѣ «тщаніемъ,» на другой «ученіемъ,» поддерживается восьмью столбами: геометріей, стереометріей, астрономіей, оптикой, меркаторской (навигаціей), географіей и архитектурой. Внизу написано: «Ариѳметика что дѣетъ, на столпахъ то все имѣетъ.» Книга раздѣлена на двѣ части: въ первой, *Ариѳметикъ-Политикъ*, изложены свѣдѣнія нужныя для гражданина, купца и воина; во второй, *Ариѳметикъ-Логистикъ*, собраны знанія необходимыя для землемѣра и мореплавателя.

«Узрѣвъ яко въ томъ есть плодъ многъ, внесохъ изъ морскихъ книгъ, что возмогъ,» говоритъ авторъ.

Въ книгѣ находится: ариѳметика, геометрія, тригонометрія, навигація и астрономія, съ таблицами склоненія солнца, рефракціи, паралакса; также таблицы локсодромическія, и широты и долготы 26 примѣчательнѣйшихъ городовъ и мѣстъ.

Въ ариѳметикѣ, геометріи и тригонометріи помѣщено множество практическихъ примѣровъ; въ навигаціи разобраны главнѣйшія задачи; въ астрономіи опредѣляется широта мѣста, по высотамъ свѣтилъ, и долгота по разности временъ; говорится также о различныхъ сферахъ, о приливахъ и отливахъ и пр. — За труды по изданію этой книги, Магнитскому, по Высочайшему указу, были выданы кормовыя деньги, съ 2 февраля 1701 года по 1-е января 1702, по 5 алтынъ на день, что составляло всего 49 рублей, 31 алтынъ и 4 деньги.[22]

Ариѳметика Магнитскаго получила у насъ странную извѣстность; не многіе видѣли ее, рѣдкіе читали внимательно, и почти всѣ считаютъ какимъ-то безсмысленнымъ сборникомъ плохихъ стиховъ. На самомъ же дѣлѣ, она, по своему времени, была книга очень дѣльная, и должна заслуживать наше уваженіе, вопервыхъ, какъ прародительница нашихъ учебныхъ математическихъ руководствъ; потомъ, какъ первая книга возбудившая любознательность Ломоносова, и заставившая его бѣжать изъ родительнаго дома, въ Москву, отыскивать тѣхъ людей, которые бы могли ему объяснить все въ ней написанное, и наконецъ, потому, что въ ней, по словамъ самаго Магнитскаго,

. . . . разумъ весь собралъ и чинъ
Природно Русской, а не Нѣмчинъ!

Стиховъ въ ней, сравнительно съ объемомъ книги, весьма мало; они помѣщены въ концѣ каждаго правила, съ цѣлію, поблагодарить Бога за уразумѣніе прочитаннаго, иногда погрозить лѣнивому ученику, или ободрить прилежнаго къ дальнѣйшему ученію.

Ариѳметика Магнитскаго имѣла нѣсколько изданій, и долгое время служила руководствомъ; только, кажется, морскія науки въ школѣ проходили не по ней, а по запискамъ Фарварсона, которыя переписывались учениками, подъ именемъ Навигаціи Фарварсона, очень дурно переведенной на Русскій языкъ.

Для употребленія въ классахъ, были приняты таблицы логариѳмовъ и тригонометрическихъ линій, напечатанныя въ Москвѣ, по повелѣнію Государя. Первое изданіе, церковной печати съ арабскими цифрами, вышло въ 1703 году; а второе, гражданской печати — въ 1716 г; «тщаніемъ и засвидѣтельствованіемъ Фарварсона, Гвына и Магнитскаго.»

Для гравированья на мѣди географическихъ и морскихъ картъ, были у насъ порядочные граверы, иностранцы Шхонбекъ и Пикаръ, и Русскій трудолюбивый и искусный художникъ Василій Куприяновъ. Его работы есть нѣсколько географическихъ картъ большаго размѣра, и также двѣ небольшія меркаторскія карты всего свѣта, сдѣланныя собственно для воспитанниковъ Навигацкой школы.[23]

Въ Навигацкой школѣ, классъ каждаго учителя составлялъ какъ бы отдѣльную, независимую отъ другихъ, школу; и преподаватели не подчиняясь одинъ другому, каждый самъ по себѣ имѣли сношеніе съ высшимъ начальствомъ школы, и наблюдали не только за ученьемъ, но и за поведеніемъ своихъ учениковъ.

Въ первые годы существованія школы, раздавались на руки учениковъ, подъ ихъ росписки, слѣдующія книги, и учебныя пособія: ариѳметика, по всей вѣроятности Магницкаго; логариѳмы, изданныя для школы, о которыхъ говорено выше; доски, и каменные столы. Объ этихъ столахъ въ одномъ мѣстѣ сказано: «въ томъ числѣ битыхъ стола четыре, и всѣ распилованы и раздаваны ученикамъ, на которыхъ они учатся письмомъ;» кажется это были аспидныя доски. Въ другомъ же мѣстѣ, послѣ карандашей, говорится «о каменныхъ перьяхъ;» это должно быть грифели. Изъ инструментовъ раздавали шкалы (линейки) планныя и гантирскія, радіусы (градштоки), секторы и квадранты — всѣ три инструмента служили для измѣренія высоты свѣтилъ. Кромѣ того давали и ноктурналы, — инструменты для опредѣленія времени по наблюденіямъ звѣздъ малой и большой медвѣдицы; «книги морскихъ хартинъ;» готовальни съ мѣдными инструментами, циркули простые и треножныя, циркули «хартинные» (употреблявшіеся при картахъ), изъ которыхъ иные выписывались изъ-за границы, а другіе дѣлались въ своей мастерской при школѣ.

Исчисленныхъ инструментовъ и книгъ не только доставало на каждаго ученика, но еще оставалось въ запасѣ въ магазинахъ. По выходѣ учениковъ изъ школы, все розданное отбирали, иногда и силою, потому что ученики не охотно разставались съ вещами, которыя они привыкли считать своими; напримѣръ въ 1708 году, Магницкій, донося объ инструментахъ отобранныхъ отъ учениковъ посланныхъ въ Англію, говоритъ, что не всѣ записаны, «за то что обирали у нихъ на полѣ, съ великою ихъ противностію, что были пьяны и здорны.» Это нисколько и не удивительно, потому что въ школѣ тогда учились люди очень взрослые; такъ, напр., въ 1704 году, находились въ ней присланные изъ Воронежа 49 драгунъ, въ числѣ ихъ было нѣсколько сержантовъ, подпрапорщиковъ, каптенармусовъ, капраловъ и рядовыхъ.

Нѣкоторыя ученики жили въ школѣ, другіе стояли по квартирамъ, и памятью этой стоянки, сохранился въ дѣлахъ, не одинъ комико-трагическій процессъ, между хозяевами и ихъ постояльцами.

Школьниковъ держали строго: за большіе проступки наказывали на школьномъ дворѣ плетьми; на знатныхъ дворянъ за прогульные дни, или за *нѣты*, указомъ 1707 года (февраля 28), положена была значительная пеня. За первой прогульной день 5 рублей; за второй 10; за третій и всѣ слѣдующія по 15 рублей. Такихъ штрафныхъ денегъ, въ продолженіе пяти мѣсяцевъ 1707 года, набралось 8545 рублей. Отъ платежа ихъ, дѣти и родители отговаривались болѣзнями, дурными дорогами, смертью и помииками близкихъ родныхъ; но Апраксинъ въ отвѣтъ на ихъ прошенія писалъ, что такъ какъ прежде они ничего форменно объ этихъ причинахъ не доносили, то «и нынѣ ихъ прошеніямъ и сказкамъ вѣрить нечему, а для правежу тѣхъ штрафовъ взять людей ихъ, а у кого людей нѣтъ, — самихъ, и бить на правежѣ, покамѣстъ тѣ штрафы не заплатятъ сполна.»[24] Въ Навигацкой школѣ были дѣти почти всѣхъ знатныхъ фамилій, какъ то, Волконскіе, Солнцевы-Засѣкины, Лопухины, Шаховскіе, Хилковы, Урусовы, Долгорукіе, Прозоровскіе, Хованскіе, Шереметевы, Борятинскіе, Собакины, Щербатовы, Головины, Дмитріевы-Мамоновы, и пр., многіе изъ нихъ встрѣчаются и въ штрафномъ спискѣ.

Учители школы, кромѣ преподаванія и сочиненій, имѣли еще другія обязанности. Они разсматривали и одобряли книги къ печатанію, и къ нимъ относились со всѣми учеными вопросами. Самъ Царь слѣдилъ за ними, раздѣлялъ ихъ труды, бесѣдовалъ, какъ равный съ равнымъ; иному самъ училcя, а иногда давалъ имъ разныя работы, требовавшія высшихъ свѣдѣній. Такъ напр., въ 1706 году, онъ писалъ изъ Воронежа, чтобы профессоры прислали Ему трубы для наблюденія затмѣнія солнца, вычислили бы время затмѣнія, и сдѣлали рисунокъ, какъ оно будетъ видимо въ Воронежѣ.[25] Это нужно было Царю для предупрежденія, публикаціями, суевѣрныхъ толковъ народа. Въ 1712 году Фарварсонъ назначилъ дорогу отъ С. Петербурга до Москвы, которая тогда же была начата и доведена до Новгорода, и т. п.[26]

Строгій, часто даже грозный, Царь въ своей любимой школѣ былъ, какъ добрый отецъ въ кругу своего семейства. Здѣсь онъ уже видѣлъ первые плоды своей великой мысли — преобразованія Россіи; здѣсь начинали понимать Его, и сюда, въ свою завѣтную башню, часто приходилъ Онъ отдыхать отъ трудовъ и безпрестанныхъ, горькихъ столкновеній съ упрямствомъ и предразсудками.

Навигацкой школѣ и особенному вниманію Царя къ наукамъ, Сухарева башня обязана всѣми сказками, до сихъ поръ существующими въ народѣ. Ее называли *Невѣстою* Ивана Великаго, *сестрою* Меншиковой башни, и почитали очарованным жилищем нечистой силы.

Недалеко еще было то время, когда боярина Матвѣева, за найденный у него лечебник съ аптекарскими знаками, обвиняли въ чернокнижіи; когда на одного иностранца легло тоже подозрѣніе за таблицы логариѳмовъ; а теперь все знали, что вывезенные изъ-за моря нѣмецкіе колдуны читаютъ таинственныя книги; видѣли, какъ днемъ и ночью смотрятъ они на небо, въ какія-то диковинныя трубы; видѣли, можетъ быть, какъ необыкновенный дымъ клубился изъ химической лабораторіи Графа Брюса, — и на этомъ основаніи, сочиняли сказки, одну нелѣпѣе другой.

Такимъ образомъ увѣряли, что Брюсъ занимался составленіемъ живой и мертвой воды; въ послѣдствіи прибавили, что онъ, умирая, велѣлъ изрѣзать себя на мелкіе куски, и вспрыснуть сначала мертвою водою и потомъ живою, чтобы ожить, и начать новую жизнь; и что исполненіе этого остановилъ только самъ Царь. До сихъ поръ, въ простомъ народѣ, есть преданіе, что на Сухаревой башнѣ хранилась черная книга, которую стерегли двѣнадцать духовъ, и что послѣ она была закладена въ стѣну, и заколочена алтынными гвоздями, какъ самымъ надежнымъ средствомъ противъ колдовства.

Существуетъ еще преданіе, будто на Сухаревой башнѣ были засѣданія какого-то общества, «Нептунова,» гдѣ предсѣдательствовалъ Лефортъ, Самъ Царь былъ первымъ надзирателемъ, Ѳеофанъ Прокоповичъ витіею; членами Меншиковъ, Апраксинъ, Брюсъ, Фарварсонъ, Князь Черкаскій, Голицынъ и нѣкоторые другіе вельможи, близкіе къ Царю.[27]

Недовольные нововведеніями, видя близкія сношенія Царя со школою, частію по невѣжеству, частію умышленно, обвиняли и Его въ пристрастіи къ чернокнижію. Но Государь не обращалъ вниманія на эти толки и дѣлалъ Свое.

Заботясь объ умственномъ образованіи учениковъ, Государь желалъ въ нихъ возбудить охоту и къ удовольствіямъ просвѣщеннаго общества. Съ этою цѣлію, при самомъ основаніи школы, въ 1701 году, изъ Данцига была выписана труппа актеровъ, которая съ учениками школы, въ залахъ Сухаревой башни, представляла свѣтскія комедіи, посѣщаемыя нерѣдко и Самимъ Государемъ.

Петръ былъ здѣсь не Монархомъ, а простымъ зрителемъ, и актеры при немъ позволяли себѣ довольно смѣлыя шутки. Одинъ разъ обѣщая представить невиданное и неслыханное зрѣлище, они собрали множество зрителей, и вмѣсто представленія выставили на занавѣсѣ надпись: *Первое Апрѣля*. Это была нѣмецкая, апрѣльская шутка; Государь, бывшій въ числѣ зрителей, нисколько не разсердился, и вѣроятно для утѣшенія другихъ, замѣтилъ только, что это *театральная вольность*. Въ царствованіе Петра, на галлереѣ Сухаревой башни, въ Адмиральскій часъ, и вечеромъ, передъ зарею, играла музыка."[28]

Государь, при всякомъ удобномъ случаѣ, давалъ понимать своимъ сподвижникамъ важность основанной Имъ школы. Заботясь о замѣщеніи открывавшихся вакансій новыми учениками, писалъ Онъ къ Апраксину: «хотя бы и слишкомъ набрали и размножили, понеже сами можете видѣть, какая въ томъ есть польза, что не токмо къ морскому ходу нужна сія школа, но и артиллеріи и инженерству.»

Строгими указами повелѣвалось присылать недорослей на смотръ, а не опредѣляться имъ въ школы по своему выбору. Ослушниковъ строго наказывали: заставляли пять лѣтъ учиться безъ жалованья, или какъ, напр., записавшихся самовольно въ Славяно-Латинскую Академію, послали на три года «въ галерную,» то есть, въ каторжную работу.²⁹ Объ одномъ подобномъ случаѣ сохранился слѣдующій анекдотъ. За самовольное опредѣленіе недорослей, вмѣсто навигацкой школы въ Заиконоспасское училище, Государь послалъ провинившихся въ Петербургъ въ работу, и имъ досталось собственноручно бить сваи подъ пеньковыя амбары, строившіеся на Мойкѣ. Когда никакія представленія не могли умилостивить Царя, Ѳедоръ Матвѣевичъ Апраксинъ придумалъ испросить прощеніе виноватымъ самымъ оригинальнымъ образомъ. Къ тому времени, когда Царь долженъ былъ пріѣхать къ строенію амбаровъ, Апраксинъ снялъ съ себя Андреевскую ленту и мундиръ, и повѣсилъ ихъ на шестѣ, а самъ началъ бить сваи вмѣстѣ съ недорослями. Удивленный Царь сказалъ ему: Ѳедоръ Матвѣевичъ, ты Адмиралъ и кавалеръ, какъ же вбиваешь сваи? Государь, отвѣчалъ Апраксинъ, здѣсь бьютъ сваи мои племянники и внучата, а я что за человѣкъ? какое имѣю въ родѣ преимущество? кавалеріи и мундиру безчестья я не принесъ, они висятъ на деревѣ. Говорятъ, что эта выходка удалась, и Царь простилъ виновныхъ.³⁰

Дворянскихъ дѣтей, представляемыхъ на смотръ, обыкновенно смотрѣлъ самъ Царь. Способнѣйшихъ, и преимущественно богатѣйшихъ, отправлялъ въ ученье за границу; двадцатилѣтнихъ и моложе назначалъ въ школу; а кто былъ старѣе и годенъ для фронту, въ гвардейскіе полки солдатами. Въ отсутствіе Государя, смотръ дѣлалъ кто нибудь изъ самыхъ довѣренныхъ лицъ, но не смотря на это, Онъ часто подтверждалъ, строгими письмами, быть осмотрительными и безпристрастными при смотрахъ, которые, разумѣется, не обходились безъ обмановъ, подкуповъ и просьбъ. Иногда самые любимые изъ Его сановниковъ за смотры получали сильные выговоры, и подвергались подозрѣнію въ умышленномъ потворствѣ. Такъ, напримѣръ, когда Ѳ. М. Апраксинъ, пропустивъ почему-то цѣлую зиму для осмотра школьниковъ, выбралъ на флотъ только пятерыхъ, изъ «простыхъ» фамилій, и требовалъ Царскаго подтвержденія; тогда Государь отвѣчалъ: «О школьникахъ мнѣ ни какой отповѣди писать нечево, понеже о томъ уже давно говорено и положено, еслибъ я былъ на Москвѣ, тобъ Самъ пересмотрѣлъ, а ежели не буду, то вамъ велѣно чинить по разсмотрѣнію, и о томъ вы уже давно о небытіи моемъ къ Москвѣ извѣстны; а за чѣмъ сія зима пропущена и сего не исполнено, незнаю..... а росписи мнѣ отвѣчать не возможно, понеже я, кромѣ Головиныхъ и Шереметевыхъ и племянника вашего, никого не знаю; да и Шереметевыхъ, пріѣхавъ не видалъ, изъ Англіи. Да и сверхъ того, довольно проклятаго здѣшняго житья; извольте вы о томъ опредѣленіе учинить. Буде же ради собственнаго чего сіе доброе дѣло изволяете портить, въ томъ какъ хочете; да и потому можно знать, что всего окрещено пять человѣкъ, и то изъ низкихъ (на тебѣ Боже, что намъ не гоже); хотябъ и всѣ де Рюйтерами выросли, такъ бы пятью исправить не можно.»[31]

Надо замѣтить, что это писано къ лицу, послѣ Меншикова, самому довѣренному, любимому, и даже родственнику Государя,[32] съ которымъ Онъ въ свое отсутствіе велъ безпрестанную переписку, не какъ Царь, а какъ пріятель.

Воспитанники, кончившіе съ успѣхомъ курсъ въ Навигацкой школѣ, разсылались всюду, куда требовала ихъ кипучая дѣятельность Царя. Большую часть дворянъ назначали на флотъ, другихъ въ инженеры и артиллеристы; въ Преображенскій полкъ въ бомбандиры, кондукторами къ генералъ-квартирмейстеру, къ архитектурнымъ дѣламъ и пр.; а иныхъ по способнѣе и по богаче, для практическаго усовершенствованія, посылали за границу, подъ именемъ *Навигаторовъ*.

Навигаторами также назывались вообще старшіе ученики, окончившіе полный курсъ морскихъ наукъ; нѣкоторые изъ нихъ служили на флотѣ, а другіе оставались въ школѣ, гдѣ сначала помогали профессорамъ въ преподаваніи наукъ, и потомъ поступали въ настоящіе учители.

Правильнаго выпуска и пріема въ школѣ не было; выпускали по мѣрѣ требованій, и только заботились, чтобы скорѣе замѣщать оставшіяся ваканcіи.

Навигаторы посылались въ науку за границу въ Голландію, Англію, Данію, Францію, Венецію и даже Испанію. Молодые люди обыкновенно поступали тамъ волонтерами на военные корабли или галеры, смотря потому, кто готовился въ службу на парусный или на гребной флотъ, и служили лѣтъ по пяти и болѣе. Иные, прежде поступленія на дѣйствительную службу, учились еще въ тамошнихъ морскихъ школахъ.

Ознакомясь практически съ морскимъ дѣломъ, навигаторы возвращались въ Россію, и послѣ строгаго экзамена, иногда дѣлаемаго Самимъ Государемъ, сообразно успѣхамъ, производились, — лучшіе въ первый офицерскій чинъ, унтеръ-лейтенанта, а посредственные въ мичмана — званіе въ то время неофицерское. Вмѣстѣ съ дворянами, посылались и воспитанники школы изъ «простыхъ породъ» то есть, изъ разночинцевъ и мелкаго дворянства. Они изучали штурманское искуство, и по возвращеніи въ Россію поступали въ штурмана.

Лица, имѣющія за границею надзоръ за навигаторами и учениками, въ донесеніяхъ своихъ, первыхъ называли *господами*, а вторыхъ *штурманскими учениками* и просто *учениками*. «Господа» содержали себя, по большей части, на свой счетъ, а ученики получали жалованье по 8 ефимковъ въ мѣсяцъ (7 р. 20 к. сер.). Въ 1718 году одинъ провозъ 43 человѣкъ, изъ Архангельска въ Амстердамъ, стоилъ 396 ефимковъ, да на инструменты имъ пошло столько же.

О заграничной жизни навигаторовъ, въ офиціальныхъ документахъ, сохранилось много любопытныхъ подробностей, которыя полагаю не лишнимъ привести здѣсь, чтобы показать характеръ шалостей того времени и грубость нравовъ. Коммиссаръ Князь Иванъ Львовъ, находившійся въ Амстердамѣ для надзора за навигаторами, приходилъ отъ нихъ въ отчаяніе. На бѣду Львова и служебное значеніе его было самое неопредѣлительное. При неимовѣрной дѣятельности Царя Петра, исполнители Его повелѣній, то есть, чиновники высшіе и низшіе, приводя въ дѣйствіе какое нибудь Царское распоряженіе, по торопливости или неопытности, не рѣдко опускали изъ виду необходимыя формы и частности дѣла; а отъ такихъ недосмотровъ, и превосходныя мысли Государя, въ исполненіи, встрѣчали затрудненія, и не приносили ожидаемой пользы. Такъ было и со Львовымъ, котораго послали въ Амстердамъ коммиссаромъ при навигаторахъ. Ему приказано было, содержать коммиссію свою отъ Голландскаго правительства «въ тайнѣ»; но при этомъ ничего не написано о Львовѣ и нашему посланнику. Самому Львову не дано никакой инструкціи, и, наконецъ, навигаторовъ не обязали ему подчиненностію. Однимъ словомъ, Государь приказалъ «послать» Львова съ навигаторами, надѣясь, что распорядители озаботятся сами о подробностяхъ; а они ограничились только буквальнымъ исполненіемъ воли Царя. Львову оставалось, какъ частному человѣку, хлопотать о помѣщеніи навигаторовъ волонтерами на военныя суда, совѣтами и угрозами удерживать ихъ отъ шалостей, и, выдавая имъ жалованье, терпѣть безпрерывныя нападенія навигаторовъ и ихъ заимодавцевъ. Часто у Львова не было средствъ удовлетворять ихъ, потому что многіе навигаторы жили весело, издерживали денегъ много, а присылка капиталовъ изъ Россіи была очень трудна. Особенно соблазнительна была для навигаторовъ Англія; Львовъ (1711 г. въ декабрѣ) пишетъ, что туда «посылать новыхъ опасенъ, для того что тамъ и старые научились больше пить и деньги тратить. Не могу ихъ оплатить, а нынѣ пишутъ, что хотятъ уже въ тюрьмы сажать за долги....». Посланникъ нашъ въ Лондонѣ, Графъ Литта, тоже подтверждаетъ, что навигаторы должаютъ и ведутъ разгульную жизнь. «Тщился я ублажить (старался уговорить), пишетъ Литта, Англичанина, которому одинъ изъ Московскихъ (навигаторовъ) глазъ вышибъ, но онъ 500 фунтовъ стерлинговъ запросилъ.» Въ другомъ донесеніи, пишетъ Львовъ, «изсушили они (навигаторы) не только кровь, но уже самое сердце мое, отъ васъ (то есть, отъ морскаго начальства), ни на что никакого рѣшенія и указовъ не имѣю! Я бы радъ, чтобы меня тамъ они убили до смерти, нежели бы такое мнѣ злостраданіе имѣть и несносныя тягости....». Объ секретарѣ Сенявинѣ, находившемся также при навигаторахъ въ Лондонѣ, Львовъ доноситъ, что онъ укрывается, и дѣло свое покинулъ: «хотятъ убить до смерти!.... хотя бы вы изволили прислать пятьдесятъ тысячъ фунтовъ, я чаю, мало будетъ на Англійскихъ навигаторовъ.»[33]

Здѣсь рѣзкость выраженій должно отнести болѣе къ раздражительному характеру самого Львова, поставленному въ затруднительное положеніе: безъ полномочія и инструкціи управлять молодыми людьми, привыкшими жить на своей волѣ. Нѣтъ сомнѣнія, что нѣкоторые навигаторы тратили деньги неумѣренно, должали безъ разсчета, и занимались болѣе удовольствіями, чѣмъ науками; но надо обратить вниманіе и на то, что мотали по большей части дѣти богатыхъ родителей, въ надеждѣ на вѣрную уплату, и какъ было удержаться отъ соблазновъ богатаго Лондона молодому человѣку, явившемуся туда изъ деревни или школы?

Но что большая часть навигаторовъ занимались своимъ дѣломъ, доказываетъ множество прекрасныхъ морскихъ офицеровъ, которые получили образованіе именно въ это время, и впослѣдствіи, достигнувъ высшихъ чиновъ, принесли флоту большую пользу. Изъ нихъ можно указать на Конона Зотова, сына Никиты Моисеевича (князя Папы), учителя Петра Великаго. Зотовъ былъ отличный офицеръ, написалъ нѣсколько полезныхъ сочиненій по морской части, и дослужился до чина Контръ-Адмирала; Николай Ѳедоровичъ Головинъ, Адмиралъ, Президентъ Адмиралтействъ—Коллегіи, человѣкъ замѣчательный по своему уму и энергіи; Князь Михаилъ Михайловичъ Голицынъ, Генералъ-Адмиралъ и Президентъ Коллегіи; Ѳедоръ Ивановичъ Соймоновъ, гидрографъ, писатель, человѣкъ умный, талантливый, бывшій еще Лейтенантомъ любимцемъ Петра, Бѣлосельскій, Калмыковъ, Лопухинъ, Дмитріевъ-Мамоновъ, Шереметевъ и пр.; все это прекрасные Адмиралы, можетъ быть, бывшіе въ молодости въ числѣ мучителей Львова.

Наконецъ, о патріархальныхъ семейныхъ добродѣтеляхъ навигаторовъ, свидѣтельствуетъ тотъ разительный фактъ, что нѣкоторые изъ нихъ, не рѣшаясь просить позволенія, скрытнымъ образомъ, на купеческихъ корабляхъ, пріѣзжали въ Архангельскъ видѣться съ своими женами, которыя являлись туда, быть можетъ, изъ-за Москвы или низовыхъ губерній.

Государь радовался, какъ добрый отецъ, если замѣчалъ въ комъ собственное желаніе учиться морскимъ наукамъ. Когда Никита Моисеевичъ Зотовъ показалъ Ему полученное изъ Лондона (1707 г.) письмо своего сына Конона, въ которомъ тотъ просилъ разрѣшенія служить на Англійскихъ корабляхъ, то Государь «благословилъ» письмо, выпилъ за здоровье перваго охотника кубокъ венгерскаго, и написалъ Конону собственноручный милостивый отвѣтъ.

Князь Львовъ хотя и писалъ отчаянныя донесенія, но исполнялъ свое порученіе добросовѣстно и толково. Напримѣръ, когда при большой посылкѣ навигаторовъ, въ исходѣ 1711 года, ихъ въ одномъ Амстердамѣ съѣхалось болѣе 50 человѣкъ, и на военные корабли волонтерами брали неохотно и малое число, а матрозами и солдатами опредѣлять ихъ было безполезно, то Львовъ, во первыхъ, отыскалъ содержателя частной морской школы, и, обнадеживъ его милостію Царскою, убѣдилъ заниматься съ навигаторами; между тѣмъ у Государя просилъ разрѣшенія отдавать ихъ на купеческіе корабли, гдѣ штурманское дѣло такое же, какъ и на военныхъ; а если это найдутъ неудобнымъ, то еще предлагалъ назначить для обученія свои Русскіе фрегаты, и поручить ихъ знающимъ офицерамъ, въ числѣ которыхъ указывалъ на Конона Зотова, князя Хованскаго, Мяснова и Лодыженскаго; писалъ, что на эти фрегаты можно назначить, сколько угодно, навигаторовъ, «и въ томъ бы и честь и пожитокъ былъ Государству, и всѣ бы свое дѣло знали.»

Приведемъ здѣсь нѣсколько предложеній Львова, съ подлинными резолюціями нашего Великаго Моряка.

Вопросы Львова.	*Резолюціи* ГОСУДАРЯ.
Опредѣленнымъ дворянамъ, которымъ велѣно быть за моремъ въ Англіи и Голландіи, какимъ наукамъ учиться, и какъ ему (Львову) съ ними поступать, дать ему на сіе указъ?	Учиться навигаціи зимою; а лѣтомъ ходить на море на всякихъ корабляхъ, и обучиться, чтобъ возможно онымъ потомъ морскими офицерами быть.
Велѣно тѣхъ дворянъ раздѣлить по поламъ въ Англію и въ Голландію, и въ небытность коммиссара, надъ ними кому надзирать?	Не написано что надвое; но дано на волю: хотя на двое.
Многіе изъ тѣхъ дворянъ никакого другаго языка не знаютъ, кромѣ Русскаго; отдавать ли прежде ихъ тамо учиться языку, понеже не знаючи языка не возмогутъ пра-	Какъ матрозы Русскіе выучились, такимъ образомъ и онымъ учиться.

вильно выучиться положенному на них дѣлу?

Если Англійскій и Голландскій флотъ, за какимъ ни есть препятствіемъ къ городу (Архангельску) не придутъ, что и прошлаго лѣта случилось, и тогда на Датскихъ, на Гамбургскихъ и на Любскихъ корабляхъ тѣхъ дворянъ отъ города посылать ли, или, изъ тѣхъ мѣстъ сухимъ путемъ имъ ѣхать до Голландіи?

На какихъ ни есть, только время ѣхать — полно отговариваться!

Не объявить ли указъ онымъ дворянамъ, ежели кто совершитъ скоро положенное на немъ дѣло, тогда не дожидая другаго указа, токмо съ подлиннымъ свидѣтельствомъ возвращаться въ свое отечество, дабы смотря на него другіе также съ прилежаніемъ учились?[35]

Не убивъ медвѣдя, кожи сымать не надлежитъ!

Навигацкая школа, съ основанія своего, находилась въ вѣдѣніи Оружейной палаты, у Боярина Ѳедора Алексѣевича Головина «съ товарищи.» Хотя обо всемъ, касающемся школы, Государь приказывалъ Головину, но тотъ, по множеству другихъ занятій и частымъ отлучкамъ изъ Москвы, не могъ имѣть на школу личнаго непосредственнаго вліянія. По смерти Головина, учителямъ и ученикамъ школы, 1706 года декабря 15, велѣно состоять въ Приказѣ Морскаго Флота, и потомъ, въ іюнѣ 1712 года, въ вѣдѣніи Адмиралтейской Канцеляріи.[36] Со времени поступленія школы въ морское вѣдомство, главный надзоръ за нею имѣлъ Адмиралтеецъ, а впослѣдствіи Генералъ-Адмиралъ, Графъ Ѳедоръ Матвѣевичъ Апраксинъ. Онъ, управляя всею морскою частію, обращалъ вниманіе и на школу. Всѣ указы Царскіе, къ ней относящіеся, шли черезъ него, и хотя Апраксинъ, по службѣ своей, также не рѣдко отлучался изъ Москвы; но, получая донесенія, онъ не переставалъ заниматься дѣлами школы. Въ отсутствіе Государя, онъ дѣлалъ смотры являвшимся дворянскимъ дѣтямъ, назначалъ ихъ въ школу, и отправлялъ за границу.

Навигацкая школа, въ продолженіе своего пятнадцатилѣтняго существованія, принесла большую пользу. Она образовала первыхъ Русскихъ морскихъ офицеровъ, которые въ этотъ короткій промежутокъ времени сдѣлали почти ненужнымъ наемъ иностранцевъ. Первые наши инженеры, артиллеристы, и вообще многіе дѣятели новаго, Петровскаго порядка были воспитанники школы. Въ стѣнахъ ея учились наши гидрографы и топографы, извѣстные подъ именемъ «геодизистовъ.» Они первые проникли съ ученою цѣлью въ самые отдаленные края Россіи, составили карты цѣлыхъ областей, береговъ морей, изслѣдовали рѣки, описывали лѣса, назначали дороги и т. п. По несовершенству тогдашнихъ способовъ и инструментовъ, работы ихъ далеко не совершенны; но труды геодезистовъ, по огромности принесенной пользы и по самоотверженію, съ которымъ они трудились, заслуживаютъ полное уваженіе.

До геодезистовъ у насъ не было своихъ географическихъ картъ, а были *географскіе чертежи*, то есть, описанія, какъ въ Книгѣ Большаго Чертежа, положенныя на бумагу, съ сохраненіемъ разстояній между городами, и почти безъ соблюденія взаимнаго положенія мѣстъ. Послѣдній по времени географскій чертежъ, былъ атласъ Сибири, составленный Ремезовымъ

(1701 году);[36] а первая съемка по правиламъ науки сдѣлана самимъ Государемъ, во время плаванія Его по рѣкѣ Дону, отъ Воронежа до Азова (1699 года). При этой съемкѣ «отъ мѣста до мѣста примѣчали, ширину (широту) мѣстъ описывали, и еже получасно грунтъ диплотомъ и тонкимъ лицемъ, компасомъ и минутною склянкою расчислили, дабы подлинное положеніе и разстояніе ея (рѣки) измѣрить.» Съ этого времени начинается рядъ работъ геодезистовъ, карты которыхъ, кромѣ исполненія частныхъ цѣлей правительства, послужили матеріаломъ для составленія перваго полнаго атласа Россіи,[38] издаваемаго оберъ-секретаремъ Сената Кириловымъ — кажется, также воспитанникомъ Навигацкой школы.

Наконецъ, изъ этой школы начала распространяться въ народѣ грамотность, направленная къ гражданскимъ пользамъ. Во всѣ вновь учреждаемыя училища, учителей брали изъ Навигацкой школы, и они вездѣ, кромѣ чтенія и письма, учили ариѳметикѣ и геометріи, которыя для всякаго занятія и ремесла были, если не необходимы, то весьма полезны.

Въ эти годы царствованія Петра (1701–1715), довольно часто основывались разныя училища. Въ нѣсколькихъ городахъ заведены небольшія Адмиралтейскія школы; въ 1712 году уже существовала школа Инженерная; въ 1714 разосланы были во всѣ губерніи, и также по архіерейскимъ домамъ и «знатнымъ монастырямъ, ученики математической школы, для обученія дѣтей дворянскихъ, духовнаго вѣдомства и приказнаго чина «цифири», то есть, ариѳметикѣ и за малые успѣхи обучающихся взыскивали такъ строго, что безъ учительскаго свидѣтельства не позволяли ихъ вѣнчать.[39]

—

II.

Морская Академія.

1715—1725.

То академикъ, то герой,
То мореплаватель, то плотникъ,
Онъ всеобъемлющей душой
На тронѣ вѣчный былъ работникъ.

Пушкинъ.

Въ пятнадцать лѣтъ, прошедшихъ со времени основанія Навигацкой школы, положеніе Россіи въ морскомъ отношеніи совершенно измѣнилось. Потеря отдаленнаго Азовскаго моря, лишившая насъ близкихъ торговыхъ сношеній съ одною Турціей, съ избыткомъ вознаградилась открытіемъ для плаванія Финскаго залива и Балтійскаго моря, сблизившихъ Россію со многими государствами образованной Европы. Съ пріобрѣтеніемъ новаго моря, и морская дѣятельность перешла съ юга на сѣверъ; кораблестроеніе и Адмиралтейства, изъ Воронежа и Таврова (городъ на Дону), перенесены въ Петербургъ и Кронштадтъ, и Морское управленіе переведено изъ Москвы въ С.Петербургъ. Увеличивающійся, съ каждымъ годомъ, флотъ требовалъ множества офицеровъ, для приготовленія которыхъ прежней Навигацкой школы было недостаточно; необходимо было или увеличить комплектъ ея, или основать еще другую морскую школу.

Государь избралъ послѣднее, и предположилъ новое училище помѣстить въ Петербургѣ, гдѣ адмиралтейства, Нева, близость моря представляли всѣ удобства для практическаго изученія морскаго дѣла, и ученье было на глазахъ Самого Государя и высшаго морскаго начальства.

При образованіи новаго училища, Московская Навигацкая школа осталась только собственно *морскимъ* пріуготовительнымъ училищемъ, потому что другія службы, въ то время, уже имѣли свои спеціальныя школы.

Въ Москвѣ велѣно было учить ариѳметикѣ, геометріи и тригонометріи; а въ Петербургѣ проходить всѣ остальныя науки необходимыя для морскаго офицера. Это раздѣленіе однакожъ не сохранялось строго; съ самаго начала, въ новое училище, велѣно принимать достаточныхъ дворянъ, хотя бы они не имѣли никакихъ пріуготовительныхъ свѣдѣній, и при обоихъ училищахъ, во все время ихъ существованія, были школы Цифирныя и Русскія, въ которыхъ обучались читать и ариѳметикѣ.

Размѣщеніе по двумъ городамъ частей того же учебнаго заведенія, хотя представляло нѣкоторыя неудобства, но было сдѣлано сообразно съ обстоятельствами. Изъ большей части Россіи небогатымъ дворянамъ легче было представлять дѣтей въ Москву, нежели въ Петербургъ, и, кромѣ того, въ Москвѣ, строеніе и все заведеніе школы остались прежнія, а новое устройство училища въ Петербугѣ, для большаго числа учениковъ, требовало значительныхъ денегъ, на которыя Великій Монархъ былъ крайне бережливъ.

Государь, какъ человѣкъ въ высшей степени практическій, въ нововведеніяхъ своихъ, большею частію руководствовался, уже готовыми опытами иностранцевъ, и для каждаго новаго дѣла выписывалъ знающаго человѣка. Такъ и для образованія морскаго училища, принятъ былъ въ нашу службу Французъ, Баронъ Сентъ-Илеръ (Saint-Hilaire), который обѣщалъ устроить у насъ училище по образцу Французскихъ. Морскія училища во Франціи, основанныя при Лудовикѣ XIV въ Марселѣ, Тулонѣ и Брестѣ, были въ хорошемъ состояніи, и Государю угодно было принять ихъ за образецъ.

Баронъ Сентъ-Илеръ, принятый въ службу съ чиномъ Генералъ-Лейтенанта, былъ человѣкъ замѣчательный по своимъ знаніямъ, смѣлымъ проектамъ, и самому неуживчивому характеру. «Отечество свое, пожитки и чины (пишетъ онъ въ одномъ прошеніи къ Графу Апраксину), принужденъ былъ оставить я за дѣло, касающееся до чести,» то есть, вѣроятно бѣжалъ отъ наказанія за дуэль, которыя во Франціи строго преслѣдовались. Поступивъ въ Русскую службу, онъ не умѣлъ, или не хотѣлъ примѣняться къ лицамъ и обстоятельствамъ, и безпрестанно жаловался, что его тѣснятъ завистливые люди и мало почитаютъ; впослѣдствіи вздорилъ съ Фарварсономъ, Матвѣевымъ и даже Меншиковымъ, который къ крайней обидѣ честолюбиваго барона, угрожалъ его «палками бить, чтобъ научить жить народъ Французской».[40]

До насъ дошло нѣсколько проектовъ Сентъ-Илера: два изъ нихъ, о которыхъ сей часъ скажемъ, относятся къ устройству морскаго училища; въ третьемъ, онъ предлагалъ составить Морской Регламентъ, подобный регламентамъ другихъ державъ; а въ четвертомъ, предлагалъ Государю слѣдующее торговое предпріятіе: поручить Сентъ-Илеру отправиться съ четырьмя довѣренными ему людьми въ Фіумъ; тамъ построить нѣсколько кораблей, которые по дешевизнѣ матеріаловъ и рабочихъ обойдутся несравненно дешевле Русскихъ; на этихъ корабляхъ отправиться въ Россію; на пути зайти въ Венецію, для найма разныхъ мастеровыхъ и морскихъ служителей нужныхъ для Россіи; въ Геную; въ Марсель, для закупки Французскихъ винъ; потомъ посѣтить Неаполь, Ливорно, Мессину (Богъ знаетъ за чѣмъ), Барцелону, Аликанте, Кадиксъ и Лиссабонъ, въ которомъ также набрать мастеровыхъ. Сентъ-Илеръ полагалъ, что охотниковъ едва ли можно будетъ помѣстить на два или на три корабля. Все это онъ брался исполнить въ продолженіе 12 или 15 мѣсяцовъ; наличныхъ денегъ почти не просилъ, а довольствовался «кредитомъ» на Голландію, и большую часть расходовъ думалъ покрыть продажею привезенныхъ товаровъ.[41]

Одинъ проектъ его, объ основаніи Морской Академіи, написанъ съ знаніемъ дѣла и, что всего важнѣе, въ немъ обращено полное вниманіе на практическое обученіе воспитанниковъ. Здѣсь въ первый разъ на Русскомъ языкѣ употреблено слово «Кадетъ» и поясненно его значеніе (См. Приложеніе III).

Въ другомъ проектѣ, составленномъ Сентъ-Илеромъ по требованію Графа Апраксина, говорится также объ устройствѣ Морскаго училища, но вопросъ разсматривается съ денежной стороны. Требованія барона были такъ неумѣренны, и суммы, назначенныя имъ, такъ несообразны съ средствами того времени, что надо удивляться, какъ Апраксинъ рѣшился представить подобное мнѣніе на разсмотрѣніе Государя.

Въ этомъ проектѣ Сентъ-Илеръ новое училище называетъ «Морскимъ Корпусомъ», и устраиваетъ его будто бы по образцу Французкой школы, а въ самомъ дѣлѣ на правахъ частнаго пансіона, въ которомъ наемъ учителей и всю хозяйственную часть думаетъ прибрать къ своимъ рукамъ.

Онъ требовалъ, чтобы для училища выстроили домъ, по представленному имъ плану, потому что назначенный Государемъ Кикинъ домъ неудобенъ.

Для 300 воспитанниковъ полагалъ необходимымъ 60 профессоровъ, съ жалованьемъ по 600 рублей каждому, и того 36,000 р. На пищу ученикамъ, жалованье прислугѣ, на освѣщеніе и отопленіе зданія, 21,680 р.; что составляетъ всего 57,680 р. На это просилъ у Государя, по 16 руб. въ мѣсяцъ съ каждаго воспитанника, что въ годъ составляло 57,600 р. Деревню по близости Петербурга, гдѣ бы можно было держать домашній скотъ, птицъ, имѣть огороды и пр.; да для черной работы 50 мужиковъ. Кромѣ этого, себѣ просилъ оставить назначенное ему жалованье.

Государь разсматривая проектъ, сдѣлалъ на нѣкоторые пункты его слѣдующія резолюціи:

Гдѣ Сентъ-Илеръ предлагаетъ о необходимости новаго дома, и говоритъ, что назначенный Кикинъ домъ вовсе негоденъ, Государь пишетъ: «Учинить на Кикина дворѣ, а вновь дѣлать трудно.»

Противъ того пункта, въ которомъ Сентъ-Илеръ, для избавленія отъ хлопотъ Государя, Его Министровъ и самихъ учениковъ, принимаетъ на себя, все содержаніе училища, Государь замѣчаетъ: «Сіе невозможно, и лишнева не надлежит брать, ибо то коммиссарское дѣло.»

Противъ обѣщанія Сентъ-Илера, довольствовать учениковъ хорошимъ столомъ, Государь пишетъ: «Сего такъ же не надлежитъ, ибо болѣе клонится къ лакомству и карману, нежели къ службѣ.»

Сентъ-Илеръ между прочимъ пишетъ, «что никто изъ здѣшней земли незнаетъ честно чинъ, которымъ Ваше Величество милостиво изволили меня пожаловать, для того, что мало меня почитаютъ.» А Государь, которому видно наконецъ надоѣла пустая болтовня Француза, отвѣчаетъ: «По сему мочно знать, что немного ума, понеже всѣхъ глупѣе себя ставитъ;» и въ заключеніе, рѣшаетъ о прожектерѣ, «чтобъ подлинно объявилъ, хочетъ ли онъ свое дѣло дѣлать безъ прихотныхъ вышеписанныхъ запросовъ? и буде будетъ, чтобъ дѣлалъ; буде нѣтъ, то чтобъ отдалъ взятое жалованье и выѣхалъ изъ сей земли.»[12]

Замѣчательно, что противъ того пункта проекта, въ которомъ предлагалось проходить всѣ науки на Голландскомъ и Нѣмецкомъ языкахъ, Государь не сдѣлалъ никакого возраженія.

Баронъ Сентъ-Илеръ хотя бросилъ на время свои «прихотные запросы», и остался въ службѣ, но проектъ его не имѣлъ вліянія на образованіе новаго училища. Онъ его подалъ 18 сентября, Государь читалъ 30-го, а 1-го октября 1715 года, уже состоялся указъ объ учрежденіи *Морской Академіи*, и вышла полная инструкція ученія и содержанія въ ней учениковъ.[13]

Морская Академія, или *Академія Морской Гвардіи*, сколько можно судить по инструкціи, была уже не простая школа, а настоящее Военно-Учебное Заведеніе. Въ ней было правильное распредѣленіе учебныхъ занятіи, и полный военный порядокъ, съ наблюденіемъ строгой дисциплины. Комплектъ воспитанниковъ положенъ 300 человѣкъ, раздѣленныхъ на шесть отдѣленій или «бригадъ,» въ каждой по 50 человѣкъ. Въ строевомъ отношеніи, надъ ними начальствовалъ офицеръ, назначаемый изъ гвардейскихъ полковъ, и называвшійся «Командиромъ Морской Гвардіи.» Должность его соотвѣтствовала должности батальоннаго командира нынѣшнихъ кадетскихъ корпусовъ. Въ помощь ему назначались, также изъ гвардіи, одинъ или два офицера, два сержанта и нѣсколько хорошихъ старыхъ солдатъ, исправлявшихъ должность дядекъ. Общее завѣдываніе Академіею, по всѣмъ частямъ, имѣлъ Директоръ.

Воспитанники должны были, сколько дозволяло помѣщеніе, жить въ зданіи Академіи. Ежедневныя занятія ихъ располагались слѣдующимъ образомъ: осенью и зимою въ 7-мъ часу, а весною и лѣтомъ въ 6-мъ, всѣ, послѣ завтрака, собирались въ залъ для молитвы. По окончаніи ея расходились по классамъ, и садились по своимъ мѣстамъ «со всякимъ почтеніемъ и всевозможною учтивостію, безъ всякой конфузіи, не досадя другъ другу.»

Въ классахъ приказано было «никакого крику, ни шуму не чинить», и особенно не проводить время въ разговорахъ. Для наблюденія за порядкомъ, Государь приказалъ во всякомъ классѣ быть по одному дядькѣ, и имѣть «хлыстъ въ рукахъ; а буде кто изъ учениковъ станетъ безчинствовать, онымъ хлыстомъ бить, не смотря какой бы ученикъ фаміліи ни былъ, подъ жестокимъ наказаніемъ, кто поманитъ», то есть, кто будетъ потворствовать.

Воспитанники, или какъ ихъ называли въ бумагахъ, «Морская Гвардія», имѣли ружья, и въ Академіи содержался постоянный караулъ изъ офицера и 18 учениковъ, по 3 изъ каждой бригады. Они стояли на часахъ у воротъ, въ залахъ, при денежной казнѣ, у часоваго колокола и т. п.

Для преподаванія, переведены были изъ Москвы Фарварсонъ и Гвынъ,[43] и въ помощь имъ необходимое число учителей и навигаторовъ.

Преподаватели должны были являться къ своимъ занятіямъ во время, и обучать Морскую Гвардію «всему, что къ ихъ чину принадлежитъ, со всякимъ прилежаніемъ и лучшимъ разумительнѣйшимъ образомъ.» Строго предписано было: «ничего не брать съ учениковъ, ни прямымъ ниже постороннимъ образомъ, подъ штрафомъ вчетверо оное возвратить;» а ежели кто изъ учителей замѣчался двукратно виновнымъ во взяткахъ, то подвергался «тѣлесному наказанію».[45]

Морскую Академію помѣстили въ домѣ бывшемъ Кикина; который вначалѣ отдѣлали на скорую руку и пристроили къ нему нѣсколько мазанокъ;[46] окончательно же достроивали его лѣтомъ 1718 года. На приложенномъ здѣсь рисункѣ представлены два строенія принадлежащія Кикину дому.

Положеніе Академіи вполнѣ соотвѣтствовало ея назначенію: она была «на набережной линіи» Невы, на мѣстѣ нынѣшняго Зимняго дворца, именно на углу обращенномъ къ Адмиралтейству и Главному Штабу. Въ то время, вся часть Петербурга, между Невою и Фонтанкою, по справедливости называлась «Адмиралтейскимъ островомъ», и дѣйствительно, почти вся была занята строеніями, принадлежащими Морскому вѣдомству.

Лит. Прохорова.

КИКИНА ПАЛАТЫ.

Настоящій городъ былъ еще около крѣпости, на Петербургской сторонѣ, а эта часть, въ особенности по улицамъ Галерной и обѣимъ Морскимъ, походила на грязную слободу приморскаго города. Деревянные домики, мастерскія, раздѣленныя лугами, рощами и пустырями, занимали теперешнія красивѣйшія части города. Адмиралтейство, стоявшее на томъ же мѣстѣ, гдѣ и теперь, обнесено было земянымъ валомъ съ палисадомъ, за которымъ тянулись мазанковыя магазины, и шелъ внутренній каналъ выложенный камнемъ. У главныхъ воротъ, надъ каменнымъ строеніемъ, возвышалась мазанковая башня съ часами.

Взойдя на эту башню, лѣтомъ 1716 года, вы увидѣли бы внутри адмиралтейтейства 9 элинговъ и мокрый докъ. Передъ адмиралтействомъ большой лугъ, искрещенный проѣзжими дорогами и тропинками протоптанными пѣшеходами. На лугу стоялъ большой чертежный амбаръ; по Малой и Большой Морскимъ, тянулись бѣдные домики флотскихъ чиновниковъ; близъ Синяго моста, стоялъ большой полковой адмиралтейскій дворъ, и подлѣ скромной деревянной церкви Казанской Божіей Матери, были казармы адмиралтейскихъ плотниковъ.

По правую сторону адмиралтейства, гдѣ теперь дворецъ, находилась Морская Академія; подлѣ ея, ближе къ Невѣ, красивый барскій домъ Графа Ѳедора Матвѣевича Апраксина, и передъ нимъ Морской рынокъ. По лѣвую сторону, на мѣстѣ нынѣшняго Сената, были деревянныя палаты, въ которыхъ впослѣдствіи нѣкоторое время засѣдала Адмиралтействъ—Коллегія. Въ мазанкахъ, разбросанныхъ вблизи, жили корабельные мастера и адмиралтейскіе чиновники. Отсюда, все пространство по Галерной улицѣ, до новаго адмиралтейства и къ обѣимъ Коломнамъ, было занято магазинами — смольнымъ, угольнымъ, и т. п., огромнымъ прядильнымъ или канатнымъ заводомъ, различными мастерскими, банями, сараями, амбарами для храненія пеньки, лѣса и пр.

Всѣ эти строенія, для предохраненія отъ пожара и для удобнѣйшей подвозки тяжестей, были окружены каналами. Нынѣшнее Новое Адмиралтейство находилось на томъ же мѣстѣ, и называлось «Галернымъ дворомъ», потому что въ немъ строились галеры. Въ Голландіи сберегались лѣса; вблизи ея были провіантскіе магазины, сухарный заводъ, мясосольныя, арестантскій дворъ, и пр.

Все это, по самому назначенію своему, было очень нечисто и не красиво; и въ этомъ грязномъ младенцѣ, кромѣ Самого Царя, конечно никто не могъ предвидѣть нынѣшняго красавца Петербурга.

Нашей Морской Гвардіи, можетъ быть, здѣсь было и скучнѣе чѣмъ въ Москвѣ, но за то новая столица, какъ нельзя лучше, соотвѣтствовала будущей службѣ воспитанниковъ.[47]

При основаніи Морской Академіи баронъ Сентъ-Илеръ назначенъ Директоромъ, но непосредственный высшій надзоръ порученъ былъ Графу Андрею Артамоновичу Матвѣеву, сыну извѣстнаго боярина Артамона Сергѣевича; но и Матвѣевъ обо всѣхъ, сколько нибудь важныхъ дѣлахъ, испрашивалъ разрѣшенія Графа Апраксина, какъ начальника всего флота.

Въ новую Академію прислали 305 учениковъ изъ Москвы, кромѣ того, нѣсколько изъ Новгородской и Нарвской школъ и изъ вновь явившихся дворянъ.

Матвѣевъ самъ сдѣлалъ имъ разборъ: очень бѣдныхъ отправилъ назадъ къ Москву, незнающихъ грамоты послалъ учиться въ Новгородскую школу, а «немалое число гораздо увѣчныхъ, и негодныхъ ни къ какой службѣ» отпустилъ по домамъ.[48]

Въ Академію поступали по большей части дѣти знатныхъ фамилій, и вообще достаточныхъ дворянъ. Иностранецъ Веберъ, бывшій тогда въ С. Петербургѣ, пишетъ, «что во всемъ пространномъ Россійскомъ Государствѣ не было ни одной знатной фамиліи, которая бы не представила въ Академію сына или ближайшаго родственника.[49]

Вскорѣ по вступленіи барона Сентъ—Илера въ управленіе Академію, между имъ и Фарварсономъ стало «чиниться великое несогласіе». Сентъ—Илеръ, какъ Директоръ, требовалъ отъ Фарварсона повиновенія, а тотъ возражалъ, что «подъ послушаніемъ его бароновымъ быть не хочетъ»; потому что свой предметъ, геодезію, знаетъ какъ учить, и что барону, которой «той науки самъ не свѣдомъ», въ преподаваніе ее мѣшаться нечего; и сверхъ того, онъ Фарварсонъ назначенъ по указу «особою», а не въ подчиненные Сентъ—Илеру.

Кончилось тѣмъ, что при размѣщеніи учениковъ, сдѣланномъ Сентъ—Илеромъ, въ зданіяхъ Академіи, ни Фарварсону, ни ученикамъ его не нашлось мѣста. Ссора эта дошла до Графа Апраксина, которому Матвѣевъ предлагалъ, для избѣжанія неудовольствій, отвести Фарварсону съ учениками мѣсто внѣ Академіи.[50]

Независимо отъ этихъ мелочныхъ замѣчательствъ, обученіе шло своимъ порядкомъ. Государь лично слѣдилъ за Своимъ любимымъ училищемъ, и посѣщая адмиралтейство и Графа Апраксина, вѣроятно, нерѣдко заглядывалъ и въ сосѣдній Кикина домъ, гдѣ была Академія.

Въ залѣ Адмиралтействъ-Совѣта до сихъ поръ хранятся книги драгоцѣнныя для каждаго Русскаго моряка. Онѣ составлены изъ листовъ, на которыхъ нашъ Великій кораблестроитель, посѣщая Адмиралтейство, писалъ свои бѣглыя замѣчанія, приказанія, набрасывалъ поясительный чертежъ для обдѣлки корабельнаго члена и т. п. Въ этихъ книгахъ, съ этими мелочами, до послѣдней степени техническими, осязательно выступаетъ геніальный Петръ Михайловъ, съ своимъ глубокимъ, всеобъемлющимъ знаніемъ и не человѣческимъ трудолюбіемъ.

Съ благоговѣніемъ смотришь на эти листы, къ которымъ прикасалась рука Его, и кажется, слышишь отеческое увѣщаніе каждому Русскому: «Трудись братецъ, надо трудиться; я и Царь вашъ, а у меня мозоли на рукахъ.»[51]

Между прочимъ, тутъ остался памятникъ заботливости Государя объ Его Морской Гвардіи. На листѣ одной изъ этихъ книгъ, написано собственною рукою Петра Великаго, «Учить дѣтей: 1) ариѳметикѣ, 2) геометріи, 3) фехтъ или пріемы ружья, 4) артилеріи, 5) навигаціи, 6) фортификаціи, 7) географіи, 8) знанію членовъ корабельнаго гола[52] и такелажа, 9) рисованью». Написаннаго въ 10-мъ пунктѣ нельзя разобрать; но изъ другихъ дѣлъ видно, что въ немъ было приказано учить драться на рапирахъ. Это подлинный указъ Государя о наукахъ, которыя должно было проходить въ Морской Академіи; здѣсь приложенъ съ него точный снимокъ.[53]

Впослѣдствіи, въ Адмиралтейскомъ регламентѣ, этотъ списокъ болѣе разъясненъ, и велѣно учить: артиллеріи, навигаціи и фортификаціи, шанцамъ и ретранжаментамъ (то есть, полевой фортификаціи),

Будућия

1. ариѳметика +
2. геометрїи
3. ѳеатъ   такъ прежде +
4. артикерїи
5. навигаціи
6. фортификаціи +
7. географїи
8. знание членоу справедливо во оная что положена
9. рисованя

на провиѳление подад в 8 персонъ

Написано Его величества руков 9 дня сентября
1715

географіи, и воинскимъ обученіемъ съ мушкетами, *совершенно*; а фортификаціи и апрошамъ (то есть, долговременной фортификаціи), также и корабельнымъ членамъ, *чтобъ только знали, что для чего дѣлается*; и наконецъ, рисованью и на раппрахъ, *сколько возможно*.⁵⁴

Съ основанія Морской Академіи, какъ мы уже видѣли, Сентъ-Илеръ былъ Директоромъ, подъ главнымъ надзоромъ Матвѣева, который завѣдывалъ тоже и Московской школой. Это былъ сановникъ, удостоенный особенною довѣренностію Государя, «мужъ въ разумѣ и въ дѣлахъ достохвальный» по отзыву современниковъ, дипломатъ бывшій съ уполномочіями въ Голландіи, Франціи, Англіи и Австріи, гдѣ и получилъ Графское достоинство.⁵⁵ Образованіе и способности Матвѣева конечно соотвѣтствовали важности довѣряемыхъ ему порученій. Назначенный начальникомъ Морскихъ училищъ, онъ кажется входилъ во всѣ подробности управленія, и заботился о приведеніи ихъ въ хорошее состояніе.

Баронъ Сентъ—Илеръ завѣдывалъ Академію съ небольшимъ годъ; вѣроятно какія нибудь новыя ссоры, или непомѣрныя требованія были причиною слѣдующихъ строкъ написанныхъ Государемъ, Графу Апраксину, въ Февралѣ 1717 года, изъ Амстердама «Академію вѣдать Матвѣеву, а Барона С. Гилера, для его прихотей, отпустите; ибо мы надѣемся на его мѣсто сыскать здѣсь другаго.»⁵⁶

Но и Матвѣевъ управлялъ только до 1719 года; пожалованный Сенаторомъ и назначенный Президентомъ Юстицъ-Коллегіи, онъ сдалъ начальство полковнику и отъ бомбардиръ капитану Григорію Григорьевичу Скорнякову-Писареву.⁵⁷

Новый начальникъ, получившій воспитаніе за

границею, особенно хорошо зналъ математику; за четыре года передъ своимъ назначеніемъ въ директоры, онъ преподавалъ въ Морской Академіи артиллерію, и въ послѣдствіи напечаталъ книгу по части механики.[58] При учрежденіи школъ по губерніямъ, при Архіерейскихъ домахъ, онъ завѣдывалъ такими школами въ Псковѣ, Новѣгородѣ и Ярославлѣ.

Кромѣ управленія Морскими училищами, Писаревъ былъ занятъ другими весьма важными порученіями: исправлялъ должность оберъ-прокурора, и даже за отсутствіемъ Графа Ягужинскаго, должность генералъ-прокурора Сената, и принималъ большое участіе въ работѣ Ладожскаго канала. За послѣднее порученіе онъ впалъ въ немилость Государя, лишенъ мѣста въ Сенатѣ, и директорство надъ училищами здалъ, 1728 года апрѣля 21. флота капитану Александру Львовичу Нарышкину.[59]

Писаревъ, отвлекаемый многими занятіями отъ управленія училищами, кажется, не обращалъ на нихъ большаго вниманія, и вкравшіеся при немъ безпорядки досталось исправлять Нарышкину.

Для управленія Московскою школою, Писаревъ при вступленіи своемъ, хотя и далъ (1719 г. марта 10) дѣльную, очень строгую инструкцію, но по послѣдствіямъ видно, что она мало прилагалась къ дѣлу.

Въ этой инструкціи велѣно было, въ Москвѣ учить только ариѳметикѣ и геометріи, по окончаніи которыхъ отсылать учениковъ въ Петербургъ на ямскихъ подводахъ, полагая одну подводу на четыре человѣка. Комплектъ имѣть 500 человѣкъ, и на открывшіяся ваканcіи набирать дѣтей «всякихъ чиновъ, кромѣ дворянъ», для которыхъ предназначилась Петербургская Академія.

Воспитанникамъ приказано «учиться не лѣностно; а которые обучаться будутъ лѣниво и другія всякія продерзости чинить, такихъ наказывать: бить батогами; а которые явятся въ разбояхъ и буянствѣ,⁶⁰ и въ другихъ важныхъ воровствахъ, такихъ отдавать къ гражданскому суду куда надлежатъ.»

«За нехожденіе въ школу бить батогами и вычитать за каждый день втрое противъ получаемаго жалованья,» а на штрафныя деньги дѣлать чертежные инструменты. «Бѣжавшихъ сыскивать, писать въ губерніи, и движимое имѣніе ихъ описывать на Великаго Государя;⁶¹ а которые сысканы будутъ, тѣмъ учинить наказаніе, и собравъ поручныя записи, оставить по прежнему въ ученьѣ; а кто по себѣ поручныхъ записей не дастъ, тѣхъ присылать подъ карауломъ въ С. Петербургъ».

«Съ Іюля 15-го до 15 Августа отпускать гулять», то есть, увольнять въ отпускъ и классы на это время прекратить.

Жалованья ученики получали, въ ариѳметикѣ, въ день 4 деньги, въ геометріи — 7 денегъ; а дворяне, имѣвшіе болѣе пяти дворовъ крестьянъ, учились безъ жалованья. До Писарева, и послѣ него, въ Москвѣ учили и тригонометрію, за которую жалованья назначено было 8 денегъ. На инструменты вычитали, въ ариѳметикѣ — 6, въ геометріи — 10 денегъ, а въ тригонометріи — 2 алтына, въ мѣсяцъ.

На караулѣ стояли въ Московской школѣ «у казны» по 12 человѣкъ школьниковъ; кромѣ того у коммиссара, управлявшаго школою, по 3 человѣка, и у Магнитскаго по 2. Эти ученики, обыкновенно не изъ дворянъ, назначались для посылокъ, прислуги и т п.

Новый директоръ, Александръ Львовичъ Нарышкинъ, былъ человѣкъ молодой (28 лѣтъ), пылкій, отлично образованный и любимецъ Государя. Во время путешествія по Германіи, Франціи и Италіи, Нарышкинъ особенно занимся морскими науками. Возвратясь, послѣ долговременнаго отсутствія, въ Россію, онъ хотя опредѣленъ былъ въ Адмиралтейство, но все свободное время находился при Государѣ, который иначе не называлъ его, какъ «Львовичемъ».[62]

Нарышкинъ горячо принялся за ввѣренное ему управленіе Морскими училищами, и много сдѣлалъ полезнаго для юной Академіи. При сдачѣ Писарева, въ Петербургѣ оказалось учениковъ, сверхъ штата, болѣе 100 человѣкъ, а въ Москвѣ недоставало около 80. Много было неизлѣчимо больныхъ и 116 человѣкъ въ бѣгахъ. Нарышкинъ привелъ все это въ порядокъ; хлопоталъ, на основаніи Адмиралтейскаго регламента, о пріискиваніи, какихъ недоставало, учителей; требовалъ переводчика иностранныхъ книгъ, и даже лекаря, котораго не было при Академіи.[63]

При Нарышкинѣ ученики ходили въ походъ на эскадрѣ;[64] а для изученія корабельной архитектуры, онъ, также на основаніи регламента, заставилъ сдѣлать модель корабля, и поставилъ ее въ Академію.[8] Кажется при немъ же устроилась и типографія Морской Академіи.

Нарышкинъ началъ обучать воспитанниковъ ружейной пальбѣ съ порохомъ, и вытребовалъ для этого, какую могъ сыскать въ магазинахъ, аммуницію. Не велѣлъ принимать въ школу безграмотныхъ; запретилъ ученикамъ жениться ранѣе 25 лѣтъ; строго смотрѣлъ чтобы учители не брали взятокъ, и проч.

Въ классахъ Академіи математическимъ и морскимъ наукамъ учили профессоры Фарварсонъ и Гвынъ, также учители, подмастерья и навигаторы, вышедшіе изъ воспитанниковъ Навигацкой школы. Для другихъ предметовъ, если не находилось своихъ учителей, приглашали и постороннихъ лицъ. Жалованья получали: Фарварсонъ — 955 руб. 84 коп.; Гвынъ, умершій въ 1720 году, — 400 р. въ годъ; въ Москвѣ Магницкій — 260 руб.; подмастерья по 6 рублей въ мѣсяцъ; а навигаторы по 3 руб. 50 к., и самый малый провіантъ. Артиллеріи сначала, то есть, съ 1715 года, училъ Скорняковъ-Писаревъ, бывшій тогда Преображенскимъ капитанъ-поручикомъ; а потомъ съ 1719 года, отъ бомбардиръ сержантъ Иванъ Невскій, который за это обученіе, сверхъ полковой дачи, получалъ по 2 рубли въ мѣсяцъ. Фехтованью училъ иностранецъ Гейманъ, получавшій жалованья 550 р. въ годъ.[66]

Для обученія фронту, и вообще начальства надъ воспитанниками, съ самаго основанія Академіи, прикомандировали въ ней гвардіи поручика Бестужева и, въ помощь ему, гвардіи же, прапорщика Кафтырева и двухъ сержантовъ Семеновскаго полка.

Для завѣдыванія хозяйственною и казначейскою частію, въ Петербургской Академіи и въ Московской школѣ, было по коммиссару и небольшой канцеляріи или «конторѣ.» Въ Москвѣ коммиссаръ былъ настоящій начальникъ школы; а въ Петербургѣ управлялъ директоръ, за отсутствіемъ его, помощникъ директора, родной братъ Нарышкина, Иванъ; если и его не было, начальство переходило къ Бестужеву, Кафтыреву и коммиссару; но никогда къ учителямъ. Иванъ Нарышкинъ нерѣдко подписывалъ и бумаги вмѣстѣ съ братомъ.

Къ управленію директора Академіи, или С.Петербургской Академической конторы, присоединены въ 1721 г. (февр. 4) школы, основанныя по разнымъ городамъ для обученія дѣтей ариѳметикѣ, въ которыхъ съ 1722 года учили и «платъ геометріи.» До поступленія этихъ школъ въ вѣдомство Академіи, они состояли въ управленіи Адмиралтейской мундирной конторы, и тогда получили названіе «Адмиралтейскія,» которое при нихъ оставалось и впослѣдствіи.

На прежнюю Навигацкую школу отпускалось 22,459 рублей, 6 алтынъ и 5 денегъ. При учрежденіи Академіи, велѣно одну половину этой суммы оставить по прежнему на содержаніе Московской школы, а другую отдѣлить на Академію, для которой, кромѣ того, съ 1 января 1719 года, положено сбирать съ «царедворцевъ,» то есть, съ нѣсколькихъ дворянскихъ фамилій, отъ 100, до 200, 300 и даже 400 руб. въ годъ, съ семейства — что со всѣхъ составляло 2,720 руб. Въ этомъ спискѣ встрѣчаются фамиліи Долгорукихъ, Головниныхъ, Одоевскихъ, Голицыныхъ, но другіе все мало извѣстныя.[67]

Черезъ три мѣсяца, послѣ назначенія сбора съ царедворцевъ, для Московской школы оставили только 5,600 рублей; а всю остальную сумму обратили на содержаніе Петербургской Академіи, которая съ того времени стала получать 19,579 руб. 6 алт. и 5 денегъ.[6]

Сумма эта, отпускаемая сполна, была бы весьма достаточна; но недоимки начались съ самаго основанія Академіи, и все увеличивались. Въ послѣдніе годы царствованія Петра Великаго флотъ нуждался въ деньгахъ, Адмиралтействъ-Коллегія изворачивалась, какъ могла, и наконецъ должна была на нѣсколько мѣсяцовъ пріостановить жалованье всѣмъ служащимъ на флотѣ.

Такимъ образомъ учителямъ и другимъ чинамъ Академіи остановили выдачу жалованья съ половины

1723, а ученикамъ съ начала 1724 года. Самая Академія также терпѣла во всемъ крайній недостатокъ.[69]

Для служащихъ особенно не выгодна была выдана жалованья «Сибирскими товарами.» Послѣ долгаго безденежья, одинакіе товары, розданные въ большомъ количествѣ по рукамъ служащихъ, вдругъ теряли свою цѣну, и за бездѣлицу скупались смышленными торгашами, не опускавшими случая пользоваться обстоятельствами.

Бѣдные ученики Академіи терпѣливо несли нужду наравнѣ съ другими, покуда не увидѣлъ этого ихъ Великій Покровитель. 1724 года, іюля 10 дня, Государь посѣтилъ Академію, и проходя по классамъ, въ которыхъ учили ариѳметикѣ и геометріи, изволилъ спросить: «чего ради имѣется въ ученьѣ учениковъ не весьма много, также и скудные (то есть, худо одѣтые)»? На это ему отвѣчали, что ученики ходятъ въ разныя науки посмѣнно, и кромѣ того, нѣкоторые теперь въ караулѣ; а «скудные» имѣются отъ того, что многіе бѣдные ученики своего ничего не имѣютъ, а жалованье получаютъ съ недоимками, и то не деньгами, а товарами.

Не трудно угадать, что послѣ этого благодѣтельнаго посѣщенія мгновенно все ожило и поправилось. По слѣдствію, которое тогда же приказано было сдѣлать, оказалось, что 85 учениковъ «за босотою и неимѣніемъ дневнаго пропитанія» не ходили въ школу 3, 4 даже 5 мѣсяцовъ; и изъ нихъ 55 человѣкъ «сказкою объявили, что кормились вольною работою.»[70]

Коллегія всѣмъ имъ приказала немедленно выдать заслуженное жалованье, и все пришло въ должный порядокъ. Остановку жалованья и прокормленіе себя работою, не должно мѣрить нынѣшнимъ масштабомъ, когда для большей части служащихъ жалованье составляетъ единственный источникъ существованія, и самое служебное положеніе человѣка не позволяетъ ему искать пособія внѣ службы. Въ Петровское время жалованье было еще дѣло новое, не вошедшее въ привычку; на него не много и надѣлялись; и всякой служащій, въ особенности дворянинъ, получалъ пособіе изъ дому, а малопомѣстный или безпомѣстный, при недостаткѣ пропитанія, отправлялся безъ церемоніи на работу.

Правда, «въ слезныхъ» прошеніяхъ писали «о голодной смерти»; но это были не болѣе, какъ канцелярскія риторическія фигуры: съ голоду никто не умиралъ, и по спискамъ видно что не только сами «господа», кормившіеся вольною работою, но и потомки ихъ, даже до настоящаго времени, благополучно служатъ на флотѣ.

Хотя по инструкціи, данной Государемъ, всѣ воспитанники должны были жить въ зданіяхъ Академіи; но на самомъ дѣлѣ, по недостатку помѣщенія, многіе жили на обывательскихъ квартирахъ, которыхъ въ 1722 году было отведено 68. Обыкновенно эти квартиры были не роскошны, и отводились по большей части въ дальнихъ концахъ города въ бѣдныхъ домишкахъ матрозъ, мастеровыхъ и т. п.[74]

Въ Академіи соблюдался военный порядокъ: въ опредѣленное время били «тапту» (зорю), рундъ ходилъ повѣрять часовыхъ; а ночью, для соблюденія тишины и порядка, дозоръ обходилъ по дворамъ и вокругъ зданія. Всѣ эти строгости, частію были обыкновенный воинскій формалитетъ, а частію и необходимость. Только одно опасеніе строгаго наказанія, часовой у двери, или хлыстъ въ рукахъ дюжаго солдата могли удержать тогдашнихъ юношей въ предѣлахъ должной дисциплины и «учтивства.»

Но надо вспомнить, что нѣкоторые изъ этихъ юношей, еще бывши у себя въ деревнѣ, хаживали на медвѣдя,[72] и естественно, кулачный бой считали однимъ изъ пріятнѣйшихъ препровожденій времени; другіе серьезно придерживались чарочки, и только сосѣди Академіи знали, что заборы и замки мало охраняютъ ихъ съѣстные припасы, дрова и пр.

Въ инструкціи Академіи не напрасно въ обязанность караульному офицеру поставлялось наблюдать, чтобы въ Академіи не было «пьянства, божбы, ниже Богохуленія.» Побѣги со службы были довольно обыкновенны, хотя дезертировъ судили военнымъ судомъ. Буйство, пирушки и попойки, на которыхъ иногда доходило дѣло и до шпагъ, также водились между Морскою Гвардіею.

Все это было въ современныхъ нравахъ, которымъ соотвѣтствовали и наказанія: «сѣчь по два дни нещадно батогами, или по молодости лѣтъ, вмѣсто кнута наказать кошками.» За преступленія болѣе важныя, гражданскихъ или военныхъ законовъ, гоняли шпицъ-рутенами сквозь строй, и послѣ всего этого — можно ли теперь повѣрить — оставляли по прежнему въ ученьи?

Но на одного лѣниваго и шалуна находились въ Академіи десятки учениковъ, которые занимались усердно и выходили отличными офицерами. Кромѣ множества хорошихъ моряковъ, которые всѣ были воспитанниками Академіи, можно съ гордостію указать на замѣчательныхъ людей, отличавшихся своими важными и полезными отечеству заслугами, не только во всѣ послѣдующія Царствованія, но даже и въ просвѣщенный вѣкъ Екатерины Великой. Къ числу ихъ принадлежитъ Семенъ Ивановичъ Мордвиновъ, извѣстный Адмиралъ и морской писатель; знаменитый гидрографъ

Алексѣй Ивановичъ Нагаевъ; сопутникъ Беринга, смѣлый, опытный и ученый морякъ Алексѣй Ильичъ Чириковъ, и многіе другіе. И шалуны того времени, правда, были грубые, но по тогдашнему ни сколько не безнравственные юноши. Оставленные въ домахъ родительскихъ, они прожили бы всю жизнь, не лучше, но и не хуже своихъ отцевъ. Но теперь брошенные въ новый для нихъ міръ, и въ новое, самое разнообразное общество, они скоро переняли по нынѣшнему «пороки,» а по старинному «шалости» своихъ товарищей.

Въ то время пословица «бей, да дѣло разумѣй,» примѣнялась и къ ученику Морской Академіи, наравнѣ со всякимъ служивымъ. Выносить же «нещадныя» наказанія, нельзя отрицать, было больно;[73] но отнюдь не стыдно, потому что могли сѣчь и учителей; а не задолго передъ этимъ, въ царствованіе Алексѣя Михайловича, и вельможи не избѣгали батоговъ.[74]

Во всѣхъ сужденіяхъ начальства о проступкахъ воспитанниковъ, при строгости наказаній, видно къ нимъ снисхожденіе, какъ къ дѣтямъ: ихъ наказывали, но оставляли въ ученьи, и уже только совершенныхъ негодяевъ выгоняли въ матрозы.

Кромѣ классныхъ занятій въ Академіи, передъ глазами воспитанниковъ было множество практическихъ уроковъ. Суровая служебная дѣятельность, прямо направленная къ морскому дѣлу, представлялась имъ на каждомъ шагу, во всевозможныхъ видахъ, и невольно увлекала въ свою сферу. Корабли и галеры при нихъ строились и вооружались, уходили въ море, нерѣдко били Шведовъ, и съ тріумфомъ возвращались въ столицу. Невская флотилія, состоявшая изъ шлюпокъ, принадлежавшихъ жителямъ Петербурга, каждую недѣлю производила на Невѣ свои эволюціи; и въ этихъ играхъ, наблюдательный юноша невольно знакомился со многими дѣйствіями флота.

Историческая дубинка, въ рукахъ могучаго Адмирала, часто писала убѣдительные приказы и подтвержденія на спинахъ лѣнивыхъ и ослушниковъ; а съ другой стороны, въ блистательныхъ примѣрахъ, влекущихъ къ подражанію, не было недостатка. Таланты, прилежаніе и трудъ видѣлъ самъ Царь, и всякая полезная заслуга награждалась по-Царски. Все это заставляло учениковъ Академіи, по мѣрѣ средствъ и силъ, изучать морское дѣло, и слѣдовательно, полюбить его.

Для Россіи Петръ былъ Великій Монархъ, а для моряковъ, сверхъ того, нѣжный отецъ, добрый товарищъ, и рѣдко, развѣ въ случаѣ крайней необходимости, строгій, взыскательный начальникъ. Государь до страсти любилъ флотъ и моряковъ, Самъ работалъ въ гаваняхъ и адмиралтействахъ, промѣривалъ фарватеры и составлялъ карты. Какъ лоцманъ, водилъ купеческіе корабли; какъ адмиралъ, билъ непріятеля, и, при своей дивной дѣятельности, находилъ время по *четырнадцати* часовъ въ сутки просиживать за регламентами.[75]

Петровское «для Бога поспѣшай» превращало обыкновенныхъ людей въ геніевъ и героевъ; а морскія битвы, въ которыхъ участвовалъ Самъ Царь, Его морскіе пиры и дружескія бесѣды съ моряками положили прочное основаніе той безкорыстной дружбѣ и товариществу, которыя составляютъ неотъемлемую принадлежность нашей морской службы.

Петръ объяснилъ важное значеніе флота для Россіи и, указавъ высокую цѣль службы, возбудилъ въ душахъ моряковъ любовь къ морю. Съ Его времени цѣлыя поколѣнія дворянъ служатъ на флотѣ, и чувства, возбужденныя Царственнымъ морякомъ, не угасая, передаются изъ рода въ родъ, отъ отца къ сыну.[76] Съ кончиною Государя осиротѣлый флотъ потерялъ Великаго Адмирала; моряки — отца, благодѣтеля. Но и по смерти Петра, духъ Его бодрствовалъ надъ своимъ созданіемъ, и оставленный Имъ флотъ сильный, юный, пережилъ тяжелыя годины, и съ новымъ блескомъ умѣлъ являться достойнымъ созданіемъ Петра, при достойныхъ Его Преемникахъ.

III.

Гардемарины.

1716—1752.

<small>Въ бой, какъ солдаты; въ ходу, какъ матрозы.
Морской Уставъ. Оглавленіе книги III, главы 20-ой.</small>

«Въ январѣ 1716 года, пишетъ одинъ изъ воспитанниковъ С.Петербургской Морской Академіи,[77] осматривалъ насъ Государь въ домѣ Графа Ѳ. М. Апраксина; и я бывъ написанъ въ числѣ 40 человѣкъ во флотъ, посланъ съ ними въ Ревель. Здѣсь опредѣленъ я на корабль Архангелъ Михаилъ, *Гардемариномъ*, и съ того времени воспріяли Гардемарины начало.»

Званіе Гардемаринское, и самое слово Гардемаринъ, взято съ Французскаго Garde de Marine, морской стражъ, или морской гвардеецъ. Во Франціи Гардемаринами назывались молодые люди, также готовившіеся быть морскими офицерами; избранные изъ нихъ, дѣти знатныхъ родителей назывались Gardes de l'étendard, и были въ родѣ морскихъ Королевскихъ пажей. Для нихъ въ Марселѣ существовала даже особенная школа на 30 человѣкъ.[78]

Въ нашемъ флотѣ Гардемаринское званіе служило переходомъ отъ *ученика* Морской Академіи,—воспитанника не состоявшаго въ дѣйствительной службѣ, къ чину *мичмана* унтеръ-офицерскаго ранга, изъ котораго уже производили въ офицеры, то есть, въ мичмана оберъ-офицерскаго ранга, или въ унтеръ-лейтенанты.

Въ первые два года по введеніи гардемаринъ въ нашемъ флотѣ, число ихъ кажется не было ограничено, и только въ 1718 (мая 27), когда ихъ набралось до 300 человѣкъ, это число утверждено комплектнымъ. Содержать ихъ велѣно во всемъ «противъ гвардіи солдатъ,» и жалованья давать 100 человѣкамъ старшимъ, по 16 рублей въ годъ; а 200-мъ младшимъ по 12-ти." 1724 года (января 17) Государь, присутствуя въ Адмиралтействъ-Коллегіи, на докладѣ о штурманскихъ ученикахъ, собственноручно написалъ: «имѣть 100, убавя то число изъ гардемаринъ.» Такимъ образомъ двухъсотный комплектъ гардемаринъ оставался до мая 1729 года, когда Адмиралъ Сиверсъ нашелъ, «что за такимъ множествомъ (гардемаринъ), многіе годы изъ нихъ въ другіе чины не происходятъ, и имѣясь въ одномъ рангѣ долголѣтно, лишаются куражу, и оттого ко опредѣленнымъ наукамъ тщательности не показываютъ.» Для избѣжанія этого, приказано содержать гардемаринъ, по числу комплекта солдатской роты, то есть, 144 человѣка.

При жизни Петра Великаго, число гардемаринъ держалось всегда близкое къ комплектному, но по смерти Его, не смотря на уменьшеніе комплекта, часто въ нихъ былъ большой недостатокъ, такъ напримѣръ, въ 1739 году Гардемаринъ оставалось всего 66 человѣкъ.

Въ строевомъ составѣ, Гардемарины составляли роту, по образцу Гвардейской сухопутной роты; кромѣ рядовыхъ Гардемаринъ, въ ней находились сержанты, каптенармусы, фурьеры и капралы; нѣкоторое время были унтеръ—фендрики, называвшіеся потомъ подпрапорщиками. Въ унтеръ–офицерскіе чины избирались Гардемарины хорошей нравственности и обучающіе высшія науки. Кромѣ каптенармуса, который имѣлъ на рукахъ ротныя вещи, гардемаринскую амуницію и не ходилъ въ походъ, другіе унтеръ–офицеры ничемъ не отличались отъ рядовыхъ Гардемаринъ. Изъ нижнихъ чиновъ, при ротѣ состояли: писарь, цирульникъ и барабанщикъ.[80]

Съ самаго основанія Гардемаринской роты, командиръ и офицеры ея назначались изъ гвардейскихъ полковъ, и только съ 1741 года замѣнили ихъ морскими офицерами. По Адмиралтейскому регламенту[81] положены при Гардемаринахъ: одинъ капитанъ, одинъ лейтенантъ и два унтеръ–лейтенанта, «которыхъ брать изъ лейбъ-гвардіи».

Сначала командовалъ Гардемаринскою ротою Гвардіи Капитанъ Козинскій, и при немъ офицеры были капитанъ-поручикъ Захарьинъ и подпоручики Пасынковъ и Стерлеговъ. Послѣ Козинскаго, который командовалъ, кажется до 1728 года, назначенъ Захарьинъ и умеръ. Пасынковъ, служившій съ 1696, уволенъ за старостію (1738 г.), Стерлеговъ также умеръ, и въ въ 1741 г. командиромъ роты уже назначенъ флотской лейтенантъ Борисъ Загряжской, «капитанъ въ рангѣ маіорскомъ.»

Онъ поступилъ въ Гардемаринскую роту въ 1728, унтеръ–лейтенантомъ «отъ солдатъ,» для обученія Гардемаринъ экзерциціи и наукамъ, которыя онъ зналъ, потому что прежде былъ въ Морской Академіи подмастерьемъ геодезіи. Въ 1731 году Загряжскій переименованъ въ унтеръ-лейтенанты отъ флота, и за прилежное обученіе Гардемаринъ, написанъ Коллегіею въ ту же роту поручикомъ, а потомъ, по своему собственному прошенію, назначенъ командиромъ роты. По этому случаю Адмиралтействъ-Коллегія представляла Сенату, что хотя по регламенту и положены въ Гардемаринской ротѣ гвардейскіе офицеры «токмо онымъ за незнаніемъ навигацкихъ наукъ, при той ротѣ быть невозможно,» а что полезнѣе замѣнить ихъ флотскими офицерами, которые знаютъ, какъ по должности своей морскія науки, такъ и фронтовую службу, и что такіе офицеры «нынѣ при флотѣ имѣются».[82]

Въ 1746 году, назначенъ въ Гардемаринскую роту въ «маіоры,» для обученія экзерциціи и содержанія порядка въ ротѣ, завѣдующій Морскою Академію, капитанъ Селивановъ, который въ 1747 году (Сентября 5), по Именному указу, сдѣланъ командиромъ роты. При этомъ назначеніи онъ продолжалъ завѣдывать и Академію, и оставался въ ней до основанія Корпуса. Селивановъ хотя получилъ воспитаніе въ Академіи, но на флотѣ не служилъ, потому что, окончивъ круглую навигацію, попалъ въ фехтовальные подмастерья; потомъ училъ экзерциціи и получалъ чины, какъ офицеръ «отъ солдатъ».

Для обученія Гардемаринъ экзерциціи состояло при ротѣ, нѣсколько прикомандированныхъ, «солдатскихъ офицеровъ»; кромѣ ихъ былъ артиллерійскій офицеръ или унтеръ-офицеръ, обучавшій артиллеріи, и «инженеріи»;[83] также учитель рисованья и фехтмейстеръ. Для обученія Гардемаринъ навигаціи и астрономіи, прикомандировывались къ ротѣ морскіе офицеры; замѣчательнѣйшіе изъ нихъ были Алексѣй Ивано-

ГАРДЕМАРИНЪ   КАДЕТЪ
1764 года.   1752 года.

вичъ Нагаевъ и Алексѣй Ильичъ Чириковъ; оба заслужившіе репутацію отличныхъ преподавателей и обучившіе, каждый, до 150 человѣкъ Гардемаринъ «разнымъ наукамъ». Преподавалъ еще весьма знающій офицеръ Степанъ Гавриловичъ Малыгинъ, и нѣкоторые другіе.

Гардемарины, какъ и вообще всѣ чины морскаго вѣдомства не держались строго установленной формы, а разнообразили ее по произволу. Изъ дѣлъ видно, что, напр. въ 1732 году, даже оберъ-офицеры не имѣли одинаковаго мундира, и во всѣхъ церемоніяхъ «находились предъ другими чинами безъ отмѣны».[84] Въ 1746 году, Коллежскимъ указомъ, велѣно офицерамъ въ караулы и вообще на службу являться въ мундирахъ, «а не въ партикулярныхъ своихъ кафтанахъ». Въ 1748 года флотскіе унтеръ-офицеры, шхипера, баталеры и проч. не имѣли опредѣленнаго мундира, а носили собственное платье разныхъ цвѣтовъ, иные «весьма непристойно и приличности ни какой не имѣли».[85] Наконецъ случалось, что по неимѣнію сукна или подкладки одного цвѣта, шили мундиры изъ другаго; напр. вмѣсто зеленаго, красные и голубые.[86]

Сначала учрежденія Гардемаринъ, они вовсе не имѣли опредѣленной формы, а кажется, носили матрозскую, потому что при первомъ поступленіи ихъ на корабли (въ 1716 году), имъ роздали такіе же парусинные «бостроки» какъ матрозамъ. Въ Венеціи Государь тѣмъ же Гардемаринамъ приказалъ имѣть мундиры «шеколатнаго» цвѣта; но это видимо было распоряженіе частное. Только въ 1723 году (мая 20)[87] Высочайшимъ указомъ постановлено Гардемаринамъ имѣть форму «во всемъ» сходную съ Лейбъ-Гвардіи Преображенскимъ полкомъ, то есть; кафтаны темнозеленые, у кафтановъ воротники и обшлага, и также камзолы и штаны красные; а шинели васильковаго цвѣта. Въ 1728 году въ Коллегіи положено сдѣлать Гардемаринамъ «для образца» кафтанъ васильковый, съ краснымъ воротникомъ и обшлагами, и штаны красные. Сержантамъ кафтанъ обложить позументомъ по поламъ, кругомъ клапановъ, по воротнику, обшлагамъ и на фалдахъ; капраламъ, по клапанамъ, и воротнику и обшлагамъ; а рядовымъ, только по воротнику и обшлагамъ. Но кажется эта форма и осталась въ проектѣ. Потомъ Коллегія дѣйствительно дѣлала небольшія измѣненія въ покроѣ обшлаговъ, которыя сдѣлали менѣе безъ пуговицъ[88] также и въ штиблетахъ, которые были то коженные, то бѣлые. Шляпы были обложены позументомъ, и также на воротникахъ и обшлагахъ позументъ.[89]

Въ 1744 опредѣлено имѣть воротникъ и обшлага зеленые;[90] но въ послѣдствіи (въ 1747 году) снова введена Преображенская форма,[91] остававшаяся уже до основанія Морскаго Корпуса. Гардемарины имѣли шпаги съ золочеными эфесами, ружья и амуницію,[92] бывшую однако въ большой неисправности и лежавшую безъ употребленія.

Офицеры Гардемаринской роты сначала носили гвардейскую форму, которая въ 1739 году[93] замѣнена формою офицеровъ «Морскихъ солдатскихъ полковъ», и въ 1748 году, сравнительно съ тѣми же полками, Гардемаринскимъ офицерамъ дали знаки, шарфы и эспантоны.

Хотя Гардемарины никогда не были всѣ въ сборѣ, и проводили лѣто въ морѣ, а зиму въ разныхъ портахъ, но *Гардемаринская рота*, то есть, капитанъ, офицеры, учители, прислуга и ротныя вещи находились постоянно въ Петербургѣ или въ Кронштадтѣ.

Съ учрежденія Гардемаринской роты, она помѣщалась въ Петербургѣ въ зданіи Морской Академіи, куда Гардемарины ходили только въ классы, а жили не въ дальнемъ разстояніи отъ Академіи, у своихъ родственниковъ, или за неимѣніемъ ихъ на отведенныхъ обывательскихъ квартирахъ.[95] По смерти Государя, Петра Великаго, Гардемаринскую роту нѣсколько разъ переводили изъ Петербурга въ Кронштадтъ и обратно. Въ началѣ 1727 года, она была уже въ Кронштадтѣ, въ октябрѣ 1728 года,[96] по предложенію Адмирала Сиверса, переведена въ Петербургъ, и для обученія Гардемаринъ, въ Академіи отведены двѣ «палаты». Когда Академію перевели изъ Кикина дома, въ тѣсный домъ на Васильевскомъ Острову, то и Гардемаринъ перевели въ Кронштадтъ (1734 г.). Черезъ девять лѣтъ, въ 1743 году[97], Экспедиція Академій и Школъ просила Коллегію, по недостатку въ Кронштадтѣ учителей, перевести гардемаринъ въ Петербургъ, гдѣ они могутъ ходить въ академическіе классы, но Президентъ Коллегіи Н. Ѳ. Головинъ, не согласился на этотъ переводъ, а приказалъ, если будетъ возможность, посылать въ Кронштадтъ для обученія Гардемаринъ преподавателей изъ Академіи. Въ началѣ 1748 года,[98] Гардемарины находились въ Петербургѣ, и когда осенью по возвращеніи изъ кампаніи[99], ихъ собралось до 90 человѣкъ, то Экспедиція затрудняясь куда помѣстить ихъ, просила отвести для Гардемаринъ, или казенный домъ, или обывательскія квартиры. Кочевая жизнь Гардемаринъ, кончилась въ 1752 году, когда они поступили въ число воспитанниковъ корпуса.

На содержаніе Гардемаринской роты, Высочайшимъ указомъ 1719 г. положено 7,282 р. 12½ к, и эта сумма оставалась во все время отдѣльнаго существованія роты. Относительно довольствія и обмундированія, Гардемаринская рота состояла въ вѣдѣніи Генералъ Кригсъ-Коммиссара, а въ учебномъ отношеніи подчинялась Академическому начальству.[100]

По первоначальному порядку, установленному Петромъ Великимъ[101], въ положенное число Гардемаринъ должно было производить изъ учениковъ Академіи, которые «превзошли науки», и сначала, дѣйствительно, на открывающіяся гардемаринскія вакансіи, производили изъ учениковъ круглой или меркаторской навигаціи, или сферической тригонометріи. Но потомъ это измѣнилось, и въ 1724 году уже были гардемарины, которые учили плоскую тригонометрію, геометрію и даже нѣсколько человѣкъ ариѳметику; а въ 1728 году, въ числѣ Гардемаринъ, ариѳметиковъ, было 70 человѣкъ. Изъ сравненія списковъ гардемаринъ съ современными списками учениковъ Академіи, видно, что тѣ и другіе, учили одинакія науки, и слѣдовательно, по своимъ познаніямъ, большая часть учениковъ стояла выше многихъ Гардемаринъ. Отъ этого впослѣдствіи, когда начальство Академіи представляло о недостаточномъ жалованьѣ учениковъ, Сенатъ, въ видѣ экономической мѣры, приказалъ вновь принимаемыхъ недорослей назначать не въ Академію, а прямо въ Гардемарины, получавшіе жалованья болѣе учениковъ.

Но кромѣ этого особеннаго распоряженія, нерѣдко бывали случаи, что недоросли, достаточно приготовленные дома, поступали прямо въ Гардемарины; по большей части это были сыновья флотскихъ же офицеровъ. О такомъ недорослѣ, находившемся обыкновенно въ одномъ изъ портовыхъ городовъ, отецъ присылалъ прошеніе въ Коллегію, и исчисляя въ немъ всѣ познанія своего сына, въ удостовѣреніе прилагалъ свидѣтельство офицеровъ того порта, которые производили «экзаменацію». Члены Коллегіи иногда довольствовались подобнымъ свидѣтельствомъ, и назначали недоросля въ Гардемарины, а иногда вызывали его въ Петербургъ и приказывали экзаменовать въ Академіи. Если вновь опредѣляющійся сдѣлалъ съ отцемъ нѣсколько морскихъ кампаній, то это служило лучшей рекомендаціей. Сыновья заслуженныхъ Адмираловъ, какъ исключенія изъ общаго правила, за заслуги отцевъ, поступали не только въ Гардемарины, но и прямо въ мичмана.

При Петрѣ, и долго послѣ Него, было много дворянскихъ дѣтей въ штурманскихъ ученикахъ, въ матрозахъ, въ солдатахъ морскихъ полковъ, и даже въ каютъ юнгахъ. Въ подобныя должности они попадали на извѣстныя лѣта, или навѣчно, въ наказаніе за неявку на смотръ, или за малое знаніе и большой возрастъ, или наконецъ просто случайно по безъотвѣтности и незнанію своихъ правъ. Многіе изъ нихъ, между служебными обязанностями успѣвали заниматься науками, и сдѣлавъ успѣхи, просили Коллегію «написать ихъ въ Гардемарины», что всегда и исполнялось, если только были свободныя гардемаринскія вакансіи и проситель выдерживалъ удовлетворительно экзаменъ. Какъ обыкновененъ былъ переходъ изъ нижнихъ чиновъ въ Гардемарины, такъ и обратно, за шалости и лѣность, нерѣдко Гардемарины назначались въ матрозы. Отъ подобныхъ переводовъ, и вообще по своему служебному значенію, Гардемарины были почти тоже самое, что флотскіе унтеръ–офицеры. Разница состояла въ занятіяхъ науками, и въ надеждѣ на будущее производство въ мичмана, котораго уже не могъ ожидать простой унтеръ-офицеръ.

Гардемарины считались въ дѣйствительной службѣ, и обязанности ихъ на кораблѣ нашъ Великій Морской Законодатель ясно опредѣлилъ фразою: «въ бой какъ солдаты; въ ходу какъ матрозы». Они имѣли ружья и аммуницію, и считались на кораблѣ съ одной стороны, какъ бы гвардейскіе морскіе солдаты, а съ другой исправляли всѣ должности морскаго унтеръ-офицера.

Лѣтомъ всѣ Гардемарины, съ весьма малыми исключеніями, назначались въ кампанію, и зимовали, или въ Петербургѣ, или въ томъ портѣ, куда приходилъ на зимовку корабль. Нѣкоторые изъ нихъ находились по нѣсколько лѣтъ въ какихъ нибудь отдѣльныхъ экспедиціяхъ, или въ ученьѣ за границею.

Проводя зиму въ Петербургѣ, они занимались въ Академіи, наравнѣ съ учениками, только въ отдѣльныхъ классахъ; а во время зимовки, въ какомъ нибудь портѣ, состояли подъ непосредственнымъ надзоромъ офицера, назначаемаго къ нимъ Главнымъ Командиромъ порта. Офицеръ этотъ обязанъ былъ строго наблюдать, какъ за порядочнымъ образомъ жизни Гардемаринъ, такъ и за обученіемъ наукъ. Для учебныхъ занятій Гардемаринъ отводилась особенная комната, и назначались изъ офицеровъ преподаватели.

Въ Портовомъ регламентѣ, посвящена цѣлая глава[102] правиламъ «о содержаніи гардемаринъ въ портѣ»; въ ней сказано, что «гардемарины будучи въ портѣ, должны собираться во вся дни по утру, лѣтомъ въ шестомъ, а зимою въ седьмомъ часу во опредѣленное мѣсто, для краткой молитвы, которая положена по утру и въ вечеру на корабляхъ. А по отправленіи молитвы должны итить въ палату опредѣленную для ихъ обученія, гдѣ мастеры ихъ будутъ учить. А именно: въ понедѣльникъ рисовать по утру два часа, по полудни Артіллерійскому два часа. Во вторникъ по утру інженерской два часа, по полудни навигацкой два часа. Въ среду имѣютъ ходить въ палату гдѣ корабельные мастеры, и иные искусные Офицеры будутъ имъ по правиламъ толковать строеніе кораблей и пропорціи всѣхъ частей въ кораблѣ, по утру два часа, и по полудни два часа. Экзерциціи солдатской въ мѣсяцъ два дни, въ тѣ дни, которые они въ другія науки не ходятъ, а стрѣльбою изъ ружья и изъ пушекъ во всѣ тѣ дни, какъ учатъ матрозовъ, пушкарей и солдатъ. Сіе обученіе гардемаринамъ тѣмъ, которые вышеписанныхъ наукъ въ школѣ уже обучились. А которые не учились, или не совершенно обучились, тѣхъ во время бытія ихъ на земли, отсылать въ школы и обучать».

Приказано было занимать Гардемаринъ такелажною работою, и быть при «валяньѣ» (кренгованіи) кораблей, если оно случится въ портѣ. Офицеръ, назначенный при Гардемаринахъ, ежемѣсячно подавалъ Главному Командиру, вѣдомости объ ихъ поведеніи и ученіи; а Главному Командиру поставлялось въ обязанность, обращать особенное вниманіе на тѣхъ гардемаринъ, которые показываютъ склонность къ какой нибудь наукѣ, и доставлять имъ всѣ средства въ ней усовершенствоваться.

На кораблѣ, по боевому росписанію, Гардемарины назначались къ пушкамъ; а въ ходу, при управленіи парусовъ, исполняли на бакѣ матрозскую обязанность. Для занятій науками назначено было 4 часа въ день, по слѣдующему разпредѣленію: «Полтора часа, для штюрманскаго обученія, которое имъ долженъ указывать штюрманъ корабельной; а офицеръ приставленной къ гардемариномъ повиненъ тогда надсматривать, чтобъ тотъ штюрманъ, которой ихъ учитъ, отправлялъ должность свою и открывалъ имъ все, что онъ знаетъ въ своемъ художествѣ. Полчаса, для салдатскаго обученія съ мушкетомъ и для обращеній воинскихъ, и сіе будетъ указывать имъ ихъ начальникъ. Часъ для обученія пушечнаго, какъ въ теоріи, которую приняли отъ офицера артиллерійскаго, или констапеля, такъ и въ практикѣ, которую можно указать въ верху или между деками, смотря гдѣ пристойно. Часъ, для обученія корабельному правленію, если время позволитъ, то повиненъ командовать капитанъ или капитанъ лейтенантъ. Ежели капитану самому недосугъ, оной капитанъ прикажетъ Гардемариномъ командовать управленіемъ корабельнымъ, всякому по очередно, ихъ спрашивать и поправливать, въ чемъ недоразумѣютъ, изъяснить случаи, въ которыхъ какое управленіе надобно употребить.»[103]

Кромѣ того Гардемарины должны были сами дѣлать астрономическія наблюденія и по нимъ опредѣлять широту мѣста и т. п., также вести свой журналъ и представлять его командиру судна.

Для производства Гардемарина въ мичмана, ему по регламенту слѣдовало знать тѣ же науки, и въ той же степени, какъ и ученику Академіи (смотр. стран. 46 и 47).

Именные списки о Гардемаринахъ, съ показаніемъ обученныхъ ими наукъ, подавались въ Коллегію, съ 1724 года по 1728, каждые полгода, въ январѣ и въ іюлѣ; а съ 1728, каждую треть года.[104]

На изученіе курса полагалось Гардемаринамъ шесть лѣтъ и девять мѣсяцовъ. Для производства въ мичмана, кромѣ знанія положеныхъ наукъ, необходимо было сдѣлать не менѣе двухъ или трехъ морскихъ кампаній, и имѣть отъ командировъ одобрительные аттестаты (приложеніе IV).

Хотя въ морскомъ уставѣ[105] сказано, что Гардемаринъ ранѣе семи лѣтъ службы не можетъ быть хорошимъ мичманомъ, и потому прежде этого срока не велѣно производить; но на самомъ дѣлѣ производили иногда и черезъ три, четыре года. Вообще же производство, какъ изъ Гардемаринъ, такъ и изъ другихъ чиновъ, въ прежнее время, было очень трудное. Съ 1737 года, офицеры не производились вовсе въ чины[106]; въ 1743 (апрѣлѣ), когда мичманамъ дали офицерскіе чины унтеръ-лейтенантовъ, «впредь никакого провожденія» не велѣно дѣлать безъ указу. Въ исходѣ 1748 года, Коллегія повторяя, свои представленія о производствахъ писала «что имѣетъ опасеніе, дабы въ трудной морской службѣ будучи долголѣтно въ однихъ чинахъ достойные офицеры, имѣя довольно порожнихъ къ своему провожденію мѣстъ, лучшее пріохачиваніе свое не упустили и въ вящее тѣмъ флоты и порты въ запустѣніе не пришли.» Эта остановка производства разумѣется падала чувствительнѣе всего на Гардемаринъ.[107]

Достойныхъ въ мичмана представляли не иначе, какъ на открывшіяся ваканціи, по экзамену, который производился особенною коммиссіею; въ портахъ назначаемою Главными Командирами, а въ Петербургѣ Адмиралтействъ-Коллегіею. Членами коммиссіи были капитаны, капитанъ-лейтенанты и лейтенанты. Въ позднѣйшее время (въ 1743 году), Гардемаринъ удостоенныхъ къ экзамену, баллотировали наличные при портѣ офицеры, и число балловъ каждаго представлялось Коллегіи, которая наблюдала, чтобы Гардемаринъ представляли къ экзамену въ мичмана, по порядку служебнаго ихъ старшинства. За особеные успѣхи въ наукахъ дѣлались и исключенія; напр. Григорій Спиридовъ, впослѣдствіи извѣстный Адмиралъ, былъ произведенъ въ мичмана[108] прежде 36 человѣкъ старшихъ его, по представленію командира роты, Захарьина, который просилъ «за познаніе обученныхъ имъ (Спиридовымъ) наукъ милостиво наградить рангомъ, чтобы прочіе Гардемарины, смотря на то рачительнѣе тщились обучать науки.»

Не смотря на опредѣлительность и строгость артикуловъ регламента, въ которомъ Государь съ отеческою заботливостію объяснилъ, и до мелочей точно указалъ порядокъ и средства обученія Гардемаринъ; на самомъ дѣлѣ, при недостаткѣ средствъ, а иногда и при равнодушіи исполнителей, Гардемарину надобно было, болѣе самому, хлопотать о своемъ ученьи, нежели надѣяться на служебныя пособія. Зимуя при ротѣ, въ Петербургѣ или Кронштадтѣ, онъ еще былъ подъ лучшимъ надзоромъ, и почти всегда, для всѣхъ предметовъ имѣлъ учителей; но въ другихъ портахъ этого не было. Контора надъ портомъ отводила комнату для занятій, и опредѣляла въ учители кого случалось,— обыкновеннѣе штурмана, который многихъ предметовъ самъ не зналъ, а если что и могъ преподавать, то не имѣлъ большой охоты ссориться съ Гардемаринами, заставляя ихъ учиться. При этомъ порядкѣ, если Главный Командиръ не особенно заботился о Гардемаринахъ, то общія классныя занятія существовали только на бумагѣ, а всякой учился какъ умѣлъ. Все зависѣло отъ личнаго взгляда портоваго начальства. Въ иныхъ мѣстахъ оно хлопотало добросовѣстно и дѣлало, что могло. Напр. одинъ разъ, во время зимовки флота въ Ревелѣ (1745 году), съ разрѣшенія

Коллегіи учили Гардемаринъ, молодыхъ мичмановъ и штурманскихъ учениковъ въ гимназіи, Нѣмецкому языку, на томъ основаніи, что «на флотѣ выводятся знающіе Нѣмецкій языкъ.»

Гардемаринъ не знатной фамиліи, безъ состоянія и особой «протекціи,» несъ почти вполнѣ трудную службу простаго унтеръ-офицера. Получая небольшое жалованье, онъ въ походѣ довольствовался полуторной матрозской порціей, и имѣлъ только то преимущество предъ нижними чинами, что не ѣлъ изъ братскаго котла, а могъ, въ числѣ шести своихъ товарищей, имѣть особый котелокъ. Въ портахъ Гардемарины жили на квартирахъ, у матрозъ и мастеровыхъ. Иные заживались въ одномъ портѣ по нѣсколько лѣтъ, и даже находили себѣ постоянныя мѣста магазинъ-вахтеровъ[109] и т. п. По достиженіи 25 лѣтняго возраста Гардемарину дозволялось жениться, и многіе пользовались этимъ правомъ.

Можно сказать, безъ всякаго преувеличенія, что въ Гардемаринскомъ званіи сходились всѣ возрасты, отъ ребенка до старца: въ числѣ Гардемаринъ были мальчики 16, 15, 14 даже 13 лѣтъ, молодые люди отъ 17 до 25 лѣтъ, но были 30, 40 и даже старѣе 50 лѣтъ. Одинъ замѣчательный Гардемаринъ-ветеранъ, Иванъ Трубниковъ, имѣлъ отъ роду 54 года, и послѣ 30-ти лѣтней службы уволенъ отъ нея, въ 1744 году, «по болѣзнямъ и старости, и какъ ко обученію наукъ находится уже не надеженъ.»[110]

Гардемарины, прогулявшіе свои молодые годы, доживъ до 30 и болѣе лѣтъ, не могли постигнуть книжной премудрости и за непонятіе наукъ выписывались въ матрозы. Неспособные, по болѣзнямъ, ставили за себя крестьянъ въ рекруты[111] и увольнялись домой, нерѣдко съ награжденіемъ чиномъ прапорщика. Такимъ образомъ въ 1722 нашлись три сорокалѣтнихъ Гардемарина, обучающихъ ариѳметику; а въ 1737 году, исключили 24 Гардемарина, «которые были въ низшихъ наукахъ», и имѣли отъ роду отъ 32 до 45 лѣтъ.¹¹²

Въ 1739 году случилось, что мичманъ Никита Черневъ просилъ Коллегію назначить его въ одну посылку, вмѣсто отца его «мичмана же» Михаила Чернева;¹¹³ ничего нѣтъ мудренаго, что отецъ и сынъ могли быть одновременно и Гардемаринами.

«Шалости» Гардемаринъ соотвѣтствовали ихъ возрасту и положенію на службѣ;¹¹⁴ и наказанія за большіе проступки были тѣже что и нижнимъ чинамъ, то есть, тѣлесное наказаніе доходившее иногда до значительныхъ размѣровъ,¹¹⁵ «дабы смотря того прочіе гардемарины отъ всякихъ худыхъ дѣлъ имѣли воздержаніе.» При отводѣ Гардемаринамъ квартиръ Коллегія иногда имъ предписывала «хозяевамъ обидъ не чинить и стоять на квартирахъ безвыходно»; послѣднее прибавлялось по той причинѣ, что нѣкоторые Гардемарины съ умысломъ надоѣдали своимъ хозяевамъ, и получивъ съ нихъ деньги за избавленіе отъ постоя, самовольно занимали другія квартиры.

Должно замѣтить, что собственно къ шалостямъ Гардемаринъ Коллегія всегда была снисходительна, и часто, по весьма большимъ жалобамъ портоваго начальства, только переводила Гардемарина изъ одного порта въ другой, или ограничивалась выговоромъ и угрозою будущаго наказанія. Иногда, напримѣръ, Главный Командиръ порта доносилъ, что нѣкоторые Гардемарины «содержатъ себя невоздержно и въ многихъ были продерзостяхъ, пьянствѣ и шалостяхъ, за что хотя и наказываны, токмо то чинить не перестаютъ.

и къ обученію непонятны.» На это Коллегія отвѣчала: «подтвердить гардемаринамъ наикрѣпчайшимъ образомъ, чтобъ они отъ пьянства и прочихъ продерзостей имѣли воздержаніе, и науки обучали бы съ крайнимъ прилежаніемъ и вообхожденіи вели себя чинно; объявя имъ при томъ, ежели и затѣмъ подтвержденіемъ явятся нерачительны и въ худыхъ поступкахъ, то не отмѣнно будутъ написаны въ матрозы.»[116] По этому Гардемарины въ случаѣ какого нибудь притѣсненія обращались съ просьбами прямо въ Коллегію и получали удовлетвореніе, нерѣдко съ замѣчаніемъ тѣмъ лицамъ, которые поступали съ ними несправедливо.

При Петрѣ Великомъ, кромѣ службы на нашемъ флотѣ, посылали Гардемаринъ и за границу, и тогда Государь заботился о нихъ какъ отецъ о дѣтяхъ. При учрежденіи Гардемаринъ (въ 1716 году), Онъ выбралъ въ число ихъ на Ревельскую эскадру 20 человѣкъ изъ учениковъ Академіи, а другихъ изъ вновь явившихся недорослей. Послѣ крейсерства въ Балтійскомъ морѣ, они пришли въ Копенгагенъ, и плавали подъ Вице-Адмиральскимъ флагомъ Государя, начальствовавшаго четырьмя флотами: Русскимъ, Англійскимъ, Голландскимъ и Датскимъ. По возвращеніи въ Копенгагенъ (въ сентябрѣ) Государь собралъ ихъ на Своемъ кораблѣ Ингерманландѣ, осмотрѣлъ и назначилъ 20 человѣкъ по богаче и знатныхъ фамилій во Францію, для узнанія службы на парусномъ флотѣ; 30 человѣкъ въ Венецію, для изученія галерной службы, и 2-хъ въ Амстердамъ для изученія такелажной работы, или точнѣе экипажмейстерскаго дѣла. Съ Англіею тогда вѣроятно уже начинались неудовольствія, потому что въ 1717 году Государь писал изъ Амстердама къ Апраксину, что въ Англіи «нынѣ нашихъ Гардемаринъ въ обученіе не принимаютъ.»[117]

Каждому изъ выбранныхъ, Государь приказалъ выдать, сверхъ жалованья, по 6 ефимковъ, и потомъ по пріѣздѣ ихъ въ Амстердамъ, снова увидѣвъ ихъ въ самый новый годъ (1717), пожаловалъ еще «кормовыхъ денегъ» по червонцу на недѣлю. Назначенные въ Венецію отправились въ февралѣ, получивъ на дорогу по 27 червонцевъ, сумму весьма достаточную, отъ которой за всѣми расходами у нихъ еще были остатки. По пріѣздѣ въ Венецію, они прямо поступили въ службу и отправились въ Корфу. Изъ посланныхъ во Францію, 10 человѣкъ опредѣлены въ Брестѣ на военной флотъ, Гардемаринскими чинами; а другихъ 10, Кононъ Никитичъ Зотовъ, бывшій тогда во Франціи, отвезъ въ Тулонъ.

Въ Брестѣ и Тулонѣ, нѣкоторые изъ Гардемаринъ, довольно долго слушали курсы въ морскихъ училищахъ; а большая часть служила на Французскихъ, другіе на Испанскихъ, военныхъ корабляхъ и сдѣлавъ по нѣсколько морскихъ кампаній. За свою службу иные получили и офицерскіе чины (смотри приложеніе V). Черезъ шесть и болѣе лѣтъ, они по возвращеніи въ Россію, выдерживали строгій экзаменъ, и почти всѣ произведены прямо въ унтеръ—лейтенанты.[118]

Не пропала напрасно отеческая заботливость Петра объ этихъ Гардемаринахъ, изъ нихъ вышли отличные морскіе офицеры, образованные Адмиралы и, что всего важнѣе, добросовѣстные служивые, проникнутые духомъ Петровымъ. Не одинъ десятокъ лѣтъ, флотъ жилъ воспитанниками Великаго, и только во время Екатерины II, смѣнили ихъ новые дѣятели. Гардемарины отъ учрежденія своего, въ 1716 году, до поступленія въ число воспитанниковъ Морскаго Корпуса въ 1752-мъ, совершали съ нашимъ флотомъ всѣ плаванія, трудились при съемкахъ береговъ, въ близкихъ и дальнихъ моряхъ, и участвовали во всѣхъ нашихъ морскихъ битвахъ. Въ мирное время, кромѣ теоретическихъ и практическихъ занятій морскимъ дѣломъ, Гардемарины, при жизни Петра Великаго, нерѣдко удостоивались исполнять порученія возлагаемыя на нихъ лично Государемъ, и впослѣдствіи на Гардемаринъ всегда смотрѣли какъ на почетное морское войско. Въ морскихъ торжествахъ, какъ напримѣръ, при спускѣ кораблей[119] и т. п. въ числѣ прочихъ лицъ всегда назначались и Гардемарины.

IV.

Морская Академія.

1725—1752.

> Отца Отечества Великаго Петра
> Положены труды для общаго добра:
> Ужасные врагамъ полки вооруженны
> И флотами моря велики покровенны:
> Полезные везде обряды и суды,
> Художествъ и наукъ всходящіе плоды
> Отъ семени Его отъяты колебались.
> *Ломоносовъ.*

Съ кончиною Петра Великаго, окончился первый блистательный періодъ нашей Морской исторіи. Юный Русской флотъ сильный числомъ кораблей и опытныхъ моряковъ, изобильно снабженный всѣмъ нужнымъ, имѣлъ устроенныя верфи, адмиралтейства и училища. Владѣя такими средствами и руководствуясь образцовымъ уставомъ и регламентомъ Великаго Законодателя, онъ могъ выдержать не одинъ штормъ, и могъ, что гораздо труднѣе, прошлиневать не одно десятилѣтіе, не утративъ той бодрости и энергіи, которыя вдохнулъ въ него геніальный основатель. Съ Петромъ отлетѣла душа флота, но тѣло осталось сильное и могучее.

По кончинѣ Государя во всемъ морскомъ управленіи, а потому и въ морскихъ училищахъ, остался прежній заведенный Имъ порядокъ. Въ управленіи Директора Академій, находились С. Петербургская Морская Академія; Московская школа, которую въ бумагахъ называли также Московской Академіей; Русскія и Цифирныя школы, состоящія при обоихъ училищахъ; Адмиралтейскія школы по разнымъ городамъ и, наконецъ, типографія, въ которой работали не только для Академіи, но вообще для цѣлаго морскаго вѣдомства. Въ ней печатались всѣ морскія книги и карты, патенты служащимъ, разсылаемыя по портамъ копіи съ Высочайшихъ указовъ и пр. При типографіи была словолитня, граверы, рисовальщики и т. п.[120] Нарышкинъ, имѣвшій уже чинъ Шаутбенахта, и бывшій Президентомъ Камеръ–Коллегіи и Директоромъ Артиллерійской Конторы, продолжалъ управлять Морскими училищами во все Царствованіе Императрицы Екатерины I, у которой онъ былъ въ особенной милости. Только по кончинѣ Ея, Нарышкинъ, замѣшанный въ дѣлѣ Девіера, противъ Князя Меншикова, былъ лишенъ чиновъ, отставленъ отъ всѣхъ должностей и сосланъ на жительство въ дальнія деревни, гдѣ оставался до восшествія на Престолъ Императрицы Анны Іоанновны.

Послѣ Нарышкина, съ Іюня 1727 года, назначено «имѣть высшую дирекцію надъ Академіями»,[121] члену Адмиралтействъ–Коллегіи, Вице–Адмиралу Даніилу Вильстеру «для наилучшаго, надъ обрѣтающимися въ наукахъ школьниками надзиранія». Вильстеръ былъ родомъ Шведъ, принятый въ нашу службу въ 1721 году, и почти неговорившій по–Русски.

Не смотря на это, онъ въ продолженіе кратковременнаго своего директорства принималъ живое участіе въ благосостоянiи Академiи, но къ сожалѣнiю не могъ много для нее сдѣлать по причинѣ вражды своей, со всемогущимъ въ то время Сиверсомъ. Вильстеръ управлялъ, кажется, не болѣе года, потому что въ 1728 году, уже завѣдывалъ училищами Капитанъ 1-го ранга Петръ Калиновичъ Пушкинъ, здавшiй въ мартѣ 1730 года, "Академическую Контору, служителей и казну"[121] Капитану 1-го ранга Василiю Алексѣевичу Мятлеву, котораго, въ 1732 году, смѣнилъ Капитанъ-Лейтенантъ Василiй Михайловичъ Арсеньевъ.

По штатамъ составленнымъ въ 1732 для всей морской администрацiи, разныя части морскаго управленiя поручены были отдѣльнымъ "Экспедицiямъ;" въ числѣ ихъ "Экспедицiя Академiй и Школъ" имѣла въ своемъ вѣдѣнiи всѣ морскiя и губернскiя училища подчиненныя морскому начальству, типографiю, и всю гидрографическую часть, входящую въ кругъ дѣйствiй нынѣшняго Гидрографическаго департамента, то есть, работы по съемкамъ, изданiе картъ, надзоръ за перемѣнами по лоцiи и т. п.

Тѣми же штатами, въ Адмиралтействъ-Коллегiи положены два "совѣтника", въ рангѣ Контръ-Адмираловъ, и одному изъ нихъ поставлено въ обязанность завѣдывать Академiями, школами и фабриками. Первый изъ такихъ совѣтниковъ былъ Князь Василiй Алексѣевичъ Урусовъ. Онъ принялъ начальство надъ училищами въ 1733 (января 28), и по производствѣ своемъ въ Генералъ-Поручики и назначенiи на мѣсто Татищева въ Оренбургъ, сдалъ (въ Iюнѣ) 1739 года,[123] завѣдыванiе Академическою Экспедицiею, Командиру гардемаринской роты Капитану Селиванову, присутствовавшему и до того времени въ конторѣ экспедицiи. Съ этого времени, Селивановъ, кажется, одинъ имѣлъ исключительное вліяніе на Академію, управлялъ типографіею [124], и даже послѣ Фарварсона, по неимѣнію профессора, жилъ на его квартирѣ.

По основаніи Корпуса, въ 1752, году Селивановъ переведенъ за штатомъ въ другое мѣсто при адмиралтействѣ. Кромѣ его, высшій надзоръ надъ Академіею послѣ Урусова имѣлъ совѣтникъ Адмиралтействъ-Коллегіи, прежній П. К. Пушкинъ.

Послѣ Пушкина, кажется, никто изъ членовъ Коллегіи не имѣлъ особеннаго надзора за училищами. Въ 1750 году, Президентъ Коллегіи Князь М. М. Голицынъ хотя и предлагалъ назначить кого нибудь изъ Адмираловъ, завѣдывать, какъ прежде бывало, школами и фабриками [125], но кажется это осталось безъ исполненія.

За канцелярскимъ ходомъ дѣлъ «Экспедиціи», наблюдали засѣдавшіе въ ней члены: съ 1744 года Капитанъ 1-го ранга А. И. Нагаевъ; съ 1746 года Капитанъ же 1-го ранга А. И. Чириковъ; въ томъ же году Генералсъ-Адъютантъ Афанасій Леонтьевичъ Афросимовъ, бывшій еще прежде (въ 1728), «у обученія Гардемаринъ»; и наконецъ въ томъ же 1746 году, опять А. И. Нагаевъ, остававшійся въ Экспедиціи до основанія Корпуса. [126]

Въ единственномъ, дошедшемъ до насъ, спискѣ лицъ начальствовавшихъ Морскою Академіею, [127] всѣ поименованныя особы, названы «Директорами» Академіи и написаны въ слѣдующемъ порядкѣ: 1. Матвѣевъ, 2. Скоряковъ-Писаревъ, 3. Нарышкинъ, 4. Вильстеръ, 5. Пушкинъ, 6. Мятлевъ, 7. Арсеньевъ, 8. Урусовъ, потомъ опять Пушкинъ, 9. Нагаевъ, 10. Чириковъ, 11. Афросимовъ и, наконецъ, тотъ же Нагаевъ.

Въ самомъ дѣлѣ, всѣ они имѣли болѣе или менѣе вліяніе на управленіе Академіями, но не могли называться «Директорами», въ томъ смыслѣ какъ мы теперь понимаемъ это званіе. Въ особенности послѣдніе изъ нихъ: Нагаевъ, Чириковъ и Афросимовъ, только засѣдавшіе въ Правленіи или Конторѣ Экспедицій, почти не вмѣшивались въ частности управленія училищами. С. Петербургскою Академіею управлялъ Селивановъ, хозяйственною ея частію завѣдывалъ коммиссаръ, а въ классахъ распоряжались Фарварсонъ, Алфимовъ и др. Въ Московской школѣ начальствовалъ по распорядительной и хозяйственной частямъ коммиссаръ Арцыбашевъ, а по учебной Магнитскій и потомъ Ушаковъ.

Общій надзоръ надъ всѣми училищами имѣла сама Коллегія, и въ случаѣ несогласій между служащими, чтобы устранить поводъ къ бо́льшимъ ссорамъ, писала свои указы въ двухъ экземплярахъ, и отправляла ихъ отдѣльно, къ каждому лицу. Такъ по крайней мѣрѣ распорядились (въ 1725 г.), по случаю ссоры Магнитскаго съ коммиссаромъ Арцыбашевымъ, и это не было единственнымъ примѣромъ подобной снисходительности Коллегіи. Въ то время вообще старались мирить и разводить служащихъ домашнимъ образомъ, не требуя строгой подчиненности одного лица другому. Это происходило преимущественно отъ того, что служащіе не были строго разсортированы по старшинству, и въ сомнительныхъ случаяхъ, рѣдкій подчинялся другому безъ протестовъ и спору.

Кикина домъ, въ которомъ находилась Академія, былъ не очень просторенъ, и не смотря на то, что къ нему пристроили нѣсколько мазанковъ, не могъ вмѣщать всѣхъ учениковъ; по этому часть ихъ жила на вольныхъ квартирахъ. Въ 1727 году еще стѣснили Академію переводомъ адмиралтейской аптеки въ нижній этажъ Академическаго дома, гдѣ былъ рапирный классъ, и переводомъ Адмиралтейской Коллегіи съ конторами, въ тѣ комнаты, въ которыхъ учились Гардемарины, (отправленные въ Кронштадтъ), и гдѣ стояла модель корабельнаго кузова.[128] Для новаго помѣщенія модели и для обученія экзерциціи, должны были очистить одну или двѣ мазанки.

Вильстеръ, вступя въ управленіе, осмотрѣлъ съ съ архитекторомъ зданіе и представилъ Коллегіи о необходимости исправленій. Онъ долженъ былъ помѣстить учениковъ для житья въ одну камору; одну половину дома назначилъ для классъ, а въ другой оставилъ квартиру Фарварсона. Классы малолѣтныхъ учениковъ были въ мазанкахъ. Въ 1730 году Академическая Экспедиція просила о починкѣ мазанокъ, или о постройкѣ новаго каменнаго зданія;[129] но обстоятельства сдѣлали это не нужнымъ.

Подлѣ Академіи, ближе къ Невѣ, какъ мы уже говорили, находился домъ Графа Ѳ. М. Апраксина, который при смерти своей завѣщалъ его Императору Петру II; и впослѣдствіи Императрица Анна Іоановна сдѣлала его своимъ дворцемъ. Въ 1732 году, при распространеніи дворцовыхъ зданій, предположено было на мѣстѣ Академіи построить большой залъ[130]; а для учениковъ прискать другое мѣсто.

Сначала хотѣли нанять для нихъ частный домъ, но потомъ Императрица пожаловала, для Морской Академіи и адмиралтейской аптеки, каменный[131] домъ Князя Алексѣя Долгорукова «со всѣмъ что въ немъ имѣется».

Домъ этотъ находился на Васильевскомъ Острову, на набережной большой Невы, въ 3-ій линіи, на мѣстѣ нынѣшней Академіи Художествъ. По осмотрѣ его Арсеньевымъ и аптекаремъ, Коллегія приказала исправить, что нужно для аптеки на адмиралтейскія деньги; а для Академіи на академическія.

Новое помѣщеніе было самое тѣсное;[132] кромѣ классныхъ комнатъ и аптеки, здѣсь же поставили и Контору Академической Экспедиціи. Ученики жили на вольнонаемныхъ квартирахъ, для дешевизны, въ дальнѣйшихъ частяхъ города. Живущіе на Адмиралтейской сторонѣ въ каждый сильный вѣтеръ не приходили въ классы, отговариваясь неимѣніемъ перевоза. Исакіевскій мостъ хотя уже былъ построенъ, но за проходъ черезъ него брали деньги, которыхъ у воспитанниковъ Академіи не было. Безплатный же проходъ по мосту, для нашихъ учениковъ, былъ разрѣшенъ только въ 1750 году, тогда какъ служащіе въ Сухопутномъ Кадетскомъ Корпусѣ, пользовались этимъ важнымъ преимуществомъ съ самаго основанія Корпуса. Въ Русскую школу при Академіи, дѣти мастеровыхъ бѣгали даже изъ Галерной гавани.

Когда Академическая Контора доносила о такихъ неудобствахъ, Коллегія подтверждала ученикамъ: «приходить въ назначенное время, и смотрѣть чтобы они науки обучали по регламенту съ прилежаніемъ.» Но это не много помогало.

Однакожъ вслѣдствіе настоятельныхъ представленій Коллегіи о необходимости построенія для Академіи новаго дома, началась объ этомъ предметѣ переписка, и шла хотя медленно, но за то безпрерывно. Планы и смѣты новому зданію, представленыя Сенату[133] въ 1740 г. (въ декаб.), не были имъ одобрены, и приказано сочинить новые. На слѣдующій 1741 г. (октября 22),[134] бывшая тогда коммиссія о С.Петербургскихъ строеніяхъ, представляя планъ и смѣту, внесла на постройку дома и деньги 35,576 рублей; но Сенатъ повелѣлъ «тѣмъ строеніемъ вновь Академіи до разсмотрѣнія обождать.»

Спустя нѣсколько времени (въ 1744 г.), Коллегія снова предлагала, во избѣжаніе большихъ расходовъ при постройкѣ новаго дома, опредѣлить для Академіи одинъ изъ конфискованныхъ домовъ, и указывала на домы Остермана, Василья Лукича Долгорукова и Графа Головкина; но нѣкоторые изъ нихъ, какъ напр. Остермана, былъ вскорѣ пожалованъ Канцлеру Графу Бестужеву-Рюмину, а прочіе вѣроятно также получили другое назначеніе, потому что Академія оставалась на прежнемъ мѣстѣ.

Повторяемыя просьбы о новомъ домѣ продолжались и въ послѣдующіе годы (въ 1747), а между тѣмъ старый домъ, занимаемый Академіею, ветшалъ и требовалъ поправокъ, которыя вели къ затрудненіямъ и нескончаемой перепискѣ. Штатсъ-Контора, отпускавшая деньги только на содержаніе учителей, офицеровъ и учениковъ Академіи, считала неправильнымъ отпускать сумму на починки; а Коллегія не смѣла дѣлать ихъ на адмиралтейскія деньги, потому что Академія содержалась отъ Штатсъ-Конторы. Всѣ эти недоразумѣнія могъ разрѣшать только Сенатъ, къ которому и обращались, при всякомъ спорномъ случаѣ.

Въ Московской школѣ ученики также жили на вольныхъ квартирахъ. Въ 1729 году,[135] по доношенію Академической Конторы, писано въ Москву объ отводѣ ученикамъ Академіи квартиръ «по прежнимъ указамъ,» какъ въ настоящее, такъ и на будущее время; «дабы они за неимѣніемъ квартиръ нужды не имѣли и отъ науки не бѣгали.» По этому требованію квартиры и были отведены; но, въ слѣдующемъ (1730) году, опять отняты, на томъ основаніи, что квартиры велѣно отводить только унтеръ-офицерамъ и солдатамъ, а ученики Академіи ни то, ни другое. Коллегія, отвѣчая на это, утверждала, что относительно квартиръ, учениковъ должно считать наравнѣ съ рядовыми, и кажется убѣжденіе ея подѣйствовало.

Въ этомъ же (1730) на дворѣ Московской[136] школы, по указу Сената, помѣстили, въ нарочно устроенномъ домикѣ, большой глобусъ, и велѣли при немъ содержать караулъ. Прежде глобусъ этотъ находился «въ смотрѣніи» у одного сержанта Лейбъ-Гвардіи Московскаго баталіона.

Отъ помѣщенія перейдемъ теперь къ самымъ жителямъ, то есть, къ ученикамъ Петербургской Академіи и Московской школы.

При Петрѣ, всѣ недоросли дворянскія дѣти, какъ мы видѣли, должны были являться на «смотръ,» сначала къ назначенному для этого полковнику и Гвардіи капитану Кошелеву, а потомъ въ Герольдмейстерскую Контору. На смотрахъ, на которыхъ присутствовалъ не рѣдко и Самъ Царь, дѣлали разборъ недорослей, назначая ихъ, кого въ морскую, кого въ полевую службу; легко можно догадаться, что при жизни Петра Великаго первая служба не оставалась въ накладѣ передъ второю, и что лучшіе и богатые дворяне, по большей части, поступали на флотъ.

Но по кончинѣ Государя Герольдмейстерская Контора, начала присылать въ Морскія училища только самыхъ бѣдныхъ дворянъ, и то послѣ усиленныхъ требованій Коллегіи. Отъ этого наличное число учениковъ такъ быстро уменьшилось, что въ Московской школѣ, имѣвшей въ іюлѣ 1724 года 394 ученика, въ Апрѣлѣ 1725 осталось только 180, — и изъ нихъ «годныхъ» около половины, а остальные малолѣтные, и непонятные, присланные за неспособность къ ученію изъ Петербурга.

Не смотря на малую присылку новыхъ недорослей, во всѣ должности требовали и разсылали по прежнему большое число; такимъ образомъ изъ Петербургской Академіи въ продолженіе одного 1726 года, отослано: на флотъ 60; въ магазинъ-вахтеры 73; въ коммиссары 1; въ счетчики 10; къ такелажному дѣлу 5; на Сестрорѣцкій заводъ 1; въ корабельные ученики 1; лейбъ-гвардіи въ солдаты 3; отъ службы отставлено 6, и за всѣми расходами въ ученьи осталось 170 человѣкъ.[137]

На донесенія Коллегіи, что «въ присылкѣ недорослей ни откуда не имѣется,» Сенатъ отвѣчалъ требованіемъ различныхъ вѣдомостей и списковъ учениковъ по наукамъ, по годамъ и т. п., и наконецъ разрѣшилъ требовать недорослей изъ Военной Коллегіи. Переписка объ этомъ, продолжаясь около года, окончилась въ 1726 году присылкою 4-хъ недорослей. Самые ученики теряли охоту къ занятіямъ: нѣкоторые изъ нихъ рѣшительно отказывались отъ ученья и представляли подписки «что впредь науки обучить не могутъ»[138]; а другіе самовольно оставляли Академію и записывались въ Гвардейскіе полки солдатами.[139] Коллегія въ донесеніяхъ Сенату писала, что «отъ этого дѣлается вящее малолюдство и обучать будетъ некого»; а перешедшихъ въ другія службы, если у нихъ не было сильныхъ защитниковъ, возвращала въ прежнее мѣсто, съ приличнымъ увѣщаніемъ.

Въ 1731 году Коллегія просила разрѣшенія принимать ей самой, не дожидаясь Герольдмейстерской Конторы, тѣхъ недорослей, которые прямо явятся въ Коллегію; потому что контора почти не присылаетъ учениковъ.

Наконецъ Адмиралъ Сиверсъ, вступя въ управленіе флотомъ, не забылъ и Академіи. Въ то самое время, когда по ходатайству Миниха, состоялся указъ объ учрежденіи Шляхетскаго Кадетскаго Корпуса, Сиверсъ, безъ совѣщанія съ Коллегіею, «по случаю мирнаго времени,» между другими сокращеніями морскаго бюджета, представилъ и объ уменьшеніи комплекта морскихъ училищъ. Вслѣдствіе его представленія, указомъ Сената 1731 года августа 23, положено имѣть: въ Москвѣ, вмѣсто 500, только 100 человѣкъ; а въ Петербургѣ, вмѣсто 330, 150 человѣкъ. Такимъ образомъ, вмѣсто Петровскаго комплекта 830 человѣкъ, въ обоихъ училищахъ осталось 250.

Тотчасъ по удаленіи Сиверса (въ 1732 г.), Коллегія представила, что это число совершенно недостаточно, «понеже за малоимѣніемъ учениковъ находится крайній недостатокъ, и въ надлежащіе во флоту чины опредѣлять не кого;» но сдѣланное поправить было уже трудно.

Воинская морская коммиссія, занимавшаяся составленіемъ новыхъ морскихъ штатовъ, вышедшихъ въ 1732 году, объ училищахъ отозвалась такимъ образомъ: «а какіе служители при фабрикахъ и заводахъ, и при Академіи и школахъ быть потребно, о томъ по полученіи требующихся вѣдомостей, штаты учинены и всеподданнѣйше представлены будутъ.»[140] На томъ покуда и остановилось.

При Императрицѣ Аннѣ Іоанновнѣ, общій порядокъ опредѣленія дворянскихъ дѣтей былъ слѣдуюций: всѣ недоросли отъ 7 лѣтъ должны были являться и записываться, въ Петербургѣ, у герольдмейстера, а въ Москвѣ и губерніяхъ, у губернаторовъ, гдѣ объявляли лѣта, и кто чему учился. Списки объ явившихся изъ всѣхъ мѣстъ ежегодно представлялись къ герольдмейстеру. По достиженіи 12-ти лѣтъ, всякій долженъ былъ являться на второй смотръ, и уже знать читать и писать. Тогда дѣлался представленнымъ разборъ. Если родители, имѣющіе не менѣе 100 душъ, представляли доказательства о возможности обучить сына ариѳметикѣ и геометріи, и обязывались это исполнить; то недоросля опять отпускали домой до 16-ти лѣтняго возраста. Дѣтей же малопомѣстныхъ дворянъ, или и богатыхъ, но которыхъ родственники не обязывались выучить, назначали въ Морскую Академію и въ другія школы, по ихъ желанію и способностямъ.

Отпущенные домой 16-ти лѣтніе юноши должны были явиться на третій смотръ въ Петербургѣ, или въ Москву, и изъ герольдіи представлялись въ Сенатъ, гдѣ ихъ и экзаменовали. Если оказывалось, что они дѣйствительно знаютъ ариѳметику и геометрію; то, по желанію родственниковъ, ихъ отпускали домой еще на четыре года, впродолженіе которыхъ они должны были выучить географію, фортификацію и исторію, и уже 20-ти лѣтъ окончательно являлись въ Петербургъ или Москву, и поступали въ военную службу. Прилежныхъ и знающихъ дозволено было производить въ чины прежде другихъ слабѣйшихъ, «дабы прочіе, къ равномужъ прилежанію и радѣнію побуждены и отъ душевредительнаго гулянья и другихъ безпотребствъ воздержаны были.»[141]

На основаніи этихъ правилъ недоросли по большей части изъявляли желаніе поступить въ Кадетскій

Корпусъ, въ Артиллерійскую и Инженерную школы и въ Академію «Де Сьянсъ;» а въ Морскую Академію «почти ни одинъ не записался.»[142]

Въ правленіе Принцесы Анны Леопольдовны, относительно недорослей, были постановлены другія правила;[143] но черезъ мѣсяцъ они отмѣнены и оставлены два прежнія смотра 7-ми и 12-ти лѣтнихъ. Для 2-го смотра, велѣно являться въ Петербургъ или Москву, въ Сенатъ, а въ небытность его въ той столицѣ въ Сенатскую Контору, гдѣ и назначали недорослей, по ихъ желанію, въ морскую, сухопутную или гражданскую службы. Обучаться наукамъ отправляли въ школы, или отпускали къ родственникамъ на прежнихъ правилахъ. Кто изъ недорослей не являлся къ сроку, или обманывалъ въ числѣ лѣтъ, или въ количествѣ душъ: то въ наказаніе, малолѣтнихъ назначали въ матрозы, 20-ти лѣтнихъ въ солдаты; а негодныхъ къ военной службѣ и престарѣлыхъ посылали въ Оренбургъ на поселеніе.

Изъ числа являвшихся недорослей было такъ мало желающихъ поступить въ Морскую Академію, что даже Сиверсовъ комплектъ не наполнялся. Такъ напр. въ маѣ 1739 года, въ Петербургской и Московской Академіи, изъ наличнаго числа 239 учениковъ, дворянъ было только 115, изъ нихъ 78 требовалось въ Гардемарины, слѣдовательно на лицо ихъ оставалось 37 человѣкъ.[144] И присылали обыкновенно дѣтей самыхъ бѣдныхъ дворянъ.

Коллегію, кромѣ недостатка учениковъ, затрудняло еще и малое ихъ жалованье; требуя присылки дворянскихъ дѣтей, хотя съ небольшимъ состояніемъ, она писала, что бѣднымъ ученикамъ приходится болѣе заботиться о своемъ содержаніи, нежели о наукахъ потому что учащій ариѳметику получаетъ жалованья одинъ рубль въ мѣсяцъ, и на это долженъ имѣть пищу, одежду и квартиру; что и солдатъ получаетъ болѣе, если поставить въ счетъ паекъ, обмундировку и казенное помѣщеніе. «А понеже служба морская, заключала Коллегія, есть несравненно противъ сухопутной тягостнѣе, то наипаче въ такой службѣ будучи въ бѣдности куражъ ихъ распространиться не можетъ.» Въ отвѣтъ на подобныя донесенія, сообразно прежнему мнѣнію самой Коллегіи, Сенатъ повелѣлъ присылаемыхъ недорослей писать прямо въ Гардемарины, которые получаютъ жалованье болѣе учениковъ.[145] Изъ Адмиралтейскихъ или Академическихъ суммъ поправиться было не чѣмъ, потому что тѣ и другія отпускались съ большими недоимками.[146]

Несмотря на требованіе Коллегіи, учениковъ было мало: въ началѣ 1745 года въ Москвѣ и Петербургѣ на лицо состояло 102; а въ 1746 году 148 человѣкъ. Прося возстановить прежній Петровскій комплектъ, или покрайней мѣрѣ, удвоить комплектъ Сиверсовъ, Коллегія высказывала свое опасеніе, что при такомъ маломъ числѣ учениковъ «за недостаткомъ офицеровъ, при нужномъ случаѣ, флотъ бездѣйствителенъ быть можетъ, и поправить оное въ скорое время не возможно будетъ.» Въ 1745 году, Сенатъ разрѣшилъ «до будущаго впредь разсмотрѣнія и опредѣленія,» какъ въ С.Петербургѣ, такъ и въ Москвѣ дополнить недорослей и содержать по указамъ Петра Великаго восьмисотное число, «дабы впредь въ удовольствіи офицерами флотовъ и артиллерійскаго корпуса недостатка и упущенія не было;» но какъ недорослей продолжали присылать мало, то это распоряженіе и не могло быть исполнено.

Имѣя въ виду Сухопутный Кадетскій Корпусъ, получающій по своему штату прекрасное содержаніе, Коллегія (въ 1745) просила, по его примѣру, устроить и Морскія Академіи. Пошла переписка: Сенатъ согласился съ мнѣніемъ Коллегіи и приказалъ сдѣлать соображеніе, сколько можно содержать учениковъ на сумму, нынѣ отпускаемую на Академіи (22,459 р.), по примѣру Сухопутнаго Корпуса, «однако со уменьшеніемъ противъ оныхъ, дабы большей суммы не происходило.» Коллегія, составя на основаніи этихъ данныхъ штатъ «Морскаго Академическаго Корпуса,» доносила, что такой малой суммы, какъ нынѣ отпускаемая, не только недостаточно для содержанія «подобнаго» Сухопутному Корпусу, но «и съ немалымъ противъ того корпуса уменьшеніемъ учинить никакъ невозможно, и имѣютъ тѣ Академіи ученики при такомъ же неосновательномъ состояніи остаться, какъ нынѣ есть!»[147]

Послѣ этихъ строкъ, Коллегія, сравнивая положеніе Сухопутныхъ кадетъ съ положеніемъ воспитанниковъ Академій, писала, что наши бѣдные ученики, которымъ жалованья едва достаетъ на самую бѣдную пищу и которые за неимѣніемъ одежды и обуви иногда не могутъ являться въ классы, «взирая на подобныхъ себѣ обрѣтающихся въ Кадетскомъ Корпусѣ кадетъ, которые хотя и не въ такихъ трудныхъ наукахъ обстоятъ, но во всякомъ довольствѣ находятся, безкуражны остаются!»

Проектъ штата составленъ былъ Коллегіею дѣйствительно «съ великимъ уменьшеніемъ» противъ Сухопутнаго Корпуса; тамъ, на 360 человѣкъ, положено было 63,403 руб; а у насъ на 500 человѣкъ 56,674 руб. Но не всѣ эти деньги требовалось прибавить вновь

22,459 р. 20 к. отпускались прежде на училища отъ Штатсъ-Канторы; 7,282 р. 12 к. выдавали изъ Адмиралтейскихъ суммъ на содержаніе Гардемаринской роты, которая по штату должна была также войти въ составъ новаго Корпуса; слѣдовательно добавочныхъ требовалось 26,933 р. 29 копѣекъ. Кромѣ этого Коллегія просила назначить домъ, въ которомъ бы можно было устроить все необходимое для помѣщенія воспитанниковъ и воспитателей. Это весьма важное для морскихъ училищъ донесеніе представлено было въ Сенатъ 1747 года Іюля 8 дня.

Не пустая прихоть, а крайняя необходимость заставляла Коллегію хлопотать о сравненіи Морской Академіи съ Сухопутнымъ Кадетскимъ Корпусомъ, или покрайней мѣрѣ о какой нибудь существенной прибавкѣ къ получаемому ею содержанію. Въ самомъ дѣлѣ, жалованье учениковъ, въ особенности въ младшихъ классахъ, было очень недостаточно. Старшіе ученики, изъ которыхъ иные помогали своимъ учителямъ въ преподаваніи, получали по 7 рублей въ мѣсяцъ; знающіе меньше получали 5, 3, и 2 рубли; наконецъ, учащіе ариѳметику 1 рубль въ мѣсяцъ. Изъ этого еще дѣлались вычеты на лекарства, на госпиталь, на инструменты и за повышеніе окладовъ. Кто былъ не исправенъ, вычитали штрафныя деньги за дозорные *нѣты*, за прогульные дни, за молитвенные *нѣты* и т. п.; такъ что эти *нѣты* у мальчика, нѣсколько шаловливаго, сводили все жалованье тоже на *нѣтъ*, то есть, на нуль.[148]

Дѣти бѣдныхъ дворянъ, по плохому знанію грамоты поступившіе сначала въ Русскую школу, терпѣли въ ней крайнюю нужду; потому что тамъ имъ вовсе не давали ни жалованья, ни мундира, а только кормили въ общей артели съ солдатскими дѣтьми хлѣбомъ и кашею, «безъ всякаго харчу».[149] Впослѣдствіи улучшили ихъ положеніе тѣмъ, что приказали всѣхъ учениковъ Русской школы изъ дворянъ по спискамъ Академіи считать въ классѣ ариѳметики, то есть, давать имъ жалованья по 1 рублю въ мѣсяцъ, и сверхъ того, для улучшенія пищи, по одной копѣйкѣ въ день, не выдавая этихъ послѣднихъ денегъ на руки до десятилѣтняго возраста, а употребляя непосредственно на столъ.

Бѣдныхъ учениковъ, которые имѣли за собою меньше 10 дворовъ крестьянъ, не держали въ Петербургѣ, а отправляли въ Москву. Въ Московской же школѣ, какъ мы прежде сказали, давали жалованье только тому, кто имѣлъ менѣе 5 дворовъ; слѣдовательно ученики, имѣющіе 6, 7 и до 10 дворовъ крестьянъ, жалованья не получали; а между тѣмъ дохода и съ 10 дворовъ недостаточно было на содержаніе ученика въ Москвѣ. По этому поводу, еще при жизни Государя Петра Великаго просили давать жалованье ученикамъ имѣющимъ 10 дворовъ и менѣе, но Государь былъ въ это время въ Персидскомъ походѣ, а Сенатъ не разрѣшилъ.

Не смотря на ограниченное содержаніе училища, неудобное помѣщеніе и невыгодное положеніе учениковъ, учебная часть Академіи была въ довольно хорошемъ состояніи. Машина, пущенная въ ходъ Великимъ Механикомъ, двигалась по прежнему, и ею добросовѣстно управлялъ тотъ же избранникъ Петровъ Фарварсонъ и его воспитанники. До конца своей жизни Фарварсонъ съ юношеской бодростію и успѣхомъ трудился на избранномъ имъ поприщѣ; но товарищъ его Магнитскій оставленный въ Московской школѣ, занимаясь съ учениками только начальными частями курса, какъ будто устарѣлъ и кромѣ того, видимо находился въ раздраженномъ состоянiи.

Посмотримъ теперь учебную жизнь нашихъ «Академiй», въ промежутокъ времени, отъ смерти Петра до основанiя Корпуса. Въ указѣ Сената (1725 г. августа), подтверждавшемъ прежнiй комплектъ учениковъ, и прежнiя постановленiя относительно Морскихъ училищъ, сказано было: которые ученики «въ опредѣленное время», не кончатъ положенныхъ наукъ, тѣхъ исключать изъ Академiи въ матрозы, «дабы подъ видомъ ученья время не продолжали, и даромъ жалованья не брали.» Слова указа *въ опредѣленное время* возродили вопросъ, въ какое время ученики могутъ кончить каждую науку? За рѣшенiемъ обратились къ Фарварсону, учителю Алфимову и Магнитскому. Первые два отвѣчая согласно, и весьма опредѣлительно положили на изученiе:

	год.	мѣсяц
Ариѳметики		1	—
Геометрiи		—	8
Тригонометрiи Плоской		—	3
Навигацiи Плоской (плаванiе по Плоской картѣ)		—	3
Навигацiи Меркаторской (плаванiе по Меркат. картѣ)		—	5
Дiурналъ (веденiе журнала, и все, что къ нему нужно)		—	1
Тригонометрiи Сферической		—	3
Части Астрономiи, которая надлежитъ къ сферѣ		—	4
Географiи (математической)		—	1
Навигацiи Круглой (плаванiе по дугѣ великаго круга)		—	1

		год.	мѣсяц.
Геодезіи	— — — — — — —	—	4
Артиллеріи	— — — — — —	1	—
Фортификаціи —	— — — — —	1	—
Живописной и на рапирахъ, по регла-			
менту		1	—

Всего 6 л. 9 м.

Магнитскій, у котораго проходили только ариѳметику, геометрію и плоскую тригонометрію, отказался на этотъ вопросъ отвѣчать опредѣлительно, потому что время изученія зависитъ отъ способностей ученика и его прилежанія. Въ отвѣтѣ своемъ онъ пишетъ ариѳметику, прилежный выучитъ въ 10 мѣсяцовъ, а лѣнивый въ годъ; геометрію, прилежный въ 6, лѣнивый въ 8 мѣсяцовъ; тригонометрію прилежный въ 2, а лѣнивый въ 3 мѣсяца. «И менѣе тѣхъ лѣтъ научить не можно, понеже многіе, которые вновь къ намъ присылаются ничемъ разнствуютъ съ посохою (мужикомъ взятымъ отъ сохи), что и читать мало умѣютъ»; и что «изъ нашего народа мало обрѣтается, кто бы охоту имѣлъ къ наукамъ». Въ заключеніе онъ подтверждаетъ: «а сіе мое мнѣніе по много временномъ нашего народа присмотрѣніи, думается право быть!»[150] Въ этомъ случаѣ, Государь Петръ Великій вѣроятно бы поспорилъ съ Леонтіемъ Филипповичемъ.

Такъ какъ время, назначенное Магнитскимъ для лѣниваго ученика, было сходно съ Фарварсоновой вѣдомостью, то Коллегія по собраніи флагмановъ, въ засѣданіи 1726 года ноября 16, и утвердила безъ измѣненія выше приведенное распредѣленіе.

Въ самомъ порядкѣ ученія, сдѣлано важное измѣненіе. Государь въ 1724 году, словесно приказалъ для каждой науки назначить особенный день, а Фарварсонъ, представляя о неудобствѣ подобнаго расположенія занятій, при которомъ иной день пропустится по причинѣ караула, другой по причинѣ фронтоваго ученья и т. п; говорилъ, что лучше сначала во всѣ дни проходить одну науку, кончивъ ея приступить къ слѣдующей, и такъ далѣе, до послѣдней. Коллегія, исправила «ошибку» Петра, и, согласясь съ мнѣніемъ Фарварсона, положила проходить сначала ариѳметику, геометрію, тригонометрію и т. д. до круглой навигаціи, а по окончаніи этой науки, учителямъ экзаменовать; потомъ выучить геодезію, за нею артиллерію, фортификацію и наконецъ рисовать и фехтовать «сколько возможно будетъ.» Кромѣ этого, въ каждый мѣсяцъ, назначено 6 дней для изученія членовъ корабля на модели, и для фронтоваго ученья.

Учениковъ, не пришедшихъ въ классы, велѣно записывать въ особую книгу, чтобы послѣ не могли отговариваться; а «непонятныхъ, мотовъ, и шумныхъ,» согласно представленію Магнитскаго, по протестамъ учителей, положено выключать изъ Академіи.

Нельзя безъ удивленія видѣть, какъ ясно Государь понималъ способъ ученія, тогда, какъ записной педагогъ Фарварсонъ смотрѣлъ на это очень ошибочно. Распредѣленіе занятій, сдѣланное Петромъ, совершенно походило на нынѣшнее. Оно представляетъ ту очевидную выгоду, что одновременно сообщаетъ постепенныя свѣдѣнія изъ нѣсколькихъ наукъ, и разнообразя занятія перемѣною учебныхъ предметовъ менѣе утомляетъ вниманіе ученика.

Коллегія по мѣрѣ средствъ своихъ способствовала успѣхамъ ученія, и подтверждала, при присылкѣ недорослей, «обучать съ крайнимъ прилежаніемъ и не только учителямъ, но и самой Академической Экспедиціи надъ тѣми учениками и учителями имѣть крѣпкое смотрѣніе.» Донесенія о неспособныхъ ученикахъ разсматривались въ Коллегіи очень внимательно, и члены ея, не соглашаясь безъусловно съ представленіемъ Академической Экспедиціи, иногда сами пріѣзжали въ Академію и на мѣстѣ дѣлали разборъ. Инымъ ученикамъ назначали срокъ къ исправленію; а другихъ безнадежныхъ отсылали въ матрозы или солдаты.

Преподавателямъ, за прилежное обученіе, или за новыя выученныя ими науки, прибавляли жалованье. Кто бывалъ «въ шумствѣ,» дѣлали замѣчаніе, и все забывали, если провинившійся хотя «нѣсколько воздержности имѣлъ.» Заботливость Коллегіи простиралась до того, что она въ 1731 г. просила Сенатъ сдѣлать положеніе о наградахъ прилежнымъ учителямъ, которыхъ по регламенту хотя и велѣно награждать, но не опредѣлено, чѣмъ именно.[151] Это ходатайство, кажется, осталось безъ послѣдствій, но нѣсколько лѣтъ спустя Президентъ Адмиралтействъ-Коллегіи Николай Ѳедоровичъ Головинъ принялъ дѣятельное участіе въ положеніи преподавателей и исходатайствовалъ имъ чины, которыхъ до сего времени многіе изъ нихъ не имѣли. По этому случаю, въ журналѣ Коллегіи (1737 г. март. 8) сказано: «учителямъ навигацкихъ наукъ, для характеру, которымъ бы они могли между прочихъ служащихъ щитаться, дать ранги и считать противъ сухопутнаго капитана; а фортификаціи поручика Андрея Фарварсона, за знатныя въ пользу Государства службы, просить Ея Императорское Величество о награжденіи чиномъ бригадирскаго ранга, хотя отъ него о награжденіи рангомъ прошенія не имѣется; понеже чрезъ него первое обученіе математики въ Россіи введено, и едва не всѣ при флотѣ Ея Императорскаго Величества Россійскіе подданные, отъ высшихъ до нисшихъ, къ мореплаванію въ навигацкихъ наукахъ обучены.»

Это представленіе можетъ служить лучшимъ выраженіемъ признательности къ достойному Фарварсону. Президентъ Коллегіи, глава управленія флота, его ученикъ, справедливо оцѣниваетъ многолѣтніе труды наставника и предъ престоломъ Императрицы ходатайствуетъ о наградѣ, хотя самъ Фарварсонъ объ ней и не думаетъ.

Сорокъ лучшихъ лѣтъ своей жизни, этотъ благородный Шотландецъ посвятилъ пользѣ Русскаго флота; а надо было имѣть большую твердость воли и много теплоты въ сердцѣ, чтобы въ тогдашнее время посвятить всю жизнь воспитанію и добросовѣстно исполнить свое призваніе. Труды воспитателей — это камни, положенные въ землю въ фундаментъ зданія. Прекрасный фасадъ и удобное расположеніе всегда на глазахъ, а про фундаментъ знаетъ одинъ архитекторъ. Такъ и въ дѣлѣ воспитанія: всякій юноша, выйдя изъ школы и примѣняя полученныя въ ней познанія къ дѣлу съ своимъ умомъ, развитымъ воспитаніемъ, съ своимъ сердцемъ, направленнымъ къ добру и истинѣ, идетъ успѣшно и радостно по пути жизни, и причину своихъ успѣховъ, по эгоизму (весьма извинительному), приписываетъ одному себѣ. Но можно ли и требовать отъ молодаго человѣка, только что вступающаго въ жизнь, чтобъ онъ вполнѣ понялъ и оцѣнилъ, какъ были утомительны и тяжелы труды добросовѣстныхъ воспитателей, которые терпѣливо, день за днемъ, обработывали природныя его способности и образовали изъ него полезнаго члена общества?

Нынѣ званіе воспитателя почтено и возвышено, труды его взвѣшены и оцѣнены. Священное дѣло воспитанія обращаетъ на себя полное, родительское вниманіе Монарха, и ввѣрено непосредственной заботливости Августѣйшихъ нашихъ воспитателей Ихъ Императорскихъ Высочествъ. Но во время Фарварсона, не могли и мечтать о такомъ счастіи; тогда почти во всѣхъ учебныхъ заведеніяхъ не было и слова «воспитаніе,» а было только ученіе. Учители считались на равнѣ съ ремесленниками, и названіе «мастера» и «подмастерья,» какъ нельзя лучше характеризовало печальное положеніе ихъ въ обществѣ.

По этому, высоко надо цѣнить тѣхъ преподавателей, которые въ то время, своими трудами и благороднымъ характеромъ, съумѣли заслужить общее уваженіе учениковъ и начальниковъ, и первое мѣсто въ числѣ такихъ преподавателей по справедливости принадлежитъ Фарварсону.

Онъ прекрасно зналъ науки, которыя входили въ кругъ его занятій, и постоянно слѣдилъ за ними, выписывая изъ за границы всѣ вновь выходящія замѣчательныя книги по математикѣ и мореплаванію. Собственная его библіотека заключала до 300 сочиненій, а съ книгами Академическими, которыя онъ держалъ у себя для чтенія и справокъ, до 600 сочиненій,—число, для того времени, очень большое. Книги, почти всѣ, были спеціально математическія и морскія на Англійскомъ, Голландскомъ, Французскомъ, Нѣмецкомъ, Латинскомъ и Русскомъ языкахъ.[132]

Кромѣ преподаванія, Фарварсонъ написалъ на Латинскомъ языкѣ слѣдующія сочиненія, переведенныя на Русской языкъ переводчиками Морской Академіи: «Сокращеніе Эвклидовыхъ началъ,» напечатанное въ

1739 году, тригонометрію, навигацію, книжицу о сочиненіи и описаніе сектора, и двѣ книги таблицъ.[153] Тригонометрія и навигація, остававшіяся только въ рукописи, до насъ не дошли; а вѣроятно были и другія сочиненія Фарварсона, которыя постигла та же участь.

Фарварсонъ цензировалъ морскія книги и одобрялъ ихъ къ печатанію. Онъ же просматривалъ и исправлялъ переводы съ иностранныхъ языковъ, дѣланные переводчиками Академіи. Такихъ переводовъ, по кончинѣ Фарварсона, осталось 38 книгъ. Не рѣдко и Коллегія поручала ему экзаменовать гардемаринъ являвшихся изъ за-границы, иностранцевъ поступающихъ въ штурмана и т. п.

Въ служебныхъ отношеніяхъ Фарварсона, видна скромность, спокойная разсудительность и здравый умъ. Даже въ самыхъ справедливыхъ требованіяхъ, какъ напр. въ просьбѣ о выдачѣ условленной платы 50-ти фунтовъ стерлинговъ за каждаго ученика (чего кажется ему никогда не было выдано), и издержекъ на проѣздъ изъ Англіи, онъ скромно жалуется, и только намекаетъ на отставку; тогда какъ другіе иностранцы, въ подобныхъ случаяхъ, дерзко ее требовали, и безъ мѣры величали свои, вовсе небольшія заслуги. Вниманіе и расположеніе Великаго Петра, и общее уваженіе всего флота служатъ лучшею похвалою учености и душевнымъ качествамъ Фарварсона. Онъ вполнѣ оправдалъ выборъ Государя, образовалъ для Русскаго флота нѣсколько поколѣній Русскихъ моряковъ, и приготовленіемъ прекрасныхъ учителей положилъ прочное основаніе для будущаго.

Въ 1739 году, почти въ одно время, скончались избранники Петра, Магнитскій въ октябрѣ, а Фарварсонъ въ декабрѣ мѣсяцахъ. Магнитскій погребенъ въ Москвѣ, за Никольскими воротами, въ церкви Гребенской Божіей Матери. Послѣ него остался сынъ Иванъ, служившій потомъ въ Военной Коллегіи. Фарварсонъ, кажется, не былъ женатъ, и наслѣдникомъ его остался жившій у него племянникъ или двоюродный братъ «Шкотской націи» (Шотландецъ) красильникъ Вильямъ Александеръ.

Магницкій съ 1732 года, кромѣ своей учительской должности исполнялъ и коммисарскую; впослѣдствіи его мѣсто занялъ учитель Ушаковъ, состоящій въ службѣ съ 1724 года и имѣвшій чинъ капитана. На мѣсто же Фарварсона, для обученія математическихъ и морскихъ наукъ, полагали необходимымъ имѣть профессора Англичанина «понеже оныя науки состоятъ на Англійскомъ языкѣ.»

О прінсканіи и наймѣ профессора, писали Нарышкину, нашему посланнику въ Лондонѣ, который отвѣчалъ, что трудно найти человѣка соединяющаго въ себѣ хорошее знаніе математики и морскихъ наукъ; а если такіе люди и есть, то согласятся ѣхать въ Россію не иначе, какъ за большое жалованье, и на опредѣленный срокъ. Однакожъ, спустя три года, Нарышкинъ отыскалъ четырехъ человѣкъ, желающихъ занять профессорское мѣсто. Одинъ изъ нихъ просилъ жалованья 300 фунт. стерл. въ годъ; двое по 400 ф. и послѣдній 500 ф. Коллегія, разсуждая о такихъ непомѣрныхъ требованіяхъ, спрашивала Морскую Академію: нуженъ ли профессоръ и нельзя ли обойтись безъ иностранца (но смерти Фарварсона уже прошло шесть лѣтъ)? На это Академія отвѣчала, что въ Англіи дѣйствительно трудно сыскать профессора знающаго математику и морскія науки, потому что обыкновенно «добрые математики не углубляются въ навигацію;» а хорошіе моряки по большей части плохо знаютъ математическія науки. Но если и найдется Англичанинъ, который знаетъ то и другое, то жалованье онъ потребуетъ большое, а служить обяжется года 2, 3 и ни какъ не болѣе 5-ти лѣтъ. Какая же польза будетъ ученикамъ, когда въ началѣ своей службы профессоръ не будетъ знать ни слова по—Русски, а когда привыкнетъ порядочно объясняться на нашемъ языкѣ, то оставитъ Академію? Теперь же учители Ушаковъ, Шишковъ и Кривовъ учатъ тѣмъ наукамъ, которымъ училъ и Фарварсонъ, и изъ нихъ Ушаковъ учитъ еще и бóльшимъ. И въ пособіе преподаванію, при жизни Фарварсона, переведено и исправлено имъ нѣсколько учебныхъ книгъ, находящихся въ рукописи; а другія переведены и исправляются для печати тѣми же Кривовымъ и Шишковымъ. По этому покуда весьма можно обойтись безъ иностраннаго профессора.

Но какъ морскія книги пишутъ преимущественно на Англійскомъ языкѣ, и самое мореплаваніе у Англичанъ находится въ цвѣтущемъ состояніи, то Академическое начальство спрашивало Коллегію, не найдетъ ли она возможнымъ послать въ Англію изъ Академическихъ учителей и подмастерьевъ нѣсколько человѣкъ, года на три, для изученія Англійскаго языка и усовершенствованія себя въ математическихъ и морскихъ наукахъ. По возвращеніи же ихъ «и безъ Англійскихъ профессоровъ, при Академіи исправиться можно будетъ.» Желающіе ѣхать въ Англію были: учитель Алексѣй Юрьевичъ Кривовъ, подмастерья Четвериковъ, Костюринъ, Исуповъ, Бухаринъ, Бильцовъ и Расторгуевъ; слѣдовательно, выбирать было изъ кого.

Взаключеніе своего представленія Экспедиція Академій и Школъ просила, въ случаѣ утвержденія посылки, наградить учителей рангами и прибавить имъ жалованья.

Коллегія, испросивъ разрѣшеніе Сената, въ сентябрѣ 1745 года, опредѣлила послать въ Англію, на три года, Кривова, Четверикова и Костюрина, съ жалованьемъ каждому по 400 руб. въ годъ и на паекъ 100 руб. Прочимъ желающимъ, также прибавили жалованья и объявили, что если они имѣютъ охоту учиться иностраннымъ языкамъ, то могутъ выучиться и здѣсь «за что безъ награжденія оставлены не будутъ». Вмѣстѣ съ этимъ, какъ для нихъ, такъ и для другихъ желающихъ, велѣно приискать учителей Французскаго и Латинскаго языковъ, и исходатайствовано позволеніе посылать въ Академію наукъ, во Французскіе, Латинскіе и Нѣмецкіе классы, въ каждый по 4-ре ученика. Переводы же исправленные Фарварсономъ велѣно напечатать.

Въ концѣ трехгодичнаго срока, назначеннаго для ученья, Кривовъ и его товарищи просили отсрочить возвращеніе ихъ въ Россію еще на два года, и дозволить имъ въ это время, для практическаго изученія морского дѣла, сходить въ Америку. При этомъ разумѣется просили и о деньгахъ, какъ на проѣздъ «въ вышеозначенное дальнее мѣсто», такъ и для житья въ Англіи. «Дабы они въ пропитаніи и въ обхожденіи между знатными профессорами и прочими честными и учеными людьми въ изысканіи желаемаго безбѣдно содержать себя могли; также и на морѣ съ морскими офицерами обхожденіе могли имѣть безнужное».

Коллегія, какъ обыкновенно съ разрѣшенія Сената, позволила имъ пробыть въ Англіи одинъ годъ, а подороговизнѣ съѣстныхъ припасовъ, и для поощренія къ занятіямъ, просила посланника нашего въ Лондонѣ, если онъ найдетъ дѣйствительно нужнымъ, прибавить каждому по 100 руб. въ годъ. Что же касается до желанія отправиться въ Америку, то «въ морскихъ путешествіяхъ Коллегія нужды не признаетъ, понеже они (учители) къ употребленію въ морскую службу не слѣдуютъ»; а если желаютъ изучить морскую практику, то «могутъ примѣчаніе имѣть» на пути изъ Лондона въ Петербургъ.

По прошествіи года, наши англичане, желая извлечь всевозможную пользу изъ своего заграничнаго ученья, снова писали въ Коллегію, что многіе ученые и знатные люди удостовѣряли ихъ, что во всей Европѣ «наилучшіе университеты и академіи» находятся во Франціи и Голландіи, въ которыхъ преподаваніе и порядокъ содержанія учениковъ и заведеній въ отличномъ состояніи. По этому имъ весьма было бы полезно все осмотрѣть, и кстати собрать свѣдѣнія о лучшихъ книгахъ и инструментахъ нужныхъ для Академіи; и что все это они исполнятъ, если Коллегія дозволитъ имъ, на пути изъ Англіи въ Россію, проѣхать Францію и Голландію. Въ Августѣ 1749 года прибывъ въ Гамбургъ, они безъ всякаго прошенія рѣшились избрать по возможности дальнѣйшій морской путь въ Россію, и отправились въ Архангельскъ, съ тою же мыслію, съ которою просились въ Америку, то есть, «для лучшаго морской практики присмотру, дабы по должности своей могли совершеннѣе толковать при Академіи ученикамъ». Коллегія не взыскала за это, а напротивъ велѣла въ Архангельскѣ по прибытіи учителей, выдать имъ заслуженное жалованье.

По возвращеніи въ Петербургъ, въ 1750 году, Кривовъ, Кастюринъ и Четвериковъ снова поступили въ

Академію, при чемъ Четвериковъ назначенъ на открывшуюся ваканcію учителемъ. Впродолженіе пребыванія ихъ въ Англіи, Коллегія, чрезъ нашего посланника, слѣдила за ихъ успѣхами, и даже требовала, чтобы, для доказательства своихъ познаній въ языкѣ и въ наукахъ, они перевели съ Англійскаго на Русскій языкъ по небольшой полезной для мореплаванія книгѣ, и прислали въ Коллегію. Исполняя предписаніе, Кривовъ представилъ книгу: «о взысканіи длины (долготы мѣста на морѣ)»; а Четвериковъ «теорію о вожденіи кораблей, приложенную къ практикѣ». Послѣдняя книга была въ оригиналѣ написана на Французскомъ языкѣ Питотомъ и издана съ одобренія Парижской Академіи въ 1731 году; а Англійской переводъ ея вышелъ въ Лондонѣ въ 1743 году, съ котораго Четвериковъ и переводилъ на Русскій языкъ. Книгу Кривова, по порученію Коллегіи, сравнивалъ съ оригиналомъ Бухгатеръ Академіи Наукъ Гордонъ; а книгу Четверикова разсматривалъ А. И. Нагаевъ и нашелъ ея «такой доброты и достоинства, какой доселѣ на Россійскомъ языкѣ въ пользу учащихся морской практической навигацкой теоріи не бывало».

По прибытіи въ Россію, они еще представили книги: Кривовъ переводъ съ Англійскаго «практической Астрономіи»; а Четвериковъ 2-ю часть «лекціи натуральной философіи», читанныхъ въ Дублинскомъ университетѣ; и какъ онъ между прочимъ успѣлъ выучиться Французскому языку, то перевелъ и съ него, «генеральное описаніе солнечной системы». Кастюринъ представилъ переводъ съ Англійскаго «о магнитѣ и разномъ склоненіи компаса.» Переводы Кривова и Четверикова нашли довольно хорошими и Коллегія одобривъ ихъ велѣла напечатать для «флотскихъ служителей и Академіи учениковъ».[154]

Кромѣ «Англичанъ» въ числѣ учителей Академіи былъ примѣчательный, по своимъ познаніямъ, человѣкъ, геодезіи прапорщикъ Андрей Красильниковъ. Успѣшно окончивъ курсъ въ Академіи, и пробывъ четыре года (1724 — 28) въ разныхъ губерніяхъ у описи лѣсовъ, Красильниковъ посланъ былъ, съ подмастерьемъ Бильновымъ и другими, въ ученье къ астроному Делиль де ла Кроейру. Въ 1733 году, отправился онъ помощникомъ Делиля въ Сибирь, вмѣстѣ съ Гмелиномъ и Миллеромъ, въ извѣстную Камчатскую Экспедицію. Де ла Кроейръ, посланный для астрономическаго опредѣленія мѣстъ и физическаго изслѣдованія Сибири, долженъ былъ завѣдывать всѣми геодезическими работами и сопровождать Капитана Беринга въ плаваніи его въ Америку. Красильниковъ усердно помогалъ Делиню въ его занятіяхъ, пособилъ Гмелину и Миллеру составить обстоятельную карту Лены, и по смерти Делиля продолжалъ его работы, которыми впослѣдствіи осталась довольна Академія Наукъ.[155] По возвращеніи въ Петербургъ, въ 1746 году, Красильниковъ назначенъ въ Морскую Академію, и продолжая работать на обсерваторіи Академіи Наукъ, занимался и съ нашими учениками астрономическими наблюденіями. По отзыву своего начальства, Красильниковъ «въ знаніи находится искусенъ, у Делиля обучалъ многія науки, и геодезистовъ превосходитъ, и тѣмъ наукамъ обучать можетъ и состоянія, (то есть, поведенія) добраго».

Прочіе учители были: математическихъ и навигацкихъ наукъ Шишковъ, подмастерье Бильцовъ, Бухаринъ и др.; геодезіи Красильниковъ (Василій); артиллеріи Аничковъ; фортификаціи Боучаровъ, фехтованью Суковъ и др. Изъ подмастерьевъ въ учители производились не иначе, какъ по экзамену, или одобрительному отзыву Академіи Наукъ.

Въ этотъ періодъ времени, является замѣчательный ученикъ Николай Кургановъ, уже проходящій (1748 г.) высшія математическія науки и бывшій у подмастерья Бухарина въ числѣ отличныхъ учениковъ. Кургановъ помогалъ Бухарину обучать другихъ, и за это получилъ къ 5 рублямъ мѣсячнаго жалованья 2 рубли прибавки.[156]

Учители съ 1737 года хотя и награждались чинами, но только чрезвычайно медленно и съ большимъ разборомъ. Обыкновенной, и также не частой, наградой была прибавка жалованья; но какъ Академія содержалась опредѣленной суммой, то значительная прибавка могла дѣлаться только изъ оставшагося жалованья выбывшаго лица. Опредѣленныхъ окладовъ не было, все зависило отъ личности учителя, а главное отъ случая. Умеръ учитель, прибавляли, кому можно, изъ его жалованья; а если всѣ здравствовали, то хотя бы и слѣдовало прибавить, да было не изъ чего.

Чтобы дать понятіе о величинѣ содержанія учителей, укажемъ на нѣкоторые оклады, и ихъ измѣненія. Ушаковъ, учитель маіорскаго ранга, получалъ 400 р. Учитель геодезіи Василій Красильниковъ, въ 1738 году, получалъ 108 р; потомъ 150, и въ 1746 году, ему прибавили еще 100 р., за то, что кромѣ своихъ классъ, обучалъ гардемаринъ артиллеріи и фортификаціи, и самъ «обязался» выучиться Французскому и Латинскому языкамъ, и уже «обучался онымъ способомъ лексикона». Переводчикъ при Академіи, Сатаровъ, до 1737 года получалъ 120 р; а съ этого время ему «за труды въ переводѣ книгъ» прибавлено 60 р. Подмастерья получили отъ 6 до 9 рублей въ мѣсяцъ, и вообще величина жалованья не зависѣла отъ качества, а отъ количества знаній, или правильнѣе сказать, количества преподаваемыхъ предметовъ.

Коллегія хотя имѣла общее наблюденіе за ходомъ преподаванія, но не мѣшалась въ подробности, если только ея не вызывали на это. Экспедиція Академическая завѣдывала текущими дѣлами; а строевое начальство и коммиссары заботились о соблюденіи порядка и о хозяйственной части Академіи. За ходомъ ученья наблюдали одни учители, въ Москвѣ Магницкій, а въ Петербургѣ Фарварсонъ и другіе.

Книги, нужныя для преподаванія, писалъ самъ Фарварсонъ, обыкновенно по Латыни, или выбиралъ изъ другихъ авторовъ и отдавалъ переводить переводчикамъ, собственно для этой цѣли состоящимъ при Академіи. Изъ нихъ, Грозинъ перевелъ для Академіи большую часть математическихъ книгъ и училъ Латинскому языку; но трудолюбивѣйшимъ изъ переводчиковъ, кажется, былъ Иванъ Петровичъ Сатаровъ, переводившій съ Латинскаго множество книгъ, оставшихся большею частію въ рукописяхъ. Онъ умеръ въ 1749 году, и за 10 лѣтъ до его кончины было въ Академіи 14 книгъ его не напечатанныхъ переводовъ.[157]

Съ этими переводами распоряжались довольно странно. Въ наше время, если желаютъ знать, будетъ ли полезна для преподаванія иностранная книга, то ее прочитаютъ и обсудятъ въ оригиналѣ; а тогда, при малѣйшемъ подозрѣніи въ полезности книги, ее прямо приказывали переводить. Переводчики съ Латинскаго языка были свои, слѣдовательно, если попадалась въ Академію книга математическая или морская, то ее тотчасъ переводили чтобы она не стояла въ библіотекѣ «напрасно». Отъ этого было такъ много переводовъ, которые въ свое время принесли нѣкоторую пользу учителямъ, но до насъ не дошли, погибнувъ въ рукописяхъ.

Когда по смерти Фарварсона, въ собственность Академіи поступили, кромѣ Латинскихъ, Англійскія, Голландскія, Нѣмецкія, и Французскія книги; то для нихъ сей часъ начали искать переводчиковъ: но для послѣднихъ трехъ языковъ, даже и «наймомъ не нашли». Только Англійскія обѣщалъ переводить бухгалтеръ Академіи Наукъ Гордонъ, которому за это и опредѣлили содержаніе наравнѣ съ переводчиками Морской Академіи. Голландскія, Нѣмецкія и Французскія книги, числомъ 40, подумавши, отдали наслѣднику Фарварсона «дабы безъ употребленія, отъ празднаго лежанія, не могли притти въ негодность.»[158]

Не смотря на странность подобныхъ распоряженій, нельзя не отдать справедливости, какъ служащимъ въ Академіи, такъ и членамъ Адмиралтействъ-Коллегіи, за ихъ заботливость объ учебныхъ пособіяхъ для воспитанниковъ. Учебныя книги печатались въ своей Академической типографіи, чертежные инструменты дѣлали также въ Академическихъ мастерскихъ, а шкалы и астрономическіе инструменты выписывались Коллегіею изъ Англіи.

Науки въ Академіяхъ проходили: ариѳметику, геометрію и плоскую тригонометрію, какъ въ Петербургѣ, такъ и въ Москвѣ. Слѣдующія части курса читались уже только въ Петербургѣ: навигація плоская и меркаторская, діурналъ (веденіе журнала), сферическая тригонометрія, часть астрономіи о сферѣ, круглая навигація, то есть, плаваніе по дугѣ великаго круга, геодезія, географія (математическая, краткое понятіе), названіе корабельныхъ членовъ, артиллерія и фортификація. Кромѣ того, учили алгебру, Эвклидовы элементы, рисовать, фехтовать и ружейной экзерциціи. Нѣкоторые учили и иностранные языки.

Курсъ этотъ, весьма полный по названіямъ наукъ, никакъ не должно равнять съ нынѣшнимъ; потому что вмѣсто обширнаго изложенія науки, проходились только коротенькія правила, существенно необходимыя для практическихъ приложеній; все же теоретическое оставлялось въ сторонѣ. Самые способы и инструменты того времени были не сложны и малочисленны; объ чемъ нынѣ написаны цѣлыя книги, то прежде помѣщалось на одной страницѣ.

Общей связи въ преподаваніи очевидно не было: всякій учитель былъ полнымъ хозяиномъ въ своемъ классѣ, и читалъ по какой нибудь книгѣ или запискамъ, какъ и что ему хотѣлось. Программою служилъ регламентъ и требованія службы; все, что не прямо шло къ нимъ, было роскошью ученія, и зависѣло только отъ добросовѣстности учителя. Письменной отчетливости почти не было. Поэтому невозможно отчетливо указать на руководства и порядокъ преподаванія.

Проходили ариѳметику по руководству Магнитскаго, которое оставалось въ классахъ нѣсколько лѣтъ и по основаніи Корпуса; прочія математическія и морскія науки большею частью читались по книгамъ и запискамъ Фарварсона. Геодезію, которой и училъ Фарварсонъ, вѣроятно, также читали по его запискамъ. Послѣ Фарварсона, учители возвратившіеся изъ Англіи, и находящіеся здѣсь конечно вводили въ классахъ нѣкоторыя улучшенія, но они не произвели большой перемѣны.

Наконецъ, въ это время печатались морскія книги, которыя хотя не были приняты къ руководству, но должны были имѣть большое вліяніе на преподаваніе. Первая изъ нихъ книга «Полнаго собранія о навигаціи,» сочинена лейтенантомъ Семеномъ Мордвиновымъ. Первыя три части напечатаны по указу Адмиралтействъ-Коллегіи, въ 1748 году, а послѣдняя, четвертая, въ 1753 году. Въ этой книгѣ, если не ставить ей въ вину излишнее употребленіе Французскихъ словъ, изложены очень понятно и удовлетворительно: геометрія, обѣ тригонометріи, навигація и астрономія, съ описаніемъ всѣхъ инструментовъ, употребляемыхъ мореплавателями, и съ приложеніемъ необходимыхъ таблицъ. По отзыву самого автора, сочиненіе его написано «не ради знающихъ ученыхъ, но ради молодыхъ людей, которые желаютъ быть добрыми навигаторами,» что подтверждаютъ и стихи:

Дѣти сему учитесь,
Волнъ морскихъ не страшитесь!

Но по всему видно, что книга Мордвинова не была принята въ Академіи руководствомъ. Та же Коллегія, которая съ 1748 по 1753 годъ издавала сочиненіе Мордвинова, въ 1749 году приказала возвратившимся изъ Англіи учителямъ, выбравъ изъ находящихся при Академіи Англійскихъ книгъ нужнѣйшія для обученія учениковъ, немедленно перевести и «въ первыхъ курсъ математики подлежащій къ мореплаванію;» по переводѣ предложить Коллегіи для напечатанія. Въ 1762 году, въ кладовой типографіи, Мордвинова книги осталось болѣе 1000 экземпляровъ.

Подобныя случайности, по большей части зависящія отъ личныхъ отношеній, случались нерѣдко въ тогда-

шней морской литературѣ. Напримѣръ, другая, также очень полезная книга: «Сокращенная навигація по картіе де редюкціонъ,» сочиненіе Степана Малыгина, напечатана по распоряженію Коллегіи въ 1733 году, и все изданіе, за исключеніемъ 10 экземляровъ, *десять лѣтъ* пролежало въ кладовыхъ типографіи. Только въ 1743 году Коллегія приказала, «оставя для раздачи учителямъ, подмастерьямъ, геодезіи ученикамъ и пр., 200 экземпляровъ, остальные послать въ Кронштадтъ на продажу, и для раздачи (за деньги же) гардемаринамъ, штурманамъ и пр.» Причина, по которой книга Малыгина не была принята для руководства въ Академіи, нѣсколько объясняется мнѣніемъ объ ней Фарварсона: «прочелъ я сію книжицу о употребленіи квадранта де редюкціонъ, и по моему разсужденію есть изрядный способъ для кораблеплавателей, *которые въ тригонометріи весьма неискусны и въ ариѳметикѣ мало знаютъ*, сей способъ Французы часто употребляютъ.»

Но въ противоположность проническому отзыву Фарварсона, знаменитый Эйлеръ объ этой же книгѣ пишетъ, что «въ ней всѣ проблемы чисто и правильно рѣшены, и полезна есть оная книжица, чтобъ по ея предводительству обученіе производить.»

На практическое приложеніе пройденныхъ наукъ, въ Академіи, кажется, не обращали вниманія, оставляя это до гардемаринства; по крайней мѣрѣ ежегоднаго, постояннаго назначенія учениковъ въ кампанію не было. Геодезіи ученики въ 1748 ходили къ съемкѣ съ Нагаевымъ, но только три человѣка, — кромѣ того они изрѣдка посылались съ геодезистами; даже астрономическимъ наблюденіямъ въ Академіи не учили (въ 1749 г.), и только принялись за это при Андреѣ Красильниковѣ, которому дали обучать *двухъ* человѣкъ.

Оканчиваемъ этотъ печальный періодъ существованія Морской Академіи не оскорбительною укоризною къ дѣятелямъ того времени, а признательностію къ ихъ полезной службѣ и добросовѣстнымъ трудамъ. Они, передавая познанія, умѣли сохранить и въ это время любовь воспитанниковъ къ службѣ; умѣли подъ пепломъ уберечь ту искру, отъ которой впослѣдствіи вспыхнулъ Чесменской пожаръ, и вся Европа съ удивленіемъ узнала, что духъ Петра живетъ въ Русскихъ морякахъ.

Адмиралы и капитаны Екатеринина флота, бывшіе воспитанники Фарварсона и его товарищей, и всякій Русскій, читая описаніе трогательнаго торжества, когда Чесменской флагъ преклонился предъ гробомъ Великаго Адмирала, съ признательностію долженъ вспомнить объ его любимой Морской Академіи, принесшей также свою посильную дань въ сокровищницу Русской славы.

Елисаветъ

V.
Морской Шляхетный Кадетскій Корпусъ.
1752—1762.

> На тронѣ возвышена, Монархиня, сіяешь,
> И просвѣщеніе Петрово умножаешь.
> *Ломоносовъ.*

Высочайшимъ указомъ Августѣйшей дочери Петра Великаго, Императрицы Елисаветы Петровны, 1752 года декабря 15 дня, основанъ Морской Шляхетный Кадетскій Корпусъ. Съ учрежденіемъ его упразднилась Московская школа или Академія на Сухаревой башнѣ; С.Петербургская Морская Академія, гардемаринская рота и Морская Артиллерійская школа, имѣвшая комплектъ до 150 человѣкъ, и приготовлявшая, на основаніи регламента, учениковъ, «которые годились бы не только въ унтеръ, но и въ оберъ офицеры Артиллеріи.» Въ эту школу поступали дворянскіе дѣти прямо отъ родителей, или изъ Морской Академіи.

Въ Морской Корпусъ перевели изъ Московской школы только дворянскихъ дѣтей; а разночинцевъ опредѣлили въ мастерскія школы при Адмиралтействахъ и въ Штурманскую роту. Выбранные гардемарины и ученики Морской Академіи и Артиллерійской школы поступили въ число воспитанниковъ Корпуса. Зданія Морской Академіи и все имущество ея и гардемаринской роты передано также въ Корпусъ.

Когда Адмиралтействъ-Коллегія разсуждала о новомъ образованіи Морскаго Корпуса, то члены ея, прошедшіе сами скорбный путь гардемаринской жизни, нашли необходимымъ включить и гардемаринъ въ число воспитанниковъ Корпуса, и, кажется, живо припоминая тяжелые годы своей молодости, разсуждали такимъ образомъ о будущемъ порядкѣ въ новомъ Корпусѣ: кадеты, кончивъ курсъ и будучи произведены въ гардемарины, выйдутъ на малой гардемаринской окладъ, «коимъ окладомъ уже содержать себя на такомъ довольствіи не могутъ, какъ содержаны были въ Корпусѣ; то разсуждается, вышедъ они изъ такого довольственнаго прежде содержанія и безпопечительнаго житія, а вступивъ въ трудную службу морскую, и предъ прежнимъ въ уменьшительное пропитаніе, принуждены будутъ терять свой куражъ, или будучи прежде въ школѣ, и увѣдавъ свое впредь къ трудной службѣ и къ меньшему жалованью происхожденіе, уклоняться станутъ отъ наукъ своихъ должностей, изъ чего послѣдовать можетъ, что во флотъ изъ Академіи (изъ Корпуса) въ гардемарины, идущее дворянство не съ куражемъ, но съ крайнею прискорбностію принуждено себя видѣть будетъ, а наипаче всего, когда они вышедъ изъ кадетовъ въ гардемарины, и послужа лѣтомъ на морѣ, будутъ возвращаться зимовать въ Санктпетербургъ для обученія наукамъ въ Академіи (въ Корпусѣ) и увидятъ Академіи учениковъ (то есть, кадетъ) выходящихъ изъ учебныхъ палатъ по учрежденію за готовой казенной столъ вседневно, а они уже какъ гардемарины, тогда будучи на наемныхъ изъ своихъ коштовъ и изъ малаго гардемаринскаго жалованья квартирахъ, недостаточное житіе и пропитаніе предъ учениками (кадетами) препровождая, наибольшей прискорбности подвержены будутъ; и дабы такія слѣдствія предъупредить и лучшую придать охоту къ службѣ, надлежитъ въ тотъ же Академическій (Морской) Корпусъ причислить и гардемаринъ.»[159]

На этомъ основаніи и рѣшено было уничтоженіе отдѣльнаго существованія Гардемаринской роты.

Комплектъ воспитанниковъ Корпуса, по Высочайше утвержденному штату, положенъ 360 человѣкъ, которые въ строевомъ составѣ раздѣлялись на три роты, а въ учебномъ на три класса. Каждая рота и каждый классъ состоялъ изъ 120 человѣкъ.

Воспитанники *перваго* класса кончали высшія морскія науки и назывались *Гардемаринами*. Во *второмъ* классѣ, проходили навигацію и начинали другія науки, и воспитанники назывались *Кадетами втораго класса*. Въ *третьемъ* классѣ, были *Кадеты третьяго класса*, учившіеся тригонометріи и другимъ низшимъ наукамъ.

Кромѣ этого, изъ кадетъ втораго класса выбиралось «не свыше 30 человѣкъ въ Артиллерійскіе кадеты такихъ, которые по окончанію въ совершенство по регламенту всѣхъ наукъ за взрослыми лѣтами не благонадежны со основанія обучать не только теоріи, но и практики.» Изъ одного класса въ другой переводили по экзамену только на открывающіяся вакансіи, такъ что и достойные по наукамъ, въ случаѣ не имѣнія свободныхъ вакансій, должны были сидѣть въ прежнемъ классѣ.

Каждая рота состояла изъ 40-ка гардемаринъ, 40-ка кадетъ 2-го класса и 40-ка кадетъ 3-го класса. Изъ гардемаринъ, лучшихъ по наукамъ выбирали въ каждой ротѣ: каптенармуса, подпрапорщика, фурьера, 4-хъ сержантовъ, 4-хъ капраловъ и 8 ефрейторовъ. Каждой ротой командовалъ капитанъ 3-го ранга; подъ его начальствомъ состояли капитанъ-лейтенантъ, унтеръ-лейтенантъ и прапорщикъ, производимый изъ кадетскихъ унтеръ-офицеровъ. Сверхъ ротнаго штата при Корпусѣ былъ адъютантъ.

Дирекцію надъ Морскимъ Корпусомъ, по примѣру Сухопутнаго, положено имѣть «изъ Морскаго Генералитета, кому Ея Императорское Величество повелѣть соизволитъ.» Второе лице по Директорѣ былъ капитанъ 1-го ранга; эту послѣднюю должность исправлялъ Алексѣй Ивановичъ Нагаевъ, который по неимѣнію Директора и управлялъ Корпусомъ.

Кромѣ классныхъ занятій въ Корпусѣ, предполагалось, всѣхъ гардемаринъ и до 30 кадетъ 2-го класса, готовящихся въ Артиллерію, отправлять, для практики, лѣтомъ на эскадру въ кампанію. Артиллерійскихъ кадетъ посылали, «яко констапельскихъ учениковъ, дабы чрезъ такое дѣятельное обученіе теоріи и практики, какъ гардемарины во флотѣ, такъ и констапельскіе ученики въ Артиллеріи въ произвожденіи слѣдовать могли.»

Коллегія въ прежнемъ своемъ представленіи о новомъ штатѣ Корпуса просила на годовое содержаніе 500 воспитанниковъ 56,674 рубли; по этой пропорціи на 360 человѣкъ слѣдовало бы назначить 40,805 рублей; но по Высочайше утвержденному штату полагалось гораздо болѣе, именно 46,561 р. 75½ к. Въ число этой суммы вошли, отпускаемыя на Морскую

Академію изъ Штатсъ-Канторы 22,459 р. 20 к., и 7,282 р. 12½ отпускаемыя изъ Адмиралтейскихъ суммъ на содержаніе гардемаринской роты, что составляло 29,741 р. 32½; къ нимъ въ прибавокъ повелѣно отпускать также изъ Штатсъ-Канторы, 16,820 р. 43 к. «сполна безъ доимки.» Кромѣ денежнаго содержанія, корпусу положено имѣть огородъ для зелени и овощей.[160]

Для помѣщенія Корпуса пожалованъ Императрицею (1743 г. марта 4) каменный двухъэтажный домъ, бывшій Миниха, находящійся на Васильевскомъ острову на углу набережной большой Невы и 12-ой линіи.

Домъ этотъ былъ построенъ Остерманомъ и у него вымѣненъ Минихомъ на другой домъ на Адмиралтейской сторонѣ. По вступленіи на престолъ Императрицы Елисаветы Петровны, онъ взятъ въ казну, и въ немъ была помѣщена придворная Итальянская труппа.

Во время могущества гордаго Фельдмаршала Миниха не только внутреннія, но и наружныя стѣны этого дома были раскрашены знаменами, пушками, скованными Турками и тому подобными атрибутами побѣдителя Оттомановъ; фигурные столярные карнизы украшали фасадъ; на возвышеніи, въ родѣ фронтона, красовались четыре деревянныя статуи, а по обѣимъ сторонамъ возвышенія, были деревянные же трофеи, расположенные въ видѣ двухъ полукруговъ. Однимъ словомъ, послѣ великолѣпнаго дворца Князя Меншикова, домъ Миниха едва ли не былъ лучшимъ на всей Васильеостровской набережной.

Всѣ наружныя украшенія, разумѣется кромѣ живописи, остались и при помѣщеніи Корпуса; и внутри нѣкоторыя комнаты сохранили богатыя изразцовыя печи, позолоту на потолкѣ и лѣпную работу.[161]

Учрежденіе Морскаго Корпуса, на мѣсто Морской Академіи, можетъ показаться простымъ переименованіемъ того же заведенія; но на самомъ дѣлѣ это было полное преобразованіе, или правильнѣе, дѣйствительное «основаніе» новаго училища, хотя въ составъ его и вошли части старыхъ.

Мы видѣли прежнюю Академію съ самыми ограниченными денежными средствами, неимѣющую иногда необходимыхъ учителей, безъ своего лазарета и Церкви; видѣли учениковъ въ крайней бѣдности, разсѣянныхъ по городу безъ надзора; учителей, хотя усердныхъ и знающихъ, но безъ общаго направленія, и наконецъ, заведеніе, не имѣющее настоящаго ближайшаго начальника.

Императрица, основательница Морскаго Корпуса, штатомъ дарованнымъ этому заведенію, отстранила всѣ бывшія непорядки, и повелѣла устроить Корпусъ во всемъ по образцу Сухопутнаго, то есть, въ общихъ чертахъ на тѣхъ же главныхъ началахъ, на какихъ и теперь существуютъ Военно-Учебныя Заведенія.

Всѣ служащіе въ Корпусѣ офицеры производились въ чины и получали жалованье и прочее довольствіе наравнѣ съ флотскими офицерами. Прапорщикамъ (которые были изъ воспитанниковъ), сверхъ ординарнаго жалованья, равнаго съ прапорщиками Сухопутнаго Корпуса, положено прибавочнаго 30 руб. въ годъ,—изъ этихъ денегъ вычитали у нихъ только на позументъ къ мундиру; сержантамъ, сверхъ ординарнаго жалованья, положено прибавочнаго 24 руб; каптенармусамъ — 18 руб; капраламъ — 12 руб; подпрапорщикамъ и фурьерамъ — 13 р; ефрейторы и гардемарины по-

Лит. Прохорова.

Морской Кадетскій Корпусъ
въ 1752 году.

лучали жалованья — 30 руб. Кадеты 2-го класса — 24 руб. и 3-го класса — 18 руб. У кадеть все жалованье вычитали на одежду и ихъ содержаніе, а гардемаринамъ выдали по 6 рублей въ годъ «для лучшаго къ трудной морской службѣ куража и дабы въ обученіи ревностнѣе простирались».

Въ учебномъ штатѣ Корпуса, для преподаванія математическихъ и навигацкихъ наукъ, положенъ одинъ профессоръ, съ жалованьемъ 700 р; 2 учителя, съ жалованьемъ по 500 руб., и при нихъ 6 подмастерьевъ, съ жалованьемъ 180 р, и 6 учениковъ «Большой Астрономіи» (изъ которыхъ производили въ подмастерья), съ жалованьемъ «по разсмотрѣнію», но не болѣе 120 р. Для обученія артиллеріи и фортификаціи назначено 2 учителя, съ жалованьемъ по 250 р, и при нихъ 2 подмастерья, съ жалованьемъ 120 р.

Въ числѣ корпусныхъ офицеровъ, одинъ полагался изъ артиллеристовъ, хорошо знающій артиллерію и фортификацію; онъ долженъ былъ имѣть надзоръ за преподаваніемъ этихъ наукъ.

Еще было назначено два учителя, съ жалованьемъ 200 руб. для преподаванія «географіи, генеалогіи, и для ученія въ штилѣ и въ реторикѣ, исторіи, политикѣ, и въ толкованіи авизей, въ морали, геральдикѣ и прочихъ шляхетскихъ наукъ». Какимъ образомъ два учителя могли справляться съ такимъ множествомъ наукъ, и какія, кромѣ поименованныхъ, еще были «прочія шляхетскія науки» — это остается загадкою.

Для иностранныхъ языковъ—Французскаго, Англійскаго и Нѣмецкаго положено, на каждый, по 2 учителя, съ жалованьемъ но 200 р., и для Русскаго языка и правописанія 1 учитель, съ жалованьемъ 150 р. Кромѣ этого было два учителя рисованья, фехтмейстеръ, танцмейстеръ и боцманъ для обученія такелажной работѣ. Корабельной архитектурѣ должны были учить корабельные мастера изъ адмиралтейства. Для перевода математическихъ книгъ съ Латинскаго языка назначенъ переводчикъ, съ жалованьемъ 200 р.

При Корпусѣ положено имѣть мастеровыхъ по всѣмъ болѣе необходимымъ мастерствамъ; оставлена, также бывшая Академическая типографія съ словолитной, и для нихъ 35 человѣкъ рабочихъ. Въ типографіи должны были печататься книги, карты, патенты и другія работы для флота; и за все это Корпусу платили деньги.

Въ зданіи Корпуса положено имѣть Церковь и лазаретъ, для котораго назначены и медицинскіе чины; только лекарства велѣно брать изъ адмиралтейской аптеки, съ извѣстнымъ вычетомъ денегъ. Наконецъ положенъ канцелярскій и хозяйственный, или экономическій, штатъ. На всѣ отдѣльныя статьи расходовъ назначены суммы; но дозволено, съ разрѣшенія Коллегіи, излишками однихъ статей, пополнять недостатки другихъ.[162]

Для помѣщенія воспитанниковъ необходимо было въ Миниховомъ домѣ иное поправить и передѣлать; а другое построить вновь. Всѣмъ предполагаемымъ работамъ составили смѣту и планъ, и представили въ Сенатъ. По этому представленію, указомъ Сената 1754 года Августа 4, было повелѣно: въ бывшемъ Миниховомъ домѣ какъ каменное, такъ и деревянное строеніе исправить «починками, усматривая токмо, что до будущаго опредѣленія о пристройкѣ онаго по представленному отъ Адмиралтействъ—Коллегіи плану, однимъ тѣмъ гардемаринамъ и кадетамъ на опредѣленномъ основаніи жить и обучаться было можно». Въ случаѣ же недостатка помѣщенія повелѣно было исправить и занять подъ классы старый Академической домъ, находившійся между 3-й и 4-й линіями.¹⁶³

Офицерамъ велѣно жить поблизости Корпуса; а объ отпускѣ квартирныхъ денегъ учителямъ, покуда не построены будутъ дома для ихъ помѣщенія, Коллегія представила Сенату. Но вмѣстѣ съ расчетомъ суммы нужной на наемъ квартиръ, приложила также смѣту, во что обойдется покупка сосѣднихъ съ Корпусомъ частныхъ домовъ.

Производство исправленій и построекъ Коллегія, независимо отъ Нагаева, поручила интенданту Апрѣлеву и архитектору Чевакинскому. По прошествіи года, то есть, 1755 года (ноября 6), Коллегія донесла Сенату, «что помянутый (бывшій Миниховъ) домъ, въ чемъ возможность допустила, исправленъ, да внутри сдѣлано, для такихъ потребностей безъ чего обойдтись не возможно, 7 деревянныхъ корпусовъ, да и то съ не малою тѣснотою. Также хотя нѣкоторое помѣщеніе учинено и въ старомъ Академическомъ домѣ, но по самой необходимой нуждѣ, ибо и въ томъ домѣ кровли и потолки весьма ветхи, и внутри не малая есть худоба, такъ что въ нѣкоторыхъ покояхъ потолки принуждены подпорами поддерживать; и по такимъ обстоятельствамъ потребно тотъ домъ весь перенобить, да и совсѣмъ тѣмъ егда оный домъ исправленъ будетъ, всего подлежащаго къ содержанію и удовольствію по штату и въ оба дома вмѣстить не возможно».¹⁶⁴ Поэтому, Адмиралтействъ-Коллегія снова представляла Правительствующему Сенату, что необходимо купить мѣста, лежащія за домомъ Миниха, изъ которыхъ на иныхъ ничего нѣтъ, а на другихъ находится ветхое строеніе, да два каменные дома: Князя Дашкова и Капитана Римскаго-Корсакова, за которые просятъ 15,000 рублей. Прочіе же дома (находившіеся между Невой, большимъ проспектомъ и 11-й и 12-й линіями), которыхъ владѣльцы продавать не хотѣли, Коллегія просила взять въ казну по оцѣнкѣ. Одною изъ побудительныхъ причинъ къ этому представленію, была невозможность отыскать учителямъ квартиры поблизости Корпуса. На исполненіе проекта требовалось около 130,000 руб.

Безуспѣшная переписка о покупкѣ домовъ шла многіе годы и, наконецъ, замолкла. Между тѣмъ, независимо отъ этого проекта, Апрѣлевъ производилъ постройки на 15,000 руб. отпущенные по Сенатскому указу изъ Камеръ-Конторы. Апрѣлевымъ исправлено главное зданіе съ каменными флигелями, и построены вновь: семь «связей» или деревянныхъ флигелей, поварня и хлѣбная. Отъ построекъ осталось еще экономіи 2,705 р., которые потомъ употреблены на дополнительныя мелкія исправленія. Кромѣ этого, въ февралѣ 1755 года, было ассигновано особенно 1000 руб., на постройку передъ Корпусомъ пристани, въ родѣ гавани, *скобою*.

Къ исходу 1755 года кончили новыя постройки и исправленія Корпусныхъ зданій, и всѣ они отъ Апрѣлева сданы, по описямъ, Нагаеву.

Покуда продолжалась работа, Нагаевъ заготовлялъ всѣ вещи необходимыя для жизни воспитанниковъ въ Корпусѣ: мебель, одежду, бѣлье, посуду и пр., даже провизію. Во время исправленія зданій, ученики или кадеты по прежнему жили на обывательскихъ квартирахъ, а въ классы ходили въ старый домъ въ 3-ю линію, гдѣ еще находилась канцелярія, классы и все корпусное хозяйство.

Въ половинѣ 1755 года, часть воспитанниковъ ввели въ новый корпусный домъ; другіе же оставались на вольныхъ квартирахъ, и получали помѣсячно деньги на пищу и квартиру по новому штату. За «добропорядочнымъ» поведеніемъ ихъ на квартирахъ наблюдала канцелярія. Въ началѣ 1756 года, кажется уже всѣ воспитанники жили въ Корпусѣ.[165]

Нагаевъ, какъ старшее лицо въ Корпусѣ, занялся выборомъ воспитанниковъ и формированіемъ всѣхъ чиновъ сообразно новому штату. Изъ бывшихъ гардемаринъ и учениковъ С. Петербурской Академіи и Московской Школы, 60 человѣкъ, старыхъ неспособныхъ къ наукамъ и дурнаго поведенія, представилъ къ выключкѣ; а остальныхъ принялъ въ число воспитанниковъ Корпуса, дополнивъ недостатокъ недорослями присылаемыми по прежнему изъ Герольдіи.[166] Но какъ дѣтей присылали не много, то въ 1758 году, двумя указами Сената, повелѣно было «для скорѣйшаго укомплектованія Морскаго Кадетскаго Корпуса, всѣхъ являющихся недорослей, кромѣ онаго Корпуса, пока наполнится, въ другія ни въ какія службы не опредѣлять, а отсылать въ тотъ Корпусъ».[167]

Оставшіеся за штатомъ «Геодезіи служители» отправлены были въ Москву въ Правительствующій Сенатъ. Классъ Геодезіи, учрежденный Государемъ Петромъ Великимъ, существовалъ съ самаго основанія Навигацкой школы, до основанія Морскаго Корпуса. До 1715 года, онъ былъ въ Москвѣ, а съ этого времени въ Петербургѣ. Преподавалъ въ немъ Фарварсонъ, а послѣ его другіе учители. Геодезисты, выбираемые преимущественно не изъ дворянъ, соединяли въ себѣ званія гидрографовъ, топографовъ и землемѣровъ, и исполняли всѣ порученія Сената и Адмиралтействъ Коллегіи, требующія свѣдѣній въ Геодезіи. Хотя по спискамъ геодезисты состояли въ вѣденіи Академическаго начальства, но отсылаясь по распоряженіямъ Сената въ долголѣтнія посылки, они нерѣдко терялись совсѣмъ изъ вида Морскаго начальства. Геодезисты по распоряженіямъ Коллегіи дѣлали морскія съемки; по повелѣніямъ Сената, составляли карты цѣлыхъ областей, размежевывали губерніи, описывали лѣса, и пр. При каждомъ посольствѣ, отправлявшемся въ малоизвѣстныя страны, и при каждой ученой экспедиціи, назначались геодезисты. При отправленіи въ посылки, Морская Академія снабжала ихъ необходимыми инструментами, которые ей возвращались, по окончаніи работы.

Собственно «геодезистами» назывались старшіе ученики геодезіи, окончившіе курсъ; изъ нихъ производили въ офицерскіе чины: прапорщики геодезіи, поручики и далѣе.

Выборомъ офицеровъ въ Морской Корпусъ занялась сама Коллегія, и, слѣдуя словамъ штата, назначила въ Корпусъ офицеровъ дѣйствительно «хорошихъ и знающихъ.» Въ числѣ ихъ были: капитанъ 3-го ранга Петръ Чаплинъ, Григорій Спиридовъ, Харитонъ Лаптевъ, Евстафій Бестужевъ, Иванъ Голенищевъ-Кутузовъ, Егоръ Ирецкой, Иванъ Шишковъ и другіе. Всѣ они были отличные офицеры, пользовавшіеся на флотѣ общимъ уваженіемъ. Медицинскіе, канцелярскіе и другіе чиновники и нижніе чины назначались также Коллегіею, изъ числа служащихъ на флотѣ и при Адмиралтействахъ. Прежніе Академическіе учители и прочія лица заняли соотвѣтствующія штатныя мѣста въ Корпусѣ; а на оставшіяся вакансіи, мало по малу, прискивали новыхъ служащихъ. Профессоромъ математическихъ и морскихъ наукъ, выписали изъ Лондона, Англичанина Ньюбери; а учителями этихъ наукъ остались

Кривовъ, Четвериковъ, также подмастерьи Расторгуевъ, Бильцовъ, Бухаринъ и Коргановъ. Фортификацію и артиллерію, до прінсканія артиллериста знающаго «совершенно оныя науки,» продолжалъ читать Василій Красильниковъ. Учителя Русскаго языка выписали изъ Московской Славяно-Греко-Латинской Академіи. Иностраннымъ языкамъ, судя по фамиліямъ, учили иностранцы. Нашелся даже преподаватель «географіи, генеалогіи и прочихъ наукъ» — нѣмецъ Гейльманъ. Затруднительнѣе всего было сыскать танцмейстера и кухмейстера, которые не являлись даже и по вызовамъ газетъ, но наконецъ и этотъ недостатокъ былъ пополненъ.

Воспитанники Морской Академіи, и потомъ Морскаго Корпуса, по неимѣнію своей церкви, приписаны были къ церкви Святаго Николая Чудотворца, находившейся на Морскомъ полковомъ дворѣ. Въ 1761 году, указомъ Сената (января 22), велѣно было изъ этой церкви иконостасъ и всѣ церковныя вещи, перенести въ церковь Морскаго Корпуса, которая и была освящена того же года, марта 4 дня.

Первое десятилѣтіе, съ основанія Корпуса, прошло въ устройствѣ помѣщенія и приведеніи всѣхъ частей управленія въ состояніе, требуемое Высочайше дарованнымъ штатомъ. По многимъ причинамъ, все дѣлалось довольно медленно, и даже въ 1762 году, нѣкоторыя вещи по строевой части еще не были сдѣланы. Новость дѣла, недоимки въ ассигнованной суммѣ и личныя, не совсѣмъ пріязненныя, отношенія Нагаева съ членами Коллегіи нѣсколько вредили новому Корпусу. По принятому порядку, Нагаевъ, ни одного, даже самого мелочнаго распоряженія, не могъ привести въ исполненіе безъ разрѣшенія Коллегіи; а тамъ рѣдкое изъ его представленій не было измѣняемо. Напримѣръ, онъ представлялъ нѣсколько дурныхъ воспитанниковъ къ выключкѣ изъ Корпуса, а ихъ для исправленія увольняли на два года въ отпускъ; или Нагаевъ, своего же корпуснаго сержанта, по экзамену, не находилъ достойнымъ въ Мичмана; тотъ жаловался Коллегіи, былъ переэкзаменованъ и произведенъ, и т. п.

Кромѣ управленія Корпусомъ, Нагаевъ присутствовалъ въ коммиссіи о Рогервикскихъ строеніяхъ, занимался составленіемъ сигналовъ, производилъ безчисленное множество экзаменовъ и т. п. Надо полагать, что годы управленія Корпусомъ были для Нагаева самымъ тяжелымъ и непріятнымъ временемъ изъ всей его службы: тяжелымъ, по безпрерывнымъ трудамъ, несходнымъ съ его характеромъ; непріятнымъ, потому что при искреннемъ желаніи пользы, онъ нерѣдко видѣлъ малоуспѣшность своихъ трудовъ, и вмѣсто признательности, встрѣчалъ непріятности отъ своихъ недоброжелателей.

Алексѣй Ивановичъ Нагаевъ былъ человѣкъ ученый, кабинетный, копотливый гидрографъ, всю жизнь свою проводившій въ серьезной работѣ; а исполненіе обязанностей Директора, тысячу разъ въ день отрывало его отъ любимаго дѣла, и заставляло входить въ разборъ и рѣшеніе тысячи мельчайшихъ бездѣлицъ, неизбѣжныхъ при воспитаніи. Очевидно, дѣятельность такого рода не могла нравиться Нагаеву.

Алексѣй Ивановичъ родился въ 1704 году, недалеко отъ Москвы, въ бѣдной деревушкѣ своихъ родителей, имѣвшихъ только 10 дворовъ крестьянъ. Въ 1715 году привезли его въ С.Петербургскую Морскую Академію; откуда въ 1718 году произведенъ онъ былъ въ гардемарины и, черезъ три года, въ мич-

мана. Въ 1723 году Нагаевъ получилъ первый офицерскій чинъ унтеръ-лейтенанта, въ 1730 лейтенанта, въ 1733 по новому штату переименованъ лейтенантомъ маіорскаго ранга и въ 1740 году получилъ чинъ капитана 1-го ранга, въ которомъ оставался до 1757 года (мая 4), когда его произвели въ капитанъ-командоры.

Алексѣй Ивановичъ сдѣлалъ нѣсколько морскихъ кампаній; плавалъ на Бѣломъ, Балтійскомъ и Каспійскомъ моряхъ, и ходилъ не разъ изъ Кронштадта въ Архангельскъ, и обратно. Онъ командовалъ фрегатами Кавалеръ и Меркурій; послѣдній изъ нихъ хотя погибъ въ Категатѣ, но не по ошибкѣ Нагаева, а по причинѣ устройства маяка на другомъ мѣстѣ. Слѣдственная коммиссія совершенно оправдала Нагаева, и послѣ онъ командовалъ кораблемъ.

По скорому производству Нагаева въ гардемарины и мичмана видно, что онъ отлично учился въ Академіи. Это подтверждается еще назначеніемъ его въ гардемаринскую роту для обученія гардемаринъ, при которомъ онъ находился съ 1724 по 1730 годъ, и обучилъ 419 человѣкъ. Но кажется, и прежде этого, именно въ 1722 и 1723 годахъ, онъ также занимался съ гардемаринами.

Ученый авторитетъ Нагаева былъ такъ великъ и извѣстенъ, что ему безпрестанно дѣлали разнородныя служебныя порученія, требующія свѣдѣній въ наукахъ. Особенно много трудился онъ по части гидрографіи: съ 1730 по 1734 годъ описывалъ Каспійское море; въ 1739 г., съ Люберасомъ, былъ при описи Финскаго залива; въ 1744 г. разсматривалъ журналы членовъ Беринговой экспедиціи и составилъ карты Камчатскаго моря и Американскаго берега; наконецъ въ 1746 году, когда

Коллегія «запотребно разсудила» привести морскія карты здѣшняго моря «въ самую акуратность;» тогда рѣшено было разсмотрѣть и исправить прежнія карты, и гдѣ нужно пополнить ихъ новыми съемками: исполненіе этого дѣла поручили также Нагаеву, «яко доброму зейману (моряку). Слѣдствіемъ его трудовъ былъ извѣстный атласъ Балтійскаго моря, надъ которымъ Алексѣй Ивановичъ работалъ шесть лѣтъ.

Дальнѣйшая служба и труды Алексѣя Ивановича ставятъ его на такую высоту, что до сихъ поръ всякій морякъ произноситъ съ уваженіемъ имя перваго нашего гидрографа, бывшаго первымъ въ должности Директора Морскаго Кадетскаго Корпуса.[168]

Миниховъ домъ, пожалованный Корпусу, по набережной Невы, занималъ около половины нынѣшняго протяженія Корпуса. Сосѣдами его были два каменные дома князей Голицыныхъ, отданные ими впослѣдствіи (въ 1762 г.) по контракту, на 30 лѣтъ, подъ сахарный заводъ; отъ этого одинъ изъ Корпусныхъ дворовъ и его ворота до сихъ поръ называются «сахарными.»

По 12-ой линіи, владѣнія Корпуса, доходили почти до того мѣста, гдѣ оканчивается нынѣшній столовой залъ. Далѣе стояли ветхіе каменные дома Дашкова и Римскаго-Корсакова; а остальное мѣсто между большимъ проспектомъ и 11 и 12 линіями, занимали пустыри и деревянные домики. По срединѣ улицы, между 12 и 13 линіей, шелъ каналъ.

Главныя ворота Корпуса, были на мѣстѣ нынѣшняго параднаго подъѣзда; окна фасада въ двухъ нижнихъ этажахъ, и даже главное расположеніе капитальныхъ стѣнъ, осталось и нынѣ близкое къ прежнему. Въ среднемъ этажѣ помѣщались классы, весьма различной величины; въ одномъ изъ нихъ, бывшемъ на мѣстѣ нынѣшняго аван-зала, сидѣло до 70 учениковъ, а въ иныхъ могло помѣститься не болѣе 15 человѣкъ.

Жилые покои воспитанниковъ частію находились въ каменномъ домѣ, частію во вновь построенныхъ деревянныхъ флигеляхъ. Въ послѣднихъ комнатки были маленькія: въ 3, 2 и одно окно. Въ нихъ стояло отъ 6 до 3-хъ кроватей. Въ деревянныхъ флигеляхъ архитектура была не затѣйлива: крылечко въ три ступеньки вело въ сѣни, изъ которыхъ на право и на лѣво было по одной комнатѣ. Стѣны внутри были вытесаны и выскоблены, а снаружи оставались бревна не обшитыя досками.[169] Постройка флигелей была такъ непрочна, что черезъ пять лѣтъ по ихъ окончаніи, то есть, въ 1772 году, они уже пришли въ ветхость.

Парадная форма воспитанниковъ была: зеленый суконный кафтанъ съ бѣлымъ воротникомъ и обшлагами; бѣлый суконный камзолъ, зеленые штаны, бѣлые штиблеты, башмаки съ мѣдными пряжками и шляпа, обшитая узкимъ позументомъ; перчатки замшевыя, бѣлый холстинный галстукъ, манишка бѣлаго холста съ батистовыми манжетами; пуговицы на кафтанѣ, камзолѣ и штиблетахъ мѣдныя; чулки, зимой шерстяные, лѣтомъ нитяные. Головы пудрили и носили косы.

Воспитанники разныхъ чиновъ и классовъ отличались узкимъ позументомъ, нашитымъ по краямъ воротника и обшлаговъ кафтана. Всѣ безъ исключенія воспитанники имѣли одинъ рядъ позумента на воротникѣ. Сверхъ этого первокласные, или гардемарины имѣли одинъ рядъ на обшлагахъ и по петлямъ обшлаговъ. Капралы, кромѣ позумента по петлямъ обшлаговъ, имѣли два ряда на обшлагахъ; каптенармусы, подпрапорщики и фурьеры три ряда и сержанты четыре.

Будничная, классная, форма была сюртукъ зеленый солдатскаго сукна, съ бѣлымъ воротникомъ и обшлагами; бѣлый каламенковый камзолъ и суконные штаны.

Каждому воспитаннику положены: тесакъ, ружье и боевая амуниція. Портупея была для тесака поясная, съ мѣдными пряжками; а для сумы черезъ лѣвое плечо. По примѣру Сухопутнаго Корпуса, изъ каждой роты должно было выбирать по 13 гренадеръ; слѣдовало также имѣть знамена, значки и барабаны, кромѣ литавръ и музыки. Форма штабъ и оберъ офицеровъ Корпуса была такая же, какъ и у воспитанниковъ, только офицеры, соотвѣственно чинамъ, отличались позументомъ такимъ же, какой былъ у флотскихъ офицеровъ, и носили черезъ плечо шарфъ зеленый съ серебромъ.[170]

Воспитанники, во время караула, стояли на часахъ только въ классахъ; а другіе притинги занимали солдаты морскихъ полковъ. Въ классныхъ занятіяхъ Корпуса, кажется, оставался тотъ же общій порядокъ, который былъ и въ Морской Академіи, только съ большимъ надзоромъ, нежели прежній. Дежурные офицеры смотрѣли за порядкомъ, записывали непришедшихъ въ классы преподавателей и т. п.

Конечно, въ сравненіи съ нынѣшнимъ класснымъ порядкомъ, организованнымъ въ строгой системѣ до послѣднихъ мелочей; въ сравненіи съ этимъ строгимъ контролемъ каждаго отвѣта, почти каждой мысли воспитанника, тогдашній порядокъ былъ близокъ къ безпоряду. Но не смотря на отсутствіе привычныхъ для насъ формъ, успѣхи преподаванія у хорошихъ учителей были весьма удовлетворительны. Способный воспитанникъ, желавшій учиться, и тогда могъ получить хорошія теоретическія свѣдѣнія, и съ пособіемъ практическихъ познаній, пріобрѣтенныхъ въ морскихъ кампаніяхъ, могъ быть прекраснымъ морскимъ офицеромъ.

Какъ доказательство этого мнѣнія, разсмотримъ экзаменъ сержанта Степанова въ мичмана. Правда это былъ одинъ изъ лучшихъ воспитанниковъ Корпуса, но лучшіе-то и опредѣляютъ достоинство и преподаванія и преподавателей.

Въ экзаменной тетради, представленной въ Коллегію, и состоящей изъ вопросовъ экзаменатора и отвѣтовъ экзаменуемаго, прежде всего находится слѣдующая выписка изъ формулярнаго списка. «Сержантъ Петръ Степановъ отъ роду имѣетъ 25 лѣтъ, изъ дворянъ; въ 1743 опредѣленъ, изъ недорослей, въ Морскую Академію въ ученики; въ 1745 году написанъ въ гардемарины, изъ науки сферики; въ 1753 году пожалованъ въ Кадетскій Корпусъ сержантомъ изъ науки круглой навигаціи. Артиллеріи, фортификаціи, рисованья, корабельныхъ членовъ, экзерциціи ружейной и пушечной обучался. На морѣ служилъ 8 компаній.» Вслѣдъ за этимъ приложены аттестаціи командировъ и, далѣе вопросы экзаменатора, отвѣты Степанова и резолюціи на эти отвѣты.

Вотъ вопросы дѣланные Степанову: 1) О приливахъ и отливахъ. 2) Объ исправленіи румбовъ. 3) О дрейфѣ корабля при данной парусности. 4) Объ опредѣленіи теченія моря, на якорѣ и со шлюпки. 5) Объ опредѣленіи скорости корабля. 6) О повѣреніи стклянокъ. 7) Объ опредѣленіи склоненія компаса на берегу и на морѣ. 8) Задано нѣсколько примѣровъ изъ вопроса 7-го. 9) Объ опредѣленіи широты мѣста (находилъ ее по меридіональной высотѣ солнца, которую измѣрялъ квадрантомъ). 10) Задача: «1720 года мая 1-го дня ниже объявленные плаватели, будучи въ разныхъ мѣстахъ, усмотрѣли высоту солнца: 1-ой, сѣверный край солнца; 2-ой, южный край солнца, въ своихъ зенитахъ; 3-ій, нижній край солнца въ полночь; 4-ый, верхній край солнца въ полдень, на своихъ меридіанахъ въ горизонтахъ, желаю знать въ какихъ ширинахъ (широтахъ) плаватели находились?» Это ужъ родъ астрономическаго фокусъ-покуса, который, вѣроятно, тогда задавался только отличнымъ ученикамъ; однако Степановъ разрѣшилъ задачу. 11) Исправленіе высотъ солнца. 12) Примѣръ опредѣленія широты мѣста по меридіональной высотѣ солнца. 13) О меркаторскомъ счисленіи. 14) Объ исправахъ счисленія. 15) По разности долготы, сдѣланной по параллели въ извѣстной широтѣ, сыскать плаваніе? 16) Сколько въ градусѣ земномъ разныхъ мѣръ? 17) Примѣръ исправъ счисленія и плаванія по дугѣ великаго круга, для котораго вычислено 18 курсовъ. 18) Задача: «когда звѣзда Сиріусъ восходитъ и заходитъ въ одно время съ солнцемъ на Московскомъ горизонтѣ, и въ какой широтѣ восходитъ вмѣстѣ съ звѣздою Капеллою?»

Изъ морской практики спрашивали: 1) Нагрузку; опредѣленіе длины и толщины главныхъ частей рангоута и такелажа; вѣсъ канатовъ и якорей. 2) Сняться съ якоря. 3) Съ фордевинда привести въ бейдевиндъ. 4) Поворотить овергъ-штагъ. 5) Поворотить черезъ фордевиндъ. 6) Въ бейдевиндъ подъ всѣми парусами принять шквалъ. 7) Что дѣлать, идя въ бейдевиндъ подъ всѣми парусами, если вѣтръ свѣжѣетъ? 8) Рыскливой корабль исправить нагрузкою. 9) Идя на фордевиндъ стать на якорь. 10) Стоять на якорѣ въ свѣжій вѣтеръ. 11) Стать фертоингъ. 12) Что дѣлать въ случаѣ потери мачтъ, вдали отъ порта? 13) Какъ замѣнить потерянный въ морѣ руль? 14) При открывшейся сильной течи спасти корабль. 15) Приготовить военный корабль къ походу. 16) Въ отдаленіи сравнить силу своего судна съ непріятельскимъ. 17) Сравнить скорость непріятельскаго судна со скоростію своего. 18) Узнать свое или непріятельское судно при сближеніи выиграетъ вѣтеръ. 19) Ежели непріятель побѣжалъ на фордевиндъ, какъ его лучше догнать? 20) Гдѣ мѣсто репетичнаго фрегата или брандера во время ходу и сраженія? 21) Построиться въ линію баталіи. 22) Исправить линію баталіи при перемѣнѣ вѣтра. Отвѣты на это написаны весьма отчетливо, даже съ бо́льшею подробностію, нежели требовалось по вопросамъ. Если въ экзаменной тетради все написано самимъ Степановымъ, въ чемъ нѣтъ причинъ и сомнѣваться, то въ Морскомъ Корпусѣ и въ первые годы его существованія учили и учились съ пользою для флота.[171]

Въ это время Кургановъ (см. стран. 108) уже началъ обращать на себя вниманіе начальства. Бывши въ классѣ учителя Вентурини, котораго ученики вообще мало успѣвали, Кургановъ такъ усердно занимался Французскимъ языкомъ, что перевелъ съ него на Русскій: «Элементы геометрическія, Физическую Астрономію и часть Свѣтильника Морскаго (лоцін).» Кромѣ того началъ изучать Нѣмецкій языкъ, и на Латинскомъ могъ читать астрономическія книги. Посланный для астрономическихъ наблюденій съ профессоромъ Гришевымъ, онъ показалъ столько свѣдѣній и способностей, что Академія Наукъ, по представленію Гришева, просила перевести Курганова къ себѣ «на вѣчно»;

но Корпусъ отказалъ, представляя, что онъ и ему нуженъ. Это требованіе было тѣмъ полезно Курганову, что его сдѣлали «подмастерьемъ математическихъ и навигацкихъ наукъ», съ жалованьемъ по 180 р. въ годъ. Въ 1755 году представилъ онъ въ Адмиралтействъ-Коллегію сочиненную имъ «Универсальную Ариѳметику, содержащую основательное ученіе, какъ легчайшимъ способомъ разныя вообще случающіяся, математикѣ принадлежащія ариѳметическія, геометрическія и алгебраическія выкладки производить.» По разсмотрѣніи и одобреніи профессоромъ Поповымъ, книга эта, по указу Коллегіи, напечатана, въ 1757 году, «на коштъ его Курганова.» Она была принята для руководства въ Корпусѣ, и вытѣснила ариѳметику Магнитскаго, державшуюся въ классахъ до сихъ поръ.

Въ 1760 году А. И. Нагаевъ сдалъ управленіе Корпусомъ капитану 1-го ранга Андрею Михайловичу Давыдову. Какъ Нагаевъ, такъ и Давыдовъ занимали въ штатѣ Корпуса мѣсто капитана 1-го ранга, а настоящаго Директора не было. Коллегія, замѣтя въ Корпусѣ нѣкоторыя неисправности, хлопотала о скорѣйшемъ назначеніи Директора, и съ этою цѣлію положено было: представя Императрицѣ списокъ всѣхъ Адмираловъ, просить о выборѣ одного изъ нихъ въ Директоры Морскаго Корпуса.

Между тѣмъ, во ожиданіи Высочайшаго назначенія, Коллегія поручила Контръ-Адмиралу Ѳеодору Сергѣевичу Милославскому привести Корпусъ въ должный порядокъ. Милославскій, судя по его прежней службѣ, былъ хорошій морской офицеръ; а судя по распоряженіямъ въ Корпусѣ, человѣкъ умный и образованный. Вступя въ управленіе, онъ немедленно представилъ Коллегіи все, что должно было исправить, и просилъ, объ исправнѣйшемъ доставленіи суммъ, назначеныхъ на содержаніе Корпуса, отъ Штатсъ-Конторы.

По причинѣ недоимки въ этихъ суммахъ, воспитанники не могли быть хорошо обмундированы и не было полнаго числа учителей иностранныхъ языковъ. Кромѣ этого, по малому числу корпусныхъ офицеровъ, за воспитанниками не всегда былъ должный надзоръ и т. п.

Милославскій просилъ дозволить ему самому выбрать ротныхъ командировъ, и для надзора за преподаваніемъ иностранныхъ языковъ и работами типографіи назначить извѣстнаго профессора Миллера. Всю хозяйственную часть Корпуса, онъ началъ приводить въ порядокъ; принялся за исправленіе ружей и аммуниціи; просилъ сдѣлать казенные тюфяки, тѣмъ кадетамъ, которые не имѣли собственныхъ; для похода сшить синія суконныя епанчи и пр. Для содержанія ротныхъ вещей предлагалъ опредѣлить каптенармусовъ изъ морскихъ солдатскихъ командъ; а воспитанниковъ отъ этой должности освободить, потому что она не позволяла имъ лѣтомъ ходить въ кампанію. Просилъ на Васильевскомъ островѣ назначить мѣсто для огорода, которое и отыскалъ за 25-ю линіею «мѣрою, какъ по рѣкѣ Невѣ, такъ и отъ оной рѣки къ лѣсу, на 100 сажень, а лѣсомъ сколько пожелается.» На всѣ его требованія Коллегія соглашалась безпрекословно, и приказала приводить все въ исполненіе; но кончина Императрицы Елисаветы Петровны многое измѣнила.[172]

Государь Императоръ Петръ Ѳеодоровичъ, желая дать одно общее направленіе всѣмъ Военно-Учебнымъ Заведеніямъ, указомъ 1762 года, апрѣля 24, повелѣлъ соединить Сухопутный и Морской Кадетскіе Корпуса, и Инженерное училище, подъ одну Главную Дирекцію

Графа Ивана Ивановича Шувалова, Генералъ Поручика и Дѣйствительнаго Камергера.

Вслѣдствіе этого указа, Коллегія рѣшила, отдѣля часть корпусной типографіи, для необходимыхъ работъ по флоту, сдать Морской Корпусъ въ вѣденіе Шувалова. Іюля 5-го, присланный отъ новаго начальника полковникъ Фрейманъ, принялъ всѣхъ служащихъ и воспитанниковъ Морскаго Корпуса въ свою команду, и до окончательнаго перевода кадетъ въ Сухопутный Корпусъ, назначилъ къ нимъ капитана Ржевскаго. Имущество же Корпуса осталось до времени не сданнымъ. При вступленіи на престолъ Императрицы Екатерины II, іюля 6, 1762 года, Морской Корпусъ, только по спискамъ состоялъ въ вѣденіи Шувалова, а на самомъ дѣлѣ управлялся Адмиралтействъ-Коллегіею, отъ которой отпускались деньги на содержаніе Корпуса и зависѣла вся хозяйственная часть.

Давыдовъ (въ августѣ мѣсяцѣ) того же года, требуя разрѣшенія Коллегіи на нѣкоторыя хозяйственные вопросы, писалъ «что соединеніе Морскаго съ Сухопутнымъ Корпусомъ и по нынѣ не чинится, да и впредь когда будетъ настоящее соединеніе, неизвѣстно.»

Въ управленіе Шувалова, кажется сдѣлано имъ только одно распоряженіе, именно, переведены четыре воспитанника въ Сухопутный Корпусъ, но и тѣхъ Коллегія долго не отпускала, отговариваясь способностію ихъ къ морской службѣ. Августа 8 дня, Императрица, присутствуя въ Сенатѣ, повелѣла отдѣлить Морской Корпусъ отъ Сухопутнаго, и быть ему отдѣльно, на основаніи прежняго штата. Августа 19 Коллегія потребовала изъ Сухопутнаго Корпуса обратно въ свое вѣденіе, старшаго изъ корпусныхъ морскихъ офицеровъ, капитана 2-го ранга Голенищева Кутузова, со всѣми служащими и воспитанниками Морскаго Корпуса.[173]

Это былъ Иванъ Логиновичъ Голенищевъ-Кутузовъ «средній», названный такъ для отличія отъ двухъ его однофамильцевъ: Кутузова большаго и меньшаго. Онъ былъ сынъ флотскаго лейтенанта, родился въ 1729 году, и началъ свое образованіе въ Сухопутномъ Корпусѣ, куда поступилъ на 13-мъ году. Но потомъ вскорѣ, какъ дворянинъ Новгородской Губерніи, которымъ еще Петромъ Великимъ, повелѣно служить на флотѣ, Кутузовъ переведенъ въ Морскую Академію. Въ 1743 году онъ произведенъ въ гардемарины, и въ 1746 г. въ мичмана. Два года Кутузовъ служилъ подъ начальствомъ Нагаева, и участвовалъ въ съемкѣ Финскаго залива; потомъ въ 1753–54 годахъ, командуя самъ пинкою, ходилъ изъ Кронштадта въ Архангельскъ, и обратно. Послѣ былъ адъютантомъ у Адмирала Мишукова, и наконецъ, по слабости здоровья, уволенъ въ годовой отпускъ. По возвращеніи изъ отпуска, въ 1761 году Апрѣля 22, Кутузовъ, имѣя уже чинъ капитанъ-лейтенанта назначенъ въ Морской Корпусъ, потому что «въ здоровьѣ еще слабъ и въ кампаніи быть не можетъ, а при Корпусѣ быть ему можно, и Коллегія усматриваетъ его къ тому за способнаго.» Вскорѣ по назначеніи въ Корпусъ, онъ произведенъ былъ въ капитаны 2-го ранга; а когда Коллегія повторила свое представленіе о необходимости назначенія въ Морской Корпусъ Директора, и приложила списокъ Адмираловъ; тогда Императрица, Высочайше повелѣть соизволила: «Капитану 2 ранга Голенищеву-Кутузову быть въ ономъ Корпусѣ впредь до указу, вмѣсто положеннаго по штату Капитана 1-го ранга», и «помянутому Кутузову отъ интенданта Давыдова Морской Шляхетный Кадетской Корпусъ принять.»[174]

Давыдовъ, сдѣланный не задолго передъ этимъ Интендантомъ, нѣсколько разъ просилъ Коллегію, дозволить ему сдать Корпусъ; но какъ хозяйственная часть была на его рукахъ, то ему и велѣли дожидаться полной сдачи всего въ Сухопутный Корпусъ, или новаго распоряженія. Назначеніе Кутузова было для Корпуса большимъ счастіемъ.

VI.
Морской Кадетскій Корпусъ.
1762—1796.

Блаженства новаго и дней златыхъ причина,
Великому Петру во слѣдъ Екатерина
Величествомъ своимъ снисходитъ до Наукъ
И славы праведный усугубляетъ звукъ.
                                              Ломоносовъ.

Съ назначеніемъ въ Морской Корпусъ Ивана Логиновича Голенищева Кутузова, все приняло другой видъ; вмѣсто прежней медленности и робкихъ отдѣльныхъ распоряженій, были приняты быстрыя, рѣшительныя мѣры — слѣдствія одного хорошо обдуманнаго плана. Милости Государыни сыпались на новаго Начальника Корпуса, въ 1763 году онъ произведенъ въ капитаны 1-го ранга; въ 1764, въ генералъ маіоры и назначенъ: Директоромъ Корпуса, Генералъ Интендантомъ флота, членомъ Адмиралтействъ-Коллегіи, и — особенно лестная довѣренность — опредѣленъ наставникомъ по Морской части, къ Государю Наслѣднику. Лишнее будетъ говорить, что образованіе, умъ и дѣятельность Кутузова соотвѣтствовали этимъ милостямъ. Дѣйствительно, Иванъ Логиновичъ получилъ превосходное воспитание, зналъ совершенно языки Французскій и Нѣмецкій, и страстно любилъ Русскую литературу. Въ гостиной Кутузова можно было встрѣтить почти всѣ наши Русскія и иностранныя знаменитости: ученыхъ, литераторовъ и художниковъ.

Милость Императрицы, а также служебныя и родственныя связи, ввели Ивана Логиновича въ высшій Петербургскій кругъ, и впослѣдствіи онъ жилъ настоящимъ вельможею вѣка Екатерины.

Но вся эта блестящая обстановка, въ первые годы его Директорства, не отвлекала его отъ скромныхъ занятій по воспитанію, которыя онъ высоко цѣнилъ во всю жизнь, хотя впослѣдствіи и не имѣлъ возможности посвящать имъ много времени.

Прекрасны были первыя донесенія Кутузова, о состояніи Корпуса, хотя въ нихъ, можетъ быть, нѣсколько и сильно говорилось о бывшихъ недостаткахъ. Такъ и видно въ нихъ человѣка, пылкаго, умнаго, который попалъ въ любимую сферу дѣятельности, и которому счастье улыбается, со всѣхъ сторонъ.

Какая разница между утомительной, безплодной борьбою Нагаеваева, и успѣшными дѣйствіями Кутузова? Но не будемъ же, здѣсь, судить по однимъ успѣхамъ, а обратимъ должное вниманіе и на средства: у Нагаева не было ничего, кромѣ собственныхъ силъ; — Кутузову все благопріятствовало.

Въ сентябрѣ (25 числа) 1762 г. представилъ онъ Коллегіи донесеніе о настоящемъ состояніи Корпуса, съ своими «примѣчаніями», въ которыхъ предлагалъ многія измѣненія «не осмѣливаясь подавать своего мнѣнія о учрежденіи новаго расположенія, но буде Государственная Адмиралтействъ-Коллегія принявъ оныя за полезныя соизволитъ повелѣть мнѣ (Кутузову) учинить оныя расположеніи и представить къ апробаціи: сіе остается на благоусмотрѣніе оной Коллегіи. Не могу умолчать, что нѣкоторыя изъ моихъ примѣчаній, нѣсколько можетъ быть удаляются отъ учиненнаго о Кадетскомъ Корпусѣ штата, но тѣмъ не меньше обратиться могутъ къ пользу Корпуса, въ такомъ случаѣ Государственная Адмиралтействъ-Коллегія не соизволитъ ли представить Ея Императорскому Величеству дабы получить Высочайшее повелѣніе генерально о учиненіи новаго всему расположенія.»[175]

Такъ это и было сдѣлано; всѣ примѣчанія Кутузова, съ ничтожными измѣненіями, вошли въ новый штатъ Морскаго Корпуса, который, по докладу Морской Россійскихъ флотовъ и Адмиралтейскаго правленія Коммиссіи, Высочайше утвержденъ 1764 года Іюня 18.

Новый штатъ, былъ истиннымъ благодѣяніемъ Государыни; потому что Корпусъ получилъ роскошное содержаніе, въ сравненіи съ прежнимъ. Для того же комплектнаго числа 360 воспитанниковъ, на бумагѣ прибавлено къ прежнему содержанію 20,000 руб., но на самомъ дѣлѣ прибавка была около 60,000, потому что съ этого времени, Корпусъ началъ исправно получать присылаемыя изъ Штатсъ, или, тогда уже, Камеръ-Конторы 39,279 р., которыхъ съ 1757 года вовсе недавали. Кромѣ денегъ, была пожалована (ноября 22), по примѣру Сухопутнаго Корпуса, деревня Кирхъ—шпиль Угуніеми, въ Кексгольмскомъ уѣздѣ, въ разстояніи 210 верстъ отъ Петербурга. Въ имѣніи, кромѣ стариковъ и малолѣтныхъ, здоровыхъ, въ ревизію положенныхъ было 393 души, и съ нихъ собирали въ годъ, по тамошнимъ правамъ, денегъ 485 р. 80³/₄ к., и хлѣба 139 бочекъ. Еще назначенъ былъ въ Кронштадтѣ домъ для житья гардемаринамъ съ ихъ офицерами, до отправленія въ кампанію, и по возвращеніи изъ кампаніи, до отъѣзда въ Петербургъ. Для обученія тѣхъ гардемаринъ, которые пойдутъ на большей эскадрѣ, велѣно построить Корпусу трехмачтовую яхту. И наконецъ, по неудобности и тѣснотѣ настоящаго помѣщенія Корпуса, предполагали на недоимку Штатсъ-Конторы исправить для него бывшіе канатные сараи; но это послѣднее распоряженіе не было приведено въ исполненіе.

Изъ числа воспитанниковъ, вмѣсто 30 Артиллерійскихъ кадетъ, положено было имѣть 60, какъ число болѣе соотвѣтствующее открывающимся въ Морской Артиллеріи вакансіямъ. Корпуснымъ офицерамъ даны сухопутные чины. Ротнаго командира назвали капитаномъ; а офицеровъ, капитанъ-поручиками, поручиками и подпоручиками.

Испрашивая Корпуснымъ офицерамъ жалованье на равнѣ съ Сухопутнымъ Корпусомъ, Кутузовъ писалъ: «понеже Морской Корпусъ есть во всемъ равенъ Сухопутному, имѣя оный своимъ основаніемъ, и офицеры неся на берегу равную тягость Сухопутнымъ кадетскимъ, сверхъ того должны на морѣ служить какъ морскіе. Смотрѣніе и воспитаніе молодыхъ людей совершенно можетъ назваться тягостію, потому, что оное безпрестанно попеченія и присмотру требуетъ, и потому кадетской офицеръ ежедневно при своей должности быть обязанъ, и тако они противъ морскихъ на берегу излишне трудятся, отъ которыхъ зимою, кромѣ карауловъ и обыкновенныхъ по командѣ исправленій не требуется; къ тому же кадетскіе офицеры излишне въ чистотѣ содержать себя должны, находясь всегда въ экзерциціи; но и при самой ихъ должности, какъ то въ дежурствѣ, въ караулахъ, въ парадахъ излишняго бѣлья и мундировъ требуется, такъ, что они почти всегда въ мундирахъ быть принуждены, да и воспитываемымъ въ Кадетскомъ Корпусѣ молодымъ дворянамъ во всемъ, какъ и въ чистотѣ одежды собою образъ давать должны». Коллегія согласилась съ его представленіемъ и въ новомъ штатѣ офицерамъ Морскаго Корпуса назначено, жалованье «равное» съ офицерами Сухопутнаго Корпуса, то есть, большее противъ флотскаго. Прапорщики, сержанты и капралы остались по прежнему изъ старшихъ воспитанниковъ; а каптенармусовъ, имѣвшихъ на рукахъ ротную амуницію, и фурьеровъ, завѣдывавшихъ одеждою и бѣльемъ, положено впредь назначать изъ солдатскихъ унтеръ-офицеровъ; ефрейторы же вовсе уничтожены.[176]

Прибавочное жалованье осталось: унтеръ-офицерамъ и гардемаринамъ — 6 р., и Артиллерійскимъ кадетамъ — 4 рубли въ годъ. Форма воспитанниковъ оставлена того же цвѣта, только съ измѣненнымъ покроемъ, и кромѣ этого всѣмъ унтеръ-офицерамъ убавили по одному ряду позумента. Штабъ и оберъ офицеры не различались ничѣмъ между собою, и въ ихъ формѣ измѣненъ только цвѣтъ шарфовъ, положенный вмѣсто зеленаго съ серебромъ, черный съ золотомъ.

Кромѣ директора, въ Корпусѣ положенъ «подполковникъ» съ чиномъ капитана 1-го ранга, и «маіоръ» или батальонный командиръ. Каждой ротѣ даны знамена: первой ротѣ бѣлое, а второй и третьей желтыя штофныя, на знаменахъ изображенъ былъ орелъ со скипетромъ и державою, въ срединѣ его Корпусной гербъ, то есть, руль, градштокъ и шпага, положенные крестообразно и увѣнчанные короною. Подъ орломъ расположены военныя трофеи.[177] При батальонѣ положена и музыка. Вообще увеличено число, и прибавлено содержаніе всѣмъ чинамъ Корпуса. Въ классахъ положенъ инспекторъ; учитель эволюціи и морской практики, изъ корпусныхъ офицеровъ; учители корабельной архитектуры, механики, артиллеріи и фортификаціи;—для словесныхъ наукъ, къ которымъ отнесена философія, географія, генеалогія, риторика и пр. положено 5 учителей;—для иностранныхъ языковъ: Французскаго—2 учителя; а для Датскаго, Шведскаго, Англійскаго и Нѣмецкаго по одному;—положены также учители чистописанія и правописанія, танцмейстеръ, фехтмейстеръ и, для обученія такелажному дѣлу, боцманъ. По особенному настоянію Коллегіи оставленъ при Корпусѣ классъ «геодезіи,» въ числѣ 50-ти человѣкъ, не изъ дворянъ; для нихъ назначенъ учитель и три геодезиста. Изъ этого класса, способные къ наукамъ, выходили въ подмастерья и учители разныхъ наукъ въ Корпусъ; а другіе, менѣе способные, въ типографскіе рабочіе и въ разныя мастерскія. Кромѣ ученья въ классахъ, эти ученики должны были прислуживать при кадетскомъ столѣ. Продовольствовать ихъ пищею полагалось также остатками отъ кадетскаго стола, съ прибавкою къ этому 10 руб. въ годъ на человѣка. На одежду каждаго ученика положено также 10 рублей.

Эта школа была безспорно полезна для образованія мастеровыхъ, и даже знающихъ практическихъ съемщиковъ; но для образованія учителей, она кромѣ выгодной стороны имѣла и вредную. Выгодна она была тѣмъ, что приготовляла знающихъ преподавателей по такимъ спеціальнымъ предметамъ, для которыхъ нельзя было сыскать постороннихъ учителей; а вредна тѣмъ, что эти преподаватели, при всемъ ихъ достоинствѣ, выходя изъ рядовъ прислуги, не пользовались должнымъ уваженіемъ въ глазахъ воспитанниковъ, и передавая науки, не могли пособлять благородному воспитанію, потому что сами его не имѣли. Отъ этого, разумѣется, теряли и науки. Къ счастію Корпуса, между учителями было довольно изключеній въ хорошую сторону, но большинство ихъ, при достаточномъ знаніи своего предмета, почти совсемъ не имѣло образованія.

Всѣхъ служащихъ въ Корпусѣ, по разнымъ частямъ, какъ то, по канцеляріи, по экономической части, по различнымъ мастерствамъ и т. п., новымъ штатомъ положено весьма достаточное число. Въ типографіи прибавили два стана и назначили 3,000 руб., на первое обзаведеніе съ тѣмъ, чтобы на будущее время она содержалась доходами отъ печатанія книгъ по заказамъ флота и частныхъ лицъ. При типографіи находились инструментальная мастерская, словолитня, переплетная, граверы и т. п.

Но какъ ни роскошенъ былъ новый штатъ; а предложенія Кутузова были еще роскошнѣе. Исчисляя въ своемъ представленіи науки необходимыя и полезныя морскому офицеру, онъ писалъ: «сколь нужныя науки философія, мораль, исторія и географія для человѣка и гражданина всякому извѣстно, а тѣмъ паче для такого училища, каковъ есть Кадетскій Корпусъ, въ которомъ воспитывается благородное юношество, и пріуготовляется къ произведенію въ высшія степени, и для того полагаются здѣсь профессоръ гуманіорумъ, съ жалованьемъ 600 руб., адъюнктъ, — 400 р., три учителя, съ жалованьемъ 300, 250 и 200 р. Имъ проходить кадетамъ исторію мореплаванія.» Коллегія, «въ разсужденіи того, чтобы учрежденіе Морскаго Шляхетнаго Кадетскаго Корпуса не походило на Академію, или Университетъ, профессора и адъюнкта, къ обученію словесныхъ наукъ при ономъ Корпусѣ имѣть не разсуждаетъ;» а вмѣсто ихъ положено имѣть простыхъ учителей.

Только что новый порядокъ установился въ Корпусѣ и, подъ непосредственнымъ надзоромъ Кутузова, все пошло хорошо; какъ неожиданное обстоятельство, помѣшало дѣлу.

Въ 1771-мъ году, 23 мая, сдѣлался на Васильевскомъ острову пожаръ. Сильный восточный вѣтеръ помогалъ огню; отъ этого пожара выгорѣла съ 7-ой до 21-ой линіи почти половина острова, и въ томъ числѣ зданія Морскаго Корпуса. Изъ нихъ нѣкоторыя сгорѣли совершенно, отъ другихъ остались однѣ стѣны. Корпусное имущество, канцелярской архивъ, кадетская амуниція, платье, — все было истреблено, и кадеты выведены въ лагерь въ Галерную гавань.

Вслѣдствіе этого, Корпусъ назначено было перевести въ Кронштадтъ, и для помѣщенія его отданъ Итальянскій дворецъ (гдѣ нынѣ Штурманскій полуэкипажъ) и губернскіе флигели, въ скобѣ по западную сторону канала. Все это было исправлено и передѣлано въ продолженіе лѣта, на Адмиралтейскія деньги, которыхъ пошло 11,834 руб. Къ 1-му ноября воспитанники уже были переведены въ новое мѣсто жительства.

Переводъ Корпуса изъ столицы въ Кронштатъ, въ то время не имѣвшій и тѣни настоящаго своего вида и значенія, былъ очень невыгоденъ заведенію: во первыхъ потому что Корпусъ удалился съ глазъ директора, который заботился объ немъ и имѣлъ средства сдѣлать все полезное; во вторыхъ, ни одинъ отличный профессоръ или учитель, не служившій въ Корпусѣ, не захотѣлъ бы для преподаванія ѣздить въ Кронштадтъ. Кромѣ это-

МОРСКОЙ КАДЕТСКІЙ КОРПУСЪ ВЪ КРОНШТАДТѢ.

го воспитатели и воспитанники заключенные въ тогдашній Кронштадтъ, при трудности сообщенія съ Петербургомъ, неминуемо грубѣли и, наконецъ, самое содержаніе Корпуса въ Кронштадтѣ стоило дороже. Одна выгода перемѣщенія была близость Адмиралтейства, находившагося подлѣ самого Корпуса, и гаваней, въ которыхъ стояли и вооружались корабли; но и этими выгодами за глазами главнаго начальства почти не пользовались. Вообще говоря, переводъ въ Кронштадтъ сдѣлалъ для Морскаго Корпуса несравненно болѣе худаго, чѣмъ хорошаго.

Въ 1783 по случаю увеличенія нашихъ Морскихъ силъ, положенное по прежнему штату число воспитаниковъ, 360 человѣкъ, сдѣлалось недостаточнымъ; а потому (3 февраля), Высочайшимъ указомъ повелѣно было Адмиралтействъ-Коллегіи составить для Корпуса новый штатъ на 600 человѣкъ, который и былъ утвержденъ Императрицею того же года августа 4 дня. Этотъ штатъ составленъ по прежнему штату 1764 года, съ увеличеніемъ всего, по пропорціи увеличенія числа воспитанниковъ на 240 человѣкъ. Кромѣ этого сдѣланы небольшія прибавки и измѣненія въ числѣ служащихъ лицъ, и, по причинѣ увеличенія цѣнъ на всѣ предметы, увеличено и годовое содержаніе Корпуса на 45,840 руб. 45 к; такъ что теперь Корпусъ сталъ получать 112,362 р. $19\frac{1}{2}$ к. въ годъ.

Для лучшаго надзора въ классахъ положенъ помощникъ инспектора; и вообще по числу воспитанниковъ прибавлено учителей. Введены въ курсъ новыя науки; и назначено проходить морскую практику, нравственную философію и права; также обучать языкамъ: Итальянскому, по случаю частыхъ посылокъ въ Средиземное море,—и Латинскому, для ознакомленія учеников, готовившихся въ преподаватели, съ древними классиками, на томъ основаніи что «нѣтъ ни одного учителя искуснаго, который бы не снискивалъ великаго успѣха въ оныхъ (словесныхъ наукахъ) отъ чтенія Латинскихъ древнихъ писателей.» Наконецъ, по случаю предстоявшей войны со Шведами, усилено преподаваніе Шведскаго и Нѣмецкаго языковъ. Кстати замѣтимъ, что въ этомъ штатѣ классные ученики названы «гимназистами,» и что они это названіе сохранили до уничтоженія учительской гимназіи.

Изъ прибавленныхъ 240 человѣкъ составилось двѣ новыя роты; такъ что Корпусъ съ этого времени имѣлъ 5 ротъ. Въ числѣ воспитанниковъ было 20 сержантовъ, и въ томъ числѣ фельдфебели изъ солдатскихъ унтеръ-офицеровъ, 5 подпрапорщиковъ, 5 каптенармусовъ и 5 фурьеровъ; послѣдніе два чина также изъ солдатскихъ унтеръ-офицеровъ; 20 капраловъ, 145 рядовыхъ гардемаринъ, 60 артиллерійскихъ кадетъ и 340 морскихъ кадетъ. Кромѣ ихъ, оставлено попрежнему 50 гимназистовъ или классныхъ учениковъ.

По тѣснотѣ столоваго зала и классныхъ комнатъ, положено сдѣлать пристройки, на которыя по смѣтѣ требовалось 14,059 р. 71 к. Новыя работы предположено дѣлать такимъ образомъ, чтобы онѣ могли пригодиться послѣ Адмиралтейству; потому что собственно для Корпуса хотѣли построить новое зданіе, а теперешнія его владѣнія отдать къ Адмиралтейству; однако же по причинѣ войны со Шведами это предположеніе не состоялось.

Шведская война на опытѣ показала пользу и необходимость гребнаго флота и заставила значительно увеличить комплектъ его; при чемъ и комплектъ Морскаго Корпуса предположено увеличить до 1000 человѣкъ, и каждое лѣто тѣхъ воспитанниковъ, которые обучаются морскимъ наукамъ, положено, для практики, посылать на гребной эскадрѣ въ кампанію, въ шхеры Финскаго залива и на озеро Сайма.[178]

Для составленія штата была назначена коммиссія изъ директоровъ: Кутузова — Морскаго Корпуса; Мелиссино — Артиллерійскаго; графа Ангальта — Сухопутнаго Кадетскаго; Мусина-Пушкина — директора Корпуса Чужестранныхъ Единовѣрцевъ и Болтина. Штатъ былъ представленъ Императрицѣ въ февралѣ 1792 года, но его вскорѣ возвратили, съ повелѣніемъ убавить 400 человѣкъ, то есть, оставить прежнее число 600.

Между тѣмъ, въ апрѣлѣ (24 числа) Морской Корпусъ удостоился величайшей Монаршей милости. Слова рескрипта Императрицы, написаннаго, по этому случаю, директору Корпуса, такъ лестны и драгоцѣнны для всякаго моряка, что мы приведемъ ихъ вполнѣ.

«Иванъ Логиновичъ! Извѣстно вамъ, что по представленіямъ покойнаго Адмирала Грейга предположили МЫ по тѣснотѣ и ветхости дома, гдѣ нынѣ помѣщенъ Морской Кадетской Корпусъ, построить въ Кронштадтѣ, на другомъ удобнѣйшемъ мѣстѣ, новое для онаго зданіе. Но воспослѣдовавшая потомъ война препятствовала произвесть оное въ дѣйство. По возстановленіи же желаннаго мира, имѣя въ виду заслуги оказанныя НАМЪ и Отечеству питомцами Морскаго Кадетскаго Корпуса, вездѣ съ похвалою служившими, восхотѣли МЫ оказать оному Корпусу особой знакъ НАШЕГО благоволенія и милости, пожалованіемъ для удобнѣйшаго его пребыванія домъ НАШЪ въ городѣ Оранiенбаумѣ. Въ слѣдствiе чего и повелѣваемъ вамъ помянутой дворецъ со всѣми къ оному принадлежащими службами, каменными оранжереями, также дом, где картины, каменные два флигеля, Петерштатскую крѣпость съ состоящими въ ней строеніями, Лютеранскую церковь, пасторской домъ, конюшенной дворъ, построенную вновь во время войны госпиталь, со всѣми имѣющимися въ ней вещми, и театръ принять въ ваше вѣдомство, до самаго отдѣленія новаго сада; кромѣ большой каменной кухни принадлежащей къ новому дворцу, которой со всѣми въ немъ строеніями остается по прежнему въ вѣдѣніи у Дѣйствительнаго Тайнаго Совѣтника Стрекалова. А какъ по нынѣшнему того дворца расположенію, не достаетъ тамъ къ помѣщенію классовъ и для стола кадетамъ большихъ залъ и протчихъ необходимо нужныхъ по числу кадетъ пространныхъ комнатъ; то и поручаемъ вамъ, по соображеніи всѣхъ надобностей для Морскаго Кадетскаго Корпуса, сочинивъ планъ и смѣту, какъ новымъ пристройкамъ, такъ и возможнымъ передѣлкамъ изъ нынѣшняго строенія, вмѣщая въ сіе послѣднее все то, что годнымъ и способнымъ признано будетъ, представить НАМЪ на аппробацію. Впротчемъ пребываемъ вамъ всегда благосклонны.»[179]

Оранiенбаумъ подаренъ былъ Государемъ Петромъ Великимъ, любимому Своему сотруднику Александру Даниловичу Меншикову, которой отстроилъ и украсилъ это мѣсто, и любилъ проводить въ немъ лѣтнее время. Въ царствованіе Императрицы Анны Іоанновны, Оранiенбаумъ отданъ былъ въ Адмиралтейское вѣдомство и занятъ подъ госпиталь, но впослѣдствіи Императрицею Елисаветою Петровною (1743 г. ноября 16) подаренъ Наслѣднику Престола, Великому Князю Петру Ѳеодоровичу. При немъ построенъ былъ здѣсь большой дворецъ, Лютеранская церковь, картинная галлерея и оперный домъ; разведенъ большой садъ и устроены оранжереи. Въ 1792 г., это роскошное загородное мѣсто, со всѣми угодьями, отдано было Морскому Корпусу.

Даръ Государыни принятъ съ полнымъ восторгомъ. Директоръ Корпуса, немедленно по полученіи Монаршей милости, писалъ въ Кронштадтъ къ Федорову, управлявшему тогда Корпусомъ: «сей день имѣлъ я счастіе получить Высочайшій Ея Императорскаго Величества Именный указъ о Всемилостивѣйшемъ пожалованіи Морскому Шляхетному Кадетскому Корпусу Оранiенбаумскаго дома. Спѣшу передать вамъ столь радостное извѣстіе, какъ изъявленіе Высочайшаго благоволенія и милости Морскому Кадетскому Корпусу, и всѣмъ его питомцамъ объявите сіе въ Корпусѣ. Съ симъ поздравлено Ваше Превосходительство, поздравляю и себя и всѣхъ участвовавшихъ въ воспитаніи и ученіи. За таковую Высочайшую милость не можемъ воздать достойнѣйшей благодарности Богоподобной нашей и всего отечества щедрой матери и попечительницѣ.»[180]

Въ концѣ лѣта пожалованныя Оранiенбаумскія строенія были сданы Корпусу, а для починокъ и перестроекъ, необходимыхъ при новомъ ихъ назначеніи, составлена смѣта въ 196,051 рубль; но самыя постройки не были приведены въ исполненіе.

Милости Великой Царицы не ограничились этимъ щедрымъ даромъ: 12 iюня того же 1792 года, утвержденъ былъ новый штатъ Морскаго Корпуса, въ которомъ на содержаніе прежняго числа 600 воспитанниковъ прибавлялось еще 75,124 руб. 55½ к. Такимъ образомъ годовое содержаніе Корпуса дошло до 187,486 руб. 75 к. Эта прибавка дала возможность еще увеличить число служащих и улучшить их содержаніе.

Ротнымъ офицерамъ дали столовыя деньги; въ классномъ штатѣ уничтожили званіе «подмастерьевъ,» обративъ всѣхъ ихъ въ учители. Положили проходить морскую практику и гражданскую архитектуру, и уничтожили преподаваніе Датскаго и Шведскаго языковъ и правъ. Назначили 2-хъ учителей, къ класснымъ ученикамъ, для практики ихъ въ разговорахъ на Французскомъ и Англійскомъ языкахъ. Къ церковному штату, кромѣ бывшаго Іеромонаха, прибавленъ Священникъ изъ бѣлаго духовенства, и для Лютеранъ—Пасторъ. Почти всѣмъ чинамъ, не исключая и воспитанниковъ, прибавили жалованья или суммы на пищу и одежду.

Въ обоихъ послѣднихъ штатахъ типографія уже не положена при Корпусѣ, а осталась въ Петербургѣ въ Адмиралтейскомъ вѣдѣніи; но инструментальная мастерская и переплетная оставлены по прежнему при Корпусѣ.

При утвержденіи новаго штата, Кирхшпиль Угоніеми, доходами котораго пользовался Корпусъ, сданъ въ вѣдомство Казенной палаты; но и безъ деревень новый штатъ былъ вполнѣ достаченъ.[181]

Такимъ образомъ Морской Корпусъ съ избыткомъ имѣлъ не только необходимое, но и все для него полезное; оставалось воспитателямъ и воспитанникамъ трудиться для пользы флота, и стараться, по мѣрѣ силъ, заслужить дарованныя имъ милости.

Директоръ Корпуса, бывшій въ это время уже Вице-Президентомъ Адмиралтействъ-Коллегіи, пользовался постоянною довѣренностію Государыни, и искреннею любовію и уваженіемъ Государя Наслѣдника. Завѣдывая управленіемъ всего флота, Кутузовъ незабывалъ и Корпусъ, и дѣлалъ все, что находилъ для него полезнымъ. Самъ Великій Князь, какъ Генералъ-Адмиралъ флота и Президентъ Адмиралтействъ-Коллегіи, принималъ живѣйшее участіе во всемъ касающемся до флота, и особенно до Корпуса. Обо всѣхъ экзаменахъ, переводахъ, выпускахъ; однимъ словомъ, обо всякомъ, сколько нибудь важномъ произшествіи въ Корпусѣ, докладывали Его Императорскому Высочеству и испрашивали Его разрѣшенія. Посѣщая Корпусъ, Государь Наслѣдникъ, бывалъ въ классахъ, слушалъ преподаваніе и обращалъ особенное вниманіе на морскую тактику и корабельную архитектуру. Не рѣдко Великой Князь изволилъ опредѣлять въ Корпусъ сыновей бѣдныхъ дворянъ и, до поступленія ихъ въ комплектные воспитанники вносилъ на содержаніе ихъ сумму, изъ своего Генералъ-Адмиральскаго жалованья. Каждую субботу и воскресенье, кромѣ лѣтняго времени, къ Великому Князю являлся изъ Кронштадта, на ординарцы, кадетскій офицеръ.[182]

По переводѣ Корпуса въ Кронштадтъ, воспитанники не могли уже пользоваться благодѣтельнымъ личнымъ надзоромъ Августѣйшаго Генералъ-Адмирала, и даже самъ директоръ, по множеству своихъ занятій, не могъ часто пріѣзжать въ Кронштадтъ; но когда пріѣзжалъ, то многое исправлялъ и взыскивалъ за вкравшіеся безпорядки. Кутузова принимали въ Корпусѣ съ большимъ почетомъ; къ его пріѣзду все заранѣе готовилось и отправлялось, и во все время пребыванія его въ Кронштадтѣ стоялъ почетный караулъ изъ гренадеръ.

Распоряженія Кутузова по всѣмъ частямъ, на бумагѣ, были превосходны; и когда онъ самъ могъ наблюдать за ихъ исполненіемъ: то они и на дѣлѣ выходили вполнѣ успѣшными. Но за глазами, при неимѣніи исполнителей хорошо понимающихъ важное дѣло воспитанія, многія изъ его распоряженій не приносили ожидаемой пользы.

Нельзя сказать, чтобы положеніе и управленіе Корпуса въ Кронштадтѣ было очень худо; но должно замѣтить, что при умѣ, образованіи и силѣ Кутузова, и при своихъ значительныхъ денежныхъ средствахъ, Морской Корпусъ, находясь въ Петербургѣ, можетъ быть, ни въ чемъ бы ни уступилъ Сухопутному Кадетскому, приведенному въ блистательное состояніе Графомъ Ангальтомъ; но у насъ далеко не было такого совершенства, и не было именно потому, что Корпусъ находился въ Кронштадтѣ, вдали отъ ближайшаго надзора высшаго Начальства.

Лѣтомъ гардемарины и старшіе кадеты (въ числѣ ихъ Артиллерійскіе) ходили въ походъ; а остальные выводились въ лагерь, къ Петербургскимъ воротамъ, на то мѣсто, гдѣ теперь построенъ госпиталь. Въ лагерѣ занимались фронтовымъ ученьемъ, и ружейной экзерциціею, иногда съ пальбою. Малолѣтные кадеты сначала лѣто, а потомъ круглый годъ, жили въ Ораніенбаумѣ.

По возвращеніи изъ лагеря въ Корпусъ, вся аммуниція отбиралась въ арсеналъ и начинались классы. Гренадерской аммуниціи хранилось въ арсеналѣ человѣкъ на 70. Въ торжественныхъ случаяхъ, какъ напримѣръ въ полномъ парадномъ строю Корпуса, или при спускахъ кораблей, пріемѣ высокихъ посѣтителей и тому подобное, выбранные бравые и стройные воспитанники, подготовленные предварительно во фронтовой службѣ, одѣвались въ красивую гренадерскую форму и составляли гренадерской взводъ, при которомъ, въ подобной же формѣ, были офицеры, барабанщики и флейщики. По окончаніи церемоніи, аммуниція отбиралась въ арсеналъ, а офицеры и воспитанники поступали въ число прочихъ. На спускъ кораблей гренадеръ перевозили изъ Кронштадта въ Петербургъ на яхтѣ Адмиралтействъ-Коллегіи, на которой они и жили въ Петербургѣ. Во время спуска, гренадеры составляли какъ бы почетный караулъ, и изъ нихъ ставились часовые къ палаткѣ Императрицы.[183]

Въ классахъ, теоретическая часть педагогики была довольно развита: Кутузовъ писалъ дѣльныя инструкціи и приказы, составлялъ коммиссіи для улучшенія порядка преподаванія, заботился о руководствахъ, иногда удачно выбиралъ людей, и всегда измѣнялъ и улучшалъ, что замѣчалъ худое. Ему обязанъ Корпусъ введеніемъ необходимѣйшихъ для морскаго офицера наукъ, о которыхъ до него не было и помину; по его порученію Кургановъ принялся за составленіе своего морскаго курса и извѣстный Третьяковскій, переводилъ Исторію Римскихъ Императоровъ; наконецъ, Кутузовъ положилъ основаніе Корпусной библіотеки и употреблялъ всѣ средства, чтобы поднять преподаваніе иностранныхъ языковъ.

Покуда Корпусъ былъ въ Петербургѣ; Кутузовъ приглашалъ для чтенія лекцій извѣстныхъ ученыхъ, какъ напримѣръ, Эпинуса, Миллера и др.; но, по переводѣ Корпуса въ Кронштадтъ необходимость заставила ограничиться своими учителями, и изъ нихъ, сколько можно догадываться, возвышали и отличали дѣйствительно достойныхъ.

Съ 1764 года, главнымъ инспекторомъ надъ классами былъ Григорій Андреевичъ Полѣтика. Онъ, при вступленіи въ свою должность, предложилъ сдѣлать многія улучшенія въ классномъ порядкѣ, желалъ по всѣмъ предметамъ ввести печатныя руководства, усилить власть учителей въ классахъ, награждать и отличать прилежныхъ воспитанниковъ медалями и подарками, а лѣнивыхъ подвергать нѣкоторымъ наказаніямъ. Во время стола предлагалъ читать морской и воинскій уставы, и «для знанія прежнихъ обращеній свѣта и вкорененія благонравія, читать хорошія историческія и нравоучительныя книги» и т. п. До него тоже читали регламентъ, но, обыкновенно по субботамъ, съ 10 до 11 часовъ утра.

Въ классы воспитанники ходили отъ 7 до 11 утромъ, и отъ 2 до 6 по полудни. Вообще уроки были расположены такимъ образомъ, чтобы воспитанники имѣли возможность, въ классахъ же, повторить все пройденное въ три или четыре дня. Математическія и нѣкоторыя морскія науки и иностранные языки преподавались утромъ, а часть морскихъ наукъ и, такъ называемыя тогда, «словесныя науки», проходились вечеромъ. Это раздѣленіе было основанно на томъ, что труднѣйшіе предметы, которые требуютъ большаго напряженія умственныхъ способностей воспитанника, лучше объяснять ему утромъ, когда голова еще неутомлена; а легчайшіе и болѣе занимательные предметы, вечеромъ. Такой порядокъ сохранялся очень долго и измѣнился только въ послѣднее время.

Вотъ, въ главныхъ чертахъ, программа предложенная Полѣтикою, въ февралѣ 1765 года, и тогда же утвержденная Кутузовымъ. Ариѳметику проходить по Кургановой Универсальной Ариѳметикѣ; геометрію по руководству Крафта и лѣтомъ ходить въ поле, для практическихъ приложеній геометріи. Тригонометрію, проходить, плоскую по руководству де Парсія, а сферическую (до напечатанія новой) по запискамъ. Астрономія, географія, навигація плоская, меркаторская и круглая, и «журналъ», были раздѣлены на три класса, и проходились по Бугерову новому сочиненію о навигаціи, переведенному Кургановымъ. Въ первомъ классѣ учили 2-ую и 3-ю книгу; во второмъ 4-ю, и въ третьемъ 5-ю. Разумѣется при этомъ занимались и практическимъ употребленіемъ навигаціонныхъ и астрономическихъ инструментовъ. Для астрономическихъ наблюденій, на зданіи Корпуса, по представленію Курганова, устроена была и обсерваторія. Артиллерія и фортификація проходились по запискамъ. Профессоръ Котельниковъ читалъ по своимъ запискамъ высшія математическія и морскія науки тѣмъ воспитанникамъ, которые уже окончили обыкновенный курсъ у учителей.

Въ преподаваніи иностранныхъ языковъ, весь Корпусъ дѣлился на 3 класса: въ 1-мъ учили азбуку, склады и чтеніе; въ 2-мъ грамматику, то есть, правописаніе и произведеніе словъ; въ 3-мъ продолжали грамматику — о сочиненіи словъ. Въ каждомъ классѣ были назначены соотвѣтствующія курсу практическія занятія.

Морскія эволюціи учили по сочиненію Госта, переведенному съ Французскаго языка самимъ Кутузовымъ. Корабельную архитектуру проходили болѣе въ практическомъ отношеніи; географію читали по книгѣ изданной отъ Академіи Наукъ; исторію по сокращенной книгѣ Лакроцовой. Замѣчательно, что изъ географіи и исторіи уроковъ не задавали; а велѣно стараться обучать «чрезъ затверженіе при сказываніи по очереди всѣхъ въ классѣ:» Изъ исторіи давали только краткія хронологическія таблички.

Въ правописаніи велѣно наблюдать, чтобы «оное хотя не во всемъ, однако, какъ возможно ближе къ Словенскому правописанію подходило». Такелажной работѣ училъ боцманъ, подъ надзоромъ офицера преподававшаго эволюціи. Относительно рисованья, курсъ имѣлъ два отдѣла: въ первомъ рисовали различныя части человѣка по Прейслеровой книгѣ; а во второмъ, ландштафты, виды береговъ и проч. карандашемъ, тушью или красками, смотря по успѣхамъ. Наконецъ учили фехтовать и танцовать.[184]

Должно замѣтить, что въ этомъ распредѣленіи предметовъ всѣ науки положено было проходить, примѣняясь къ будущей службѣ воспитанниковъ Морскаго Корпуса. Впослѣдствіи программа Полетики хотя нѣсколько измѣнялась, сообразно большему или меньшему требованію офицеровъ для флота, но въ главныхъ чертахъ долго оставалась та же самая. Введеніе въ преподаваніе новыхъ наукъ или оставленіе прежде проходимыхъ, указаны нами при каждомъ новомъ штатѣ.

Корпусные экзамены дѣлались черезъ полгода коммиссіею, состоявшею изъ инспектора классовъ, его помощника, учителей и корпусныхъ офицеровъ. Выпуски дѣлались, съ рѣдкимъ исключеніемъ, одинъ разъ въ годъ.

Въ этотъ періодъ времени Николай Гавриловичъ Кургановъ успѣлъ написать и, частію, перевести цѣлую математическую и морскую учебную энциклопедію. Кромѣ ариѳметики, о которой мы упомянули (стран. 128), онъ написалъ геометрію, плоскую и сферическую тригонометрію; перевелъ Бугерову навигацію и даже составилъ руководство для преподаванія фортификаціи. Кургановъ долго былъ старшимъ математическимъ учителемъ, потомъ профессоромъ и, наконецъ, въ 1771 году, за неимѣніемъ главнаго инспектора надъ классами, исполнялъ и эту должность.

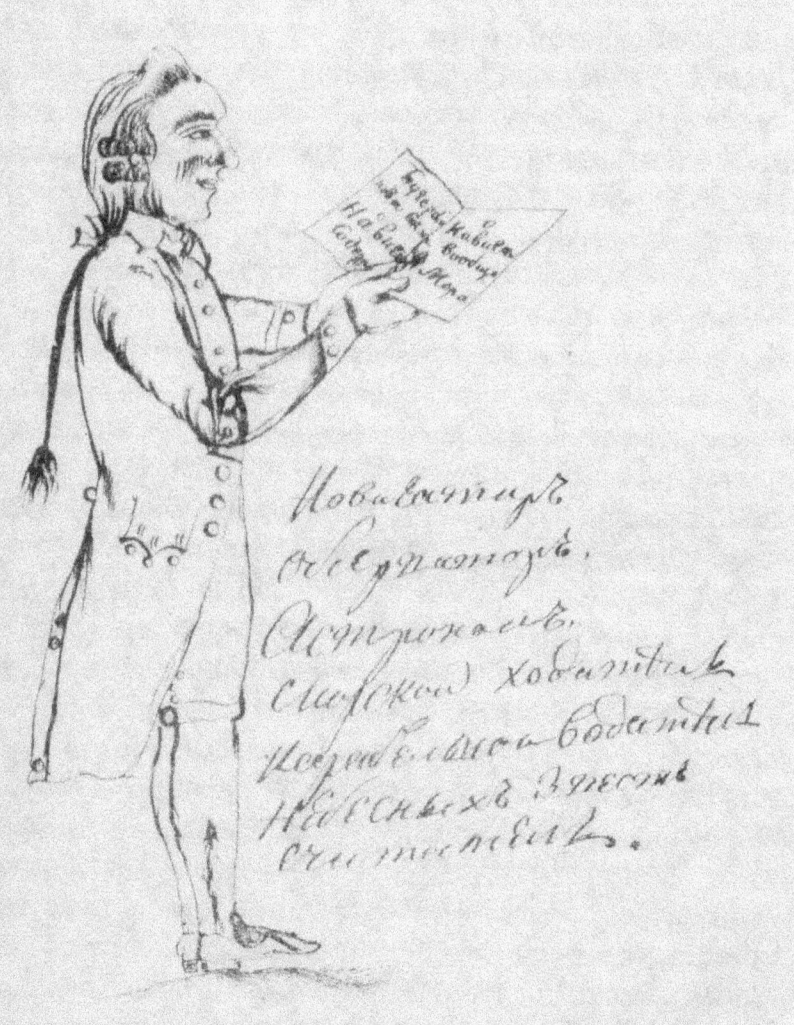

До Курганова, въ началѣ 1771 года, профессоромъ былъ Котельниковъ, написавшій также нѣсколько учебныхъ руководствъ; а въ 1772 году, Англичанинъ Робинзонъ, и послѣ его опять Кургановъ. Въ 1775 году, смѣненный Кутузовымъ съ инспекторства, Кургановъ оставался только профессоромъ. Въ приказахъ по Корпусу хотя отдана ему при этомъ благодарность; но въ самомъ дѣлѣ смѣна, кажется, произошла по нерасположенію директора, вѣроятно имѣвшаго къ тому какую нибудь существенную, служебную причину.[185]

До назначенія настоящаго инспектора, велѣно исправлять его должность корпусному «маіору» Голостенову, человѣку образованному, который даже преподовалъ нѣкоторые предметы Государю Наслѣднику.

Такой необыкновенный человѣкъ, каковъ былъ Николай Гавриловичъ Кургановъ, поставленный судьбою на другое, болѣе видное мѣсто, по справедливости пріобрѣлъ бы себѣ громкую извѣстность, полное уваженіе современниковъ и почетное имя въ литературѣ. Онъ зналъ хорошо Французскій и Нѣмецкій языкъ, и могъ читать по своему предмету Латинскія и Англійскія книги. Науки математическія и морскія ему были извѣстны въ совершенствѣ, и множество сочиненій и переводовъ Курганова по этой части доказываютъ, что онъ умѣлъ съ пользою употреблять свою ученую дѣятельность. Какъ писатель, Николай Гавриловичъ отличался необыкновенною добросовѣстностію и яснымъ взглядомъ на науки. Почти въ каждомъ его трудѣ, тѣ страницы, въ которыхъ онъ говоритъ отъ своего лица, дышатъ искреннимъ, теплымъ желаніемъ пользы читателю, и отсутствіемъ мысли, выказать самого себя и произвести эффектъ. Своей наивной, но безпощадной ироніей Кургановъ казнилъ современный ему педантизмъ и умышленную темноту науки; и самъ старался по возможности упрощать ее и передавать занимательно.

Какъ хорошо Кургановъ понималъ требованія тогдашней публики, доказываетъ его *Письмовникъ*, книга заключающая въ себѣ множество разныхъ разностей, чрезвычайно занимательныхъ, шутливыхъ и поучительныхъ. Письмовникъ имѣлъ восемнадцать изданій. Ученики, добросовѣстные и вѣрнѣйшіе цѣнители своихъ наставниковъ, любили и уважали Курганова.

За неимѣніемъ настоящаго портрета Николая Гавриловича, здѣсь приложенъ точный снимокъ съ рисунка сохранившагося въ навигаціи (1789 г.) одного изъ его учениковъ. Бойкій рисунокъ показываетъ, что художникъ набилъ руку именно на такихъ портретахъ, и потому въ этомъ очеркѣ можно предположить сходство съ оригиналомъ.

Въ 1792 году Николай Гавриловичъ былъ сдѣланъ настоящимъ инспекторомъ классовъ, и исполнялъ эту обязанность до самой смерти, то есть, до 1796 года. Морской Корпусъ долженъ гордиться Кургановымъ; въ темное время Морской Академіи, онъ умѣлъ пріобрѣсти обширное современное образованіе, и—относительно пользы принесенной Корпусу, а черезъ него и флоту, на ряду съ Кургановымъ можетъ стать, развѣ только одинъ Гамалѣя. Кромѣ Курганова, замѣчательными лицами, въ Морскомъ Корпусѣ, были инспекторъ классовъ (съ 1784 г.) Василій Никитичъ Никитинъ и помощникъ его Прохоръ Игнатьевичъ Суворовъ; оба изучали морскія науки въ Англіи, слушали курсъ въ Эдинбургскомъ университетѣ, и получили тамъ степени магистровъ. Они пользовались особеннымъ расположеніемъ Кутузова и исполняли съ пользою свои долж-

КАДЕТЪ   ГРЕНАДЕРЪ   ГАРДЕМАРИНЪ
1780 года.   1780 года.   1807 года.

ности. Ими переведены съ Греческаго языка Стихіи Эвклидовы и составлена плоская и сферическая тригонометрія. При Никитинѣ, въ прохожденіи математики, сдѣлана одна значительная перемѣна, именно, что арѳметику начали проходить послѣ геометріи.

Въ управленіе Кутузова, въ классномъ штатѣ Корпуса, кромѣ главнаго инспектора и помощника его, имѣвшихъ надзоръ за всѣми классами, былъ «профессоръ», наблюдавшій за ходомъ обученія собственно математическихъ и морскихъ наукъ; и еще особенный инспекторъ надъ классами иностранныхъ языковъ.

Въ Кронштадтѣ дѣйствительно управлялъ Корпусомъ такъ называемый по штату «подполковникъ», и помощникъ его, завѣдывавшій фронтовою частію и называвшійся «маіоромъ.» Первую должность въ управленіе Кутузова занимали Шубинъ, Голостеновъ, (съ 1784 г.) Ѳедоровъ, и (съ 1793 по 1797) П. К. Карцовъ.

Въ Морской Корпусъ иногда присылали для обученія Морскихъ наукъ офицеровъ, преимущественно изъ Грековъ, и также унтеръ-офицеровъ, изъ гвардейскихъ полковъ; такъ напримѣръ, въ 1793 году, прислали сержантовъ Семеновскаго полка 21, и Измайловскаго 31 человѣкъ.

Воспитанники кромѣ парадной формы, показанной на рисункѣ, имѣли будничные сюртуки. Головы пудрили; стриглись «алаверже» не свыше одного дюйма, а косы носили не долѣе осьми дюймовъ.

Здѣсь можно упомянуть, что въ Шведскую войну 1790 года, когда въ Кронштадтѣ ожидали нападенія непріятеля, взрослые воспитанники Морскаго Корпуса также состояли въ числѣ защитниковъ Кронштадта. Они были разставлены къ орудіямъ, на стѣнкѣ Купеческой гавани и провели тамъ цѣлую ночь въ ожиданіи нападенія.

Въ управленіе Кутузова, воспитанники, еще находясь въ Кронштадтѣ, начали нѣсколько отвыкать отъ грубыхъ шалостей бывшей Морской Академіи. Случалось иногда, что уходили изъ Корпуса, безъ позволенія, — погулять; или, въ холодныя зимы, топили комнаты дровами, взятыми изъ сосѣдняго Адмиралтейства; можетъ быть случалось и въ лавкахъ забирать безъ спроса хозяина,—но это уже были слабые остатки прежнихъ продѣлокъ, и сохранились только потому, что считались, какъ въ Спартѣ, молодечествомъ, а не порокомъ.

О непомѣрныхъ тѣлесныхъ наказаніяхъ (по крайней мѣрѣ оффиціально) не было и помину; по корпуснымъ приказамъ видно, что наказанія были: оставить безъ обѣда, не увольнять «за корпусъ», посадить въ «пустую», то есть, въ карцеръ; одѣть въ особенное платье, въ родѣ сѣрой куртки; наконецъ, разжаловать изъ гардемаринъ въ кадеты. За большіе проступки наказывали однакожъ тѣлесно и даже исключали изъ Корпуса.

На самомъ дѣлѣ все было гораздо суровѣе, чѣмъ на бумагѣ, и эта двойственность особенно замѣтна, при сравненіи письменныхъ документовъ съ разсказами очевидцевъ, тогдашнихъ воспитанниковъ Корпуса. По свидѣтельству архива, состояніе Корпуса въ Кронштадтѣ было почти такое же, какъ въ настоящее время: тотъ же внимательный надзоръ за нравственностію и ученьемъ воспитанниковъ, та же отеческая заботливость объ ихъ здоровьѣ, пищѣ и одеждѣ, и та же безукоризненная чистота въ заведеніи. Очевидцы, далеко не подтверждаютъ этого; и всѣ согласно свидѣтельствуютъ, что Государь Императоръ Павелъ Петровичъ сдѣлалъ великое благодѣяніе для Морскаго Корпуса, возвративъ его въ Петербургъ и обративъ на него Свое личное, непосредственное вниманіе.

VII.

Морской Кадетскій Корпусъ.

1796—1825.

Желаю, чтобы колыбель флота, Морской Кадетскій Корпусъ, былъ близко къ Генералъ-Адмиралу.

Слова Его Императорскаго Величества.

Государь Императоръ Павелъ Петровичъ, бывшій уже 34 года въ званіи Генералъ-Адмирала; на четвертый день по вступленіи на Престолъ, осчастливилъ флотъ Высочайшимъ указомъ, которымъ объявлялось, что Его Императорское Величество сохраняетъ званіе Генералъ-Адмирала. Въ тоже время Государь Императоръ изволилъ сказать Ивану Логиновичу, что Онъ желаетъ «чтобы колыбель флота, Морской Кадетскій Корпусъ, былъ близко къ Генералъ-Адмиралу, и потому переводить оный изъ Кронштадта въ Петербургъ.»[186] Черезъ мѣсяцъ, то есть, 8 декабря, Кутузовъ получилъ слѣдующій Высочайшій рескриптъ.

«Господинъ Адмиралъ Голенищевъ-Кутузовъ! Съ полученія сего имѣете вы немедленно принять въ свое вѣдѣніе домъ Корпуса Чужестранныхъ Единовѣрцовъ, съ принадлежащими къ нему строеніями и мѣстомъ, и обратить оной подъ Морской Шляхетный Кадетскій

Корпусъ, который и начать переводить изъ Кронштадта немедленно. Ту часть чужестранныхъ единовѣрцовъ, которая обучается наукамъ принадлежащимъ до мореплаванія, принявъ, помѣстить въ Морской Корпусъ въ кадеты; равно какъ и сумму денежную положенную на содержаніе оныхъ; а буде есть економическая, то и сію, по пропорціи имѣющихъ поступить воспитанниковъ, потому жъ принять вамъ въ свое вѣденіе и распоряженіе. Наконецъ, буде бы всего Морскаго Корпуса помѣстить было не можно, въ такомъ случаѣ стараться прикупить прилежащіе ко оному домы, сколько возпадобится къ помѣщенію, или сдѣлать нужныя пристройки; о чемъ и подать къ НАМЪ подробные планы и смѣты на усмотрѣніе НАШЕ. Пребываемъ въ прочемъ вамъ всегда благосклонны.»

Директору Сухопутнаго Корпуса, Михаилу Ларіоновичу Голенищеву-Кутузову, тогда же предписано было принять, изъ Корпуса Чужестранныхъ Единовѣрцевъ, слѣдующихъ къ нему воспитанниковъ.

Дѣло закипѣло немедленно: въ тотъ же день воспитанники Корпуса Чужестранныхъ Единовѣрцевъ, не дошедшіе до обученія навигаціи, отданы въ Сухопутный Корпусъ; а прочіе поступили въ Морской. На третій день, то есть, 10 декабря, уже половина воспитанниковъ Морскаго Корпуса[187] была въ Петербургѣ,—необыкновенная быстрота походившая на волшебство; на слѣдующій четвертый день, 11 числа, Государь Императоръ изволилъ посѣтить новоселье молодыхъ моряковъ.

По возвращеніи въ столицу, Морской Корпусъ занялъ тоже самое мѣсто, которое занималъ до пожара 1771 года. Сосѣди его были: по набережной сахарный заводъ купца Канавана; а по 12-ой линіи деревянный домъ и огородъ Вице-Адмирала Фонъ-Дезина, бывшіе на мѣстѣ нынѣшняго столоваго зала. Оба эти зданія, то есть, заводъ и домъ Фонъ-Дезина были немедленно куплены для Корпуса, и въ продолженіе 1797 года, Морской Корпусъ получилъ почти нынѣшній свой наружный видъ, какъ на Неву, такъ и по линіямъ.

Постройки и исправленія дѣлались знаменитымъ Русскимъ архитекторомъ Ф. М. Волковымъ, который учился во Франціи и Италіи. Работы его въ Морскомъ Корпусѣ исполнены съ большимъ знаніемъ и вкусомъ. Много надобно было соображеній, чтобы изъ трехъ разныхъ домовъ составить прекрасный фасадъ Корпуса. Построенный Волковымъ огромный столовой залъ, длиною 33 саж. и шириною 10 сажень, безъ колоннъ, съ висячимъ потолкомъ, многіе годы былъ архитектурною рѣдкостью. Одновременно съ заломъ, Волковъ же построилъ пекарни и, по двору, большой флигель для жительства офицеровъ. На эти постройки Государь Императоръ пожаловалъ 100,000 р; но какъ этой суммы не достало, то Адмиралтействъ-Коллегія отпустила заимообразно еще 85,000 рублей.[183]

Царственный Генералъ-Адмиралъ былъ особенно милостивъ и ко всему флоту; но Морской Корпусъ, безпрерывно получалъ самые лестные знаки Его отеческаго вниманія. Во время частыхъ посѣщеній, Государь Императоръ входилъ во всѣ подробности воспитанія, слушалъ лекціи учителей, спрашивалъ учениковъ и, не рѣдко, за хорошее преподаваніе тутъ же жаловалъ учителя въ слѣдующій чинъ, а за удовлетворительные отвѣты воспитанника производилъ въ унтеръ-офицеры.

Въ музеумѣ Корпуса до сихъ поръ сохраняются восемь, прекрасно сдѣланныхъ, моделей, полевыхъ орудій, которыми въ младенчествѣ игралъ Императоръ и потомъ пожаловалъ Корпусу.[189]

Памятно одно изъ посѣщеній Государя (10 февраля 1798 года), при которомъ Его Императорское Величество, обходя всѣ части зданія, нѣсколько разъ повторялъ, что Онъ особенно доволенъ всѣмъ видѣннымъ. Не прошло часу, по отъѣздѣ Государя Императора, какъ директоръ Корпуса получилъ слѣдующій Высочайшій рескриптъ:

«Господинъ главный директоръ Морскаго Кадетскаго Корпуса Г. Кутузовъ! Въ бытность НАШУ сегодня въ Корпусѣ, найдено все въ весьма хорошемъ устройствѣ и порядкѣ; почему изъявляемъ, какъ вамъ, такъ господину Генералъ-Маіору Г. Кутузову, равно всѣмъ штабъ и оберъ офицерамъ, НАШЕ благоволеніе. Пребываемъ всегда къ вамъ благосклонны.»

Здѣсь должно замѣтить, что Кутузовъ (Логинъ Ивановичъ, сынъ директора), названный въ рескриптѣ генералъ-маіоромъ, не имѣлъ этого чина, а былъ полковникъ, и въ Корпусномъ штатѣ, занималъ мѣсто «подполковника» или помощника директора. Слѣдовательно, этимъ Высочайшимъ указомъ Л. И. Кутузовъ Всемилостивѣйше производился въ чинъ генералъ-маіора.

Чтобы перемѣну чина нельзя было отнести къ ошибкѣ, то въ указѣ прежде написано было слово «подполковникъ», потомъ зачеркнуто и замѣнено словомъ «генералъ-маіоръ». Принесеніе благодарности за эту милость, директоръ хотѣлъ отложить до выхода Высочайшаго приказа; но молодой генералъ-маіоръ, съ такимъ нетерпѣніемъ желалъ надѣть генеральскую форму, что просилъ отца позволить ему на другой же день явиться къ разводу. Эту просьбу поддерживалъ и Адмиралъ Рибасъ, бывшій въ то время у Ивана Логиновича и искавшій по какому-то дѣлу его покровительства. Чтобы скорѣе уговорить директора, Рибасъ немедленно отправился домой, и тотчасъ же воротился съ генеральской шляпой, которую отдалъ новому генералу и окончательно уговорилъ Ивана Логиновича позволить сыну, на другой же день, при разводѣ благодарить Государя за награжденіе чиномъ.

«По окончаніи развода, пишетъ самъ Логинъ Ивановичъ, когда пришло время представленій, я подошелъ къ Императору, по наблюдаемому тогда обычаю, сталъ на одно колѣно и снялъ перчатку съ правой руки. Комендантъ сказалъ: благодарить за произведеніе въ Генералъ-Маіоры. Государь, не снимая своей перчатки, съ видомъ великаго неудовольствія спросилъ меня: отданъ ли приказъ? я отвѣчалъ, не отданъ. А ежели Я въ приказѣ не отдамъ? Тогда я остаюсь полковникомъ. Послѣ сего отвѣта Государь съ видомъ удовольствія, снявъ перчатку и давъ мнѣ поцѣловать Свою руку, сказалъ: можно бы было подождать приказа, господинъ Генералъ-Маіоръ, — велѣлъ встать и сказалъ: всѣмъ, что видѣлъ въ Корпусѣ, Я очень доволенъ.»[190]

Чистота и порядокъ заведенія соотвѣтствовали заботливости Государя; пріѣзжая въ разное время сутокъ и съ разныхъ воротъ Корпуса, Его Императорское Величество никогда не могъ найти ни малѣйшаго безпорядка. Одинъ разъ Государь Императоръ, въ милостивомъ разговорѣ съ директоромъ, изволилъ сказать: Я самъ не могу ни въ чемъ васъ поймать;

попробую попросить объ этомъ Императрицу. Директоръ принялъ слова Государя за шутку, но действительно чрезъ несколько дней, совершенно неожиданно, въ одни изъ боковыхъ воротъ явилась Государыня. Ея Императорское Величество изволила обойти весь Корпусъ, изволила осмотрѣть все, такъ какъ Она обыкновенно осматривала въ Своихъ заведеніяхъ, — и, къ совершенной радости воспитателей и воспитанниковъ, осталась вполнѣ довольна. Такимъ образомъ, по особенной милости Монарха, Морской Корпусъ удостоился посѣщенія и заботливаго осмотра Той незабвенной Императрицы, которой священное имя, до сихъ поръ, повторяется съ умиленіемъ и молитвою тысячами семействъ, во всѣхъ концахъ Россіи.[191] Вообще царствованіе Императора Павла Петровича было для Морскаго Корпуса однимъ изъ самыхъ счастливыхъ годовъ его существованія. Въ знакъ глубокой признательности къ щедротамъ и заботливости Монарха, вновь устроенная Корпусная Церковь была освящена во имя Святителя Павла Новаго, память котораго Церковь празднуетъ 6-го ноября, то есть, въ день вступленія на Престолъ въ Бозѣ почивающаго Государя Павла Петровича.

При Государѣ Императорѣ Павлѣ Петровичѣ утверждена для Корпуса новая форма: зеленые двубортные мундиры и штаны, зимою одноцвѣтныя съ мундиромъ, лѣтомъ бѣлыя; ботфорты, треугольная шляпа и кортикъ. Прежнія гренадерскія шапки, замѣнены другими, подобными каскамъ нынѣшняго Павловскаго полка.

Главный Директоръ Иванъ Логиновичъ и по переводѣ Корпуса въ Петербургъ, при обширныхъ занятіяхъ по должности президента Адмиралтействъ-Коллегіи, надъ Корпусомъ имѣлъ только общій, поверхностный надзоръ; а настоящую директорскую обязанность исполнялъ «подполковникъ Корпуса» помощникъ его, Логинъ Ивановичъ.

Оба Кутузова, отецъ и сынъ, заслуживаютъ полную признательность за свою горячую, можно сказать, родственную любовь къ Морскому Корпусу. Они почитали Корпусъ не только мѣстомъ служенія, но отеческимъ домомъ; и все, что принадлежало къ Морскому Корпусу, принадлежало къ ихъ семейству. Оба они, до послѣдней минуты своей жизни, сохранили эту привязанность. На нашихъ глазахъ, Логинъ Ивановичъ Кутузовъ, уже нисколько не причастный къ управленію Корпусомъ, интересовался всѣми мельчайшими перемѣнами, отъ души радовался всему хорошему и горячо хвалилъ всякое удачное распоряженіе послѣдующихъ директоровъ, И. Ѳ. Крузенштерна, и Н. П. Римскаго-Корсакова. Нерѣдко совѣтовалъ имъ, оспаривалъ, что было не согласно съ его мнѣніемъ — и съ удовольствіемъ первый готовъ былъ признаться въ своей ошибкѣ, если новое распоряженіе на дѣлѣ приносило пользу.

Во время своего управленія Корпусомъ, Логинъ Ивановичъ, какъ радушный хозяинъ, всегда принималъ Корпусныхъ офицеровъ, учителей и воспитанниковъ—они были самые дорогіе его гости. Гостиная его была лучшимъ классомъ и для воспитанниковъ и даже для воспитателей. Логинъ Ивановичъ, хотя не носилъ званія «директора,» но дѣйствительно управлялъ Корпусомъ до кончины своего родителя, послѣдовавшей въ 1802 г. (апрѣля 12).

1802 г. Высочайшимъ приказомъ (мая 2), назначенъ Директоромъ Морскаго Корпуса, членъ Адмиралтейской-Коллегіи, Контръ-Адмиралъ Петръ Кондратьевичъ Карцовъ. Состояніе Корпуса ему было извѣстно во всей подробности, потому что онъ самъ служилъ въ немъ, въ званіи «подполковника».

Новый Директоръ немедленно обратилъ вниманіе на всѣ части корпуснаго управленія, и прежде всего на здоровье воспитанниковъ. Болѣзнь, о которой теперь не имѣютъ понятія въ учебныхъ заведеніяхъ, въ прежнее время отнимала отъ ученья множество воспитанниковъ. Я говорю о чесоткѣ. — Эта заразительная, и въ высшей степени упорная болѣзнь, и въ Морскомъ Корпусѣ, какъ и вездѣ, была развита въ сильной степени. Петръ Кондратьевичъ принялъ тотчасъ рѣшительныя мѣры къ ея истребленію, отдѣлилъ больныхъ отъ здоровыхъ, уничтожилъ все бѣлье и платье, которое носили больные, и строго наблюдалъ во всемъ чистоту. Этими мѣрами, при извѣстныхъ медицинскихъ пособіяхъ, въ нѣсколько мѣсяцевъ зараза почти уничтожилась.[192] Для удобнѣйшаго помѣщенія служащихъ въ Корпусѣ, Карцовъ (1803 г. Мая 5) исходатайствовалъ Высочайшее разрѣшеніе и сумму (13,889 р. 77 к.) на постройку новаго каменнаго флигеля и исправленіе всего зданія Корпуса.

По учебной части Петръ Кондратьевичъ имѣлъ достойнаго помощника, незабвеннаго для моряковъ Платона Яковлевича Гамалѣя, исправлявшаго съ 1795 года должность инспектора классовъ, но утвержденнаго въ ней только въ 1802 году. Скромный и тихій по наружности, Платонъ Яковлевичъ былъ пылокъ, и безъ мѣры дѣятеленъ для пользы науки, а особенно для пользы страстно любимыхъ имъ питомцевъ Корпуса. Имѣя большую склонность къ математикѣ, и сознавая ея первостепенную важность для хорошаго Морскаго офицера, Гамалѣя употребилъ всѣ силы и средства, чтобы усовершенствовать математическій курсъ Морскаго Корпуса, и, при своемъ неимовѣрномъ трудолюбіи и огромномъ талантѣ, блистательно успѣлъ привести въ исполненіе свою мысль.

Принявъ должность инспектора, онъ нашелъ въ классахъ учителей или стариковъ, уже отживавшихъ свой вѣкъ, или молодыхъ мало опытныхъ. Первые не могли раздѣлять убѣжденій новаго инспектора, другіе не имѣли опытности ихъ выполнить. Платонъ Яковлевичъ самъ занялся приготовленіемъ учителей, и сначала буквально самъ, въ классѣ, проходилъ курсъ учителямъ, а потомъ позволялъ имъ учить воспитанниковъ. Руководства—печатныя устарѣли, писанныя не были хорошо обработаны. Гамалѣя принялся также самъ за это дѣло; собралъ все, что было по этой части у насъ, во Франціи и Англіи, и при своемъ талантѣ, въ высшей степени логическомъ умѣ и обладаніи прекраснымъ Русскимъ языкомъ, создалъ рядъ руководствъ, составившихъ полный превосходный Морской курсъ, какого не было ни на одномъ языкѣ. Съ 1801 по 1804 годъ имъ изданы: 1) алгебра съ приложеніями ея къ геометріи, 2) дифференціальное и интегральное исчисленія, съ приложеніями ихъ къ геометріи и навигаціи, 3) механика, 4) теорія кораблестроенія и 5) морская практика.

Курсъ этотъ, при непосредственномъ надзорѣ Платона Яковлевича и его друга и дѣятельнаго помощника Марка Филипповича Горкавенко, составилъ эпоху въ преподаваніи Морскаго Корпуса. Петръ Кондратьевичъ, понимая и достойнымъ образомъ оцѣнивая труды Платона Яковлевича, во всемъ пособлялъ ему и всѣми средствами поощрялъ учителей и воспитанниковъ. Быстрые успѣхи преподаванія были такъ замѣтны, что въ 1804 г., при экзаменѣ выпускаемыхъ въ офицеры гардемаринъ, предсѣдатель Главной Коммиссіи Адмиралъ Фонъ-Дезинъ представилъ это на видъ Морскаго Министра Павла Васильевича Чичагова, а тотъ довелъ до свѣдѣнія Государя Императора Александра Павловича. Вслѣдствіе представленія Чичагова Его Императорское Величество осчастливилъ 13 лучшихъ по наукамъ гардемаринъ Высочайшимъ подаркомъ, состоявшимъ изъ прекраснаго секстана Англійской работы. Каждый изъ удостоенныхъ Монаршей милости получилъ секстанъ при слѣдующемъ письмѣ Министра: «Его Императорское Величество въ слѣдствіе засвидѣтельствованія коммиссіи, экзаменовавшей Васъ съ прочими воспитанниками Морскаго Кадетскаго Корпуса, объ успѣхахъ Вашихъ въ высшей Математикѣ и въ наукахъ до Морскаго офицера относящихся, Всемилостивѣйше жалуетъ Васъ въ знакъ Высочайшаго Своего благоволенія секстаномъ, который съ удовольствіемъ препровождая при семъ, надѣюсь, что сей Монаршій подарокъ послужитъ Вамъ поощреніемъ къ вящему усовершенствованію себя въ искусствѣ Морскаго Офицера».[193]

Такая милость Монарха принята была съ живѣйшею радостію не только молодыми офицерами осчастливленными ею, но и всѣми воспитанниками и служащими въ Корпусѣ. Подобный знакъ Высочайшаго вниманія повторялся и въ послѣдующіе годы, въ которые выпускные экзамены были особенно удовлетворительны. Въ числѣ получившихъ подарки можно указать на Адмираловъ: Глѣба Семеновича Шишмарева и Андрея Петровича Лазарева; нынѣшняго Министра Народнаго Просвѣщенія Князя Платона Александровича Ширинскаго-Шихматова; на прекрасныхъ мор-

скихъ офицеровъ Петра Богданова, Семена Уньковскаго, Кригера и другихъ; нынѣшняго предводителя дворянства Владимірской губерніи Сергѣя Никаноровича Богданова, который въ недавнее время такъ прекрасно доказалъ свою привязанность ко флоту, обративъ вниманіе дворянъ своей губерніи на драгоцѣнные остатки Петровскаго кораблестроенія, сохранившіеся на берегу Переяславскаго озера. Трогательная заботливость стараго моряка и патріотическое пожертвованіе Владимірскаго дворянства увѣнчались успѣхомъ; теперь мѣсто, гдѣ положено начало Русскаго флота, ограждено отъ забвенія приличнымъ сохраненіемъ всего, оставшагося отъ временъ Петра Великаго, и наконецъ покупкою Владимірскими дворянами цѣлаго имѣнія, въ которомъ находилась Петровская верфь. Эта заботливость удостоилась особенно милостиваго одобренія Его Императорскаго Величества.[194]

Для бо́льшаго практическаго изученія Морскаго дѣла, Петръ Кондратьевичъ полагалъ весьма полезнымъ отправить нѣсколько хорошихъ гардемаринъ, отъ 15-ти до 17-ти лѣтняго возраста, волонтерами въ Англію и Францію. Представленіе его объ этомъ удостоилось Высочайшаго соизволенія (1803 г. въ Августѣ) и 30 гардемаринъ были посланы за границу. Въ числѣ ихъ были — нашъ незабвенный Михаилъ Петровичъ Лазаревъ, Дохтуровъ, Авиновъ, Станюковичъ и другіе.

Очевидцы этого времени помнятъ то рвеніе, съ какимъ лучшіе воспитанники занимались въ Морскомъ Корпусѣ во времена Карцова и Гамалѣи. Каждый, имѣвшій способности, старался изъ всѣхъ силъ, чтобы опередить товарищей или, покрайней мѣрѣ, не отстать отъ нихъ. Первые ученики въ классѣ пользовались глубокимъ уваженіемъ своихъ товарищей, которые даже называли ихъ не иначе, какъ по имени и отчеству. Почетное кадетское названіе *Зеймана* (See man, морской человѣкъ), которымъ величали товарищи знающихъ воспитанниковъ, было для честолюбиваго мальчика почетнѣе всякаго ученаго диплома. Держаться въ числѣ лучшихъ воспитанниковъ было тогда не легко, если вспомнить, что въ курсъ входило дифференціальное и интегральное исчисленія, съ ихъ приложеніями къ механикѣ и высшей геометріи. Но въ каждомъ выпускѣ было около десятка и болѣе такихъ учениковъ, которые своимъ товарищамъ разсказывали и поясняли все пройденное, не хуже учителя. Изъ этихъ—то «зеймановъ» и вышли наши ученые гидрографы, кругосвѣтные плаватели, искусные адмиралы, боевые капитаны и, кромѣ множества хорошихъ флотскихъ офицеровъ, вышло множество способнѣйшихъ и достойнѣйшихъ служивыхъ по другимъ отраслямъ государственной службы; безъ сомнѣнія, всѣ они помнятъ и сознаютъ труды Платона Яковлевича.

Неизбѣжнымъ слѣдствіемъ обширнаго усиленнаго преподаванія математики и теоретическихъ приложеній ея къ Морскому дѣлу, была невозможность проходить другія науки въ такомъ же объемѣ и съ такимъ же совершенствомъ. Печатно высказанныя мысли Платона Яковлевича о воспитаніи и всѣ труды его показываютъ въ немъ писателя и педагога, ясно понимающаго взаимную связь наукъ и относительную ихъ важность. Но въ преподаваніи Морскаго Корпуса, имѣя въ виду спеціальное назначеніе воспитанниковъ, онъ отдавалъ явное преимущество математикѣ предъ дру-

гими науками; и потому первая шла блистательно, а послѣднія проходились слабо; и большая часть преподавателей другихъ наукъ, по своимъ познаніямъ, стояли несравненно ниже математическихъ учителей. Замѣчательнѣйшіе преподаватели этого времени по математическимъ и морскимъ наукамъ были: самъ Гамалѣя, помощникъ его М. Ф. Горкавенко, И. В. Кузнецовъ, Исаковъ, Гребенщиковъ, Шулеповъ и другіе.

Платовъ Яковлевичъ въ послѣдующіе годы продолжалъ свой огромный трудъ, то есть, полный курсъ математическихъ и морскихъ наукъ. Въ 1807 и 1808 годахъ, онъ издалъ Теорію и Практику Кораблевожденія, въ трехъ частяхъ; изъ нихъ, первая заключала навигацію; вторая — астрономію, третія — пополнительныя статьи къ двумъ первымъ частямъ и всѣ таблицы необходимыя для мореплавателей.

Не смотря на свои занятія по составленію руководствъ и внимательный надзоръ за преподаваніемъ, Гамалѣя принималъ участіе въ трудахъ Адмиралтейскаго Департамента, Академіи Наукъ, Россійской Академіи (въ которой заступилъ мѣсто поэта Хераскова) и Вольнаго Экономическаго общества. Изъ нихъ, въ Академіи Наукъ Платонъ Яковлевичъ былъ почетнымъ, а въ прочихъ дѣйствительнымъ членомъ.

Награжденный Монаршими милостями и глубоко уважаемый начальниками, сослуживцами и питомцами, Платонъ Яковлевичъ, истомленный чрезвычайными трудами, удалился въ 1809 году на время, а въ 1811 году и навсегда въ свою деревню, для поправленія разстроеннаго здоровья. Въ 1817 году (Іюля 9), на 52 году жизни, скончался этотъ незабвенный для Морскаго Корпуса дѣятель. Трогательно умеръ онъ, какъ воинъ на своемъ посту: въ сельскомъ уединеніи, слабый, больной, онъ не переставалъ заниматься любимымъ предметомъ; самъ вооружалъ подаренную ему модель корабля, катался на пруде въ Англійскомъ ботике и за несколько часовъ до смерти повѣрялъ, устроенные имъ въ саду, солнечные часы. До сихъ поръ не разобраны и строго не оцѣнены труды Гамалѣя, имѣвшіе огромное вліяніе на нашу морскую образованность и вообще на современное преподаваніе математики.

Тихо и однообразно проходила жизнь Корпуса; порядокъ, заведенный Карцовымъ при поступленіи его въ директоры, сохранялся и во все время его управленія. Только слѣдующія обстоятельства нѣсколько измѣнили обычную дѣятельность. Въ 1811 года (апрѣля 22) утверждена новая форма: вмѣсто шляпъ даны кивера, и воспитанниковъ велѣно обучать маршировкѣ и ружейнымъ пріемамъ,—для этого присланы были и унтеръ-офицеры Морскихъ полковъ; а въ 1812 году, Высочайше повелѣно было воспитанниковъ всѣхъ Корпусовъ послать въ Финляндію, при чемъ Морскому Корпусу назначено отправиться въ Свеаборгъ.

Для уменьшенія наличнаго числа гардемаринъ, сверхъ обыкновеннаго выпуска, бывшаго въ маѣ, въ исходѣ сентября мѣсяца сдѣланъ другой выпускъ въ офицеры, и потомъ всѣхъ кадетъ имѣвшихъ родственниковъ въ Петербургѣ, распустили по домамъ. Остальные воспитанники, числомъ до 400 человѣкъ, посажены были на четыре придворныя яхты и Корпусный бригъ, и отвезены въ Кронштадтъ; а оттуда, на эскадрѣ Адмирала Тета, на корабляхъ Борей и Сѣверная звѣзда, вмѣстѣ съ Корпусною суммою, необходимымъ имуществомъ и провизіею, отправлены въ Свеаборгъ. Тамъ они были размѣщены въ казен-

КАДЕТЪ. ОБЕРЪ-ОФИЦЕРЪ.
1812 года. 1812 года.

ныхъ зданіяхъ на островѣ Густавъ-Свердѣ и прожили около четырехъ мѣсяцевъ; а потомъ зимою, берегомъ, привезены обратно въ Корпусъ. Петръ Кондратьевичъ, какъ членъ Адмиралтействъ-Коллегіи, оставался въ Петербургѣ, а въ Свеаборгѣ за кадетами имѣли надзоръ: помощникъ директора, генералъ-маіоръ Баратынской, «маіоръ» Мамаевъ и, по учебной части, М. Ф. Горкавенко. На необходимые расходы при перевозкѣ въ Свеаборгъ Всемилостивѣйше пожаловано было 10,000 р; а обратная поѣздка сдѣлана на экономическія Корпусныя деньги.

Въ 1816 году, въ зданіи Корпуса были одинъ за другимъ (въ январѣ и февралѣ мѣсяцахъ) два пожара. Оба произошли отъ худаго состоянія трубъ и самыхъ стѣнъ зданія. Отъ перваго сгорѣлъ полъ церкви и окружавшія ея комнаты; а отъ втораго часть крыши близь того же мѣста. Въ оба пожара Государь Императоръ былъ въ Корпусѣ.[195]

1817 года февраля 9, Высочайше утвержденъ новый штатъ Морскаго Корпуса, въ которомъ положено имѣть воспитанниковъ 700 и гимназистовъ 35 человѣкъ; на содержаніе ихъ назначено 466,364 р. 18¼ к. Штабъ и оберъ офицерамъ повелѣно именоваться не Корпусными чинами, по занимаемымъ ими должностямъ, а тѣми флотскими, которые они дѣйствительно имѣютъ. Число ротъ оставлено прежнее — пять.[196]

Бывшіе пожары, и многія замѣченныя ветхости зданія потребовали немедленныхъ и значительныхъ поправокъ, къ которымъ и приступлено было въ слѣдующихъ годахъ. Съ 1817 по 1825 годъ (включая сюда около 10 т. руб. употребленныхъ на исправленіе поврежденій сдѣланныхъ наводненіемъ 1824 г.), на разныя постройки и исправленія по Морскому Корпусу употреблено 457,668 р. 58 к. ассигнац. Въ это время построены два каменные двухъ этажные флигеля, все зданіе исправлено и покрыто вмѣсто черепицы желѣзомъ, отдѣланы церковь и конференсъ-залъ, заведена мебель, и другія вещи и т. п.[197]

Въ хозяйственномъ отношеніи Петръ Кондратьевичъ былъ большой экономъ и только на предметы очевидно необходимые разрѣшалъ выдачу денегъ безпрекословно, на все же остальное былъ крайне бережливъ. Классный порядокъ въ Корпусѣ, и послѣ Платона Яковлевича, сохранялся тотъ же самый, который былъ при немъ. Хотя по отсутствіи Гамалѣя, на его мѣсто назначенъ былъ Иванъ Ѳедоровичъ Крузенштернъ, но онъ вскорѣ отправился въ деревню, а должность инспектора принялъ, прежній помощникъ П. Я. Гамалѣя, Марко Филипповичъ Горкавенко. Онъ, благоговѣя передъ памятью Платона Яковлевича, и сознавая достоинства его руководствъ, и методы преподаванія, съ постоянною ревностію и успѣхомъ, не только сохранилъ весь порядокъ заведенный Гамалѣемъ, но сдѣлалъ многія частныя улучшенія, которыхъ тотъ не успѣлъ исполнить. При руководствѣ и непосредственномъ содѣйствіи Марко Филипповича, коммиссія, назначенная въ 1816 году изъ учителей Корпуса, составила для преподаванія въ кадетскихъ классахъ: ариѳметику, геометрію и обѣ тригонометріи. Марко Филиповичъ ввелъ преподаваніе физики (оставленной по смерти Курганова), и даже самъ читалъ ее; по его же представленію и его трудами устроена въ Корпусѣ своя маленькая типографія, въ которой начали печатать учебныя руководства и пр. и пр. Однимъ, словомъ, въ этотъ періодъ времени, только неусыпными трудами и надзоромъ инспектора, поддержива-

лась полезная дѣятельность преподавателей и прилежаніе учениковъ.

Справедливость сказаннаго подтверждаютъ Высочайшія награды, которыхъ за свои труды удостоился Марко Филипповичъ, постоянное расположеніе и довѣренность директора и, наконецъ, общая признательность нѣсколькихъ сотъ воспитанниковъ, вышедшихъ въ это время изъ Корпуса, и обязанныхъ своими свѣдѣніями заботливости Марко Филипповича Горкавенко.

При Корпусѣ по прежнему состояла учительская гимназія, въ которую принимали оберъ-офицерскихъ дѣтей, и съ 1816 года, присоединено и переведено въ зданіе Корпуса, Училище Корабельныхъ Инженеровъ, находившееся въ немъ до 1826 года. Гимназисты, хотя получали содержаніе меньше противъ воспитанниковъ Корпуса, но въ классы ходили вмѣстѣ съ ними, и занимались съ большимъ усердіемъ. Они по степени познаній раздѣлялись на три класса. Гимназисты перваго класса получали жалованье и поступали въ «заучители;» въ родѣ старинныхъ «подмастерьевъ» или нынѣшнихъ «репетиторовъ». Съ 1801 году, гимназіею завѣдывалъ, достойнѣйшій изъ ея воспитанниковъ, Иванъ Васильевичъ Кузнецовъ. Онъ былъ молодой человѣкъ, только семь лѣтъ назадъ окончившій курсъ, но по своимъ познаніямъ и характеру вполнѣ заслужившій подобной довѣренности начальства. Иванъ Васильевичъ управлялъ Гимназіей до самаго ея уничтоженія и подъ его руководствомъ образовалось много прекрасныхъ учителей.

Въ лѣтнее время классы обыкновенно прекращались и наступали «каникулы,» въ продолженіе которыхъ кадетъ распускали по домамъ, а гардемарины отправлялись въ кампанію въ походъ, на Корпусномъ бригѣ Симеонъ и Анна, Фрегатахъ Малой и Уранія, или на корабляхъ Балтійскаго флота. Иногда случались и отдѣльныя экспедиціи, какъ напримѣръ въ 1817 году, на бригѣ Фениксъ, на которомъ съ Княземъ Сергѣемъ Александровичемъ Ширинскимъ—Шихматовымъ 17 Гардемаринъ обошли нѣсколько Русскихъ портовъ, и кромѣ того Стокгольмъ и Копенгагенъ.

Управленіе П. К. Карцова обнимаетъ 25 лѣтній періодъ времени, въ продолженіе котораго вышло въ офицеры болѣе двухъ тысячъ воспитанниковъ. Старшіе изъ нихъ на службѣ достигли теперь Адмиральскаго чина; младшіе — капитана 2 ранга; слѣдовательно, до сихъ поръ Карцовское время имѣетъ на флотъ сильное вліяніе. Петръ Кондратьевичъ, суровый и сухой по наружности, имѣлъ чрезвычайно доброе и нѣжное сердце, благотворилъ въ тайнѣ, и въ Корпусѣ дѣлалъ все, зависящее отъ него добро; былъ безкорыстенъ, честенъ и справедливъ до самоотверженія; не мѣсто здѣсь приводить примѣры подтверждающіе это мнѣніе, но можно сказать, что въ службѣ Петра Кондратьевича бывали моменты, когда, отстаивая невиннаго, онъ рисковалъ испортить свой собственный служебный карьеръ, и, не колеблясь, избиралъ послѣднее. При своихъ преклонныхъ лѣтахъ, присутствуя еженедѣльно въ Государственномъ Совѣтѣ, Правительствующемъ Сенатѣ и Адмиралтействъ-Коллегіи, и еще дома занимаясь дѣлами, онъ не могъ входить во всѣ подробности управленія и вполнѣ довѣрялъ: распорядительную часть — Баратынскому, Мамаеву, В. М. Головнину и въ послѣдствіи И. С. Сульменеву; а учебную Гамалѣю и потомъ Горкавенко. Воспитанники видѣли его чрезвычайно рѣдко; послѣднее время два или одинъ разъ въ годъ.

Въ учебномъ направленіи Карцовскаго времени, кромѣ обширнаго прохожденія математики, въ классахъ было еще замѣчательное раздѣленіе. Старшіе воспитанники, гардемарины каждаго выпуска, сообразно ихъ успѣхамъ въ наукахъ и способностямъ, раздѣлены были на «теористовъ,» и «астрономистовъ». Первые проходили даже дифференціальное и интегральное исчисленія, съ ихъ приложеніями къ геометріи и морскимъ наукамъ; а «астрономисты» оканчивали курсъ необходимыми для морскаго офицера, частями астрономіи. Не будемъ разбирать пользы и вреда подобнаго раздѣленія, а замѣтимъ только, что по большей части результатомъ его были двѣ крайности, то есть, что изъ Корпуса выходили молодые офицеры знающіе пройденныя науки, — отлично хорошо, или — весьма худо. Карцовскимъ временемъ оканчивается прежняя «система», или лучше сказать прежній «порядокъ» воспитанія, гдѣ ребенокъ или юноша былъ болѣе предоставленъ самому себѣ, нежели руководимъ воспитателями.

Этотъ порядокъ, при множествѣ вредныхъ сторонъ, имѣлъ однако и нѣкоторыя полезныя: обширное изученіе математическихъ наукъ и метода преподаванія, въ которой отъ ученика при отвѣтахъ требовали строгой логической послѣдовательности разсказа, развивали и укрѣпляли въ воспитанникахъ природную логику, то есть, здравый смыслъ. Неимѣніе же близкаго надзора съ раннихъ лѣтъ заставляло мальчика заботиться самого объ себѣ, и укрѣпляло его волю. По этому Карцовское время образовало множество твердыхъ, практическихъ людей, полезныхъ во всякой службѣ, и которые не потеряются въ самыхъ затруднительныхъ обстоятельствахъ.

Здѣсь необходимо упомянуть, что и въ то время

были достойные во всѣхъ отношеніяхъ ротные командиры и офицеры, которые, съ умѣньемъ и добросовѣстно занимались своимъ дѣломъ, и приносили большую пользу.

Въ жизни и обстановкѣ воспитанника того времени, оставалось еще довольно много грубаго и суроваго. Между кадетами право сильнаго было въ общемъ употребленіи; но всякой маленькій и слабосильный гардемаринъ могъ самовластно распоряжаться самымъ взрослымъ и сильнымъ кадетомъ. Воспитанники всѣхъ возрастовъ жили вмѣстѣ въ однихъ комнатахъ; а офицеры дежурили по недѣлямъ и рѣдко посѣщали роты. Всякой офицеръ могъ наказать, какъ ему угодно, и иные этимъ правомъ пользовались неумѣренно.

О чистотѣ и утонченномъ комфортѣ помѣщенія, который теперь въ самомъ бѣдномъ училищѣ сдѣлался необходимостію, тогда не въ одномъ Морскомъ Корпусѣ, но во всѣхъ учебныхъ заведеніяхъ не имѣли понятія, и мальчику надобно было имѣть крѣпкое физическое сложеніе, чтобы безвредно вынести переходъ отъ домашней жизни къ Корпусной.

Отцы, которые сами на себѣ испытали невыгоды прежняго воспитанія, въ настоящее время, отдавая сыновей въ Корпусъ, вѣрно не забудутъ искренне помолиться Богу за Того Царственнаго Благодѣтеля, который далъ нашимъ Учебнымъ Заведеніямъ нынѣшній ихъ видъ.

Морской Кадетскій Корпусъ въ 1852 году.

VIII.

Морской Кадетскій Корпусъ.

1825—1852.

*Оставимъ астрономамъ доказывать, что земля вокругъ
солнца обращается: наше солнце вокругъ насъ ходитъ.*
Георгій Конисскій.

Ровно черезъ столѣтіе послѣ кончины Великаго Основателя Русскаго флота, вступилъ на Престолъ нынѣ благополучно царствующій Государь Императоръ, и изволилъ обратить особенное вниманіе на созданіе Петра. Морской Корпусъ, какъ колыбель флота, удостоился непосредственной, личной заботливости Его Императорскаго Величества.

31 Марта 1826 года, Государь Императоръ въ первый разъ изволилъ посѣтить Корпусъ. Обходя классы, въ которыхъ были кадеты, Его Императорское Величество милостиво говорилъ съ нѣкоторыми изъ нихъ, дѣлалъ вопросы дежурному штабъ-офицеру о расположеніи зданія и существующемъ порядкѣ, и обошелъ по всѣмъ частямъ Корпуса. Радостно, какъ Свѣтлый праздникъ, прошелъ этотъ день для Морскаго Корпуса. Офицеры и воспитанники передавали другъ другу безчисленные разсказы объ этомъ неожи-

данномъ посѣщеніи. Во всѣхъ углахъ слышалось: Государь былъ у насъ въ классѣ, разговаривалъ со мною, слушалъ когда я отвѣчалъ и пр. и пр.

Все радовалось и ликовало; одно было горе, что подобное посѣщеніе не повторится долго и долго. Но настала счастливая пора для Морскаго Корпуса: чрезъ нѣсколько дней, послѣ незабвеннаго посѣщенія, воспитанники почувствовали благодѣтельныя его слѣдствія. Апрѣля 10, въ Корпусъ получена была отъ Начальника Морскаго Штаба копія съ собственноручной записки Государя Императора. Девять пунктовъ этой записки, въ краткихъ словахъ, заключали полную инструкцію для воспитателей и воспитанниковъ. Эти драгоцѣнныя строки дали новую жизнь Морскому Корпусу.

Первое вниманіе Августѣйшаго Воспитателя обратилось на офицеровъ, которымъ поставлено въ обязанность служить во всемъ примѣромъ для воспитанниковъ.

Высочайше повелѣно было: дежурному офицеру, въ каждой ротѣ, быть безъотлучно день и ночь при воспитанникахъ, и для узнанія порядка службы прикомандировать къ Инженерному и Артиллерійскому училищамъ по три младшихъ офицера.

Воспитанниковъ, какъ въ ротахъ, такъ и въ классахъ, раздѣлить по возрастамъ, и послѣ выпуска переводить не по одиначкѣ, а цѣлымъ классомъ или ротою.

Въ одеждѣ воспитанниковъ соблюдать опрятность, «непремѣнно ихъ выправить и дать имъ бодрую осанку и молодецкій взглядъ.»

Во всемъ зданіи обратить особенное вниманіе на чистоту и опрятность; классныя комнаты увеличить и столы и скамьи лучше приспособить для занятій.

Въ столовомъ залѣ, поставить модель фрегата и ежедневно, въ той же залѣ, дѣлать разводъ въ караулы въ Корпусъ и на фрегатъ. Прочимъ воспитанникамъ очередной роты, дѣлать ученье отдачи и уборки парусовъ и проч., что можно; и при этомъ также учить ихъ командовать.

Немедленно приступлено было къ исполненію Высочайшаго повелѣнія: въ Корпусѣ началась необыкновенная дѣятельность, и все заведеніе быстро приняло новый видъ.

Въ самомъ зданіи еще въ 1825 году произведены значительныя исправленія, какъ въ наружномъ фасадѣ, такъ и внутри. На мѣстѣ проѣзжихъ парадныхъ воротъ устроена лѣстница; украшена Церковь, отдѣланъ конференсъ-залъ и роты, устроена новая кухня, почти по всему зданію сдѣланы новыя оконныя рамы, и произведено множество другихъ мелкихъ, но въ сущности важныхъ, исправленій. На производство работъ употреблена оставшаяся отъ бывшаго Директора Адмирала Карцова экономическая сумма около 300,000 р. ассиг. и взятыя заимообразно 100,000 р. Во время перестроекъ, воспитанники жили по близости Корпуса въ 9-ой линіи, въ нанятомъ для нихъ частномъ домѣ (Ганина, гдѣ теперь типографія Академіи Наукъ).

Директоромъ Корпуса тогда былъ Вице-Адмиралъ Петръ Михайловичъ Рожновъ, вступившій въ эту должность 1825 г. Марта 3, послѣ П. К. Карцова. Въ Корпусѣ оставались теперь уже одни собственно Морскіе Кадеты и Гардемарины, потому что въ 1826 году уничтожена учительская гимназія и переведены Корабельные инженеры.

Съ этого времени, Морской Кадетскій Корпусъ имѣлъ счастіе находиться подъ непосредственнымъ надзоромъ Государя Императора. Всѣ мельчайшія заботы по воспитанію Его Императорское Величество изволилъ принимать на Себя. Не было дальнѣйшаго уголка въ зданіи Корпуса, въ которой бы не взглянулъ Государь Императоръ и не приказалъ привести его въ должный порядокъ. Въ каждый пріѣздъ, Его Императорское Величество изволилъ обходить весь Корпусъ; въ лазаретѣ не было больнаго, о которомъ бы Государь Императоръ не собралъ подробныхъ свѣдѣній и не утѣшилъ милостивымъ словомъ; къ трудно больнымъ, даже только сомнительнымъ, немедленно являлся придворный медикъ. Въ ротахъ Его Императорское Величество изволилъ осматривать постели воспитанниковъ, ихъ платье и бѣлье; пріѣзжая во время кадетскаго стола, изволилъ пробовать кушанье; присутствовалъ въ классахъ и на фронтовыхъ ученьяхъ; освѣдомлялся о хорошихъ воспитанникахъ и шалунахъ, прилежныхъ и лѣнивыхъ. Нерѣдко изволилъ спрашивать, хорошъ ли тотъ, лучше ли учится другой? При новомъ раздѣленіи ротъ, многіе унтеръ-офицеры были выбраны лично Государемъ Императоромъ, и каждый изъ произведенныхъ въ офицеры и изъ вновь поступавшихъ воспитанниковъ представлялся Его Императорскому Величеству.[198]

Особеннымъ нѣжнымъ попеченіемъ Державнаго

Воспитателя пользовалась, только что сформированная Рожновымъ, малолѣтная или резервная рота, состоявшая изъ дѣтей отъ 10 до 12 лѣтъ.

Изъ оффиціальнаго журнала посѣщеній Государя Императора видно, что Его Императорское Величество, изволилъ посѣщать Корпусъ въ иную недѣлю два и даже три раза; а случалось, что и два дня сряду.[199]

Въ рукахъ Державнаго Воспитателя, Морской Корпусъ быстро сталъ, во всѣхъ отношеніяхъ, въ число первыхъ учебныхъ заведеній. Ея Императорское Величество Государыня Императрица, Ихъ Императорскіе Высочества Государь Наслѣдникъ, и Великіе Князья Михаилъ Павловичъ и Константинъ Николаевичъ нерѣдко, вмѣстѣ съ Государемъ Императоромъ, посѣщали Корпусъ.

Всякаго Августѣйшаго гостя, посѣтившаго Петербургъ, Его Императорское Величество привозилъ «побоваться» Морскимъ Корпусомъ; и изъ многихъ учебныхъ заведеній начальники и служащіе, по Высочайшимъ Его Императорскаго Величества повелѣніямъ, пріѣзжали изучать у насъ порядокъ и вводили его въ другихъ заведеніяхъ.

Въ 1825 году, декабря 30, Высочайше утверждена новая форма: однобортные мундиры и кивера выше противъ бывшихъ. Эта форма, за исключеніемъ киверовъ, замѣненныхъ флотскими, осталась и до сихъ поръ. Систематическое фронтовое ученье, какъ лучшая военная гимнастика, сдѣлала изъ воспитанниковъ бравыхъ, стройныхъ молодцевъ и баталіонъ Корпуса приведенъ въ совершенство. Экипажнымъ Командиромъ назначенъ бывшій командиромъ Гвардейскаго Экипажа капитанъ 1-го ранга П. Ѳ. Качаловъ, который завѣдывалъ фронтовою частію и командовалъ эскадрою Корпуса. Онъ оставался въ Корпусѣ до 1842 года и впродолженіе этого времени своею заботливостію и знаніемъ дѣла постоянно поддерживалъ баталіонъ Корпуса, въ томъ отличномъ состояніи, въ которомъ его желалъ видѣть Государь Императоръ. Корпусная эскадра, подъ начальствомъ Петра Ѳедоровича, каждое лѣто выходила къ Петергофу. Ежедневными движеніями ея и занятіями изволилъ располагать Его Императорское Величество, но дѣятельнымъ и точнымъ исполненіемъ всего занимался П. Ѳ. Качаловъ и труды его много способствовали обученію воспитанниковъ морской практикѣ.

Заботливость Государя о воспитанникахъ была истинно Отеческая. Въ Петергофѣ, Его Императорское Величество нерѣдко пріѣзжалъ на эскадру, увозилъ на Своемъ катерѣ кадетъ и гулялъ съ ними въ Александріи, приказывалъ подыматься по каскадамъ, обливалъ неожиданно фонтанами въ Монплезирѣ и т. п. Лучшіе воспитанники очень часто удостоивались счастія раздѣлять ученье и игры съ Его Императорскимъ Высочествомъ Государемъ Наслѣдникомъ, и впослѣдствіи съ Его Императорскимъ Высочествомъ, Августѣйшимъ Генералъ-Адмираломъ; а иногда имѣли счастіе быть приглашенными къ домашнимъ увеселеніямъ Царственной Семьи.

Для обученія гимнастики, первоначально изъ каждой роты по два человѣка, посылали учиться вмѣстѣ съ Государемъ Наслѣдникомъ; во время морскихъ кампаній юный Генералъ-Адмиралъ учился и стоялъ на вахтѣ, подъ дождемъ и вѣтромъ, вмѣстѣ съ кадетами. Одну зиму Его Императорское Высочество изучалъ кораблестроеніе вмѣстѣ съ гардемаринами, на разборной модели фрегата, и потомъ вмѣстѣ съ мичманами офицерскаго класса слушалъ лекціи теоретической механики у нашего знаменитаго математика М. В. Остроградскаго.

Во время майскаго смотра, 1832 года, когда Морской Корпусъ, проходя церемоніальнымъ маршемъ, удостоился получить похвалу отъ Его Императорскаго Величества, Государь Императоръ обратился къ нашему Генералъ-Адмиралу и изволилъ сказать Ему: «смотри, это твои товарищи!» Приведенныя выше доказательства неисчислимыхъ милостей Государя Императора свидѣтельствуютъ, что эти драгоцѣнныя слова, подтверждались самымъ дѣломъ.

Въ 1826 году, (декабря 30), Высочайше утвержденъ штатъ Морскаго Корпуса. Комплектное число воспитанниковъ положено 505, и на содержаніе Корпуса назначено 341,565 р. Въ 1827 году П. М. Рожновъ назначенъ главнымъ командиромъ Кронштадтскаго порта, а директоромъ Корпуса Высочайше повелѣно быть (октября 14) Контръ-Адмиралу Ивану Ѳедоровичу Крузенштерну.

Иванъ Ѳедоровичъ былъ воспитанникомъ Корпуса, но окончательное морское образованіе получилъ на Англійскомъ флотѣ. Обладая въ совершенствѣ знаніемъ

Англійскаго, Французскаго и Нѣмецкаго языковъ, и любя заниматься, онъ пріобрѣлъ современное Европейское образованіе. Сдѣланный директоромъ Морскаго Корпуса въ самое блистательное время, когда Государь Императоръ входилъ во всѣ подробности управленія, Крузенштернъ съ жаромъ принялся за ввѣренное ему дѣло воспитанія, и добросовѣстно, съ любовію исполнялъ его.

По своему нѣжному и въ высшей степени деликатному характеру, Иванъ Ѳедоровичъ живо помнилъ грубыя стороны прежняго воспитанія, и желая избѣгнуть ихъ, принялъ во всемъ совершенно противоположный путь.

Онъ требовалъ и наблюдалъ, чтобы обращеніе воспитателей съ воспитанниками было учтиво и ласково; право на тѣлесное наказаніе предоставилъ одному себѣ, и рѣшался на него только при крайней необходимости, и то послѣ долгихъ разборовъ дѣла и разсужденій. По возможности всѣ физическія наказанія замѣнилъ моральными, и принялъ за правило смягчать нравы воспитанниковъ не строгостію наказаній, но бдительнымъ надзоромъ, предупреждающимъ шалости. Въ жизни воспитанниковъ и распредѣленіи времени ихъ занятій, введенъ имъ строгій порядокъ, а для руководства воспитателямъ, на основаніи Высочайше дарованныхъ правилъ, составлены точныя и подробныя инструкціи, строго соблюдавшіяся.

Въ учебный курсъ введены науки, знаніе которыхъ Иванъ Ѳедоровичъ почиталъ полезнымъ и необходимымъ для образованнаго Морскаго офицера; а

которыя изъ такихъ наукъ и прежде проходились, но слабо, для тѣхъ были увеличены программы. Такимъ образомъ введено военное судопроизводство, химія, начертательная геометрія, и улучшено преподаваніе корабельной архитектуры, морскихъ эволюцій, морской практики, артиллеріи, фортификаціи, географіи, исторіи и, особенно, иностранныхъ языковъ.

При этомъ, разумѣется невозможно было читать математику въ прежнемъ обширномъ объемѣ, и потому при значительномъ сокращеніи ея программы, убавлено дифференціальное и интегральное исчисленія, съ ихъ приложеніями.

Вмѣсто раздѣленія гардемаринъ на теористовъ и астрономистовъ, начали всѣмъ воспитанникамъ, того же выпуска, читать одинъ и тотъ же курсъ. До Крузенштерна бо́льшую часть предметовъ, или правильнѣе сказать, почти всѣ, не исключая и иностранныхъ языковъ, читали наши Корпусные учители бывшіе воспитанники гимназіи. Изъ нихъ были прекрасные преподаватели математическихъ и морскихъ наукъ, но выходило очень мало хорошихъ учителей для другихъ предметовъ, какъ напр. исторіи, географіи и иностранныхъ языковъ.

Для послѣднихъ, хотя были знающіе и усердные преподаватели; но они не имѣли хорошаго произношенія, что также дѣло не маловажное.

При Крузенштернѣ въ Корпусъ начали приглашать постороннихъ преподавателей, пользовавшихся заслуженною извѣстностію; такъ напр., исторію читалъ

И. П. Шульгинъ, географію — П. Н. Максимовичъ; Русской языкъ — В. Т. Плаксинъ; а иностранные языки уже по бо́льшей части начали преподавать природные иностранцы.

Въ преподаваніи безпрерывно дѣлались опыты и вводились новыя методы: Французскому языку, въ одномъ классѣ, учили по методѣ Жакото; въ преподаваніи Англійскаго языка пробовали примѣнить методу Гамильтона; въ резервной ротѣ, въ параллель съ обыкновенной ариѳметикой, занимались изустнымъ счисленіемъ; географію учили, произнося каждое названіе цѣлымъ классомъ на распѣвъ, и т. п.

По многимъ предметамъ писались и переводились руководства: ариѳметика, геометрія и тригонометрія приняты изъ курса Рено и Николе, проходимаго въ Брестской Морской школѣ. Навигація и астрономія оставлены Гамалѣя, первая съ нѣкоторыми измѣненіями, а вторая до 1840 г., оставалась въ прежнемъ видѣ. Только въ этомъ году она замѣнена астрономіей, составленной С. И. Зеленымъ. Явились печатныя руководства для преподаванія корабельной архитектуры, морской артиллеріи, физики, механики; книги для иностранныхъ языковъ, навигаціонныя таблицы; ежегодно издавался Морской мѣсяцословъ и т. п. Все это печаталось въ своей типографіи, которую противъ прежняго нѣсколько увеличили.

Щедротами Государя Императора и содѣйствіемъ высшаго Морскаго Начальства, при И. Ѳ. Крузенштернѣ, воспитанникамъ доставляемы были всѣ учебныя пособія, необходимыя для яснаго и легчайшаго пониманія наукъ. Кромѣ географическихъ и историческихъ картъ, которыя были и прежде, ежегодно употреблялась значительная сумма на пріобрѣтеніе моделей и приборовъ по разнымъ предметамъ. Съ этого времени основанъ Корпусный музеумъ, въ которомъ начали составляться коллекціи моделей по части корабельной архитектуры, механики, фортификаціи, артиллеріи и пр. Библіотека Корпуса, также ежегодно, увеличивалась многими Русскими и иностранными книгами и атласами, преимущественно морскими.

Къ важнѣйшимъ и весьма цѣннымъ учебнымъ пособіямъ должно отнести устройство обсерваторіи (1831) и снабженіе ея инструментами, стоившее болѣе, 15,000 р. ассиг., и постройку разборной модели фрегата «Президентъ.»

Единственную въ своемъ родѣ, модель эту, по ходатайству Его Свѣтлости, Господина Начальника Главнаго Морскаго Штаба, Высочайше повелѣно (1832 г. декабря 8) сдѣлать въ Адмиралтействѣ, которому она обошлась до 60,000 руб. ассигнац. Всѣ члены ея, до послѣдней мелочи, могутъ быть разобраны и собраны. Она приноситъ большую пользу тѣмъ, что воспитанники, не выходя изъ Корпуса, такъ же хорошо, какъ въ Адмиралтействѣ могутъ видѣть весь ходъ строенія корабля и всѣ употребительныя системы.

Для практическаго изученія Морскаго дѣла, построено для каждой кадетской роты по фрегату; изъ нихъ составилась Корпусная эскадра, на которой кадеты ежегодно совершали практическое плаваніе подъ непосредственнымъ надзоромъ Его Императорскаго Величества; а гардемарины частію расписывались по кораблямъ Балтійскаго флота, а частію ходили на нѣсколькихъ фрегатахъ, составлявшихъ отдѣльный отрядъ, назначаемый собственно для нихъ. Подобные отряды, кромѣ посѣщенія своихъ портовъ, заходили и въ сосѣднiе иностранные Датскіе и Прусскіе порты.

Но чтобы кадеты и въ зимнее время не забывали управленія парусами, по Волѣ Государя Императора, была поставлена въ столовомъ залѣ большая модель брига, названая въ память Наваринской битвы «Наваринъ». Для прiобрѣтенія ловкости и проворства, необходимыхъ въ морской службѣ, также по особенному повелѣнію Его Императорскаго Величества, введено въ Корпусѣ ученіе гимнастики.

Для окончательнаго усовершенствованія молодыхъ офицеровъ въ математическихъ и морскихъ наукахъ въ 1827 году (января 29), при Морскомъ Корпусѣ Высочайше учрежденъ офицерскій классъ, въ которомъ положено оставлять изъ каждаго выпуска около 10 человѣкъ лучшихъ воспитанниковъ. До 1830 года, этотъ классъ состоялъ изъ двухъ отдѣленій, и офицеры оканчивали курсъ въ два года; а съ 1830, изъ трехъ отдѣленій, и курсъ расположенъ на три года. Въ 1841 г. Высочайше повелѣно, ежегодно присылать въ офицерскій классъ, изъ Штурманскаго полуэкипажа одного или двухъ лучшихъ воспитанниковъ, окончившихъ курсъ; съ тою цѣлію, чтобы впослѣдствіи они могли быть хорошими преподавателями. Иногда присылали для слушанія лекцій офицеровъ Морской Артиллеріи и Корабельныхъ Инженеровъ. Мичмановъ, успѣшно окон-

УНТЕРЪ-ОФИЦЕРЪ
ИЗЪ ГАРДЕМАРИНЪ
1852 ГОДА.

ШТАБЪ-ОФИЦЕРЪ
1852 ГОДА.

чившихъ курсъ, положено производить въ лейтенанты, а прапорщиковъ, въ подпоручики.

Въ офицерскіе классы для чтенія лекцій приглашены были извѣстные ученые. Академики М. В. Остроградскій, В. Я. Буняковскій и Н. Н. Фуссъ читали математическія науки; Э. Х. Ленцъ и А. Я. Купферъ преподавали физику; М. Ѳ. Соловьевъ и Г. И. Гессъ — химію. А. А. Поповъ и потомъ С. О. Бурачекъ — теорію кораблестроенія. Н. Г. Устряловъ — исторію и н. д. Эти имена доказываютъ, что со стороны выбора преподавателей сдѣлано все возможное. Замѣчательно, что самые старѣйшіе изъ нихъ, какъ на пр. В. Я. Буняковскій и поступившій вскорѣ послѣ его, М. В. Остроградскій досихъ поръ читаютъ въ Морскомъ Корпусѣ.

Курсъ наукъ, проходимый въ офицерскихъ классахъ, преимущественно состоялъ изъ высшей математики и приложеній ея къ геометріи, механикѣ и морской астрономіи. Читали также физику, химію, теорію кораблестроенія и корабельную архитектуру, исторію, Русскій, Французскій и Англійскій языки.

По уничтоженіи учительской гимназіи, математическія и Морскія науки преподаютъ въ Корпусѣ по большей части воспитанники офицерскаго класса. Его Императорское Высочество, Августѣйшій Шефъ Корпуса, въ недавнее время изволилъ значительно измѣнить курсъ офицерскаго класса и придалъ ему морское практическое направленіе, отъ котораго можно ожидать прямой пользы.

Теперь, когда прошло только 25 лѣтъ отъ основанія офицерскаго класса, невозможно оцѣнить пользу приносимую имъ флоту. Старѣйшіе изъ офицеровъ, бывшихъ въ классѣ, достигли чина капитана 2-го ранга, всѣ остальные служатъ капитанъ-лейтенантами и лейтенантами. Въ этихъ чинахъ, при обыкновенномъ служебномъ порядкѣ, лучшимъ и единственнымъ подвигомъ офицера, могутъ быть исполнительность приказаній начальниковъ, усердіе къ службѣ и знаніе дѣла. Что изъ воспитанниковъ офицерскаго класса, есть много офицеровъ съ такими качествами, доказываетъ назначеніе ихъ командирами судовъ, какъ въ Балтійскомъ, такъ и въ Черноморскомъ флотахъ.

Воспитанники офицерскаго класса не имѣли еще времени и возможности принести флоту существенную пользу, но есть въ нихъ стремленіе къ пользѣ и даже посильныя попытки. Въ доказательство укажемъ на плаванія и труды Г. И. Невельскаго, опись Аральскаго моря А. И. Бутакова, сочиненіе о вооруженіи военныхъ судовъ К. Н. Посьета, учебныя руководства и другіе труды С. И. Зеленаго и труды по части Морской литературы С. П. Крашенинникова и Н. А. Ивашенцова.

Кромѣ офицерскаго класса, другое важное учрежденіе времени Крузенштерна были своекоштные пансіонеры. Проектъ объ нихъ составленъ по случаю недостатка флотскихъ офицеровъ и Высочайше утвержденъ 1835 года (мая 4). Число пансіонеровъ положено 100, ежегодная плата за каждаго 850 р. ас. Но изъ этой суммы только 700 руб. полагалось на содержаніе пансіонера, а остальные 150 откладывались въ экономическій капиталъ, на который со временемъ предподалось купить одинъ изъ ближайшихъ къ Корпусу частныхъ домовъ и устроить въ немъ Второй Морской Корпусъ.

Въ управленіе И. Ѳ. Крузенштерна, произведены многія постройки, необходимыя при томъ состояніи Корпуса, въ которое привелъ его Государь Императоръ.

Прежніе классы, состоявшіе изъ проходныхъ комнатъ, крайне неудобные и безпокойные для преподаванія, замѣнены (1833 г.) двумя рядами отдѣльныхъ комнатъ, между которыми проведенъ свѣтлый корридоръ. Это сдѣлало классы удобными для преподаванія и облегчило надзоръ за порядкомъ. Открытыя холодныя галлереи, зимою заносимыя снѣгомъ, превращены въ теплыя (1833 — 34 г.); въ ротахъ сдѣлано много мелкихъ частныхъ улучшеній, и къ важнѣйшимъ изъ нихъ, относительно сохраненія здоровья воспитанниковъ, принадлежитъ устройство ватеръ-клозетовъ; въ лазаретѣ увеличена высота комнатъ (1839 и 40 г.) и самый лазаретъ распространенъ и отдѣланъ роскошнымъ образомъ.[200]

Куплены два дома: деревянный (Башуцкаго) на большомъ проспектѣ, между 13 и 14 линіями, и каменный Адмирала Фонъ-Дезина, подлѣ Корпуса въ 11 линіи. Первый изъ нихъ, недавно погорѣвшій, исправленъ заново; а второй, изъ небольшаго двухъ этажнаго, сдѣланъ большимъ трехъ этажнымъ, съ подвалами, и дворъ его кругомъ застроенъ казармами, для помѣщенія нижнихъ чиновъ. Здѣсь же устроена паровая машина, которая подымала воду въ резервуаръ, снабжавшій водою все зданіе Корпуса и, также была приспособлена къ механической прачешной, мывшей кадетское бѣлье. Кромѣ этого, въ отдѣльномъ корпусномъ домѣ въ 13 линіи, между набережной и большимъ проспектомъ, построены также для нижнихъ чиновъ каменныя трехъ этажныя казармы.

Всѣ эти постройки произведены на экономическія суммы Корпуса, и на 150,000 рублей ассигн., взятыхъ заимообразно изъ Главнаго Казначейства и, въ назначенные сроки, выплаченныхъ сполна.

Въ хозяйственныхъ распоряженіяхъ Иванъ Ѳедоровичъ былъ аккуратенъ до педантизма, и хотя со щедростію отпускалъ деньги на все, не только необходимое, но и полезное; однакоже строго повѣрялъ отчеты и самъ входилъ во всѣ мелочныя подробности. Нерѣдко постройки и другія издержки на дѣлѣ выходили гораздо менѣе проектированной смѣты.

Иванъ Ѳедоровичъ службою своею въ Корпусѣ достойно оправдалъ выборъ и довѣренность Государя Императора. Вся жизнь его была посвящена воспитанію порученныхъ ему дѣтей. Усердно и съ пользою занимался онъ всѣми частями Корпуснаго управленія, и обращалъ особенное вниманіе на учебную часть, въ которой дѣятельнымъ его помощникомъ былъ инспекторъ классовъ М. Ф. Горкавенко. Въ продолженіе трехъ или четырехъ мѣсяцевъ въ году, Иванъ Ѳедоровичъ, по пяти и по шести часовъ въ день, просиживалъ на экзаменахъ. Почти ежедневно посѣщалъ классы, роты и лазаретъ; однимъ словомъ днемъ и ночью онъ былъ между воспитанниками.

Не смотря на свои собственныя ученыя занятія, онъ просматривалъ самъ все, что печаталось для Корпуса, и зналъ поведеніе и степень успѣховъ въ наукахъ почти каждаго воспитанника.

Воспитанники, дѣти или юноши, не въ состояніи анализировать умомъ душевныя качества и дѣйствія своихъ воспитателей; но сердце указываетъ имъ безошибочно на тѣхъ, кто имъ желаетъ истинной пользы. Если нельзя сильнѣе выразить того чувства, которое имѣли питомцы Морскаго Корпуса къ Ивану Ѳедоровичу, то мы назовемъ его «глубокимъ уваженіемъ.» И что важнѣе всего, съ лѣтами, когда опытъ и умъ нерѣдко уничтожаютъ дѣтскія впечатлѣнія сердца, въ каждомъ безпристрастномъ и добросовѣстномъ воспитанникѣ, уваженіе къ Крузенштерну возрастаетъ болѣе и болѣе.

Государь Императоръ лично видѣлъ и достойно оцѣнивалъ труды Крузенштерна. Принявъ Корпусъ въ чинѣ Контръ-Адмирала, кавалеромъ Святаго Владиміра 3-ей степени, Иванъ Ѳедоровичъ оставилъ Корпусъ полнымъ Адмираломъ, имѣя алмазные знаки ордена Святаго Александра Невскаго, и назначенъ состоять при Особѣ Его Императорскаго Величества.

Преемникомъ И. Ѳ. Крузенштерна былъ Свиты Его Императорскаго Величества Контръ-Адмиралъ Николай Петровичъ Римскій-Корсаковъ, назначенный весною 1842 года помощникомъ директора и, 14 октября того же года, принявшій Корпусъ въ свое командованіе.

Николай Петровичъ былъ заслуженный офицеръ, участвовавшій, начиная съ 1812 года, во всѣхъ кампаніяхъ, и кромѣ того, бывши Флигель-Адъютантомъ и потомъ состоя въ Свитѣ Его Императорскаго Величества, съ успѣхомъ исполнявшій многія важныя служебныя порученія.

Со свойственными его характеру пылкостію и дѣятельностію Николай Петровичъ принялся за всѣ части Корпуснаго управленія.

Желая придать курсу Морскаго Корпуса одно общее направленіе, соотвѣтствующее роду будущей службы воспитанниковъ, Николай Петровичъ назначилъ коммиссію, которой поручено было составленіе учебныхъ руководствъ. При немъ значительно увеличена типографія Корпуса и приведена въ возможность не только содержать себя и печатать книги для Корпуса, но даже приносить и небольшой доходъ, отъ исполненія частныхъ заказовъ.

Для поощренія хорошихъ и прилежныхъ воспитанниковъ и наказанія лѣнивыхъ и шалуновъ, введены разныя правила относительно красныхъ и черныхъ досокъ, различные сроки отпусковъ и право ходить безъ провожатаго.

Кромѣ этого Николай Петровичъ обратилъ особенное вниманіе на практическое преподаваніе наукъ. Личною его заботливостію музеумъ Корпуса приведенъ въ превосходное состояніе. Коллекціи моделей, составленныя Иваномъ Ѳедоровичемъ, значительно пополнены и приведены въ систему сообразную курсу, проходимому въ классахъ. Для астрономическихъ наблюденій, съ Высочайшаго разрѣшенія, на Петергофской пристани устроена палатка. Во время морскихъ кампаній, воспитанниковъ занимали болѣе практическимъ образомъ: кромѣ управленія парусами, ученья у орудій и фронтоваго ученья на берегу, ихъ учили грести, лазить, плавать, и въ зимнее время, начали всѣхъ безъ исключенія воспитанниковъ учить гимнастикѣ.[201] Вообще Николай Петровичъ заботился о томъ, чтобы воспитанники были развязны, бойки и ловки — качества безспорно полезныя для Морскаго офицера.

Баталіонъ Корпуса, которымъ командовали опытные корпусные офицеры, сначала Я. М. Юхаринъ и потомъ Н. Я. Терентьевъ, былъ въ отличномъ состояніи и на Высочайшихъ смотрахъ не рѣдко имѣлъ счастіе заслуживать похвалу Его Императорскаго Величества, или Его Императорскаго Высочества Государя Наслѣдника, производившихъ смотры.

Зданіе Корпуса при Николаѣ Петровичѣ получило нынѣшній свой видъ и изящную отдѣлку. Государь Императоръ, посѣщая Корпусъ, въ главныхъ чертахъ изволилъ назначать, какія необходимо сдѣлать перестройки, и потомъ изволилъ разсматривать и Высочайше утверждать подробные проекты. Кромѣ множества исправленій и починокъ по всему зданію, съ 1842 по 1848 годъ сдѣлано слѣдующее: выпрямленъ и продолженъ классный корридоръ вплоть до лазарета; устроенъ круглый залъ и соединеніе классовъ со второю и третьею ротами, лазаретомъ и кадетскою банею. При третьей (бывшей второй) ротѣ, сдѣлана широкая теплая галлерея, способная замѣнить рекреаціонный залъ. Въ ротахъ отдѣльные дортуары соединены арками, что значительно облегчило надзоръ за воспитанниками. Построено новое каменное зданіе, въ которомъ помѣщена паровая машина, прачешная со всѣми принадлежностями, квасоварня и резервуаръ для воды. Въ верхнемъ этажѣ главнаго зданія, гдѣ находятся офицерскія квартиры, проведена галлерея и въ столовомъ залѣ сдѣланы новыя, болѣе пропорціональныя окна, новыя печи и паркетный полъ; отдѣланы роты; увеличена высота нѣкоторыхъ комнатъ лазарета; парадная лѣстница, аванъ-залъ, конференсъ-залъ и всѣ компаты музеума получили тотъ изящный видъ, въ которомъ они теперь находятся.

Все, сдѣланное въ Корпусѣ при Николаѣ Петровичѣ Корсаковѣ, свидѣтельствуетъ, что онъ имѣлъ чрезвычайно вѣрный глазъ, изящный вкусъ и врожденный архитектурный талантъ.

Въ продолженіе своей Корпусной службы Николай Петровичъ удостоился получить слѣдующія Высочайшія награды: орденъ святыя Анны 1-ой степени, и потомъ, тотъ же орденъ Императорскою короною украшенный; назначеніе присутствовать въ Адмиралтействъ-Совѣтѣ и чинъ Вице-Адмирала.

По кончинѣ Николая Петровича, послѣдовавшей 1848 года октября 31, директоромъ Корпуса назначенъ бывшій командиръ Гвардейскаго Экипажа, Вице-Адмиралъ Николай Глѣбовичъ Казинъ.

Черезъ полтора мѣсяца послѣ Николая Петровича послѣдовалъ за нимъ бывшій учитель его, старѣйшій изъ нашихъ преподавателей, Иванъ Васильевичъ Кузнецовъ, исполнявшій въ продолженіе 54-хъ лѣтъ съ знаніемъ дѣла и добросовѣстностію трудную обязанность наставника. По своимъ нравственнымъ правиламъ, добротѣ и уму, Иванъ Васильевичъ былъ всѣми глубоко уважаемъ. Въ свое время, онъ былъ однимъ изъ лучшихъ преподавателей математики въ Петербургѣ и пользовался большою извѣстностію. Его учениками были Голицыны, Юсуповъ, Бобринскіе, Шереметевъ, Кутайсовъ (павшій при Бородинѣ), Кушелевъ и мн. др. На похоронахъ И. В. Кузнецова въ числѣ его учениковъ были представители всѣхъ морскихъ чиновъ, отъ полнаго Адмирала до Гардемарина. Однообразна была жизнь Ивана Васильевича, не велика его и біографія, но велика польза принесенная флоту его долголѣтними трудами.

Высочайшимъ приказомъ 1851 года апрѣля 8, Н. Г. Казину повелѣно присутствовать въ Адмиралтействъ-Совѣтѣ; а М. Ф. Гарковенко въ Генералъ-Аудиторіатѣ. На мѣсто ихъ назначены: исправляющимъ должность Директора Морскаго Корпуса, Флигель-Адъютантъ Его Императорскаго Величества Богданъ Александровичъ Глазенапъ, и исправляющимъ должность инспектора классовъ, старшій помощникъ инспектора, капитанъ 2-го ранга Александръ Ильичъ Зеленой.

Николай Глѣбовичъ любилъ Морской Корпусъ и его воспитанниковъ, и хотя кратковременно было его управленіе, но привѣтливое и радушное обращеніе его оставило пріятное воспоминаніе во всѣхъ служившихъ при немъ въ Корпусѣ.

Еще въ 1848 году, признательные ученики Марко Филиповича, то есть, съ малымъ исключеніемъ, всѣ служащіе на флотѣ, праздновали юбилей его 50-ти лѣтней учебной службы. При этомъ удостоился онъ получить орденъ Святаго Владиміра 2-ой степени, сопровождаемый лестнымъ Высочайшимъ рескриптомъ. При переводѣ же изъ Корпуса Марко Филиповичъ произведенъ въ Вице-Адмиралы.

Мы говорили о службѣ М. Ф. Горкавенко въ управленіе П. К. Карцова; теперь скажемъ, что и въ послѣдующіе годы, при слѣдующихъ трехъ директорахъ, онъ былъ ревностнымъ ихъ помощникомъ. Въ продолженіе слишкомъ полувѣковой своей службы, развѣ нѣсколько дней, удержанный болѣзнію, Марко Филиповичъ не посѣщалъ классовъ. Служебныя заслуги и вліяніе его на учебную часть Морскаго Корпуса такъ близки и извѣстны, что всякой морякъ оцѣниваетъ ихъ по достоинству и воздаетъ имъ должную хвалу.

—

Послѣднія двадцать семь лѣтъ, въ продолженіе которыхъ Корпусъ имѣетъ счастіе пользоваться Отеческимъ вниманіемъ Государя Императора, съ избыткомъ вознаградили для него и тяжелое время Морской Академіи, и непорядокъ первыхъ годовъ существованія Корпуса и печальную жизнь воспитанниковъ въ Кронштадтѣ.

Въ эти двадцать семь лѣтъ Морской Корпусъ получилъ новый видъ и воодушевился новою жизнію, получая, при всякомъ удобномъ случаѣ, новые знаки Монаршаго вниманія и заботливости.

Турецкій флагъ, трофей Наваринской битвы, Государь Императоръ (1827 г. декабря 29) Высочайше повелѣть соизволилъ хранить въ залѣ Морскаго Кадетскаго Корпуса. «Видъ сего флага, изображено въ Высочайшемъ рескриптѣ, да возбудитъ въ младыхъ питомцахъ сего заведенія, посвятившихъ себя морской службѣ, желаніе подражать храбрымъ дѣяніямъ на томъ же поприщѣ совершеннымъ и ожидаемымъ отъ сихъ юныхъ сыновъ любезнаго отечества нашего, при будущемъ ихъ служеніи.» Въ 1838 (іюня 25) на знамя Корпуса Высочайше пожалована голубая лента съ надписями годовъ основанія Навигацкой школы, Морской Академіи и Морскаго Корпуса; въ 1843 г. (ноября 10) Высочайше утвержденъ гербъ Корпуса.

Исчислять всѣ отдѣльныя Царскія благодѣянія, которыя получилъ Корпусъ, значило бы писать огром-

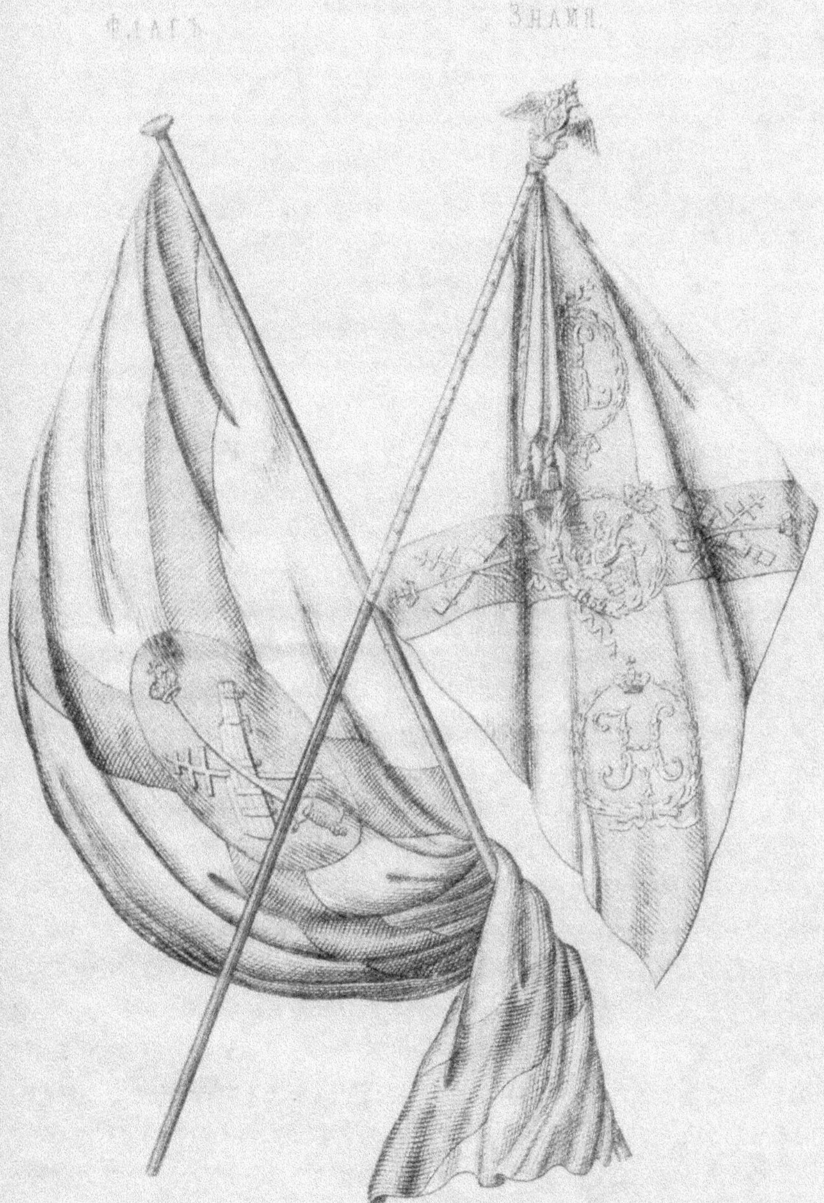

ФЛАГЪ. ЗНАМЯ.

ную книгу, потому что каждый Высочайшій приказъ, относящійся до Корпуса, каждое словесное повелѣніе Его Императорскаго Величества, отданное во время Его посѣщеній, были и есть непремѣнно новое благодѣяніе воспитанникамъ или воспитателямъ. Довольно указать на Высочайшій приказъ, отданный по флоту 1848 г. августа 30, которымъ Его Императорское Высочество Государь Великій князь Константинъ Николаевичъ, Августѣйшій Генералъ-Адмиралъ флота, назначенъ Шефомъ Морскаго Кадетскаго Корпуса, и съ этого дня принялъ его въ непосредственное Свое командованіе.

—

Полтора столѣтія прошло съ основанія Навигацкой школы и сто лѣтъ съ основанія Морскаго Кадетскаго Корпуса.

Въ Навигацкой школѣ, Морской Академіи и Морскомъ Кадетскомъ Корпусѣ получили воспитаніе, съ небольшимъ исключеніемъ, всѣ Русскіе морскіе офицеры. Отсюда вышли Спиридовы, Ушаковы, Сенявины и Лазаревы; Муловскіе, Сакены, Невельскіе и Казарскіе; вышелъ Мордвиновъ, Неплюевъ, Нагаевъ, Соймоновъ, Шишковъ, Крузенштернъ, Беллинсгаузенъ, Головнинъ и многіе другіе, о подвигахъ которыхъ разскажетъ исторія Русскаго флота.

На школьныхъ скамьяхъ Академіи и Корпуса, образовались начала того задушевнаго дружества, которое изъ моряковъ дѣлаетъ братьевъ; здѣсь составляя одну семью, научились они обожать одного Отца — Монарха, и вѣрно служить Его Престолу и Отечеству. — Имена Гангута, Чесмы, Корфу, Наварина, отдаленныя плаванія и труды скромныхъ дѣятелей, описавшихъ моря и берега нашего безпредѣльнаго отечества, доказываютъ, что моряки съ честію оправдываютъ этотъ святой завѣтъ. Любовь къ Монарху, усердіе къ службѣ, безкорыстіе и благородство составляютъ общій девизъ моряковъ. Что моряки пользуются общимъ уваженіемъ и умѣютъ заслуживать его, доказываютъ множество бывшихъ моряковъ, съ честію служащихъ въ другихъ вѣдомствахъ и множество удостоиваемыхъ, при дворянскихъ выборахъ, почетнаго званія предводителей.

Блистательно вступаетъ Морской Кадетскій Корпусъ въ другое столѣтіе, и все заставляетъ надѣяться, что будущіе Адмиралы, теперешніе питомцы Корпуса, осѣненные новымъ знаменемъ, дарованнымъ Державнымъ Благодѣтелемъ моряковъ Государемъ Императоромъ Николаемъ Павловичемъ, пользуясь неисчислимыми преимуществами, по воспитанію и службѣ, передъ своими предшественниками, постараются превзойти ихъ и въ служебныхъ доблестяхъ.

—

СПИСОКЪ

ВОСПИТАННИКОВЪ

МОРСКАГО КАДЕТСКАГО КОРПУСА

ПРОИЗВЕДЕННЫХЪ ВЪ ОФИЦЕРЫ

ВЪ ПРОДОЛЖЕНІЕ **100** ЛѢТЪ

Въ этомъ спискѣ, имена двухъ воспитанниковъ Морскаго Корпуса напечатаны особеннымъ шрифтомъ; первый изъ нихъ Василій Якимовичъ Дурново произведенъ въ мичмана въ 1792 году; второй Алексѣй Ивановичъ Дмитріевъ, въ 1802 году. Оба они заслуживаютъ полной признательности за свою теплую любовь къ заведенію, ихъ воспитавшему, и прекрасное истинно-христіанское и патріотическое употребленіе своего состоянія. Василій Якимовичъ Дурново, оставившій службу въ чинѣ лейтенанта, все свое имѣніе, пріобрѣтенное собственными многолѣтними трудами, отказалъ Морскому и Сухопутнымъ Кадетскимъ Корпусамъ, на воспитаніе дѣтей бѣдныхъ дворянъ Костромской губерніи; изъ этого на долю Морскаго Корпуса досталась половина пожертвованной суммы, то есть, около 130,000 руб. сер. Алексѣй Ивановичъ Дмитріевъ завѣщалъ одному Морскому Корпусу свой домъ въ Петербургѣ, стоющій около 100,000 руб. сер.; съ тѣмъ, чтобы на проценты съ капитала, вырученнаго отъ его продажи, воспитывать въ Морскомъ Корпусѣ сыновей и въ Институтахъ дочерей заслуженныхъ бѣдныхъ флотскихъ офицеровъ. Оба завѣщанія Высочайше утверждены и имена Дурново и Дмитріева, какъ двухъ благодѣтелей бѣдныхъ дѣтей, по соизволенію Государя Императора, на вѣчныя времена сохранятся въ Морскомъ Корпусѣ, въ названіяхъ пенсіонеровъ *Дурново* и пенсіонеровъ *Дмитріева*.

ПЕРВЫЙ ВЫПУСКЪ

ИЗЪ

МОРСКАГО КАДЕТСКАГО КОРПУСА.

1753 года.

Мая 13 дня.

ВЪ МИЧМАНА.

Гардем.	Петръ Ивановичъ Глотовъ
—	Петръ Константиновичъ Нечаевъ
—	Степанъ Борисовичъ Фроловъ
—	Иванъ Ефстафьевичъ Фроловъ
—	Яковъ . . . . . Черневъ
—	Иванъ Ивановичъ Мацневъ
—	Александръ Ивановичъ Зиновьевъ
—	Афанасій Ѳедоровичъ Поповкинъ
—	Авраамъ Васильевичъ Бартеневъ
—	Иванъ Сергѣевичъ Зеленой
—	Иванъ Якимовичъ Мистровъ
—	Иванъ Борисовичъ Вишняковъ
—	Иванъ Петровичъ Никоновъ
—	Василій Яковлевичъ Аболешевъ
—	Ѳедоръ Лазаревичъ Шмаковъ
—	Кононъ . . . . Ивковъ
—	Князь Алексѣй Михайловичъ Гундоровъ
—	Ѳедоръ Матвѣевичъ Гафядовъ
—	Родіонъ Тимофеевичъ Мордвиновъ.

1755 года.

Мая 17 дня.

ВЪ МИЧМАНА.

Гардем. Сергѣй Каменевъ.

Мая 18 дня.

Гардем. Василій Сурминъ.

Іюня 14 дня.

Гардем. Василій Смирновъ.

Всего 22.

1754 года.

Января 31 дня.

ВЪ МИЧМАНА.

Гардем. Аѳанасій Епифановъ.

Всего 1.

1755 года.

Января 1 дня.

ВЪ МИЧМАНА.

Сержант. Степанъ Новокщеновъ.
— Петръ Семиковъ.

1755 года.

Января 1 дня.

ВЪ МИЧМАНА.

Сержант. Михаилъ Клеопинъ.
— Князь Ѳедоръ Шаховской
— Егоръ Голосовъ
— Александръ Сухотинъ
— Александръ Хвостовъ
— Матвѣй Албычевъ
— Петръ Степановъ (*)
Каптенар. Яковъ Восковъ
— Николай Пелепицкой
Подпрап. Василій Булгаковъ
— Моисей Давыдовъ
— Василій Висленевъ
Фурьер. Василій Яминской
— Алексѣй Хвостовъ
— Андрей Бабарыкинъ
Капрал. Петръ Кропотовъ
— Николай Тулубьевъ
— Семенъ Тулубьевъ
— Ѳедоръ Булгаковъ
— Филиппъ Ивеловъ
— Иванъ Мордвиновъ
— Михаилъ Химаковъ
— Ѳедоръ Карцовъ
— Иванъ Дубовицкой
— Яковъ Лавровъ
— Алексѣй Колычевъ
— Иванъ Грековъ
Гардем. Петръ Масаловъ
— Александръ Шишковъ
— Епифанъ Воробьевъ
— Тимофей Нелюбохтинъ
— Левъ Скрыплевъ
— Николай Квашнинъ

(*) Онъ хотя произведенъ послѣ, но поставленъ на это мѣсто.

1755 года.

Января 1 дня.

ВЪ МИЧМАНА.

Гардем. Петръ Дирипъ
— Григорій Болотниковъ
— Алексѣй Полчаниновъ
— Лука Енишевъ
— Михаилъ Арсеньевъ
— Демидъ Рукинъ
— Александръ Чичаговъ
— Яковъ Сколковъ
— Алексѣй Скарятинъ
— Семенъ Гавриловъ
— Василій Хрущевъ
— Андрей Култашевъ
— Павелъ Хомутовъ
— Ефимъ Жедринской
— Иванъ Муратовъ
— Василій Щелинъ
— Богданъ Селивановъ
— Семенъ Токмачевъ
— Александръ Оночининъ
— Осипъ Мерцаловъ
— Иванъ Михѣевъ.

Марта 29 дня.

ВЪ КОНСТАПЕЛИ.

Кадетъ Иванъ Патрекѣевъ
— Андрей Перской
— Степанъ Порошинъ
— Петръ Кислинской
— Александръ Пузиковъ
— Иванъ Квашнинъ-Сама-
                ринъ.

1755 года.

Марта 29 дня.

ВЪ КОНСТАПЕЛИ.

Кадетъ Яковъ Мачехинъ.

        Всего 63.

1757 года.

Февраля 18 дня.

ВЪ МИЧМАНА.

Сержант. Князь Яковъ Мещерской
— Иванъ Крыловъ
— Сергѣй Бартеневъ
— Авраамъ Свищевъ
— Герасимъ Борисовъ
— Осипъ Кузмищевъ
— Алексѣй Слѣпушкинъ
— Андрей Тулубьевъ
— Андрей Давыдовъ
— Иванъ Богдановъ
Каптенар. Петръ Басовъ
— Илья Малышкинъ
— Иванъ Протасовъ
Подпрап. Михаилъ Каракинъ
— Александръ Муромцовъ
— Яковъ Кропотовъ
Фурьеръ. Иванъ Говердовской
— Платонъ Шестаковъ
— Петръ Байчиковъ
Капрал. Гаврилъ Синягинъ
— Евграфъ Никифоровъ
— Евграфъ Извѣковъ
— Ѳедоръ Менцовъ
— Тимофей Елчинъ.

1757 года.

Февраля 18 дня.

ВЪ МИЧМАНА.

Капрал. Степанъ Головнинъ
— Яковъ Можеровъ
— Захаръ Коптевъ
— Ѳедоръ Кадниковъ
— Никифоръ Реутовъ
Гардем. Николай Тучковъ
— Алексѣй Коробовскій
— Сергѣй Пановъ
— Ѳедоръ Домогацкій
— Иванъ Басовъ
— Евдокимъ Мауриновъ
— Петръ Тыртовъ
— Ѳедоръ Толбухинъ
— Семенъ Кондратьевъ
— Иванъ Курмановъ
— Николай Колюминъ
— Василій Спафарьевъ
— Гавріилъ Ворохѣевъ
— Иванъ Чириковъ
— Михаилъ Линевъ

Марта 26 дня.

Сержант. Семенъ Мордвиновъ
— Иванъ Аничковъ
— Василій Бартеневъ
— Иванъ Мясоѣдовъ
— Иванъ Борисовъ
— Иванъ Апраксинъ
— Иванъ Шильниковъ
— Ефимъ Култашевъ
— Василій Чубаровъ
— Андрей Лобадинской
— Борисъ Вороновъ
Каптенар. Тарасъ Вороновъ.

1757 года.

Марта 26 дня.

ВЪ МИЧМАНА.

Каптенар. Василій Каверзинъ
— Иванъ Дуровъ
Подшрап. Дементій Восковъ
— Иванъ Бухаринъ
— Ѳедоръ Ѳедоровъ
Фурьер. Лаврентій Аклечѣевъ
— Михаилъ Гельцовъ
Капрал. Михаилъ Флоровъ
— Афанасій Кайсаровъ
— Ѳедоръ Мистровъ
— Никита Селивачевъ
— Степанъ Кавтыревъ
— Алексѣй Толбузинъ
— Даніилъ Лаптевъ
— Ѳедоръ Тыртовъ
— Петръ Золотухинъ
— Князь Иванъ Шаховской
— Николай Головнинъ
— Иванъ Полозовъ
Гардем. Артемій Бестужевъ
— Борисъ Дубровской
— Ѳедотъ Лаптевъ
— Тимофей Тепловъ
— Карлъ Тимофѣевъ
— Алексѣй Донсковъ.

Всего 81.

1758 года.

Апрѣля 14 дня.

ВЪ МИЧМАНА.

Сержант. Петръ Буковской.

1758 года.

Апрѣля 14 дня.

ВЪ МИЧМАНА.

Сержант. Василій Тарбѣевъ
— Иванъ Лѣнивцовъ
— Александръ Редриковъ
— Иванъ Перепечинъ
— Василій Баскаковъ
— Иванъ Ероѣкинъ
— Григорій Шатихинъ
— Ѳедоръ Озеровъ
Каптенар. Петръ Карауловъ
— Николай Шишкинъ
— Петръ Дуниловъ
Подпрап. Назаръ Бегичевъ
— Ѳедоръ Ладыженской
Фурьер. Петръ Борноволоковъ
Капрал. Яковъ Култашевъ
— Иванъ Баскаковъ
— Яковъ Скрипицынъ
— Мартынъ Фонъ-Дезинъ
— Вилимъ Фонъ-Дезинъ
— Мартьянъ Сипягинъ
— Назаръ Логвиновъ
— Яковъ Плоховъ
— Потапъ Френевъ
— Василій Еронкинъ
— Ефимъ Лупандинъ
— Григорій Митьковъ
Гардем. Александръ Епишковъ
— Макаръ Ростиславской
— Николай Бохилъ
— Петръ Корташевъ
— Михаилъ Левашевъ
— Исаакъ Терновской
— Петръ Линевъ
— Никита Лацкой.

1758 года.

Апрѣля 14 дня.

ВЪ МИЧМАНА.

Гардем. Григорій Бороновъ
— Иванъ Бахметевъ
— Семенъ Кривцовъ
— Ларіонъ Повалишинъ
— Михаилъ Лопыревъ
— Яковъ Побѣдинской
— Борисъ Морокинъ
— Иванъ Овцынъ
— Николай Курманалеевъ
— Петръ Арнаутовъ
— Ѳедоръ Ярыгинъ
— Егоръ Мавринъ
— Григорій Валмасовъ
— Петръ Поярковъ
— Иванъ Арцыбашевъ
— Иванъ Сюндюковъ.

Всего 51.

1759 года.

Апрѣля 27 дня.(*)

ВЪ МИЧМАНА.

Сержант. Андрей Ключаревъ
— Степанъ Бутеневъ
— Даніилъ Волчковъ
— Лука Мотякинъ
— Василій Сидоровъ

(*) За число производствъ побольшей части взятъ день подписанія журнала Адмиралтействъ-Коллегіи, и въ иныхъ, день указа Священнику, о приведеніи пожалованныхъ къ присягѣ.

1759 года.

Апреля 27 дня.

ВЪ МИЧМАНА.

Сержант. Николай Загряжской
— Михаилъ Мельниковъ
— Петръ Проселковъ
Каптенар. Григорій Шипуновъ
— Филатъ Букинъ
— Алексѣй Давыдовъ
Подпрап. Моисей Рындинъ
— Афанасій Суриновъ
Капрал. Прокофій Кишкинъ.

Всего 14.

1761 года.

Марта 28 дня.

ВЪ МИЧМАНА.

Сержант. Василій Пылаевъ
— Петръ Дуровъ
— Григорій Кафтыревъ
— Князь Леонтій Шаховской
— Князь Филиппъ Шаховской
— Тимофей Апрѣлевъ
— Петръ Кружевъ
— Семенъ Крюковъ
— Сергѣй Лопухинъ
— Иванъ Пяхтинъ
— Михаилъ Кожуховъ.

1761 года.

Марта 28 дня.

ВЪ МИЧМАНА.

Каптенар. Иванъ Протасьевъ
— Петръ Лодыженской
Подпрап. Прокофій Кояневъ
— Иванъ Хаиыковъ
Фурьер. Петръ Малечковъ
— Ѳедоръ Дубасовъ
Капрал. Василій Сахаровъ
— Степанъ Бухаринъ
— Александръ Владыкинъ
— Даніилъ Быковъ
— Василій Прецкой
— Павелъ Соловьевъ
— Петръ Колятевъ
Гардем. Прохоръ Алисовъ
— Герасимъ Перской
— Василій Макландринъ
— Амандусъ Берхъ
— Ягонъ Берхъ
— Петръ Ваадесъ
— Григорій Рожновъ
— Петръ Голенищевъ-Кутузовъ
Сержант. Гавріилъ Поддубской
— Григорій Колневской
Фурьер. Тимофей Арцыбашевъ
Капрал. Филиппъ Селецкой
— Иванъ-Фроловъ-Багрѣевъ
Гардем. Василій Константиновъ
— Логинъ Сорневъ(*).

Всего 39.

(*) Послѣдніе семь человѣкъ находились въ Архангельскѣ и потому ихъ приказано экзаменовать тамъ, и произвесть только тогда, когда окажутся достойными.

1762 года.

Мая 6 дня.

ВЪ МИЧМАНА.

Гардем. Астафій Одинцовъ
— Ѳедоръ Сорневъ
— Василій Курманалѣевъ
— Василій Сафоновъ
— Афанасій Сафоновъ
— Иванъ Одинцовъ
— Никита Алсуфьевъ
— Михаилъ Глазовъ
— Василій Култашевъ
— Григорій Колпенской
— Иванъ Пылаевъ
— Петръ Хвостовъ
— Иванъ Кочуковъ
— Петръ Ханыковъ
— Иванъ Селифонтовъ
— Панфилъ Бирюлевъ
— Иванъ Токмачевъ
— Иванъ Фроловъ-Багрѣевъ
— Михаилъ Шамшевъ
— Иванъ Шаховъ
— Василій Поярковъ
— Василій Гальской
— Владиміръ Гальской
— Евграфъ Телепневъ
— Максимъ Бабушкинъ
— Тимофей Елшинъ
— Николай Скуратовъ.

Мая 20 дня.

Гардем. Александръ Елецкой
— Самсонъ Козляновъ
— Петръ Квашнинъ-Самаринъ
— Иванъ Салмановъ
— Иванъ Корсаковъ
— Александръ Мальцовъ.

1762 года.

Мая 20 дня.

ВЪ МИЧМАНА.

Гардем. Семенъ Шмитъ.

Августа 27 дня.

Гардем. Андрей ⎱ Спиридовы.
— Алексѣй ⎰

Всего 36.

1763 года.

Января 30 дня.

ВЪ МИЧМАНА.

Гардем. Иванъ Калкачевъ
— Князь Александръ Вяземской
— Лоренсъ Георгъ Язель
— Савва Ласунской
— Даніилъ Грековъ
— Петръ Касаговскій
— Алексѣй Лисовской
— Прохоръ Лежневъ
— Алексѣй Савинъ
— Михаилъ Демьяновъ
— Василій Машинъ
— Григорій Валмасовъ
— Алексѣй Толокнѣевъ.

Всего 13.

1764 года.

Марта 5 дня.

ВЪ МИЧМАНА.

Сержант. Степанъ Бабушкинъ
— Степанъ Золотиловъ.

1764 года.

Марта 5 дня.

ВЪ МИЧМАНА.

Сержант. Григорій Бухаринъ
— Павелъ Пестеровъ
— Михаилъ Воейковъ
— Александръ Трусовъ
— Василій Полтининъ
— Илья Съяновъ
Подпрап. Прокофій Тверитиновъ
Капрал. Ефимъ Апрѣлевъ
— Дмитрій Ильинъ
— Дмитрій Козянинъ
— Сергѣй Раткѣевской
— Александръ Колюпановъ
— Емельянъ Ложниковъ
Гардем. Борисъ Морозовъ
— Иванъ Болотниковъ
— Яковъ Пановъ
— Андрей Ширяевъ
— Иванъ Купаковской 2
— Алексѣй Кулычевъ
— Ѳедоръ Маслов
— Матвѣй Коковцовъ
— Николай Рагозинъ
— Иванъ Ершевъ
— Николай Опушкинъ
— Михаилъ Братцовъ
— Степанъ Вельяшевъ 1
— Степанъ Вельяшевъ 2.

Къ Вице-Адмиралу Андерсону, въ Адъютанты.

Гардем. Алексѣй Чаплинъ.

Всего 30.

1765 года.

Января 10 дня.

Въ Морскіе Солдатскіе Баталіоны въ Адъютанты

Фельдф. Иванъ Бачмановъ
— Василій Протасовъ
— Игнатій Абрютинъ
Каптен. Денисъ Палибинъ.

ВЪ ПРАПОРЩИКИ.

Марта 18 дня.

Арт.Кад. Алексѣй Жоховъ
— Иванъ Завалишинъ
— Иванъ Кувшиновъ.

Къ Контръ Адмиралу Макензію въ Адъютанты.

Подпрап. Михаилъ Макаровъ.

Всего 8.

1766 года.

Мая 1 дня.

ВЪ МИЧМАНА.

Ѳедоръ Калугинъ
Яковъ Бухаринъ
Подпрап. Ѳедоръ Путятинъ
Капрал. Ѳедоръ Ушаковъ
— Яковъ Развозовъ
Гардем. Семенъ Поярковъ
Капрал. Борисъ Шишмаревъ
— Пантелей Дурновъ
Гардем. Петръ Шишкинъ
— Иванъ Ломенъ
Капрал. Герасимъ Вельяшевъ
Сержант. Гавріилъ Глотовъ.

1766 года.

Мая 1 дня.

Сержант.	Сергѣй Коробовской
—	Яковъ Карповъ
—	Никита Баскаковъ
—	Александръ Анисимовъ
—	Александръ Каракинъ
Гардем.	Алексѣй Милюковъ
Капрал.	Николай Ѳедоровъ
Гардем.	Савва Зубовъ
—	Филиппъ Филатовъ
—	Гавріилъ Селевинъ
—	Макаръ Разгильдѣевъ
—	Яковъ Ивановъ
—	Петръ Венгеревъ
Подпрап.	Ѳедоръ Толбузинъ
Капрал.	Петръ Байковъ
—	Князь Василій Гагаринъ
—	Церонъ Веленбаковъ
Гардем.	Николай Хвостовъ
—	Михаилъ Толбузинъ
—	Николай Каменевъ
Капрал.	Иванъ Курманалѣевъ
Подпрап.	Григорій Киленинъ
Капрал.	Петръ Сухотинъ
Подпрап.	Алексѣй Тверитиновъ
Гардем.	Андрей Крусановъ
Капрал.	Афанасій Рагозинъ
—	Иванъ Шиповъ
Гардем.	Ѳедоръ Бакунинъ
—	Карпъ Макаровъ
—	Иванъ Расторгуевъ
Капрал.	Павелъ Растопчинъ
—	Ѳедоръ Шиповъ
Гардем.	Алексѣй Марковъ
—	Иванъ Киленинъ
—	Николай Пронинъ
—	Григорій Мерлинъ
—	Тимофей Лавровъ
—	Яковъ Лавровъ
—	Антонъ Милюковъ.

1766 года.

Мая 1 дня.

ВЪ МИЧМАНА.

Гардем.	Гавріилъ Галенкинъ
—	Парфентій Нефедьевъ
—	Ѳедоръ Кармалинъ
Сержант.	Михаилъ Ушаковъ
Гардем.	Авксентій Селифонтовъ
—	Павелъ Пустошкинъ
—	Степанъ Племянниковъ
—	Семенъ Трусовъ.

Всего 59.

1767 года.

Апрѣля 21 дня.

Въ Морскіе Солдатскіе Баталіоны, въ Адъютанты.

Фельдф.	Ѳедоръ Жибиревъ
—	Яковъ Гололобовъ
—	Иванъ Суворовъ
Каптен.	Ѳедоръ Волошениновъ
Фельдф.	Гавріилъ Борисовъ
—	Иванъ Кайсаровъ
—	Василій Моложениновъ.

Іюня 16 дня.

Семенъ Шалимовъ.

Въ Морскую Артиллерію, въ Констапели.

Подпрап.	Иванъ Батюшковъ
—	Яганъ Эмбратъ.

Октября 26 дня.

Сержант. Василій Шубинъ.

Всего 11.

1768 года.

Іюня 16 дня.

ВЪ МИЧМАНА.

Гардем.	Николай Шубинъ
—	Ѳедоръ Бачмановъ
—	Илья Левицкой
—	Савва Коковцовъ
—	Иванъ Ивачевъ
—	Алексѣй Бахметевъ
—	Евдокимъ Кравковъ
Капрал.	Миронъ Колюбакинъ
—	Александръ Ушаковъ
Подпран.	Андрей Денисовъ
Капрал.	Михаилъ Суковъ
Подпран.	Иванъ Доможировъ
Капрал.	Алексѣй Кирѣевской
Подпран.	Алексѣй Тимашовъ
Капрал.	Петръ Григорковъ
—	Иванъ Берсеневъ
—	Степанъ Загряжской
—	Иванъ Сназинъ
Гардем.	Яковъ Кадниковъ
—	Александръ Борисовъ
—	Василій Старовъ
Капрал.	Иванъ Кусаковъ
—	Прокофій Дмитріевъ
Гардем.	Абрамъ Пекинъ
Сержант.	Иванъ Зубовъ
Подпрап.	Ѳома Прокофьевъ
Гардем.	Дмитрій Доможировъ
—	Петръ Клаверъ
—	Степанъ Юрасовъ
—	Иванъ Щербачевъ
—	Тимофей Снаксаревъ
Капрал.	Александръ Мерлинъ
Гардем.	Ѳедоръ Скорбѣевъ
—	Алексѣй Веревкинъ
—	Князь Дмитрій Костровъ
—	Андрей Бачмановъ
—	Василій Глѣбовъ

1768 года.

Іюня 16 дня.

ВЪ МИЧМАНА.

Гардем.	Михаилъ Племянниковъ
Капрал.	Ефимъ Пущинъ
—	Иванъ Долгополовъ
Гардем.	Тимофей Чубаровъ
Капрал.	Давидъ Неручевъ
Гардем.	Дмитрій Мордвиновъ
—	Андрей Шиповъ
—	Иванъ Ермолинъ
—	Николай Масаловъ
—	Василій Озеровъ
—	Ѳедоръ Колюбакинъ
—	Парфентій Мусинъ-Пушкинъ
—	Иванъ Вороновъ
—	Александръ Мордвиновъ
—	Николай Мордвиновъ

Въ Морскую Артиллерію, въ Констапели.

Капрал.	Сергѣй Оберинбесовъ
—	Николай Долгой
Кадетъ	Алексѣй Скрябинъ

Всего 55.

1769 года.

Сержант.	Ѳедоръ Саблинъ
—	Степанъ Вельяшевъ
—	Петръ Карцовъ
—	Александръ Воейковъ
—	Василій Рудинъ
—	Артемій Тишининъ
—	Андрей Барановъ
—	Алексѣй Килепинъ
Подпрап.	Михаилъ Жуковъ
—	Василій Подводинъ

1769 года.

Подпрап. Николай Мавринъ
— Кирилъ Шипиловъ
— Козьма Обольяниновъ
Капрал. Стахей Телешневъ
— Петръ Дежедерасъ
— Иванъ Сумароковъ
— Кузьма Бардаковъ
— Василій Тимашовъ
Гардем. Карлъ Фонъ Брееръ
— Петръ Мантуровъ
— Ѳедоръ Клавшевъ
— Василій Пусторжевцовъ
— Андрей Халкіоновъ
— Флегонтъ Падицынъ
— Григорій Плюсковъ
— Потапъ Лилинъ
— Михаилъ Калугинъ
— Николай Киленинъ
— Петръ Жуковъ
— Яковъ Жоховъ
— Савва Мордвиновъ
— Константинъ Глѣбовъ
— Дмитрій Скрипицынъ
— Андрей Веревкинъ
— Тимоѳей Бровцынъ
— Миронъ Сумароковъ.

Въ Морскіе Солдатскіе Баталіоны, въ Адъютанты

Фельдф. Яковъ Толстой
— Иванъ Бешенцовъ
Каптен. Аѳанасій Тельцовъ
Фурьер. Ѳедоръ Калкачевъ
— Евграфъ Ендогуровъ
— Иванъ Байковъ.

Всего 42.

1770 года.

Апрѣля 20 дня.

Сержант. Иванъ Фоминъ
— Василій Шенинъ
— Михаилъ Нижегородцовъ
Подпрап. Иванъ Расточинъ
Сержант. Алексѣй Кузминъ
— Яковъ Дежедерасъ
— Иванъ Панинъ
Капрал. Ѳедоръ Страховъ
— Павелъ Зиновьевъ
— Иванъ Дубровинъ
Сержант. Петръ Байковъ
Капрал. Александръ Казинъ
Гардем. Яковъ Харламовъ
Капрал. Яковъ Бутковской
Гардем. Петръ Кушниковъ
— Петръ Колюпаковъ
— Агаѳонъ Капыловъ
— Егоръ Панинъ
— Степанъ Головинъ
— Андрей Арцыбашевъ
— Михаилъ Неклюдовъ
— Емельянъ Толбузинъ
— Ларіонъ Сумароковъ
— Александръ Бардаковъ
— Иванъ Шелгуновъ
— Михаилъ Калитѣевской
— Андрей Лыковъ
— Петръ Дагановъ
— Александръ Жоговъ
— Григорій Лавровъ
— Даніилъ Бачмановъ
— Александръ Бабушкинъ.

Іюня 3 дня.

Кадетъ Георгій Фонъ Сиверсъ.

Іюня 25 дня.

Сержант. Иванъ Фонъ Вейсъ.

1770 года.

Іюня 25 дня.

Капрал. Владиміръ Ржевской
— Степанъ Валрондъ
Гардем. Михаилъ Борисовъ
— Иванъ Загоскинъ.

Іюня 29 дня.

Гардем. Петръ Верещагинъ
— Даніилъ Обольяниновъ
— Андреянъ Лавровъ.

Іюля 22 дня.

Сержант. Григорій Кушелевъ
Подпрап. Петръ Теглевъ
— Яковъ Сукинъ
— Тихонъ Перской
— Иванъ Бибиковъ
— Василій Френевъ
— Аммосъ Пахомовъ
Гардем. Николай Рудаковъ.

Ноября 24 дня.

Капрал. Князь Петръ Голицынъ
Гардем. Алексѣй Толбузинъ.

Апрѣля 13 дня.

Въ Морскую Артиллерію, въ Констапели.

Кадетъ Ѳедоръ Невельской.

Къ Контръ-Адмиралу Чичагову, въ Адъютанты.

Капрал. Александръ Ушаковъ.

Всего 53.

1771 года.

ВЪ МИЧМАНА.

Марта 12 дня.

Сержант. Князь Петръ Ратіевъ
— Александръ Симанской
— Петръ Хомутовъ
— Александръ Авлечеевъ
— Степанъ Цвиленевъ
Подпрап. Сергѣй Трусовъ
Капрал. Карлъ Фонъ Сиверсъ
— Иванъ Каменевъ
— Игнатій Лотыревъ
— Николай Хрущовъ
— Иванъ Колокольцовъ
Гардем. Князь Николай Вяземскій
— Ефимъ Макаровъ
— Николай Шишуковъ
— Иванъ Лисовской
— Александръ Балбековъ
— Иванъ Кирѣевскій
Капрал. Іоахимъ Фонъ Сиверсъ
Гардем. Иванъ Авдуловъ
— Яковъ Ломенъ
— Ѳедоръ Ломенъ.

Іюня 24 дня.

Гардем. Ульянъ Пустошкинъ.

Сентября 15 дня.

Гардем. Миронъ Калугинъ
— Даніилъ Казинъ
— Иванъ Пущинъ
— Афонасій Бахметевъ.

Въ Морскую Артиллерію, въ Констапели.

Декабря 30 дня.

Кадетъ Алексѣй Неплюевъ.

— 15 —

1771 года.

Декабря 30 дня.

В Морскую Артиллерію, въ Констапели.

Кадетъ Петръ Мягкой
— Эбергардъ Фонъ Масъ.

Въ Морскіе Солдатскіе Баталіоны, въ Адъютанты.

Марта 12 дня.

Фельдф. Егоръ Боманъ
— Никифоръ Исаковъ
— Алексѣй Борзовъ
Каптен. Василій Бутковской.

Всего 33.

1772 года.

Марта 8 дня.

ВЪ МИЧМАНА.

Сержант. Михаилъ Обольяниновъ
— Андрей Пустошкинъ
— Назаръ Румянцовъ
— Иванъ Лазаревъ
— Андреянъ Фонъ Реннкнпъ
— Андрей Нефедьевъ
— Александръ Коркинъ
Гардем. Алексѣй Глушениновъ
— Иванъ Ртищевъ
Подпрап. Иванъ Афросимовъ
— Иванъ Черновъ
— Иванъ Давыдовъ
Капрал. Василій Лупандинъ
— Іоганъ Фонъ Штенгель
— Рейнгольдъ Фонъ Сакенъ
— Гавріилъ Карякинъ.

1772 года.

Марта 8 дня.

ВЪ МИЧМАНА

Гардем. Анисимъ Лялинъ
— Петръ Доможировъ
— Петръ Овсянниковъ
— Петръ Кашинцовъ
— Иванъ Кучетской
— Иванъ Кречетниковъ
— Алексѣй Брончековъ
— Осипъ Окуневъ
Кадетъ Тихонъ Назимовъ
Капрал. Илья Палицынъ
— Михаилъ Мурановъ
Гардем. Василій Кушниковъ
— Адольфъ Фонъ Сакенъ
— Яковъ Бирюлевъ
— Егоръ Арсеньевъ
— Николай Арсеньевъ
— Василій Мордвиновъ
— Михаилъ Саблинъ
— Василій Ардыбашевъ
— Василій Бабушкинъ
— Семенъ Нефедьевъ
— Густавъ Нолкинъ
— Графъ Василій Толстой
Кадетъ Петръ Цейсъ
— Ѳедоръ Цейсъ
Капрал. Александръ Шишковъ
— Николай Чепчуговъ
— Василій Коробовъ
— Владиміръ Бутковскій
Гардем. Иванъ Алфимовъ
— Карлъ Фонъ Гревенсъ
— Григорій Нелединской
— Яковъ Саблинъ
— Богданъ Штарлингъ
— Василій Лугвеневъ
— Василій Борисовъ
— Николай Власьевъ.

1772 года.

Марта 8 дня.

ВЪ МИЧМАНА.

Гардем. Матвѣй Тыртовъ
— Иванъ Бестужевъ
— Дмитрій Аничковъ
— Арсеній Сорневъ
— Яковъ Лопатинъ
— Сила Бестужевъ
— Алексѣй Борисовъ
— Семенъ Каменевъ
— Василій Аракчѣевъ.

Въ Морскую Артиллерію, въ Константели.

Января 1 дня.

Кадетъ Графъ Христофоръ Бергардъ
— Прокофій Лугвеневъ.

Къ Адмиралу Ноульсу, въ Адъютанты.

Капрал. Григорій Муловской.

Всего 65.

1773 года.

Мая 1 дня.

ВЪ МИЧМАНА.

Гардем. Лука Токмачевъ
— Ѳедоръ Заостровской
— Георгъ Драхенъ Фельсъ
— Василій Щербаковъ
— Никита Тихменевъ
— Николай Сорокинъ
— Александръ Смирновъ.

1773 года.

Мая 1 дня.

ВЪ МИЧМАНА.

Гардем. Астафій Аблечѣевъ
— Николай Толстой
— Алексѣй Аненковъ
— Дмитрій Матюшкинъ
— Василій Вашутинъ
— Ѳедоръ Враловъ
— Петръ Сибилевъ
— Князь Петръ Елецкой
— Петръ Свиньинъ
— Ефимъ Селивановъ
— Петръ Пущинъ
— Николай Зеленой
— Петръ Бачмановъ
— Николай Языковъ
— Семенъ Сверчковъ
— Иванъ Арсеньевъ
— Иванъ Голенкинъ
Капрал. Князь Александръ Мещерской
Гардем. Гавріилъ Нѣеловъ
— Иванъ Селивачевъ
— Григорій Фроловъ
— Александръ Тишининъ
— Ефимъ Бутковской
— Карлъ Фонъ Фабрицынъ
— Василій Страховъ
— Василій Глѣбовъ
— Екимъ Лазаревъ — Станищевъ
— Гавріилъ Романовъ
— Михаилъ Клементьевъ
— Василій Тимирязевъ
— Иванъ Касровъ
— Василій Барсеневъ
— Князь Григорій Долгоруковъ.

1775 года.

Мая 1 дня.

ВЪ МИЧМАНА.

Гардем. Максимъ Кулаковской.

Въ Морскую Артиллерію, въ Констапели.

Кадетъ Иванъ Селивановъ
— Петръ Белвицъ
— Иванъ Зинбулатовъ
— Евграфъ Дурновъ
— Баронъ Францъ Фонъ Лаудицъ
— Густавъ Бирбархъ
— Аверьянъ Соловьевъ
— Василій Марковъ
— Василій Шишмаревъ.

Января 20 дня.

Къ Контръ Адмиралу Базбалу, въ Адъютанты

Гардем. Петръ Фонъ Финкъ.

Всего 51.

1774 года.

Января 1 дня.

ВЪ МИЧМАНА.

Гардем. Михаилъ Карякинъ.

Мая 8 дня.

Въ Морскую Артиллерію, въ Констапели.

Кадетъ Василій Непейцынъ
— Василій Ильметевъ
— Степанъ Лесковъ
— Алексѣй Лялинъ

1774 года.

Мая 8 дня.

ВЪ МИЧМАНА.

Кадетъ Абрамъ Фонъ Гревенсъ
— Григорій Арбузовъ
— Александръ Кравковъ
— Василій Кравковъ.

Іюня 28 дня.

Иванъ Ганзеръ
Ѳедоръ Аклечеевъ
Леонтій Качаловъ
Князь Дмитрій Трубецкой.

Іюля 21 дня.

Къ Контръ Адмиралу Баржу, въ Адъютанты

Гардем. Василій Палибинъ.

Всего 14.

1773 года.

Августа 20 дня.

ВЪ МИЧМАНА.

Сержант. Михаилъ Болговской
— Василій Елагинъ
— Михаилъ Шепингъ
— Степанъ Лобысѣевичъ
— Василій Харламовъ
— Дмитрій Полочениновъ
— Матвѣй Елчаниновъ
— Иванъ Толстой
Капрал. Михаилъ Голенищевъ-Кутузовъ
— Князь Андрей Друцкой-Соколинской.

1775 года.

Августа 20 дня.

ВЪ МИЧМАНА.

Капрал.	Петръ Шишковъ
—	Алексѣй Саблинъ
Подпрап.	Ѳедоръ Лупандинъ
Капрал.	Алексѣй Нелединской
—	Матвѣй Языковъ
Подпрап.	Сергѣй Зыбинъ
Капрал.	Христіанъ Фонъ Круль
—	Василій Слащовъ
—	Степанъ Филатовъ
—	Алексѣй Мясоѣдовъ
—	Петръ Голенкинъ
—	Ѳедоръ Барановъ
—	Иванъ Карновъ
Гардем.	Ѳедоръ Ретюнской
—	Германъ Фонъ Радингъ
—	Николай Грековъ
—	Петръ Пановъ
—	Матвѣй Горемыкинъ
—	Иванъ Смирной
—	Радіонъ Свитинъ
—	Андрей Пѣвцовъ
—	Василій Барановъ
—	Василій Лупандинъ
—	Князь Антонъ Шаховской
—	Александръ Зубовъ
—	Андрей Низовцовъ
—	Никита Арсеньевъ
—	Иванъ Борисовъ
—	Петръ Заостровской
—	Илья Меркуловъ
—	Алексѣй Аклечѣевъ
—	Николай Непейцынъ
—	Семенъ Елмановъ
—	Петръ Юрьевъ
—	Богданъ Чертовъ
—	Иванъ Мясоѣдовъ.

1775 года.

Августа 20 дня.

ВЪ МИЧМАНА.

Гардем.	Николай Тутолминъ
—	Дмитрій Тутолминъ
—	Николай Селиверстовъ
—	Алексѣй Башинцовъ
—	Василій Загряцкой
—	Сергѣй Башинцовъ
—	Александръ Челищевъ
—	Христіанъ Штарлингъ
—	Александръ Волковъ
—	Анисифоръ Обольяниновъ
—	Николай Жемчужниковъ

Всего 57.

1777 года.

Апрѣля 21 дня.

ВЪ МИЧМАНА.

Сержант.	Николай Поповкинъ
—	Александръ Рѣтькинъ
—	Семенъ Каневской
Капрал.	Ѳедоръ Поскочинъ
—	Николай Бодиско
—	Николай Бердяевъ
—	Петръ Соловцовъ
—	Андрей Смирновъ
Сержант.	Петръ Ильинъ
—	Александръ Игнатьевъ
—	Семенъ Ильинъ
—	Михаилъ Рагозинъ
Подпрап.	Михаилъ Львовъ
Гардем.	Князь Василій Мышецкой
—	Отто Фонъ Эссенъ
—	Александръ Свѣчинъ.

1777 года.

Апрѣля 21 дня.

ВЪ МИЧМАНА.

Капрал. Германъ Фонъ Шульманъ
Гардем. Павелъ Кропотовъ 1
— Прокофій Борисовъ
— Степанъ Бакѣевъ
— Алексѣй Сарычевъ
— Степанъ Скоробогатовъ
Капрал. Илья Ознобишинъ
— Дмитрій Лызловъ
Гардем. Василій Сигорской
Капрал. Давидъ Рачинской
— Демьянъ Рачинской
Гардем. Степанъ Наумовъ
— Петръ Стрѣшневъ
— Романъ Харламовъ
— Илья Чернавинъ
— Иванъ Лупандинъ
— Михаилъ Понафидинъ
— Василій Домогацкій
— Александръ Бровцынъ
Капрал. Александръ Фонъ Крюйсъ
Гардем. Михаилъ Бартеневъ
— Петръ Деморъ
— Дмитрій Игнатьевъ
— Александръ Свбилевъ
Капрал. Князь Иванъ Шаховской 1
Гардем. Ѳедоръ Кузмичевъ
— Иванъ Лизуновъ
— Михаилъ Посниковъ
— Александръ Скобельцынъ
— Михаилъ Нелединской
— Иванъ Челищевъ
— Алексѣй Римской-Корсаковъ.

1777 года.

Апрѣля 21 дня.

ВЪ МИЧМАНА.

Гардем. Иванъ Коптевъ
— Иванъ Шепингъ
— Иванъ Тетрищевъ
— Алексѣй Бабаевъ
— Павелъ Есиповъ
— Иванъ Воиновъ
Подпран. Степанъ Ахматовъ

Въ Морскую Артиллерію, въ Констапели.

Кадетъ Иванъ Карповъ
— Михаилъ Матюшкинъ
— Александръ Румянцовъ
— Иванъ Свитинъ
— Романъ Чеглоковъ.

Всего 60.

1778 года.

Мая 1 дня.

ВЪ МИЧМАНА.

Сержант. Александръ Ахматовъ
— Яковъ Кургановъ
Подпран. Максимъ Коробка
Гардем. Григорій Оглоблинъ
— Егоръ Карповъ
Капрал. Кирилъ Михайловской
Гардем. Петръ Мацневъ
— Яковъ Сухаревъ 1
Сержант. Иванъ Френевъ
— Иванъ Вашутинъ
— Ѳедоръ Ахматовъ
Капрал. Петръ Даниловъ
Гардем. Матвѣй Ратцовъ
Капрал. Князь Борисъ Голицынъ
Гардем. Андрей Чеглоковъ
— Антонъ Палибинъ.

1778 года.

Мая 1 дня.

ВЪ МИЧМАНА.

Гардем. Семенъ Пустошкинъ
— Яковъ Сухаревъ 2
— Николай Деморъ.

Въ Морскую Артиллерію, въ Констапели.

Кадетъ Александръ Казаковъ
— Яковъ Шишмаревъ
— Андрей Кутузовъ
— Семенъ Бестужевъ
— Петръ Бестужевъ
— Степанъ Зыковъ
— Дмитрій Маминцовъ
— Афонасій Овсянниковъ
— Ефимъ Мякининъ
— Антонъ Фонъ Зигнеръ
— Александръ Нагаевъ.

Въ Морскіе Солдатскіе Баталіоны, въ Адъютанты.

Сержант. Андрей Окуневъ
Фельдф. Иванъ Мавринъ
— Григорій Тулубаевъ
— Николай Восйковъ.

Всего 34.

1779 года.

Мая 1 дня.

ВЪ МИЧМАНА.

Сержант. Степанъ Рачинской
— Фридрихъ Рейнгольдъ Фонъ Моллеръ
Подпрап. Дмитрій Петрильевъ
Гардем. Павелъ Небольсинъ.

1779 года.

Мая 1 дня.

ВЪ МИЧМАНА.

Капрал. Робертъ Галлъ
Подпрап. Николай Тимирязевъ
Гардем. Павелъ Кропотовъ
— Сергѣй Горяиновъ
Сержант. Симонъ Пѣвцовъ
— Дмитрій Брылкинъ
Капрал. Александръ Глинка
Гардем. Иванъ Перелешинъ
— Михаилъ Великопольской
Капрал. Петръ Таухъ
Гардем. Дмитрій Ознобишинъ
— Иванъ Трескинъ
— Ѳедоръ Шишмаревъ
— Петръ Бешенцовъ
— Василій Перфильевъ
— Николай Бирюлевъ
— Сергѣй Сенявинъ
— Ѳедоръ Спафарьевъ
— Алексѣй Борисовъ
— Григорій Барановъ
— Иванъ Побѣдинской
— Алексѣй Арнаутовъ
— Дмитрій Малыгинъ
— Михаилъ Ушаковъ
— Степанъ Юрьевъ
— Николай Ушаковъ
— Алексѣй Глинка
— Сергѣй Сахаровъ
— Петръ Сизовъ
— Александръ Ишинъ
— Ѳедоръ Деморъ
— Иванъ Окороковъ
— Василій Грековъ
— Сергѣй Низовцовъ
— Леонтій Андреяновъ
Капрал. Николай Смирной.

1779 года.

Мая 1 дня.

ВЪ МИЧМАНА.

Гардем. Александръ Ладыгинъ
— Иванъ Лавровъ
— Антонъ Ганзеръ.

Въ Морскую Артиллерію, въ Констапели.

Кадетъ Флегонтъ Изъядиновъ
— Григорій Каировъ
— Матвѣй Перфильевъ
— Дмитрій Каировъ
— Евграфъ Тыртовъ.

На кадетскомъ содержаніи.

Капрал. Василій Концевской
Кадетъ Никита Враловъ
— Александръ Таухъ
— Петръ Есиповъ.

Всего 52.

1780 года.

ВЪ МИЧМАНА.

Сержант. Василій Великошапка
— Яковъ Нилусъ
Подпрап. Даніилъ Башуцкой
Гардем. Дмитрій Сенявинъ
Капрал. Тихонъ Перфильевъ
Гардем. Никита Борисовъ
— Алексѣй Ларіоновъ
— Алексѣй Владыкинъ
— Иванъ Колзаковъ
— Матвѣй Мухановъ
— Андрей Барановъ
— Павелъ Савицкой
Капрал. Дмитрій Плюсковъ.

1780 года.

ВЪ МИЧМАНА.

Гардем. Николай Тимофеевъ
— Алексѣй Кутузовъ
— Владиміръ Малыгинъ
— Василій Языковъ
— Петръ Абатуровъ
— Матвѣй Лизуновъ
— Михаилъ Еремѣевъ.
Сержант. Петръ Дзиповичъ
Гардем. Василій Кутузовъ
— Иванъ Чернявинъ
— Петръ Тыртовъ
— Андрей Побѣдинской
— Густавъ Фонъ Моллеръ
— Отто Фонъ Гастферъ
— Дмитрій Кропотовъ
— Николай Карпеко
— Дмитрій Жемчужниковъ
— Яковъ Голенищевъ-Кутузовъ
— Петръ Барановъ
— Анфимъ Шишининъ
Сержант. Отто Фонъ Моллеръ
Гардем. Капитонъ Корниловъ
Капрал. Петръ Кургановъ
Гардем. Петръ Корниловъ
— Александръ Овсянниковъ
— Семенъ Рукинъ
— Петръ Каировъ
— Сергѣй Пѣвцовъ
— Алексѣй Кавтыревъ
— Николай Чупрасовъ
— Семенъ Мякининъ
— Григорій Бѣликовъ
— Иванъ Бачмановъ.

Всего 46.

1781 года.

ВЪ МИЧМАНА.

Гардем. Иванъ Бырдинъ
— Семенъ Бырдинъ
Сержант. Романъ Шельтингъ
Капрал. Матвѣй Муравьевъ
Гардем. Гаврiилъ Сарычевъ
— Ѳедоръ Дебособръ
— Александръ Мартыновъ
— Крестьянъ Базбалъ

Всего 8.

1782 года.

Января 19 дня.

ВЪ МИЧМАНА.

Сержант. Андрей Перфильевъ
Гардем. Крестьянъ Берингъ.

Мая 1 дня.

Гардем. Алексѣй Корниловъ
Сержант. Ѳедоръ Мичуринъ
Подпрап. Иванъ Фонъ деръ-Флитъ
Гардем. Филиппъ Быченской
Подпрап. Ѳедоръ Ретькинъ
Гардем. Петръ Фонъ Дезинъ
— Николай Бибиковъ
— Ѳедоръ Томашевской
— Константинъ Саранде-
нячь
— Карлъ Литке
— Михаилъ Коковцевъ
— Алексѣй Плюсковъ
— Афонасiй Карцовъ
— Григорiй Мочаковъ
— Яковъ Шулепниковъ
— Василiй Нелидовъ
— Дмитрiй Ртищевъ.

1782 года.

Мая 1 дня.

ВЪ МИЧМАНА.

Подпрап. Дмитрiй Насѣкинъ
Гардем. Иванъ Поскочинъ
— Петръ Рожновъ
— Ѳедоръ Сорокинъ
Капрал. Петръ Арбузовъ
Гардем. Павелъ Сорокинъ
— Семенъ Бардаковъ
— Агѣй Нелидовъ
— Михаилъ Тимофѣевъ
— Густавъ Шельтингъ
— Леонтiй Спафарьевъ
— Ѳедотъ Митьковъ
— Николай Дзивовичъ
— Иванъ Насынковъ
— Михаилъ Быченской
— Стахей Снобсаревъ
— Александръ Литке
— Георгъ Фонъ Билло
— Iоганъ Бекманъ
— Александръ Марковъ
— Александръ Кропотовъ
— Яковъ Тевяшевъ
— Николай Дунковъ
— Тимофей Пермской
— Козьма Коведяевъ
— Афонасiй Еремѣевъ
— Петръ Логвиновъ
— Никаноръ Глинка
— Александръ Каменевъ
— Александръ Бастидонъ
— Григорiй Дедешинъ
— Князь Егоръ Голомбер-
зинъ
— Михаилъ Пермской
— Василiй Лизуновъ
— Степанъ Палицынъ
— Андрей Башуцкой.

1782 года.

Мая 1 дня.

ВЪ МИЧМАНА.

Гардем. Князь Степанъ Шаховской
— Василій Коровинъ
— Егоръ Гетценъ
— Дмитрій Палицынъ
— Ѳедоръ Чаплицъ
— Семенъ Рачинской
— Петръ Бекманъ
— Дмитрій Лунандинъ
— Алексѣй Непейцынъ
— Василій Тельновъ
— Василій Чупрасовъ
— Людвигъ де-Фревель
— Григорій Тимченко
— Иванъ Палибинъ.

Въ Морскую Артиллерію, въ Констапели.

Арт. Кад. Семенъ Палибинъ
— Сосипатръ Болотниковъ
— Дмитрій Арцыбашевъ
— Иванъ Диринъ
— Михей Дунинъ-Барковской

Іюня 6 дня.

ВЪ МИЧМАНА.

Капрал. Петръ Орловской.

Сентября 17 дня.

Гардем. Петръ Толокнѣевъ.

Октября 10 дня.

Гардем. Дмитрій Дашковъ.

1782 года.

Октября 10 дня.

Въ Констапели.

Арт. Кад. Николай Лейманъ
— Сергѣй Елмановъ.

Къ Контръ Адмиралу Фонъ Дезину, въ Адьютанты.

Гардем. Андрей Фонъ Дезинъ.

Всего 80.

1783 года.

Марта 11 дня.

ВЪ МИЧМАНА.

Сержантъ. Дмитрій Креницынъ
Гардем. Александръ Сорокинъ.

Мая 1 дня.

Гардем. Михаилъ Ртищевъ
— Якимъ Станюковичь
— Петръ Отреплевъ
— Баронъ Францъ Христіанъ Фонъ Билло
— Иванъ Кушелевъ
— Николай Тизенгаузенъ
— Илья Бестужевъ
— Николай Пасынковъ
— Василій Лихаревъ
— Иванъ Фофановъ
— Антонъ Сиверсъ
— Василій Култашевъ
— Графъ Николай Войновичь

Капрал. Василій Смирной
Гардем. Петръ Хоменко.

1785 года.

Мая 1 дня.

ВЪ МИЧМАНА.

Гардем. Ѳедоръ Веселаго
— Василій Давыдовъ 1
— Князь Михаилъ Макуловъ
— Василій Шестаковъ
— Ѳедоръ Шишковъ
— Александръ Забѣлла
— Пантелей Тыртовъ
— Александръ Барщевитиновъ
— Александръ Малыгинъ
— Сергѣй Киленинъ
— Петръ Ратцовъ
— Павелъ Маринъ
— Гавріилъ Титовъ.

Въ Морскую Артиллерію, въ Констапели.

Арт.Кад. Дмитрій Рубецъ
— Петръ Аплечеевъ
— Гавріилъ Изгоковъ.

Мая 19 дня.

ВЪ МИЧМАНА.

Гардем. Николай Бардаковъ.

Всего 34.

1784 года.

Мая 1 дня.

ВЪ МИЧМАНА.

Подпран. Платонъ Гамалѣя
Гардем. Даніилъ Малѣевъ
Сержант. Логинъ Монбилій.

1784 года.

Мая 1 дня.

ВЪ МИЧМАНА.

Капрал. Вильгельмъ Адеркасъ
Гардем. Василій Всеволожскій
— Константинъ Леонтовичъ
— Петръ Налибинъ
— Прокофій Рославлевъ
— Григорій Веригинъ
— Александръ Горемыкинъ
— Александръ Скрыплевъ
— Семенъ Рындинъ
— Михаилъ Ендоуровъ
— Князь Алексѣй Шаховской
— Павелъ Курганонъ
— Григорій Волоцкой
— Олимпій Харламовъ
— Петръ Поскочинъ
— Степанъ Телесницкой
— Ѳедоръ Тимирязевъ
— Николай Верещагинъ
— Фридрихъ Фонъ Ауренъ
— Антонъ Кутузовъ
— Дмитрій Кудрявцевъ
— Александръ Нелидовъ
— Яковъ Вишневской
— Павелъ Колзаковъ
— Николай Литвиновъ
— Петръ Лошаковъ
— Иванъ Игнатьевъ
— Иванъ Рындинъ
— Отто Фонъ Френздорфъ
— Иванъ Макшеевъ
— Иванъ Салтановъ
— Петръ Мансуровъ
— Сергѣй Мансуровъ
— Николай Есиновъ
— Петръ Макшеевъ.

1784 года.

Мая 1 дня.

ВЪ МИЧМАНА.

Гардем. Сергѣй Зеленой
— Степанъ Рубецъ
— Николай Стромиловъ
— Ѳедотъ Поскочинъ
— Василій Рубецъ
— Василій Кушелевъ
— Рейнгольдъ Фонъ Френздорфъ
— Николай Сукешевъ
— Антонъ Скрипицынъ
— Михаилъ Селивановъ
— Филипъ Орловъ
— Михаилъ Золотухинъ
— Петръ Кистеревъ
— Михаилъ Роде
— Гавріилъ Гладкой
— Иванъ Ремберхъ
— Матвѣй Долгово-Сабуровъ
— Степанъ Бутаковъ
— Петръ Шишковъ
— Василій Уваровъ
— Михаилъ Мочаковъ
— Василій Писаревъ
— Иванъ Осокинъ
— Тимофей Масловъ 1.

Въ Морскую Артиллерію, въ Констапели.

Арт.Кад. Андрей Ушаковъ
— Егоръ Каланди
— Алексѣй Черговъ
— Егоръ Влахо
— Петръ Самсоновъ
— Осипъ Максимовичъ
— Яковъ Раздеришинъ
— Антонъ Тимачевъ
— Андрей Ганцъ.

1784 года.

Мая 1 дня.

ВЪ МИЧМАНА.

Изъ Грековъ опредѣленныхъ для обученія морскихъ наукъ.

Илья Попандопуло
Михаилъ Поликути
Ѳедоръ Понагопуло
Христофоръ Ивановъ
Константинъ Гайтани
Киріянъ Константинъ
Сарандо Велизари
Ѳеодосій Цацъ
Спиридонъ Дегалето
Константинъ Кораянинъ
Сатиръ Попандопуло
Цанаго Адамопуло
Панагіотъ Драгопуло
Иванъ Тригони
Пакаго Герамуцо
Апостолъ Пуло
Константинъ Герамуцо.

Всего 88.

1785 года.

Января 1 дня.

ВЪ МИЧМАНА

Подпрап. Петръ Скоробогатовъ
Гардем. Клементій Ахматовъ
— Леопольдъ Фабрицынъ
— Петръ Борисовъ
— Осипъ Кистеревъ
— Андрей Полозовъ
— Иванъ Барановъ.

Изъ Грековъ опредѣленныхъ для обученія морскихъ наукъ.

Егоръ Короно.

1785 года.

Января 8 дня.

ВЪ МИЧМАНА.

          Дмитрій Алвеніоти
          Егоръ Журжа
          Ѳома Влахати
          Баптиста Драко
          Ефимъ Куцукъ
Сержант. Петръ Волоцкой
— Демьянъ Голубовской
— Николай Ивановъ
— Николай Ендогуровъ
— Егоръ Лутохинъ
— Егоръ Сысоевъ
— Дмитрій Голенищевъ-Кутузовъ
— Кононъ Аберинбесовъ
— Яковъ Карцовъ
— Иванъ Болсуновъ
— Даніилъ Навроцкой
— Матвѣй Кудрявцевъ
Подпран. Матвѣй Лейманъ
— Кондратій Андреяновъ
Капрал. Яковъ Подкользинъ
— Иванъ Суховъ
— Андреянъ Еремѣевъ
— Павелъ Ставицкой 2
— Левъ Заостровской
— Отто Фонъ Фитенговъ
— Иванъ Батуринъ
— Михаилъ Скуратовъ
— Павелъ Завѣтковъ
— Александръ Домашенко
— Егоръ Радо
— Никаноръ Ховринъ
— Ѳедоръ Салмановъ
— Николай Пущинъ
— Василій Рязановъ
— Афонасій Перелешинъ
— Павелъ Лихаревъ.

1785 года.

Января 8 дня.

ВЪ МИЧМАНА.

Гардем. Василій Давыдовъ
— Василій Поскочинъ
— Михаилъ Дробышевъ
— Иванъ Бозо
— Егоръ Пѣвцовъ
— Андрей Федцовъ
— Иванъ Давыдовъ 2
— Степанъ Заостровской
Капрал. Дмитрій Рудаковъ
Гардем. Павелъ Шостакъ
— Михаилъ Малыгинъ
— Иванъ Епанчинъ
— Петръ Челѣевъ
— Иванъ Мануйловъ
— Иванъ Степановъ
— Иванъ Пѣвновъ
— Михаилъ Недюбинъ
— Никифоръ Харламовъ
— Адольфъ Фонъ Штейнъ
— Ѳедоръ Веригинъ
— Павелъ Дурновъ
— Степанъ Леонтовичъ
— Михаилъ Лихаревъ.

Мая 1 дня.

Гардем. Яковъ Назимовъ
— Матвѣй Давыдовъ
— Иванъ Новиковъ
— Иванъ Агаревъ
— Иванъ Леонтовичъ
— Логинъ Макшѣевъ.

Въ Морскую Артиллерію въ Констапели.

Фурьеръ. Николай Фоминъ.

1785 года.

Июля 4 дня.

ВЪ МИЧМАНА.

Капрал. Александръ Красовской.

Декабря 3 дня.

Капрал. Иванъ Шостакъ.

1786 года.

Мая 1 дня.

ВЪ МИЧМАНА.

Сержант. Анастасій Флитъ
— Петръ Карауловъ
Подпран. Густавъ Гейзеръ
Сержант. Алексѣй Зыковъ
— Егоръ Ахматовъ
— Иванъ Быченской
— Дмитрій Дробышевъ
— Николай Ивановъ
— Дмитрій Макаровъ
— Ѳедоръ Колюбакинъ
Капрал. Екимъ Сухонинъ
— Дмитрій Вараксинъ
Подпран. Яковъ Бервигъ
— Иванъ Алѣевъ
Гардем. Михаилъ Баскаковъ
Капрал. Алексѣй Лупандинъ
— Егоръ Развозовъ
— Иванъ Драчевской
— Иванъ Невельской
— Василій Терновской
— Иванъ Головачевъ
— Егоръ Бароци
— Иванъ Кирьязи
— Панаго Адамопуло
— Николай Шага.

1786 года.

Мая 1 дня.

ВЪ МИЧМАНА.

Капрал. Иванъ Селивановъ
— Петръ Корташевъ
Гардем. Сило Попандопуло
— Степанъ Мипицкой
— Степанъ Завязкинъ
— Семенъ Ишкаринъ
— Карлъ Готицкой
— Александръ Адамсъ
— Николай Третьяковъ
— Афонасій Свитинъ
— Иванъ Силанди
— Николай Дегалето
— Михаилъ Телесницкой
— Ѳедоръ Селивановъ
— Дмитрій Хули
— Константинъ Патаніоти
— Николай Константинъ
— Павелъ Сологубъ
— Михаилъ Свитинъ
— Иванъ Давыдовъ
— Павелъ Еминской
— Самуилъ де Шаплетъ
— Алексѣй Козляниновъ
— Гавріилъ Нелидовъ.

Въ Морскую Артиллерію, въ Констапели.

Кадетъ Григорій Сипягинъ.

Мая 11 дня.

ВЪ МИЧМАНА.

Гардем. Илья Михайловской.

Сентября 27 дня.

Сержант. Платонъ Чертовъ.

1786 года.

Декабря 9 дня.

ВЪ МИЧМАНА.

Сержант. Ѳедоръ Алексѣевъ.

Всего 53.

1787 года.

Мая 1 дня.

ВЪ МИЧМАНА.

Сержант. Николай Лермонтовъ
— Дмитрій Шишмаревъ
— Дмитрій Смирной
— Карлъ Фонъ Генгартъ
— Андрей Ивинъ
Подпрап. Григорій Чаплинъ
— Василій Голубовской
Капрал. Николай Голостеновъ
— Иванъ Киселенской
— Алексѣй Бестужевъ-Рюминъ
Гардем. Анзній Лисянскій
— Дмитрій Болтинъ
— Ѳедоръ Ахматовъ
— Яковъ Баклановскій
— Арсеній Баклановскій
— Иванъ Кононовичъ
— Никаноръ Писемской
— Василій Михайловъ
— Григорій Машинъ
— Дмитрій Буланинъ
— Кондратій Певцовъ
— Григорій Всеволожской
— Егоръ Штехъ
— Павелъ Клаверъ
— Алексѣй Арбузовъ
— Николай Ахматовъ.

1787 года.

Мая 1 дня.

ВЪ МИЧМАНА.

Гардем. Семенъ Байковъ
— Василій Языковъ
— Михаилъ Борисовъ
— Петръ Кавтыревъ
— Алексѣй Чеглоковъ
— Иванъ Макаровъ
— Иванъ Карцовъ
— Василій Бачмановъ
— Павелъ Лобысѣевичъ
— Николай Сарской
— Петръ Козинъ
— Василій Шулешниковъ
— Харламній Нага
— Иванъ Головкинъ
— Алексѣй Быченскій
— Петръ Булыгинъ
— Василій Орловъ
— Алексѣй Жеребцовъ
— Иванъ Захаровъ
— Алексѣй Зеленой
— Алексѣй Марченко
— Василій Вонлярлярской
— Измаилъ Алуевцовъ
— Михаилъ Васьковъ
— Степанъ Левенецъ
— Николай Перелешинъ
— Андрей Бетлингъ
— Ѳедоръ Смирной
— Степанъ Мистровъ
— Иванъ Румъ
— Петръ Невельской
— Гавріилъ Левинъ
— Алексѣй Баржъ
— Ефимъ Герамуцо
— Иванъ Языковъ
— Андреянъ Мордвиновъ.

1787 года.

Мая 1 дня.

Въ Морскую Артиллерiю, въ Констапели.

Кадетъ Андрей Киленинъ
— Николай Глѣбовъ.

ВЪ МИЧМАНА.

Гардем. Василiй Ефимовичъ
Сержант. Александръ Мясоѣдовъ
Гардем. Дмитрiй Лукинъ
— Петръ Лесли
— Павелъ Корташевъ
— Яковъ Демьяновъ
— Максимъ Волоцкой.

Всего 71

1788 года.

Мая 1 дня.

ВЪ МИЧМАНА.

Сержант. Петръ Понафидинъ
— Павелъ Рожновъ
— Ѳедоръ Абрамовъ
— Александръ Давыдовъ
— Станиславъ Лятуръ
— Николай Мордвиновъ
— Яковъ Шкотъ
Подпрап. Василiй Пордштейнъ
— Иванъ Голубовской
— Петръ Масаловъ
Капрал. Егоръ Голостеповъ
— Петръ Демьяновъ
— Михаилъ Сальковъ
Гардем. Александръ Нилусъ
— Петръ Шишмаревъ
— Никита Николаевъ
— Матвѣй Лермантовъ.

1788 года.

Мая 1 дня.

ВЪ МИЧМАНА.

Гардем. Алексѣй Муравьевъ
— Христiанъ Гильдебрандъ
— Фотiй Апостоли
— Егоръ Папаоти
— Петръ Ушаковъ
— Германъ Давыдовъ
— Iоганъ Вальгринъ
— Павелъ Травинъ
— Петръ Апочининъ
Капрал. Осипъ Сытенской
— Ипполитъ Сухотинъ
Гардем. Ефимъ Жегаловъ
— Алексѣй Ставицкой
— Андрей Кишкинъ
— Илья Дубасовъ
— Осипъ Готовцовъ
— Иванъ Заостровской
— Ѳедоръ Серанденаки
— Иванъ Соловьевъ
— Григорiй Титовъ
— Маркъ Снаксаревъ
— Дмитрiй Протопоповъ
— Василiй Скрыплевъ
— Борисъ Воиновъ
— Александръ Котельниковъ
— Дмитрiй Сахновской
— Степанъ Вахтинъ
— Иванъ Поскочинъ
— Севастьянъ Подгаецкой
— Петръ Свиньинъ
— Александръ Вашутинъ
— Алексѣй Ушаковъ
— Николай Балясный
— Мартынъ Штейнъ
— Александръ Кашинцовъ.

1788 года.

Мая 1 дня.

ВЪ МИЧМАНА.

Гардем. Ѳедоръ Шалимовъ
— Яковъ Батюшковъ
— Василій Диревицкой
— Никита Борисовъ
— Иванъ Културевъ
— Иванъ Каринъ
— Михаилъ Михайловъ
— Князь Николай Елецкой
— Родіонъ Есиповъ
— Александръ Румянцовъ
— Иванъ Жегловъ.

Мая 27 дня.

ЗА МИЧМАНОВЪ.

Сержант. Карлъ Пфунтъ
— Ростиславъ Макаровъ
— Приархъ Тулубьевъ
Подпрап. Юрій Лисянской
Капрал. Ѳедоръ Лазаревъ-Ста-
нищевъ
— Сергѣй Дуровъ.
Гардем. Николай Токмачевъ
— Василій Олешевъ
— Александръ Окуньковъ
— Павелъ Готовцевъ
— Ираклій Левшинъ
— Алексѣй Толбухинъ
Сержант. Василій Кожинъ
Подпрап. Ермолай Криксинъ
Капрал. Василій Глазатовъ
— Никита Рагозинъ
— Василій Комаровъ
— Антонъ Фабръ
— Александръ Гиммель
— Петръ Фабръ
— Иванъ Карцовъ
— Иванъ Крузенштернъ.

1788 года.

Мая 1 дня.

ВЪ МИЧМАНА.

Капрал. Богданъ Баратынской
Гардем. Петръ Рославлевъ
— Андрей Жегаловъ
— Филипъ Кузовлевъ
— Алексѣй Власьевъ
— Савелій Абрамовъ
— Андрей Зоринъ
— Матвѣй Малѣевъ
— Левъ Морской
— Алексѣй Одинцовъ
— Алексѣй Пестриковъ
— Тимофей Веселаго
— Игнатій Мартынкевичъ
— Ефимъ Лупандинъ
— Фрегонтъ Масловъ
— Николай Понафидинъ
— Петръ Нелидовъ
— Николай Харламовъ
— Иванъ Молчановъ
— Ѳедоръ Языковъ 1
— Баронъ Даніилъ Буд-
бергъ
— Василій Нелединской-
Мелецкой
— Ѳедоръ Патынинъ
— Ѳедотъ Осокинъ
— Кирилъ Сидоровъ
— Христіанъ Гернетъ
— Ѳедоръ Свищовъ
— Нилъ Баранцовъ
— Ѳедоръ Марченко
— Илья Повалишинъ
— Нилъ Рожновъ
— Степанъ Китаевъ
— Василій Камынинъ
— Иванъ Холоповъ
— Козьма Дробышевъ

1788 года.

Мая 1 дня.

Въ Мичмана.

Гардем. Нилъ Понафидинъ
— Иванъ Сеченовъ
— Николай Каринъ
— Дормидонъ Болотниковъ
— Иванъ Челѣевъ
— Карлъ Рубуцъ
— Наркисъ Моисѣевъ
— Тимофей Масловъ
— Николай Воиновъ
— Глѣбъ Дробышевъ
— Яковъ Аберьяниновъ
— Николай Рагозинъ
— Петръ Камынинъ
— Петръ Мечниковъ
— Харламшй Маковъ
— Даніилъ Туровской
— Иванъ Быченской
— Степанъ Тулубьевъ
— Александръ Ендогуровъ
— Павелъ Новиковъ
— Макаръ Ратмановъ
— Петръ Тулубьевъ.

Всего 142.

1789 года.

Въ Мичмана.

Гардем. Платонъ Качаловъ
— Николай Болотниковъ
— Михаилъ Бутрюмовъ
— Василій Жидовиновъ
— Иванъ Бутрюмовъ
— Петръ Ивковъ
— Александръ Яминской
— Николай Арбузовъ
— Александръ Назаровъ

1789 года.

Мая 1 дня.

Въ Мичмана.

Гардем. Иванъ Френевъ
— Михаилъ Барташевичъ
— Алексѣй Слизовъ
Капрал. Александръ Манневъ
Гардем. Иванъ Вахтинъ.

Въ Черноморской Флотъ.

Гардем. Степанъ Киріакъ
— Павелъ Кононовичъ
— Ефимъ Гурьевъ
— Григорій Шигоринъ
— Ѳедоръ Тарховъ
— Глѣбъ Шишмаревъ
— Гавріилъ Сипягинъ
— Василій Маринъ
— Алексѣй Тамиловской
— Спиридонъ Карцовъ
— Осипъ Патрикъ 1
— Иванъ Филоновъ
— Петръ Раздеришинъ
— Андрей Фофановъ
— Иванъ Осташевъ
— Дмитрій Поскочинъ
— Михаилъ Всеволожской
— Николай Титовъ 1
— Иванъ Пилипенко 1
— Иванъ Патрикъ 2
— Константинъ Трусевичъ
— Василій Сысоевъ
— Романъ Бутаковъ
— Григорій Пащенко
— Иванъ Даненбергъ
— Всеволодъ Тулубьевъ
— Иванъ Пилипенко 2
— Алексѣй Свѣчинъ
— Ѳедоръ Малыгинъ
— Иванъ Колеминъ.

1789 года.

ВЪ МИЧМАНА.

Капрал. Сосипатръ Рагозинъ
Гардем. Андрей Ендогуровъ
— Сергѣй Милѣевъ
— Василій Калитинъ
— Андрей Сальковъ
— Михаилъ Лупандинъ
— Иванъ Казанцовъ
— Тимофей Максимовъ
— Павелъ Головачовъ
— Василій Демидовъ.

Изъ бывшихъ на эскадрѣ въ Даніи.

Гардем. Алексѣй Качаловъ
— Александръ Качаловъ
— Георгій Френденберхъ
— Князь Ѳедоръ Мещерской
— Семенъ Жедринской
— Александръ Шулепниковъ.

Изъ бывшихъ на гребномъ флотѣ.

Гардем. Александръ Чаплинъ
— Михаилъ Барановъ
— Алексѣй Макишинъ
— Сергѣй Мусинъ-Пушкинъ
— Иванъ Наклѣпаевъ
— Князь Иванъ Путятинъ
— Иванъ Деревицкой
— Дмитрій Челѣевъ
— Дмитрій Игнатьевъ
— Карлъ Гейзеръ
— Арсеній Измаиловъ
— Петръ Деревицкой.

1789 года.

Апрѣля 18 дня.

ВЪ МИЧМАНА.

Изъ находящихся для обученія морскихъ наукъ, Офицеровъ.

Ѳедоръ Папофило
Егоръ Коломаро
Николай Казиновъ
Иванъ Папоставро
Дмитрій Курути.

Изъ Сержантовъ Гвардіи, къ Контръ Адмиралу Спиридову въ Адъютанты.

Павелъ Головня.

По Имянному указу.

Марта 5 дня.

Семенъ Великой.

Всего 79.

1790 года.

Января 14 дня.

ВЪ МИЧМАНА.

Гардем. Ѳедоръ Деревицкой.

Февраля 5 дня.

Капрал. Иванъ Сульменевъ
Гардем. Николай Альферьевъ.

Въ Адъютанты къ Контръ Адмиралу Повалишину.

Александръ Повалишинъ.

1790 года.

Марта 5 дня.

ЗА МИЧМАНА.

Капралъ Иванъ Жмакинъ.

Марта 8 дня.

Въ Адьютанты къ Контръ Адмиралу Ханыкову.

Кадетъ Илья Масловъ.

Марта 20 дня.

ВЪ МИЧМАНА.

Гардем. Петръ Лысцовъ
— Николай Жедринскій.

Апрѣля 25 дня.

ВЪ МИЧМАНА.

Гардем. Петръ Нордштеинъ
— Александръ Лопыревъ
— Ѳедоръ Дзивовичь
— Николай Заворовъ
— Иванъ Стурмъ
— Дмитрій Нестеровъ
— Василій Подчертковъ
— Францъ Фонъ Шаренбергъ
— Карлъ Майдель
— Николай Лутохинъ
— Алексѣй Подчертковъ
— Николай Хомяковъ
— Михаилъ Григорьевъ
— Семенъ Шишмаревъ
— Германъ Христофоръ Фонъ-Хинъ
— Миронъ Жегаловъ
— Маркъ Демьяновъ
— Николай Баскаковъ.

1790 года.

Апрѣля 25 дня.

ВЪ МИЧМАНА.

Гардем. Андрей Касаговской
— Егоръ Борисовъ
— Владиміръ Фонъ Рентель
— Астафій Титовъ
— Николай Челѣевъ
— Петръ Зиновьевъ
— Андрей Рожновъ
— Михаилъ Озеровъ
— Иванъ Елчаниновъ
— Сергѣй Захарьинъ
— Иванъ Медушевской
— Баронъ Густавъ Будберхъ
— Григорій Мистровъ
— Александръ Лукки.

ЗА МИЧМАНОВЪ.

Гардем. Гавріилъ Аничковъ
— Александръ Глазатовъ
— Петръ Мистровъ
— Густавъ Майдель
— Василій Нелидовъ
— Ѳедоръ Тарбѣевъ
— Григорій Бутаковъ
— Николай Головнинъ
— Никифоръ Пѣвцовъ
— Иванъ Троцкой
— Исаакъ Веревкинъ
— Яковъ Фонъ Адлербрхъ
— Іоганъ Бернгардъ Гелтъ
— Апполонъ Киселевской
— Баронъ Андрей Френденберхъ
— Иванъ Рубашъ
— Андрей Маковѣевъ.

1790 года.

Апреля 25 дня.

ВЪ МИЧМАНА.

Гардем. Дмитрій Соболевской
— Тимофей Фонъ дер-Флитъ
— Иванъ Мосоловъ
— Ѳедоръ Качаловъ
— Алексѣй Макшѣевъ
— Егоръ Веселаго
— Алексѣй Криксинъ.

Изъ опредѣленныхъ для обученія морскихъ наукъ, Офицеровъ.

ВЪ МИЧМАНА.

Іосифъ Флуки
Константинъ Салтя
Петръ Трескевичъ
Петръ Капельцовъ
Петръ Стахѣевъ
Иванъ Квашнинъ Самаринъ
Дмитрій Михинъ
Иванъ Новосѣновъ
Николай Бозо
Михаилъ Степовой.

Изъ Унтеръ-Офицеровъ Гвардіи.

Дмитрій Стасовъ
Михаилъ Головня
Андрѣянъ Ераковъ
Францъ Скирневской
Иванъ Пономаревъ
Николай Ѳеофилатьевъ
Иванъ Бухаринъ
Давидъ Рудневъ
Германъ Самаринъ
Егоръ Перфильевъ.

1790 года.

Апрѣля 25 дня.

ВЪ МИЧМАНА.

Александръ Яковлевъ
Егоръ Короткой.

Октября 14 дня.

ВЪ МИЧМАНА.

Гардем. Дормидонъ Сенягинъ
Сержант. Иванъ Кожинъ.

Декабря 13 дня.

Гардем. Павелъ Сенягинъ
— Антонъ Платенъ
— Петръ Балле.

Іюля 5 дня.

Сержант. Илья Баратынской
— Владиміръ Нестеровъ
— Василій Алферьевъ
— Ѳедоръ Вартманъ
— Иванъ Языковъ
Подпрап. Павелъ Мордвиновъ
Капрал. Александръ Косливцовъ
Гардем. Павелъ Ефимьевъ
— Максимъ Христіановичъ
— Никита Унковскій
— Савва Румянцовъ
— Ѳедоръ Сорохтинъ
— Капитонъ Сорохтинъ.

Всего 104.

1791 года.

Февраля 21 дня.

ВЪ МИЧМАНА.

Капрал. Василій Козляниновъ.

1791 года.

Мая 1 дня.

ВЪ МИЧМАНА.

Капрал.	Павелъ Салмановъ
Гардем.	Семенъ Пѣвцовъ
—	Иванъ Одоевцовъ
—	Петръ Мякининъ
—	Алексѣй Леоновъ
—	Иванъ Армашевской
—	Дмитрій Бизюкинъ
—	Григорій Забелла
—	Дмитрій Клеонинъ
—	Петръ Скрыдла
—	Алексѣй Сытинъ
—	Иванъ Ильинъ
—	Григорій Чубаровъ
—	Николай Левашовъ
—	Михаилъ Васильевъ
—	Семенъ Селивачевъ
Капрал.	Михаилъ Колокольцовъ
—	Лаврентій Потемкинъ
—	Иванъ Кривоперстовъ
Гардем.	Павелъ Мацневъ
—	Василій Козинъ
—	Ѳедоръ Ромберхъ
—	Василій Титовъ
—	Александръ Перфильевъ
—	Павелъ Григорьевъ
—	Алексѣй Чеглоковъ
—	Александръ Апочининъ
—	Василій Нелюбохтинъ
—	Семенъ Одинцовъ
—	Иванъ Развозовъ
—	Михаилъ Толбухинъ
—	Алексѣй Епишевъ
—	Василій Сульменевъ
—	Алексѣй Баршевитиновъ
—	Яковъ Озеровъ
—	Матвѣй Чаплинъ.

1791 года.

Мая 1 дня.

ВЪ МИЧМАНА.

Гардем.	Петръ Хомяковъ
—	Адамъ Моллеръ
—	Евграфъ Абернибесовъ
—	Евгеній Перфильевъ
—	Ѳедоръ Исуповъ
—	Василій Бобоѣдовъ
—	Петръ Голубовскій
—	Иванъ Пѣвцовъ
—	Николай Борисовъ
—	Сергѣй Сахаровъ
—	Петръ Возницынъ
—	Левъ Кологривовъ
—	Алексѣй Мезинцовъ
—	Григорій Абернибесовъ
—	Ефимъ Кушелевъ
—	Григорій Епишевъ
—	Викторъ Адамсъ
—	Василій Мистровъ
—	Александръ Мантуровъ
—	Иванъ Чишиничь
—	Абрамъ Ловцовъ.

ЗА МИЧМАНОВЪ.

Гардем.	Иванъ Бунинъ
Сержант.	Григорій Чагинъ
Подпрап.	Григорій Кушниковъ
—	Дмитрій Тавилѣевъ
Капрал.	Петръ Елизаровъ
—	Степанъ Шетинской
—	Максимъ Ефимьевъ
—	Иванъ Фонъ Винклеръ
Гардем.	Николай Пасынковъ
—	Никита Оленевъ
—	Ѳедоръ Башуцкой
—	Андреянъ Машинъ.

1791 года.

Мая 1 дня.

ВЪ МИЧМАНА

Гардем. Иванъ Камынинъ
— Маркъ Подушкинъ
— Яковъ Чаплинъ
— Осипъ Сторжевской
— Платонъ Демидовъ
— Иванъ Малакановъ.

Изъ опредѣленныхъ для обученія наукъ, Офицеровъ.

Декабря 27 дня.

Гардем. Петръ Ивановичъ.

Всего 77.

1792 года.

Января 5 дня.

ВЪ МИЧМАНА

Гардем. Константинъ Божевской
Сержант. Кирилъ Бабаевъ
— Павелъ Арбузовъ 2
Капрал. Павелъ Антроповъ
Сержант. Филипъ Головачовъ
— Петръ Кордюковъ
— Степанъ Веселькинъ
Подпрап. Петръ Осокинъ
— Василій Бащуцкой
Капрал. Павелъ Плековской
— Яковъ Фонъ Икскуль
— Петръ Куломзинъ
— Афонасій Марчевской
Сержант. Петръ Бѣшенцовъ
Гардем. Иванъ Гамалѣя
— Ѳедоръ Грековъ
Капрал. Ѳедоръ Веселаго
— Илья Зеленой.

1792 года.

Января 5 дня.

ВЪ МИЧМАНА.

Подпрап. Иванъ Глѣбовъ
Гардем. Николай Шишкинъ
— Осипъ Викорстъ
— Петръ Болотниковъ
— Григорій Лобысѣевичъ
Капрал. Владиміръ Извольской
— Тимоѳей Барановъ
Гардем. Михаилъ Креницынъ
— Николай Вараксинъ
— Иванъ Леняковъ
— Ѳедоръ Языковъ
— Иванъ Терескевичъ
— Семенъ Сторжевской
— Ѳедоръ Пѣвцовъ
— Николай Хвостовъ
— Иванъ Соловцовъ.

Изъ Сержантовъ Гвардіи.

— Степанъ Бачмановъ
Гардем. Андрей Всеволожской
— Иванъ Бровцынъ
— Евграфъ Красовской
— Петръ Головачовъ 1
— Петръ Бакновъ
— Семенъ Касаговской
— Павелъ Арбузовъ 1
— Николай Вельяшевъ
— Иванъ Бачмановъ
— Фридрихъ Даніилъ Бонгъ
— Петръ Андроновъ
— Густавъ Адлербергъ
— Павелъ Жихаревъ
— Тимоѳей Смирной
— Иванъ Бартеневъ
— Миронъ Снаксаревъ
— Иванъ Бутаковъ.

1792 года.

Января 5 дня

ВЪ МИЧМАНА.

Гардем. Михаилъ Тургеневъ
— Алексѣй Сульменевъ
— Иванъ Путятинъ 2
— Петръ Горговской
— Степанъ Ефимьевъ
Сержантъ. Григорій Креницынъ
Гардем. Илья Бутаковъ
— Иванъ Даниловъ
— Николай Кологривовъ
— Матвѣй Сальковъ
— Николай Титовъ
— Лаврентій Сонинъ
— Андрей Политика
— Андрей Чаплинъ
— Алексѣй Головачовъ 2
— Афонасій Непейцынъ
— Александръ Козляниновъ 1
— Яковъ Перелешинъ
— Семенъ Карачинской
— Христофоръ Фонъ Реймерсъ
— Василій Дурново
— Всеволодъ Кологривовъ
— Гавріилъ Рюминъ
— Яковъ Челѣевъ
— Анисимъ Демьяновъ
— Петръ Рудневъ
— Петръ Фохтъ
— Андрей Соколовъ
— Яковъ Шишковъ 4
— Алексѣй Вараксинъ
— Густавъ Фонъ Врангель
— Василій Горемыкинъ
— Петръ Фонъ Клостерманъ
— Афонасій Трусевичь.

1792 года.

Января 5 дня

ВЪ МИЧМАНА.

Гардем. Михаилъ Левшинъ
— Андрей Купріяновъ.

ЗА МИЧМАНОВЪ.

Сержантъ. Александръ Берингъ
— Иванъ Бабаевъ
Подпран. Андрей Сухотинъ.

Мая 1 дня.

Капрал. Кирилъ Лобысѣевичь
Гардем. Афонасій Палицынъ
— Степанъ Васенко
— Иванъ Верещагинъ
— Иванъ Лобковъ
— Григорій Политика
— Павелъ Бачмановъ
— Иванъ Лутохинъ
— Иванъ Козариновъ
— Платонъ Макаровъ.

Всего 192.

1795 года.

Января 1 дня.

ВЪ МИЧМАНА.

Сержантъ. Петръ Маслениковъ
— Василій Головнинъ
— Николай Веселкинъ
— Ѳедоръ Гололобовъ
— Павелъ Макаровъ
— Михаилъ Куборскій
— Иванъ Бреверинъ
— Александръ Лингартъ
— Николай Тулубьевъ

1793 года.

Января 1 дня.

ВЪ МИЧМАНА.

Сержант.	Алексѣй Богдановъ
—	Князь Николай Крапоткинъ
—	Василій Леоновъ
—	Петръ Абруцкой
—	Василій Куличкинъ
—	Алексѣй Мельниковъ
Подпрап.	Иванъ Теглевъ
—	Николай Пестровъ
—	Сергѣй Тишениновъ
—	Александръ Витовтовъ
—	Герасимъ Суховъ
Капрал.	Павелъ Тарбѣевъ
—	Павелъ Теглевъ
—	Николай Нефедьевъ
—	Михаилъ Бровцынъ
—	Петръ Бухвастовъ
—	Яковъ Ганибалъ
—	Платонъ Нестеровъ
—	Михаилъ Толбухинъ
—	Евграфъ Богдановъ
—	Даніилъ Мякининъ
—	Александръ Олешевъ
—	Карлъ Фонъ Икскуль
—	Павелъ Лангъ
—	Гавріилъ Невельской
—	Иванъ Колокольцовъ
—	Петръ Сухотинъ
Гардем.	Александръ Ханыковъ
—	Евламній Богдановъ
—	Ѳедоръ Миницкой
—	Николай Куломзинъ
—	Ѳедоръ Маковѣевъ
—	Ѳедоръ Заворовъ
—	Егоръ Гессенъ
—	Павелъ Ботовъ

1793 года.

Января 1 дня.

ВЪ МИЧМАНА.

Гардем.	Иванъ Харламовъ
—	Яковъ Ознобишинъ
—	Никита Троцкой
—	Николай Витовтовъ
—	Иванъ Воробьевъ
—	Николай Машинъ
—	Ѳедоръ Ерошевской
—	Павелъ Лукьяновъ
—	Николай Камынинъ
—	Михаилъ Пасынковъ
—	Иванъ Невельской 1
—	Ѳедоръ Козлянинов
—	Иванъ Тишениновъ
—	Матвѣй Уманецъ
—	Павелъ Гиммель
—	Дмитрій Аничковъ
—	Василій Тютчевъ
—	Николай Шишковъ 1
—	Ѳеофилактъ Мальковской
—	Корнилъ Колокольцовъ
—	Александръ Барташевичъ
—	Петръ Исуповъ
—	Сергѣй Заболоцкой
—	Петръ Повалишинъ
—	Яковъ Савицкой
—	Демьянъ Путята
—	Петръ Львовъ
—	Иванъ Трусевичъ
—	Андрей Власьевъ
—	Дмитрій Камынинъ
—	Илья Чириковъ
—	Василій Антроновъ
—	Андрей Гренъ
—	Антонъ Гренъ
—	Григорій Жедринской
—	Христофоръ Фонъ Гине.

1795 года.

Января 1 дня.

ВЪ МИЧМАНА.

Гардем. Алексѣй Ушаковъ
— Павелъ Языковъ
— Григорій Чишиничъ
— Павелъ Осокинъ
— Владиміръ Шамшевъ
— Алексѣй Мухановъ
— Осипъ Абрамовъ
Сержант. Герасимъ Абруцкой
Подпрап. Апполонъ Ознобишинъ
Капрал. Михаилъ Ляховичъ
Гардем. Иванъ Шигоринъ
— Василій Диринъ.

Изъ Унтеръ Офицеровъ Гвардіи.

Гардем. Иванъ Борисовъ
— Василій Подушкинъ.

Изъ опредѣленныхъ для обученія наукъ, Офицеровъ.

Поруч. Егоръ Ставрино
Прапорщ. Мануйло Арбурій.

Мая 5 дня.

Капрал. Андрей Сепягинъ.

Опредѣленный для обученія наукъ по Имянному указу.

Ноября 25 дня.

Александръ Симазъ.

1795 года.

Декабря 30 дня.

ВЪ МИЧМАНА.

Нерчинскаго Горнаго Баталліона Капитанъ.

Николай Муравьевъ.

Всего 99.

1794 года.

Мая 1 дня.

ВЪ МИЧМАНА.

Сержант. Петръ Головачевъ 3
— Александръ Извольской
— Ѳедоръ Станицкой
— Андрей Небаровъ
— Григорій Коростовецъ
— Денисъ Бабаевъ
— Петръ Казарановъ
— Екимъ Тамиловъ
— Князь Василій Мышецкой
— Иванъ Телесницкой
— Петръ Рикордъ
— Василій Киселевской
— Степанъ Протасовъ
— Дмитрій Даниловъ
— Василій Карповъ
Подпрап. Петръ Мацневъ
— Филиппъ Августъ Мендель
— Степанъ Нелидовъ
— Павелъ Чайковской
Капрал. Ѳеоктисъ Тебеньковъ
— Дмитрій Голенищевъ-Кутузовъ
— Александръ Мордвиновъ.

1794 года.

Мая 1 дня.

ВЪ МИЧМАНА.

Капрал.	Сергѣй Чириковъ
—	Павелъ Ганибалъ
—	Павелъ Жемчужниковъ
—	Василій Хомяковъ
—	Александръ Чеглоковъ
—	Семенъ Николаевъ
—	Николай Рагоповской
—	Иванъ Барчуковъ
—	Евлампій Лазаревъ
—	Иванъ Черняевъ
—	Андрей Бухаринъ
—	Николай Ланской
—	Василій Давыдовъ
Гардем.	Дмитрій Головачевъ
—	Василій Клачковъ
—	Ѳедоръ Фонъ Финкъ
—	Иванъ Фишеръ
—	Иванъ Казимировъ
—	Яковъ Бедрицкой
—	Степанъ Карповъ
—	Фридрихъ Рентель
—	Петръ Моисѣевъ
—	Петръ Сусловъ
—	Анпадистъ Литвиновъ
—	Иванъ Лугвеневъ
—	Василій Ботовъ
—	Николай Тулубьевъ
—	Матвѣй Ляховичъ
—	Алексѣй Олешевъ
—	Дмитрій Семеновъ
—	Петръ Теглевъ
—	Михаилъ Казаряновъ
—	Павелъ Тулубьевъ
—	Яковъ Шакординъ
—	Николай Воейковъ
—	Князь Павелъ Шихматовъ.

1794 года.

Мая 1 дня.

ВЪ МИЧМАНА.

Гардем.	Иванъ Брюммеръ
—	Степанъ Тевяшевъ
—	Петръ Мономаховъ
—	Петръ Качаловъ 1
—	Лаврентій Гедеоновъ
—	Иванъ Головачовъ
—	Алексѣй Олешевъ
—	Павелъ Муромцовъ
—	Василій Абрамовъ
—	Петръ Ефрасовъ
—	Сергѣй Тишининъ
—	Павелъ Елчаниновъ.

ЗА МИЧМАНОВЪ.

Подпрап.	Антонъ Рылѣевъ
Капрал.	Арсеній Козляиновъ
—	Николай Колумбусъ
—	Николай Шакординъ
—	Владиміръ Колзаковъ
—	Сергѣй Абруцкой.
Гардем.	Осипъ Фишеръ
—	Николай Гордѣевъ
—	Александръ Магикъ
—	Дмитрій Жемчужниковъ
—	Алексѣй Мусинъ-Пушкинъ
—	Петръ Головачевъ 2
—	Яковъ Мандрика
—	Терентій Мѣльницкій
—	Николай Елчаниновъ.

Всего 85.

1795 года.

Мая 1 дня.

ВЪ МИЧМАНА.

Сержант. Сергѣй Бровцынъ
— Иванъ Глотовъ
— Ираклій Ханыковъ
— Викторъ Папчинской
— Семенъ Тарховъ
— Алексѣй Сумароковъ
— Яковъ Любарской
— Матвѣй Лукки
— Павелъ Греве
— Князь Михаилъ Мышецкой.
Подпран. Николай Шигоринъ
Сержант. Андрей Протасовъ
Капрал. Андрей Арцыбашевъ
— Платонъ Азарьевъ
— Михаилъ Портновъ
Подпран. Николай Храповицкой
Сержант. Василій Путятинъ
Гардем. Павелъ Адауровъ
Капрал. Глѣбъ Куломзинъ
Гардем. Ѳедоръ Коведяевъ
— Иванъ Дурново
— ВАСИЛІЙ ДУРНОВО
— Аркадій Бахтинъ
— Михаилъ Сухотинъ
— Алексѣй Дурасовъ
— Иванъ Бужинской
— Алексѣй Головачовъ
— Яковъ Нестеровъ
— Александръ Давыдовъ
— Иванъ Наумовъ
— Ѳедоръ Давыдовъ
Капрал. Ѳедоръ Протасовъ
— Иванъ Хомяковъ
Гардем. Алексѣй Извѣковъ.

1795 года.

Мая 1 дня.

ВЪ МИЧМАНА.

Гардем. Иванъ Масленицкой
— Захаръ Орловской-Василенко 1
— Павелъ Засѣцкой
— Павелъ Семыкинъ
— Николай Стурмъ
— Ѳедоръ Орловской-Василенко 2
— Ѳома Блюмъ
— Александръ Клементьевъ
— Александръ Черниковъ
— Павелъ Исаковъ
— Алексѣй Назимовъ
— Степанъ Ерошкинъ
— Степанъ Сунгуровъ
— Нилъ Шишмаревъ
— Василій Веселаго
— Петръ Мистровъ
— Аполлонъ Балбековъ
— Андрей Языковъ
— Николай Сеславинъ
— Степанъ Абатуровъ
— Михаилъ Путиловъ
— Евсигній Тыртовъ
— Александръ Коробовъ
— Александръ Татариновъ
— Ипполитъ Башмаковъ
— Иванъ Невельской
— Баронъ Александръ Левендаль
— Николай Фроловъ
— Платонъ Конторовъ
— Петръ Брянчаниновъ
— Тихонъ Чайковскій
— Алексѣй Воиновъ.

1795 года.

Мая 1 дня.

ВЪ МИЧМАНА.

Гардем. Прокофій Салтановъ
— Князь Африканъ Шихматовъ
— Князь Владиміръ Шихматовъ
— Александръ Ушаковъ
— Николай Племянниковъ
— Яковъ Шишкинъ
— Павелъ Суковатой
— Михаилъ Сергѣевъ
— Андрей Возницынъ
— Александръ Мордвиновъ
— Михаилъ Кутузовъ
— Григорій Горемыкинъ

ЗА МИЧМАНОВЪ.

Сержант. Павелъ Рубачинскій
Подпрап. Николай Львовъ
Гардем. Иванъ Чегликовъ
— Андрей Ознобишинъ
— Эрастъ Кортавцовъ
— Василій Вердеревскій
— Князь Михаилъ Крапоткинъ
— Владиміръ Кантаревъ
— Николай Лялинъ
— Григорій Полетицкій
Сержант. Александръ Кортавцовъ
— Василій Зинбулатъ
Гардем. Николай Дурасовъ
Капрал. Павелъ Колзаковъ
Гардем. Иванъ Давыдовъ
— Петръ Колечицкой.

Всего 94.

1796 года.

Мая 1 дня.

ВЪ МИЧМАНА.

Сержант. Егоръ Жмакинъ
— Георгъ Фонъ Платеръ
— Семенъ Калиновской
— Петръ Фонъ Гернетъ
— Алексѣй Голофѣевъ
Каптенар. Алексѣй Мутовкинъ
Сержант. Петръ Воиновъ
— Василій Ивановъ
— Орестъ Кричевской
— Николай Богдановъ
— Александръ Глотовъ
— Апполонъ Поповъ
— Иванъ Баллей
Подпрап. Александръ Сукинъ
— Князь Григорій Друцкой Соколинскій
— Андрей Козлининовъ
— Яковъ Терентьевъ
Фурьер. Петръ Ераковъ
Капрал. Евсигній Ивановъ
— Петръ Василевской
— Ѳедоръ Сахновской
— Иванъ Шигоринъ
— Александръ Селивачевъ
Подпрап. Алексѣй Пузановъ
— Петръ Малочкинъ
Капрал. Ѳедоръ Фонъ Платеръ
— Ростиславъ Крыжевъ
Гардем. Василій Шевкуновъ
— Павелъ Сушовъ
— Дмитрій Поликарповъ
— Иванъ Плюсковъ
Фурьер. Кононъ Подушкинъ
Капрал. Андрей Половцовъ
— Егоръ Половцовъ
Гардем. Григорій Степановъ.

1796 года.

Мая 1 дня.

ВЪ МИЧМАНА.

Гардем. Николай Шелгуновъ
— Сергѣй Кушниковъ
— Семенъ Бодде
— Иванъ Машинъ
— Василій Быковъ
— Александръ Голостеновъ
— Николай Пыхачевъ
— Афонасій Маринъ
Подпрап. Гавріилъ Симановъ
Гардем. Петръ Баранцовъ
Капрал. Лавръ Токмачевъ
Фурьер. Иванъ Андреевъ
Гардем. Матвѣй Барташевичъ
— Василій Ленинъ
— Матвѣй Бачмановъ
— Алексѣй Побѣдинской
— Алексѣй Приваловъ
— Николай Сенягинъ
— Петръ Сущевъ
— Князь Александръ Шаховской
Капрал. Павелъ Болотовъ
Гардем. Павелъ Моисѣевъ
— Матвѣй Насѣкинъ
— Глѣбъ Корниловъ
— Василій Азарьевъ
— Иванъ Лызинъ
— Евгеній Длитовской
— Трофимъ Семыкинъ
— Александръ Клаверъ
— Петръ Клаверъ
— Григорій Соловьевъ
— Африканъ Сафоновъ
— Михаилъ Еропкинъ
— Василій Александровичь 2
— Павелъ Бабушкинъ.

1796 года.

Мая 1 дня.

ВЪ МИЧМАНА.

Гардем. Павелъ Магденко
Капрал. Яковъ Тончи
— Егоръ Мутовкинъ
— Алексѣй Мармылевъ
Гардем. Яковъ Бабаевъ
Капрал. Михаилъ Каширевъ
Гардем. Евграфъ Яковлевъ
— Владиміръ Ляховичь
— Александръ Возницынъ
— Петръ Калмыковъ
— Александръ Всеволожскій
— Глѣбъ Кренинынъ
— Петръ Кулябинъ
— Петръ Кушниковъ
— Иванъ Жеребцовъ
— Иванъ Прицкой
— Иванъ Чириковъ
— Николай Зиновьевъ
— Иванъ Повалишинъ
— Василій Бизюкинъ
— Евграфъ Гриневъ
— Ѳедоръ Фонъ Кригеръ
— Петръ Шкотъ
— Владиміръ Ушинской
— Николай Румянцовъ
— Егоръ Куличкинъ
— Михаилъ Мистровъ
— Павелъ Масоловъ
— Степанъ Батюшковъ
— Исаакъ Огалинъ
— Евграфъ Давыдовъ
Фурьер. Поликарпъ Сундуковъ
Гардем. Князь Николай Килдѣевъ
— Николай Извольской
— Николай Повалишинъ.

1796 года.

Мая 1 дня.

ВЪ МИЧМАНА.

Капрал. Антонъ Каширевъ
Сержант. Петръ Моллеръ
Гардем. Яковъ Бунаковъ
Капрал. Иванъ Корецкой
Гардем. Петръ Деригонье
— Иванъ Фонъ Нолькенъ
— Николай Квашнинъ-Самаринъ
— Иванъ Александровичъ
— Семенъ Фетцовъ
— Князь Ярославъ Шихматовъ
— Матвѣй Ендоуровъ
— Алексѣй Дехановъ
— Петръ Борисовъ
— Демьянъ Бабаевъ
— Иванъ Шишмаревъ
— Яковъ Шиповъ
— Александръ Козляиновъ 2
Фурьер. Князь Иванъ Мансуровъ
Гардем. Василій Елчинъ
Капрал. Яковъ Копыловъ
Гардем. Николай Ишкаринъ
— Василій Ланской
— Андрей Кропотовъ
— Антонъ Милюковъ
— Петръ Арцыбашевъ
— Николай Кашаровъ
— Петръ Зиновьевъ 2
— Иванъ Вонлярлярской
— Андреянъ Горяиновъ
Капрал. Афонасій Каширинъ
— Петръ Каменской
Гардем. Станиславъ Барташевичъ
Капрал. Петръ Мармылевъ
Сержант. Иванъ Поликарповъ.

1796 года.

Мая 1 дня.

ВЪ МИЧМАНА.

Гардем. Алексѣй Моисѣевъ
— Никифоръ Невельской
— Андрей Бедрицкой
— Петръ Качаловъ
— Владиміръ Поярковъ
— Георгій Фонъ Шталь 1
— Андрей Головачовъ
— Гавріилъ Барзенковъ
— Дмитрій Мѣльницкой
— Владиміръ Фонъ Шталь 2
— Иванъ Жуковъ
— Иванъ Белловъ
Сержант. Иванъ Вельяшевъ.

ЗА МИЧМАНОВЪ.

Капрал. Александръ Голенищевъ
— Густавъ Фонъ Платеръ
Гардем. Петръ Повалишинъ
— Алексѣй Саблинъ
— Дмитрій Нестеровъ
— Тимофей Богородицкой
— Николай Ломанъ
— Алексѣй Бемъ
Капрал. Маркъ Дзюрковской
Гардем. Павелъ Протасовъ
— Николай Аберябесовъ
— Николай Лупандинъ
— Александръ Бутаковъ
Капрал. Логинъ Половцовъ
Гардем. Даніилъ Карповъ
— Иванъ Штолцъ
— Николай Благовъ
— Еремѣй Суздальцовъ
Капрал. Николай Яновъ
— Евграфъ Протопоповъ.

1796 года.

Мая 1 дня.

ВЪ МИЧМАНА.

Гардем. Яковъ Ушинской
— Тимофей Бабаевъ
— Петръ Ланской
— Ермолай Лангъ
Капрал. Николай Протопоповъ
Гардем. Алексѣй Змѣевъ
— Ѳедоръ Каринской
— Александръ Масъ
— Генрихъ Вальфрамс-
       дорфъ
Подпрап. Адольфъ Францъ
Фурьер. Николай Яковлевъ
— Василій Хромовъ
Подпрап. Герасимъ Рудневъ
Фурьер. Ѳедоръ Фроловъ
— Тихонъ Ярцовъ
— Василій Савичь
Сержант. Василій Горемыкинъ
— Василій Екимовъ
Фурьер. Василій Каширевъ
Сержант. Дмитрій Екимовъ
Фурьер. Николай Екимовъ
Сержант. Ларіонъ Екимовъ
— Михаилъ Гололобовъ
— Сергѣй Гололобовъ
Подпрап. Николай Орловской
Фурьер. Григорій Говоровъ.

Всего 192.

1797 года.

Мая 1 дня.

ВЪ МИЧМАНА.

Сержант. Петръ Дурасовъ.

1797 года.

Мая 1 дня.

ВЪ МИЧМАНА.

Сержант. Михаилъ Неклюдовъ
— Николай Северюковъ
— Романъ Шуленниковъ
— Алексѣй Харламовъ
— Николай Лизгара
— Иванъ Макаровъ
— Семенъ Реньевъ
— Николай Рецьевъ
— Морицъ Берхъ
Подпрап. Михаилъ Харламовъ
— Александръ Дурасовъ
— Князь Александръ Путя-
       тинъ
— Петръ Карауловъ
— Фома Командоровъ
— Владиміръ Поздѣевъ
— Захаръ Макаровъ
Капрал. Иванъ Елагинъ
— Ѳедоръ Масальской
— Лука Богдановичь
— Алексѣй Растопчинъ
— Матвѣй Тутыхинъ
— Князь Яковъ Путятинъ
— Герасимъ Борисовъ
— Александръ Штехъ
Гардем. Дмитрій Богдановъ
— Григорій Мамаевъ
— Андреянъ Ратмановъ
— Михаилъ Целепи
— Денисъ Лизгара
— Спиридонъ Ходжіогло
— Василій Александро-
       вичь 1
— Иванъ Лазаревъ
— Князь Степанъ Крапот-
       кинъ.

1797 года.

Мая 1 дня.

ВЪ МИЧМАНА.

Гардем. Андрей Сорохтинъ
— Александръ Комаровъ
— Михаилъ Подлевской
— Александръ Азарьевъ
— Иванъ Гедеоновъ
— Григорій Горемыкинъ
— Фабіанъ Готлибъ Беллинсгаузенъ
— Иванъ Баранцевъ
— Яковъ Карцовъ
— Григорій Рикордъ
— Василій Баршевитиновъ
— Платонъ Пасынковъ
— Лука Мамышевъ
— Петръ Сивковъ
— Алексѣй Степановской
— Иванъ Кумела
— Сергѣй Уковъ
— Александръ Карновъ
— Петръ Титовъ
— Александръ Товбичъ
— Гавріилъ Забелла
— Матвѣй Лергоэвъ
— Апполонъ Давыдовъ
— Дмитрій Веревкинъ
— Осипъ Ставицкой
— Иванъ Фонъ Пансфельдъ
— Василій Елизаровъ
— Константинъ Ушаковъ
— Иванъ Сомовъ
— Николай Хомутовъ
— Петръ Сахновской
— Бернардъ Берхъ
— Степанъ Варваций
— Иванъ Костыревъ
— Яковъ Марковъ.

1797 года.

Мая 1 дня.

ВЪ МИЧМАНА.

Гардем. Михаилъ Кишкинъ
— Стамати Михайли
— Павелъ Образцовъ
— Клементій Тресновской
— Павелъ Водопьяновъ
Сержант. Николай Коробка
Гардем. Степанъ Пустошкинъ.

Мая 1 дня.

ВЪ АРМЕЙСКІЕ ПОДПОРУЧИКИ.

Кадетъ Александръ Образцовъ
— Павелъ Чебышевъ
— Апполонъ Веселаго
— Ванифантій Глотовъ
— Александръ Кропотовъ
— Ѳедоръ Сафоновъ
— Матвѣй Гудимъ
— Андрей Утинской
— Петръ Преженской
— Александръ Масловъ 1
— Василій Казимировъ
— Иванъ Шамшевъ
— Иванъ Сеславинъ
— Михаилъ Сафоновъ
— Яковъ Раевской
— Иванъ Татариновъ
— Николай Сафоновъ
— Павелъ Кусаковъ
— Иванъ Глинка
— Степанъ Горяиновъ.

Всего 97.

— 47 —

1798 года.

Февраля 13 дня.

ВЪ АРМЕЙСКІЕ ПРАПОРЩИКИ.

Кадетъ   Николай Костеревъ
—   Александръ Лутковской
—   Иванъ Ушаковъ
—   Степанъ Утинской
—   Александръ Лотыревъ
—   Павелъ Безобразовъ
—   Илья Квашнинъ-Самаринъ
—   Петръ Заливнинъ
—   Николай Шарыгинъ
—   Сергѣй Масаловъ
—   Борисъ Мартыновъ
—   Апполонъ Каратаевъ
—   Василій Нагадкинъ
—   Александръ Шатиловъ
—   Семенъ Свербѣевъ
—   Николай Коньевъ
—   Сергѣй Машинъ
—   Андрей Колзаковъ
—   Петръ Суботинъ
—   Ѳедоръ Мещериновъ
—   Павелъ Норманской
—   Иванъ Сенягинъ
—   Семенъ Мишинъ
—   Петръ Ушаковъ
—   Дмитрій Сверчковъ
—   Николай Исаевъ
—   Петръ Длатовской
—   Иванъ Барановъ
—   Иванъ Филисовъ
—   Гавріилъ Фонъ Штенгель
—   Василій Масловъ
—   Александръ Канищевъ
—   Иванъ Голенищевъ-Кутузовъ
—   Петръ Жуковъ.

1798 года.

Февраля 13 дня.

ВЪ ПОДПРАПОРЩИКИ.

Кадетъ   Фридрихъ Фонъ Коль
—   Отто Шульманъ
—   Ѳаддей Кривцовъ
—   Михаилъ Апрѣлевъ
—   Иванъ Глазовъ
—   Ѳедоръ Азарьевъ
—   Николай Грозновъ
—   Евграфъ Куликовъ
—   Галактіонъ Кузовлевъ
—   Николай Сергѣевъ
—   Евгеній Владиміровъ
—   Александръ Мягкой
—   Александръ Цуриковъ.

Мая 1 дня.

ВЪ МИЧМАНА.

Унт.Оф.   Гавріилъ Давыдовъ
—   Константинъ Аныхтинъ
—   Николай Денисьевъ
—   Алексѣй Давыдовъ
—   Князь Павелъ Шихматовъ
—   Князь Алексѣй Шихматовъ
—   Николай Ознобишинъ
—   Ѳедоръ Артюховъ
—   Николай Стяжкинъ
—   Осипъ Ганибалъ
Гардем.   Матвѣй Денисьевскій
—   Афонасій Башмаковъ
—   Михаилъ Селивачевъ
—   Николай Загосвинъ
—   Григорій Полторацкій
—   Василій Абазинскій
—   Князь Осипъ Кекуатовъ.

1798 года.

Мая 1 дня.

ВЪ МИЧМАНА.

Гардем. Иванъ Шишкинъ
— Алексѣй Титовъ
— Ксенофонтъ Христофоровъ
— Князь Александръ Мансуровъ
— Михаилъ Александровичъ
— Александръ Прицкой
— Григорій Нередковъ
— Иванъ Жуковъ 2
— Владиміръ Каваленъ
— Дмитрій Бунинъ
— Василій Гедеоновъ
— Александръ Масловъ 2
— Левъ Лѣнявцевъ
— Николай Давыдовъ
— Иванъ Норманскій
— Иванъ Болотниковъ
— Василій Верещагинъ
— Николай Шанизо
— Петръ Евсюковъ
— Иванъ Гаврино
— Иванъ Гуровской
— Баронъ Николай Муфель
— Кириллъ Рубаневскій
— Сергѣй Гордѣевъ
— Василій Исаковъ
— Яковъ Хвицкій
— Иванъ Перелешинъ
— Захаръ Головачовъ
— Павелъ Болотниковъ
— Алексѣй Дзюрковской
— Павелъ Дзиовичъ
— Алексѣй Извольскій
— Павелъ Дери
— Сергѣй Елинъ
— Ѳедоръ Калиневскій.

1798 года.

Мая 1 дня.

ВЪ МИЧМАНА.

Гардем. Александръ Чеглоковъ
— Петръ Портновъ
— Иванъ Мамаевъ
— Илья Вердеревскій
— Яковъ Лызинъ
— Лаврентій Патрикъ
— Матвѣй Скворцовъ
— Егоръ Овцынъ
— Василій Соломинъ
— Абрамъ Бутрюмовъ
— Андрей Урывковъ
— Алексѣй Лихаревъ
— Семенъ Рындинъ
— Петръ Шишковъ
— Дмитрій Овцынъ
— Василій Полуектовъ.

ВЪ МОРСКУЮ АРТИЛЛЕРІЮ, ВЪ УНТЕРЪ ЛЕЙТЕНАНТЫ.

Кадетъ Ѳедоръ Родичевъ
— Ѳедоръ Макаровъ
— Михаилъ Броневской
— Василій Борисовъ
— Дмитрій Скордилій
— Егоръ Бефани
— Андрей Балле.

ВЪ СЕКРЕТАРИ ПОРТОВЪ.

Гардем. Ѳедоръ Подушкинъ
— Петръ Филатовъ.

ВЪ АРМЕЙСКІЯ ПРАПОРЩИКИ

Гардем. Алексѣй Безобразовъ
— Никита Гурьевъ
— Антонъ Шишковъ
— Василій Сафарьевъ.

1798 года.

Мая 1 дня.

ВЪ АРМЕЙСКІЕ ПРАПОРЩИКИ.

Гардем. Василій Сомовъ
— Валентинъ Ханыковъ
— Николай Архиповъ
— Николай Леонтовичъ
— Николай Тарасовъ
— Иванъ Сливицкой
— Ѳедоръ Нелидовъ
— Дмитрій Аболешевъ
— Григорій Глинка
— Дмитрій Антоновъ
— Ефимъ Виноградской
— Ѳедоръ Ушаковъ
— Евграфъ Погожевъ
— Порфирій Гудимъ.

Октября 24 дня.

Кадетъ Николай Толбузинъ
— Василій Адамсъ
— Александръ Меньшой
— Иванъ Левшинъ
— Александръ Фонъ Ру-
          бенау
— Максимъ Бабаевъ
— Александръ Жуковъ
— Иванъ Любимовъ
— Павелъ Кутузовъ
— Алексѣй Замыцкой
— Андрей Бауманъ
— Николай Смольяниновъ
— Николай Бутовичъ
— Иванъ Лавровъ
— Князь Алексѣй Мещер-
          ской
— Ѳедоръ Арванитаки
— Петръ Радожицкой
— Князь Сергѣй Путятинъ

1798 года.

Октября 24 дня.

ВЪ АРМЕЙСКІЕ ПРАПОРЩИКИ.

Кадетъ Николай Радожицкой
— Дмитрій Емельяновъ
— Владимиръ Рубановской
— Андрей Максимовичъ
— Василій Азарьевъ
— Сергѣй Глинка
— Александръ Трубниковъ
— Александръ Воейковъ
— Александръ Корниловъ
— Адольфъ Фонъ Штем-
          пель
— Егоръ Глазовъ
— Петръ Анучинъ
— Мануилъ Вардалахъ
— Иванъ Хрицкой
— Николай Кусаковъ
— Андрей Тевяшевъ
— Богданъ Достаничъ
— Василій Абатуровъ
— Александръ Нелидовъ
— Петръ Милюковъ
— Алексѣй Мозгалевской
— Петръ Горемыкинъ
— Карлъ Кармайкель.

Всего 183.

1799 года.

Февраля 5 дня.

ВЪ АРМЕЙСКІЯ ПРАПОРЩИКИ.

Кадетъ Евграфъ Адамсъ
— Александръ Жуковъ
— Николай Поздѣевъ
— Владиміръ Масловъ
— Николай Толбухинъ.

1799 года.

Февраля 5 дня.

ВЪ АРМЕЙСКІЯ ПРАПОРЩИКИ.

Кадетъ Иванъ Кутузовъ
— Спиридонъ Милыти
— Николай Бѣлой
— Афонасій Бетаки
— Александръ Македонскій
— Павелъ Портновъ
— Гавріилъ Лугвеневъ
— Яковъ Глотовъ
— Сергѣй Овцынъ
— Василій Перской
— Нилъ Головцынъ
— Николай Хметевской
— Яковъ Блаженковъ
— Константинъ Тулубьевъ
— Григорій Горонопуло
— Павелъ Сердешневъ
— Григорій Кононовичъ
— Ѳедоръ Гордѣевъ.

Въ Кавалергадской корпусъ.

Февраля 9 дня.

Кадетъ Арсеній Борисовъ
— Гавріилъ Челищевъ
— Николай Козляиновъ.

Мая 1 дня.

ВЪ МИЧМАНА.

Унт.Оф. Владиміръ Фонъ Штенгель
— Иванъ Шулениковъ
— Никифоръ Перской
— Павелъ Лавровъ
— Князь Николай Кекуатовъ.

1799 года.

Мая 1 дня.

ВЪ МИЧМАНА.

Унт.Оф. Григорій Папахристо
— Алексѣй Каховской
— Александръ Семеновъ
— Демьянъ Булычовъ
— Николай Скоровъ
— Петръ Кузьминъ
— Иванъ Волоцкой
— Абрамъ Скоровъ
Гардем. Иванъ Карауловъ
— Николай Сущовъ
— Иванъ Максимовичъ
— Дмитрій Филатовъ
— Николай Богдановъ
— Михаилъ Лапухинъ
— Василій Берхъ
— Александръ Зеленой
— Никита Головачевъ
— Егоръ Коронелли
— Василій Шишмаревъ
— Иванъ Кеслеръ
— Николай Бибиковъ
— Тимофей Яновской
— Василій Лихаревъ
— Никита Пѣвцовъ
— Александръ Теглевъ
— Евграфъ Шишкинъ
— Григорій Козинъ
— Константинъ Веселкинъ
— Василій Маркевичъ
— Алексѣй Сорохтинъ
— Алексѣй Северюковъ
— Владиміръ Нелединской
— Яковъ Подушкинъ
— Иванъ Граблиновъ
— Алексѣй Василевской
— Александръ Яроставовъ.

— 51 —

1799 года.

Мая 1 дня.

ВЪ МИЧМАНА.

Гардем. Абрамъ Ганибалъ
— Павелъ Каневской-Оболонской
— Николай Шиповъ
— Егоръ Мельгуновъ.

ВЪ АРТИЛЛЕРІЙСКІЕ УНТЕРЪ ЛЕЙТЕНАНТЫ.

Кадетъ Иванъ Ботовъ
— Никифоръ Курманалѣевъ
— Князь Никоноръ Мансуровъ
— Константинъ Балакеревъ
— Иванъ Батюшковъ
— Григорій Трофимовъ
— Дмитрій Ходневъ
— Князь Николай Мышецкой.

Всего 79.

1800 года.

Января 28 дня.

ВЪ АРМЕЙСКІЯ ПОДПОРУЧИКИ.

Кадетъ Николай Калакуцкой 2
— Степанъ Квашнинъ-Самаринъ
— Дмитрій Канищевъ
— Ульянъ Семичевъ
— Петръ Невельской
— Сергѣй Воейковъ
— Иванъ Маличкинъ
— Александръ Садыковъ
— Николай Куроѣдовъ
— Андрей Сенягинъ.

1800 года.

Января 28 дня.

ВЪ АРМЕЙСКІЕ ПОДПОРУЧИКИ.

Кадетъ Николай Вельяшевъ
— Семенъ Шишкинъ
— Иванъ Саблинъ
— Василій Бутрюмовъ
— Иванъ Кузминъ
— Карпъ Евизневской
— Иванъ Кувшиновъ
— Яковъ Фустовъ
— Николай Давыдовъ
— Михаилъ Челищевъ
— Иванъ Тишинъ
— Михаилъ Лачиновъ 2
— Иванъ Гавриловъ 1.

Въ Артиллерійскій Баталіонъ.

Арт.Кад. Николай Лапухинъ.

ВЪ АРМЕЙСКІЕ ПРАПОРЩИКИ.

Кадетъ Николай Сутерминъ
— Александръ Астафьевъ
— Александръ Болотниковъ
— Степанъ Лугвеневъ 2
— Гавріилъ Арбузовъ
— Григорій Кадинаки.

Октября 22 дня.

ВЪ МИЧМАНА.

Унт.Оф. Князь Сергѣй Шихматовъ 1
— Баронъ Левъ Шлипенбахъ 1
— Александръ Куроѣдовъ
— Иванъ Бутрюмовъ.

1800 года.

Октября 22 дня.

ВЪ МИЧМАНА.

Унт. Оф.	Алексѣй Члодханъ
—	Алексѣй Поздѣевъ 2
—	Николай Поздѣевъ 1
—	Ѳедоръ Муръ
—	Дмитрій Тарбѣевъ
—	Спирлатъ Ламбрюсъ
—	Баронъ Георгъ Шлиппен- бахъ 2
—	Матвѣй Повалишинъ
—	Петръ Трофимовъ 1
—	Ѳаддей Фонъ Тизенга- узенъ 1
—	Александръ Завалишинъ
Гардем.	Петръ Давыдовъ 1
—	Михаилъ Лотыревъ
—	Николай Галичь
—	Михаилъ Абруцкой
—	Аркадій Мартьяновъ
—	Спиридонъ Милоно
—	Спиридонъ Баронъ
—	Александръ Извѣковъ
—	Дмитрій Азарьевъ
—	Иванъ Воейковъ
—	Яковъ Сальковъ
—	Николай Семыкинъ
—	Никита Шаховъ
—	Ѳедоръ Франкенъ
—	Ѳедоръ Гурьевъ
—	Николай Перской
—	Яковъ Балясной
—	Иванъ Трофимовъ 2
—	Василій Сафоновъ
—	Павелъ Жуковъ
—	Карлъ Фонъ Тизенга- узенъ 2
—	Петръ Давыдовъ 2
—	Александръ Козинъ.

1800 года.

Октября 22 дня.

ВЪ МИЧМАНА.

Гардем.	Николай Головинъ
—	Николай Глотовъ
—	Павелъ Короваевъ
—	Николай Семичевской
—	Сергѣй Извольской
—	Иванъ Житовъ
—	Андрей Казаревичь
—	Иванъ Соловьевъ 2
—	Григорій Соловьевъ 1
—	Иванъ Арцыбашевъ
—	Иванъ Головнинъ
—	Никаноръ Паренаго
—	Антонинъ Гиникъ.

ВЪ АРТИЛЛЕРІЙСКІЕ УНТЕРЪ ЛЕЙТЕ- НАНТЫ.

Кадетъ	Николай Букинской
—	Ѳома Ратчь
—	Ѳедоръ Кривцовъ
—	Евсей Палама
—	Александръ Куломзинъ
—	Андрей Томара
—	Константинъ Гуржи
—	Павелъ Тулубьевъ
—	Иванъ Полтарацкой
—	Иванъ Долгово-Сабуръ
—	Василій Лихонинъ
—	Дмитрій Астафьевъ
—	Алексѣй Ильинъ
—	Петръ Лачиновъ
—	Дмитрій Подтчерковъ
—	Филиппъ Безумовъ
—	Алексѣй Граблиновъ
—	Семенъ Кислинской
—	Илья Трофимовъ
—	Антонъ Жорже.

1800 года.

Октября 22 дня.

ВЪ АРТИЛЛЕРІЙСКІЕ УНТЕРЪ ЛЕЙТЕНАНТЫ.

Кадетъ Петръ Аничковъ
— Павелъ Биркинъ
— Николай Колечицкой
— Василій Апрѣлевъ
— Иванъ Анусовъ
— Михаилъ Тельцовъ.

Всего 107.

1801 года.

Мая 17 дня.

ВЪ МИЧМАНА.

Унт.Оф. Алексѣй Свѣчинъ 1
— Андрей Мамышевъ
— Петръ Куницкой
— Иванъ Павловъ
— Александръ Купріяновъ
— Павелъ Мамаевъ
— Семенъ Чубовской
— Иванъ Унковской
— Яковъ Шаховъ
— Дмитрій Головнинъ
— Василій Сухотинъ
— Алексѣй Зубовъ
— Анатолій Карповъ
— Иванъ Подушкинъ
— Николай Мягкой
— Николай Ноготкинъ
— Иванъ Ласунской
— Левъ Ломановъ
— Александръ Бунинъ 1
— Николай Бунинъ 2
— Владиміръ Козпаковъ 1
Гардем. Николай Свѣчинъ 2.

1801 года.

Мая 17 дня.

ВЪ МИЧМАНА.

Гардем. Всеволодъ Казнаковъ 2
— Всеволодъ Бартеневъ
— Павелъ Свѣчинъ 1
— Алексѣй Курманалѣевъ
— Александръ Фонъ Франкъ
— Левъ Беклешевъ
— Ѳедоръ Филипповъ
— Алексѣй Зеленой
— Евграфъ Азарьевъ
— Николай Шишмаревъ
— Иванъ Жихаревъ
— Евгеній Сущовъ
— Александръ Загряжской
— Александръ Обольяниновъ
— Николай Шубинъ
— Василій Мацневъ
— Иванъ Романовъ
— Николай Толбузинъ
— Алексѣй Макликовъ
— Николай Ханыковъ
— Николай Гальской
— Александръ Хотинцовъ
— Захаръ Воейковъ
— Николай Семанжъ
— Петръ Самаринъ
— Алексѣй Кирѣевской
— Николай Теглевъ
— Григорій Веселкинъ
— Сергѣй Ашанинъ
— Александръ Ханеневъ 1.

ВЪ УНТЕРЪ ЛЕЙТЕНАНТЫ.

Арт.Кад. Семенъ Матовъ
— Михаилъ Прицкой.

1801 года.

Мая 17 дня.

ВЪ УНТЕРЪ ЛЕЙТЕНАНТЫ.

Атр. Кад. Аполлон Дурново
— Александръ Козловской
— Андрей Сафоновъ
— Иванъ Безобразовъ
— Иванъ Кургановской
— Николай Жеглинской
— Александръ Мельниковъ
— Андрей Калакуцкой.

Всего 62.

1802 года.

Апрѣля 2 дня.

Морскіе Боталіоны

ВЪ ПРАПОРЩИКИ.

Кадетъ Ѳедоръ Трофимовъ
— Михаилъ Костырнастоц-
    кой
— Михаилъ Голенковской
— Николай Калиги
— Аркадій Калакуцкой
— Сергѣй Чириковъ.

Іюня 28 дня.

ВЪ МИЧМАНА.

Унт. Оф. Петръ Полозовъ
— Николай Павловъ
— Князь Степанъ Крапот-
    кинъ
— Николай Лизогубъ
— Владиміръ Броневской
— Алексѣй Ракитинъ
— Аристархъ Адамсъ
— Павелъ Понафидинъ.

1802 года.

Іюня 28 дня.

ВЪ МИЧМАНА.

Унт. Оф. Павелъ Коведяевъ
— Иванъ Чегловковъ
— Александръ Филатовъ
— Иванъ Окуловъ
— Александръ Тихменевъ
— Павелъ Родищевъ
— Николай Макаровъ
— Николай Шафровъ
— Семенъ Литина
— Григорій Арбузовъ
— Ѳедоръ Повалишинъ
— Матвѣй Муравьевъ
— Николай Растопчинъ
— Николай Крекшинъ
— Графъ Ѳедоръ Толстой
— Александръ Тейльсъ
— Захаръ Понафидинъ
— Александръ Ивановъ
— Андрей Тейльсъ
Гардем. Павелъ Валмасовъ
— Иванъ Бухвастовъ
— Иванъ Солонники
— Ѳедоръ Дурасовъ
— Алексѣй Ащеринъ
— Михаилъ Зайновъ
— Панкратій Глазатовъ
— Павелъ Безобразовъ
— Петръ Харламовъ 1
— Ѳедоръ Харламовъ 2
— Александръ Жемчужни-
    ковъ
— Алексѣй Борисовъ
— Егоръ Фроловъ
— Александръ Шестаковъ
— Александръ Шлыковъ
— Арсеній Кушелевъ
— Петръ Болотниковъ.

1802 года.

Іюня 28 дня.

ВЪ МИЧМАНА.

Гардем. Петръ Нестеровъ
— Павелъ Захаровъ
— Петръ Валронтъ
— Александръ Валронтъ
— Ѳедоръ Будищевъ
— Александръ Бартеневъ
— Павелъ Шушеринъ
— Константинъ Фонъ Вран-
гель
— Платонъ Кэсперской
— Иванъ Повало-Швей-
ковской
— Князь Владиміръ Кекуа-
товъ
— **Алексѣй Дмитріевъ**
— Аполлонъ Шишкинъ
— Павелъ Безобразовъ
— Павелъ Игнатьевъ
— Иванъ Давыдовъ
— Александръ Ратьковъ
— Николай Татариновъ
— Николай Ладыгинъ
— Григорій Извольской
— Александръ Жихаревъ
— Николай Савинъ.

ВЪ УНТЕРЪ ЛЕЙТЕНАНТЫ.

Арт.Кад. Корнилій Логиновъ
— Всеволодъ Козляниновъ
— Иванъ Киленинъ
— Ефимъ Карцовъ
— Сергѣй Кавелинъ
— Петръ Ганнибалъ
— Ѳедоръ Пущинъ
— Дмитрій Палеологъ
— Лука Гамалѣя.

1802 года.

Іюня 28 дня.

ВЪ УНТЕРЪ ЛЕЙТЕНАНТЫ.

Арт.Кад. Александръ Перелешинъ
— Яковъ Колзаковъ
— Александръ Нелединской
— Александръ Биретовъ
— Дмитрій Харламовъ
— Иванъ Семеновъ
— Григорій Ялинъ
— Ѳедоръ Левашевъ
— Платонъ Сангредо
— Иванъ Путиловъ.

Всего 91.

1803 года.

ВЪ КОНТРОЛЬНЫЕ ВОСПИТАННИКИ 1-ГО КЛАССА, съ производствомъ въ 14-ой Классъ.

Унт.Оф. Андрей Филипповъ
Гардем. Матвѣй Рѣткинъ
— Дмитрій Беклешевъ
— Петръ Львовъ
— Петръ Борисовъ
— Александръ Щербачевъ
Арт.Кад. Иванъ Соловкинъ
— Николай Чегловъ
— Петръ Клементъ
— Василій Дятьковъ
— Василій Баранцовъ
— Иванъ Мацкевичъ
— Михаилъ Осташевъ
— Яковъ Кутузовъ
— Петръ Зиловъ
— Францъ Ольшевской
— Иванъ Сукинъ
— Андреянъ Макаровъ.

— 56 —

1803 года.

ВЪ КОНТРОЛЬНЫЕ ВОСПИТАННИКИ 2-ГО КЛАССА, *безъ повышенія въ 14-ой Классъ.*

Кадетъ	Василій Гавриловъ
—	Павелъ Зыбинъ
—	Владиміръ Головцынъ
—	Павелъ Яковлевъ
—	Иванъ Игнатьевъ
—	Иванъ Головцынъ
—	Николай Кирьяки
—	Павелъ Ратчъ
—	Егоръ Арцыбашевъ
—	Борисъ Бриль
—	Степанъ Левшинъ
—	Михаилъ Афонасьевъ
—	Графъ Василій Янковичъ
—	Николай Тереховской
—	Антонъ Щербачевъ
—	Иванъ Змеевъ
—	Афанасій Правато
—	Антонъ Саридаки.

Всего 36.

1804 года.

Іюня 10 дня.

ВЪ МИЧМАНА.

Унт.Оф.	Николай Макалинской
—	Александръ Авиновъ
—	Алексѣй Северинъ
—	Дмитрій Ильинъ
—	Егоръ Моллеръ
—	Александръ Чеглоковъ
—	Василій Никитинъ
—	Готлибъ Августъ Мендель
—	Сергѣй Фиглевъ.

1804 года.

Іюня 10 дня

ВЪ МИЧМАНА

Унт.Оф.	Павелъ Давыдовъ
—	Павелъ Зеленой
—	Николай Брезовской
—	Егоръ Папаѳедоровъ
—	Глѣбъ Шишмаревъ
—	Андрей Лазаревъ
—	Алексѣй Левшинъ
—	Алексѣй Шестаковъ
—	Павелъ Дохтуровъ
—	Владиміръ Давыдовъ
—	Александръ Жоховъ
—	Иванъ Хрущевъ
—	Иванъ Игнатьевъ
—	Василій Зыбинъ
Гардем.	Александръ Букинской
—	Графъ Петръ Толстой
—	Павелъ Зассъ
—	Григорій Головнинъ
—	Петръ Поздѣевъ
—	Павелъ Лазаревъ-Станищевъ
—	Владиміръ Карповъ
—	Привархъ Грязевъ
—	Николай Теглевъ
—	Александръ Трубинъ
—	Апостоли Егоровъ
—	Николай Игнатьевъ
—	Михаилъ Башмаковъ
—	Матвѣй Чихачевъ
—	Александръ Колзаковъ
—	Иванъ Коростовецъ
—	Иванъ Подчертковъ
—	Никаноръ Лесли
—	Василій Ивановъ
—	Петръ Куприяновъ
—	Василій Пановъ.

1804 года.

Іюня 10 дня.

ВЪ МИЧМАНА.

Гардем.   Павелъ Абатуровъ
—   Александръ Сердешневъ
—   Петръ Денисьевъ
—   Петръ Секеринъ
—   Петръ Тыртовъ
—   Андрей Мансуровъ
—   Графъ Петръ Толстой 1
—   Михаилъ Станюковичъ
—   Христо Халепи
—   Ѳедоръ Обольяниновъ
—   Александръ Селивановъ
—   Павелъ Осташевъ
—   Дмитрій Родилевъ
—   Павелъ Висленевъ
—   Дмитрій Ратьковъ
—   Дмитрій Семиковъ
—   Дмитрій Купріяновъ
—   Степанъ Саридаки
—   Петръ Клаверъ
—   Николай Мансуровъ
—   Никаноръ Тыртовъ
—   Николай Рыкачевъ
—   Мардарій Милюковъ
—   Іосифъ Бернардскій
—   Евграфъ Станюковичъ
—   Севастьянъ Паніоти
—   Герасимъ Калига
—   Константинъ Зерновъ
—   Мануилъ Киріяки
—   Григорій Кургановской.

ЗА МИЧМАНА.

Гардем.   Василій Яминской.

1804 года.

Іюня 10 дня.

ВЪ КОНТРОЛЬНЫЕ ВОСПИТАННИКИ 1 КЛАССА, съ производствомъ въ 14 Классъ.

Гардем.   Василій Маркевичъ

ВЪ КОНТРОЛЬНЫЕ ВОСПИТАННИКИ 2 КЛАССА, безъ повышенія въ 14 Классъ.

Кадетъ   Павелъ Фатопуло
—   Николай Корсаковъ
—   Петръ Кафтыревъ 1
—   Дмитрій Кафтыревъ 2
—   Александръ Фонъ Эйманъ
—   Тимофей Бѣлой.

Всего 82.

1805 года.

Января 8 дня.

Въ 1-ый Морской полкъ

ВЪ ПОДПОРУЧИКИ.

Гардем.   Алексѣй Воейковъ
—   Графъ Николай Толстой 1
—   Графъ Александръ Толстой 2.

ВЪ ПРАПОРЩИКИ.

Гардем.   Константинъ Кривошатовъ
—   Михаилъ Кожуховъ.

1805 года.

Января 8 дня.

Въ 2-ой Морской полкъ

ВЪ ПОДПОРУЧИКИ.

Гардем. Александръ Лихаревъ
— Дмитрій Щегловатовъ
— Андрей Лавровъ
— Александръ Никитинъ
— Петръ Батезатулъ 1
— Семенъ Повало-Швей-
 ковской 1.

ВЪ ПРАПОРЩИКИ.

Гардем. Ѳедоръ Повало-Швей-
 ковской 2.

Въ 3-ій Морской полкъ

ВЪ ПРАПОРЩИКИ.

Гардем. Яковъ Арцыбашевъ
— Исаакъ Бобрищевъ-
 Пушкинъ
— Дмитрій Лугвеневъ
— Михаилъ Возницынъ
— Баронъ Владиміръ Ле-
 вендаль
— Николай Козинъ

Апрѣля 6 дня.

ВЪ МИЧМАНА.

Унт.Оф. Павелъ Шишкинъ
— Нилъ Чеглоковъ
— Василій Ушаковъ
— Яковъ Подушкинъ
— Афонасій Зыбинъ
— Иванъ Киселевской
— Александръ Норманской.

1805 года.

Апрѣля 6 дня.

ВЪ МИЧМАНА.

Унт.Оф. Николай Давыдовъ
— Иванъ Сытинъ
— Михаилъ Полуектовъ
— Евграфъ Готовцовъ
— Степанъ Бурнашевъ
— Николай Епанчинъ
— Александръ Мономаховъ
— Петръ Домогацкой
— Николай Попафидинъ
— Григорій Мельниковъ
— Николай Клементъ
— Иванъ Гордѣевъ
— Михаилъ Свѣшниковъ
— Михаилъ Старошевской
— Николай Козинъ
— Николай Сухотинъ
— Василій Токмачевъ
— Павелъ Богдановъ
Гардем. Василій Скрипицынъ
— Анѳивогенъ Куницкой
— Сергѣй Зыбинъ
— Николай Андреевъ
— Александръ Ковалев-
 ской 1
— Иванъ Чудиновъ
— Дмитрій Крекшинъ
— Василій Бѣлой
— Илья Рудаковъ
— Яковъ Вьюновъ
— Василій Долгополовъ
— Михаилъ Батезатулъ
— Александръ Ковалев-
 ской 2
— Алексѣй Давыдовъ
— Алексѣй Мелиховъ
— Ростиславъ Загоскинъ.

1805 года.

Апреля 6 дня.

ВЪ МИЧМАНА.

Гардем.	Николай Захаровъ
—	Алексѣй Елчаниновъ
—	Павелъ Суботинъ
—	Николай Дыринъ
Унт.Оф.	Петръ Бачмановъ
Гардем.	Петръ Худяковъ
—	Семенъ Лантевъ
—	Иванъ Ниловъ
—	Василій Обрѣзковъ
—	Иванъ Игнатьевъ
—	Ануфрій Мацкевичъ
—	Арсеній Пыжевъ
—	Александръ Теглевъ
—	Михаилъ Тютчевъ
—	Князь Иванъ Краноткинъ
—	Евграфъ Зайцовъ 1
—	Павелъ Зайцовъ 2
—	Николай Окуловъ
—	Николай Колюбакинъ
—	Александръ Брюховъ
—	Михаилъ Болтинъ.

ЗА МИЧМАНОВЪ.

Унт.Оф.	Павелъ Свѣшниковъ
—	Князь Михаилъ Шаховской
—	Петръ Ишкаринъ
Гардем.	Александръ Валуевъ.

Декабря 27 дня.

ВЪ МИЧМАНА.

Унт.Оф.	Александръ Свѣшниковъ
—	Иванъ Епанчинъ.

1805 года.

Декабря 27 дня.

ВЪ МИЧМАНА.

Гардем.	Иванъ Арсеньевъ
—	Петръ Фонъ Дезинъ
—	Александръ Лихонинъ
—	Иванъ Бабушкинъ
—	Илья Жеребцовъ
—	Яковъ Нестеровъ
—	Александръ Изъядиновъ.

ВЪ КОНТРОЛЬНЫЕ ВОСПИТАННИКИ 1 ГО КЛАССА, *съ производствомъ въ 14 Классъ.*

Гардем.	Александръ Бибиковъ
—	Алферій Шулешниковъ.

Всего 95.

1806 года.

Февраля 9 дня.

Въ 1 Морской полкъ

ВЪ ПРАПОРЩИКИ.

Гардем.	Александръ Литвиновъ

Во 2 Морской полкъ.

Гардем.	Князь Сергѣй Урусовъ
—	Петръ Ломыковской.

ВЪ КОНТРОЛЬНЫЕ ВОСПИТАННИКИ 2-ГО КЛАССА, *безъ повышенія въ 14 Классъ.*

Кадетъ	Петръ Карцовъ.

1806 года.

Февраля 5 дня.

ВЪ КОНТРОЛЬНЫЕ ВОСПИТАННИКИ 2-ГО КЛАССА, *безъ повышенія въ 14 Классъ.*

Кадетъ Сергѣй Волковъ
— Василій Каховской
— Егоръ Волковъ.

Всего 7.

1807 года.

Января 12 дня.

ВЪ МИЧМАНА.

Унт. Оф. Аполлонъ Воейковъ
— Михаилъ Юрьевъ
— Князь Платонъ Ширинскій-Шихматовъ
— Демьянъ Верховской
— Петръ Шулепниковъ
— Князь Владиміръ Ширинскій-Шихматовъ
— Николай Селевинъ
— Сергѣй Богдановъ
— Ѳедоръ Бабаевъ
— Князь Владиміръ Шаховской
— Екимъ Гордѣевъ
— Иванъ Мазуровъ
— Николай Хрущовъ
— Владиміръ Ханыковъ
— Василій Шепцовъ
— Сергѣй Наумовъ
— Аполлонъ Токмачевъ
Гардем. Петръ Веревкинъ
— Александръ Мацкевичъ
— Павелъ Юрьевъ.

1807 года.

Января 12 дня.

ВЪ МИЧМАНА.

Гардем. Гавріилъ Камаринин
— Евгеній Якушкинъ
— Егоръ Глазатовъ
— Осипъ Джелаковъ
— Алексѣй Андреевъ
— Александръ Шамшевъ
— Александръ Богдановъ
— Николай Чириковъ
— Алексѣй Веревкинъ
— Павелъ Козляиновъ
— Василій Кутузовъ
— Петръ Болговской
— Василій Болговской
Гардем. Ѳеодосій Глазатовъ
— Борисъ Бестужевъ
— Яковъ Новало-Швейковской
— Захаръ Зайцовъ
— Петръ Новиковъ
— Захаръ Сурковъ
— Петръ Тыртовъ 2
— Илья Максимовъ
— Павелъ Валуевъ
— Яковъ Мерлинъ.

Въ Морскую Артиллерію

ВЪ КОНСТАПЕЛИ.

Кадетъ Алексѣй Коноплинъ
— Гавріилъ Бестужевъ
— Ростиславъ Голенищевъ
— Иванъ Корсаковъ
— Дмитрій Култашевъ
— Баронъ Францъ Фонъ-Ботъ
— Иванъ Выдрижинской.

1807 года.

Января 12 дня.

Въ Морскую Артиллерію.

ЗА КОНСТАПЕЛЕЙ.

Кадетъ Иванъ Линевъ
— Егоръ Глазовъ.

ВЪ ПОРУЧИКИ.

Унт.Оф. Григорій Головнинъ
Гардем. Григорій Скрыплевъ
— Василій Аклечѣевъ.

Находящіеся на эскадрѣ въ Адріатическомъ морѣ.

ВЪ МИЧМАНА.

Унт.Оф. Петръ Лосевъ
— Андрей Яковлевъ
— Александръ Зиновьевъ
Гардем. Петръ Нелюбовъ
— Михаилъ Ратьковъ
— Николай Милюковъ
— Виталій Деревицкой
— Николай Потуловъ
— Платонъ Аничковъ
— Александръ Левшинъ
— Александръ Селивановъ
— Григорій Азарьевъ
— Петръ Озеровъ
— Василій Екимовъ
— Александръ Екимовъ
— Алексѣй Обольяниновъ
— Тимофей Лялинъ
— Василій Головнинъ
— Александръ Ивановъ
— Павелъ Шишуковъ
— Павелъ Чистяковъ
— Ѳедоръ Норманской
— Александръ Хрущовъ
— Ѳедоръ Головинъ.

1807 года.

Января 12 дня.

ВЪ МИЧМАНА.

Гардем. Степанъ Балкашинъ
— Иванъ Лабазовъ
— Отто Дероберти
— Николай Юрьевъ
— Петръ Богдановъ.

Находящійся въ Англіи волонтеромъ.

Николай Муравьевъ.

Находящіеся въ Адріатическомъ морѣ, за отличіе въ сраженіи.

Гардем. Николай Кузминъ
— Христофоръ Повало-Швейковской
— Григорій Челищевъ.

Сентября 23 дня.

Произведены въ кампаніи въ Адріатическомъ морѣ, за отличіе въ сраженіи, бывшемъ съ Турецкою эскадрою 19-го Іюня, при островѣ Лемносѣ.

Гардем. Павелъ Бѣляевъ
— Баронъ Романъ Левендаль
— Николай Зыбинъ
— Алексѣй Готовцовъ
— Михаилъ Родичевъ
— Константинъ Зерновъ
— Платонъ Мерлинъ
— Александръ Брезовской
— Николай Баскаковъ
— Пантелей Баласогло.

Всего 98.

1808 года.

Января 1 дня.

ВЪ МИЧМАНА.

Унт.Оф. Дмитрій Кортавцовъ
— Семенъ Яновской
— Петръ Чеславской
— Яковъ Булычевъ
— Алексѣй Ефремовъ
— Иванъ Чеславской
— Александръ Фроловъ
— Гавріилъ Нейковъ
— Никаноръ Каховской
— Петръ Онсовъ
— Николай Измайловъ
— Иванъ Трубниковъ
— Афонасій Дубровинъ
Гардем. Левъ Карповъ
— Алексѣй Броневской
— Василій Повало-Швейковской
— Иванъ Кавелинъ
— Михаилъ Ниловъ
— Всеволодъ Якушкинъ
— Николай Трубниковъ
— Александръ Бутковской
— Иванъ Маренко
— Яковъ Хрущовъ
— Августъ Мандерштернъ
— Николай Кошалевъ
— Платонъ Лугвеневъ
— Іосифъ Бахтѣевъ
— Никандръ Филатовъ
— Нилъ Лутковской
— Семенъ Гриневской
— Семенъ Лихаревъ
— Александръ Фонъ Штакельберхъ
— Гавріилъ Свиньинъ
— Василій Мордвиновъ
— Александръ Рудомазинъ.

1808 года.

Января 1 дня.

Гардем. Петръ Карповъ
— Владиміръ Колюбакинъ
— Павелъ Бачмановъ 1.

Въ Морскую Артиллерію
ВЪ КОНСТАПЕЛИ.

Кадетъ Василій Хохловъ
— Михаилъ Подкользинъ
— Николай Шевцовъ
— Николай Труновъ
— Петръ Коноплинъ
— Иванъ Пустошкинъ
— Матвѣй Послуживцовъ
— Петръ Зыковъ
— Иванъ Понафидинъ
— Александръ Масленицкой.

ЗА КОНСТАПЕЛЯ.

Кадетъ Дмитрій Ключаревъ.

Назначеные къ производству послѣ экзамена.

Унт.Оф. Александръ Колокольцовъ
— Николай Колокольцовъ
— Иванъ Меншиковъ
Гардем. Николай Жиленковъ
— Евграфъ Жиленковъ
— Алексѣй Любимовъ
— Николай Наумовъ
— Иванъ Чаплинъ
— Алексѣй Чаплинъ
— Владиміръ Суботинъ
— Василій Назимовъ
— Филиппъ Екимовъ.

1808 года.

Января 1 дня.

ВЪ МИЧМАНА.

Гардем. Дмитрій Кармалинъ
— Павелъ Озеровъ
— Василій Истоминъ
— Алексѣй Воробьевъ
— Алексѣй Юкавской
— Левъ Давыдовъ, *умеръ въ Августѣ мѣсяцѣ 1807 г.*
— Николай Болтинъ
— Александръ Трескинъ
— Петръ Измайловъ
— Платонъ Нахимовъ
— Иванъ Захарьинъ
— Спиридонъ Метакъ
— Александръ Бѣлой
— Иванъ Коровинъ
— Павелъ Корсаковъ
— Николай Бирюлевъ
— Нилъ Кропотовъ
— Михаилъ Нестряковъ
— Григорій Босаргинъ
— Павелъ Повало-Швейковской
— Владиміръ Бехмѣтевъ, *умеръ 19 Іюня 1807 г.*
— Алексѣй Воиновъ
— Матвѣй Беренсъ
— Сергѣй Ямвинской
— Иванъ Болотниковъ
— Григорій Кушелевъ
— Иванъ Загряжской
— Григорій Воиновъ
— Павелъ Кузьминъ
— Степанъ Брещинской
— Яковъ Головачевъ
— Артемій Челищевъ
— Никифоръ Паскевичъ.

1808 года.

Января 1 дня.

ВЪ МИЧМАНА.

Гардем. Николай Загряжской
— Петръ Мистровъ
— Иванъ Гамалѣя
— Яковъ Куницкой
— Николай Бухаринъ
— Степанъ Щочкинъ
— Савва Щочкинъ
— Николай Потемкинъ
— Петръ Тряпицынъ
— Сергѣй Королевъ
— Тимофей Ивановъ
— Арсеній Мистровъ
— Николай Суворовъ
— Даніилъ Щочкинъ.

Февраля 28 дня.

ВЪ МИЧМАНА.

Прибывшіе изъ Англіи.

Гардем. Николай Шапиревъ
— Виконтъ Сембелинъ
— Николай Кузьминъ-Короваевъ
— Александръ Коробка
— Михаилъ Ефремовъ.

Марта 27 дня.

Гардем. Семенъ Унковской.

Мая 21 дня.

Гардем. Александръ Фонъ Кригеръ
— Михаилъ Лазаревъ
— Александръ Куломзинъ.

Всего 117.

1809 года.

Въ МИЧМАНА.

Унт.Оф. Алексѣй Давыдовъ
— Василій Ханыковъ
— Александръ Ахлесты-
    шевъ
— Сергѣй Полонской
— Ѳедоръ Дудинской
— Иванъ Ивановъ
— Николай Пасьетъ
Гардем. Александръ Яковлевъ
— Василій Сарычевъ
— Николай Кондратьевъ
— Николай Мерлинъ
— Николай Козминъ
— Яковъ Повало-Швейков-
    ской
— Петръ Сурковъ
— Платонъ Бачмановъ 1
— Платонъ Назимовъ
— Павелъ Филипцовъ
— Петръ Бачмановъ 2
— Николай Новокщеновъ
— Павелъ Юргенсонъ
— Иванъ Островской
— Евграфъ Болотниковъ.

Произведенъ за отличіе.

Гардем. Константинъ Торсонъ.

Въ Морскую Артиллерію
ВЪ КОНСТАПЕЛИ.

Арт.Кад. Александръ Черториж-
    ской
— Григорій Яненко
— Дмитрій Наумовъ
— Матвѣй Тулубьевъ
— Василій Владыкинъ
— Алексѣй Савинъ.

1809 года.

Въ Морскую Артиллерію
ВЪ КОНСТАПЕЛИ.

Арт.Кад. Егоръ Арбузовъ
— Семенъ Бредихинъ
— Петръ Дехановъ
— Иванъ Ушаковъ
— Петръ Тверитиновъ
— Константинъ Зайцовъ.

Августа 1 дня.

Назначеные къ производству въ Мичмана, находящіеся въ Тріестѣ.

Гардем. Александръ Булыгинъ
— Дмитрій Трубниковъ
— Степанъ Хрущовъ
— Павелъ Троцкой-Сене-
    товичъ 1
— Григорій Троцкой-Сене-
    товичъ 2
— Петръ Кутузовъ
— Петръ Квашнинъ
— Григорій Александро-
    вичъ
— Алексѣй Вельяшевъ
— Баронъ Петръ Унгернъ-
    штернберхъ
— Алексѣй Лазаревъ
— Александръ Скоровъ
— Константинъ Черкасовъ
— Семенъ Милюковъ.

Въ Тулонѣ.

Гардем. Николай Воеводской
— Алексѣй Машинъ
— Ѳедоръ Фонъ Таубе
— Александръ Ушаковъ 2
— Александръ Ушаковъ 1
— Василій Демонтовичъ.

1809 года.

Августа 1 дня.

Назначенные къ производству въ Мичмана, находящіеся въ Тулонѣ.

Гардем. Василій Батюшкинъ
— Николай Нахимовъ.

Октября 28 дня.

Въ Корфѣ.

Гардем. Гавріилъ Клочковъ
— Николай Жилинъ
— Тимофей Кордюковъ
— Николай Котельниковъ
— Платонъ Муравьевъ
— Всеволодъ Понафидинъ
— Василій Ларешниковъ
— Александръ Шафровъ
— Александръ Ивановъ 2
— Дмитрій Головинъ
— Петръ Лотыревъ
— Павелъ Шафровъ
— Николай Загряжской 2
— Павелъ Рыкачевъ
— Николай Кривцовъ
— Африканъ Вельяминовъ
— Николай Ртищевъ
— Петръ Чистяковъ
— Иванъ Полтарацкой
— Иванъ Кайсаровъ
— Павелъ Верховской
— Николай Обернибесовъ
— Баронъ Фонъ Левендаль
— Олимпъ Готовцовъ
— Иванъ Мягковъ
— Михаилъ Нащокинъ
— Евграфъ Шапиревъ
— Иванъ Рогаль-Левицкой
— Василій Глазовъ.

1809 года.

Октября 28 дня.

Въ Корфѣ.

Гардем. Баронъ Карлъ Левендаль.
— Василій Рыкачевъ
— Егоръ Каховской
— Василій Канищевъ
— Ѳедоръ Тверитиновъ
— Владиміръ Епифановъ.

ВЪ МИЧМАНА.

Иванъ Леонардъ.

ЗА МИЧМАНОВЪ.

Прибывшіе изъ Англіи.

Гардем. Иванъ Колокольцовъ
— Александръ Глазатовъ.

Декабря 24 дня.

ВЪ МИЧМАНА.

Унт. Оф. Князь Александръ Шаховской
— Николай Бестужевъ
— Дмитрій Ольховской
— Иванъ Кадьянъ
— Андрей Юрьевъ
— Николай Латышевъ
— Степанъ Стерлинговъ
— Николай Римской-Корсаковъ
— Анастасій Сунди
— Пафнутій Лихаревъ
— Андрей Милюковъ
— Семенъ Мягковъ
— Михаилъ Лермонтовъ
— Николай Александровичъ
— Михаилъ Голенкинъ.

— 66 —

1809 года.

Декабря 24 дня.

ВЪ МИЧМАНА.

Гардем. Семенъ Глотовъ
— Дмитрій Замыцкой
— Борисъ Назимовъ
— Александръ Ратчъ
— Егоръ Киселевъ
— Александръ Матюшкинъ
— Николай Макаровъ
— Петръ Ишкаринъ
— Ѳедоръ Артемьевъ
— Николай Тумило-Денисовичъ
— Алексѣй Григорьевъ
— Александръ Берднѣвъ
— Михаилъ Чихачевъ
— Александръ Рыкачевъ
— Леонтій Леницкой
— Николай Левшинъ
— Николай Одинцовъ
— Иванъ Назимовъ
— Арсеній Коведяевъ
— Владиміръ Пыжевъ
— Николай Хмелевъ
— Павелъ Пустошкинъ
— Петръ Черторижской
— Ѳедоръ Титовъ
— Борисъ Челищевъ
— Иванъ Качаловъ
— Иванъ Повалишинъ
— Павелъ Ремберхъ
— Яковъ Дебелиръ
Унт.Оф. Филиппъ Фонъ-Дезинъ
Гардем. Петръ Неймчъ
— Глѣбъ Лихаревъ
— Петръ Ртищевъ
— Дмитрій Макаровъ
— Евгеній Стоговъ.

1809 года.

Декабря 24 дня.

ВЪ МИЧМАНА

Гардем. Василій Мелиховъ
— Василій Баранцовъ
— Николай Ушаковъ
— Константинъ Константиновъ
— Петръ Лупандинъ
— Николай Качаловъ
— Аркадій Голенищевъ
— Андрей Шебалинской
— Владиміръ Рудневъ
— Князь Михаилъ Урусовъ
— Алексѣй Челищевъ
— Алексѣй Рыкачевъ
— Алексѣй Шафровъ
— Ѳедоръ Воейковъ
— Степанъ Борисовъ
— Михаилъ Кирѣевской
— Матвѣй Подушкинъ
— Василій Гамалѣя
— Алексѣй Потемкинъ.

Въ Морскую Артиллерію

ВЪ КОНСТАПЕЛИ.

Арт.Кад. Иванъ Леницкой
— Василій Апыхтинъ
— Николай Обольяниновъ
— Абрамъ Прокоповичъ
— Нилъ Остолоповъ
— Гавріилъ Ивановъ
— Платонъ Перекрестовъ.

ЗА КОНСТАПЕЛЯ.

Арт.Кад. Петръ Мацкевичъ.

— 67 —

1809 года.

Декабря 24 дня.

В Морскую Артиллерію
ВЪ КОНСТАПЕЛИ.

Арт.Кад. Николай Полубояриновъ
— Левъ Фонъ Эйманъ
— Егоръ Смирницкой
— Иванъ Ренинъ.

Всего 176.

1811 года.

Марта 3 дня.

ВЪ МИЧМАНА.

У нт.Оф. Антонъ Барановъ
— Александръ Калугинъ
— Иванъ Великопольской
— Борисъ Хрущовъ
— Василій Кульмаметевъ
— Иванъ Юрьевъ
— Иванъ Мартьяновъ
— Нарменъ Кашарининовъ
— Григорій Пустошкинъ
— Енафродитъ Мусинъ-Пушкинъ
— Дмитрій Миницкой
— Христо Сунди
— Александръ Шиловской
— Петръ Пущинъ
— Иванъ Челищевъ
— Афонасій Сытинъ
Гардем. Яковъ Вальховской
— Вечеславъ Коновницынъ
— Александръ Баранцовъ
— Павелъ Семеновъ
— Василій Головачевъ
— Владиміръ Скарятинъ.

1811 года.

Марта 3 дня.

ВЪ МИЧМАНА.

Гардем. Павелъ Шаппревъ
— Иванъ Мельницкой
— Николай Моисѣевъ
— Александръ Броневской
— Михаилъ Гунарьевъ
— Матвѣй Кутыгинъ
— Иванъ Бачмановъ
— Михаилъ Пышинъ
— Константинъ Баскаковъ
— Алексѣй Ивановъ
— Петръ Щербачевъ 1
— Василій Щербачевъ 2
— Михаилъ Хомутовъ
— Николай Гильдъ
— Александръ Брантъ
— Алексѣй Бахтинъ
— Павелъ Барановъ
— Иванъ Хрущовъ
— Дмитрій Теглевъ
— Иванъ Шатиловъ
— Павелъ Трескинъ
— Никаноръ Аргамаковъ
— Александръ Бровцынъ
— Андрей Артемьевъ
— Сергѣй Сухонинъ
— Наркизъ Кашарининовъ
— Князь Александръ Девлетъ-Кильдѣевъ
— Николай Чеславской
— Владиміръ Гороховъ
— Сергѣй Назимовъ
— Дмитрій Броневской
— Иванъ Макаровъ
— Ѳедоръ Мельницкой
— Иванъ Семеновъ
— Дмитрій Пущинъ
— Алексѣй Пѣвцовъ.

1811 года.

Марта 3 дня.

ВЪ МИЧМАНА.

Гардем. Александръ Бабарыкинъ
— Василій Тернигоревъ
— Михаилъ Степеревъ
— Михаилъ Норманской
— Аполлонъ Остолоповъ
— Романъ Боиль
— Никита Кропотовъ
— Николай Клокачевъ
— Александръ Родишевской
— Александръ Колюбакинъ
— Ѳедоръ Ермолаевъ
— Иванъ Мацкевичъ
— Евсевій Котельниковъ
— Сергѣй Коведяевъ
— Николай Назимовъ
— Михаилъ Софіано
— Евграфъ Масальской
— Иванъ Петрово-Соловово
— Петръ Поповъ
— Петръ Лермантовъ
— Левъ Домашенко
— Михаилъ Вельянити
— Александръ Тишевской
— Николай Вороновъ
— Николай Кушелевъ
— Владиміръ Балтинъ
— Алексѣй Теглевъ
— Василій Сукинъ.

ЗА МИЧМАНОВЪ.

Гардем. Иванъ Анучинъ
— Николай Кульмаметевъ
— Василій Матюшкинъ.

1811 года.

Марта 3 дня.

Въ Морскую Артиллерію
ВЪ КОНСТАПЕЛИ.

Арт.Кад. Иванъ Огаревъ
— Василій Малечкинъ
— Михаилъ Толстой
— Александръ Власьевъ
— Василій Талаевъ
— Гавріилъ Григорьевъ
— Дмитрій Загряжской
— Алексѣй Ляшенковъ 1
— Ѳедоръ Фонъ Крузъ
— Нарменъ Голенищевъ
— Григорій Перской
— Николай Базаровъ
— Петръ Глазовъ.

Всего 102.

1812 года.

Февраля 16 дня.

ВЪ МИЧМАНА.

Унт.Оф. Николай Калугинъ
— Иванъ Левшинъ
— Александръ Фонъ Моллеръ
— Николай Веденяпинъ
— Николай Сальковъ
— Иванъ Миницкой
— Алексѣй Селивачевъ
— Тимофей Саванчѣевъ
— Ѳедоръ Ушаковъ
— Василій Румянцовъ
— Иванъ Мазараки
— Николай Бекетовъ
Гардем. Александръ Храповицкій.

1812 года.

Февраля 16 дня.

ВЪ МИЧМАНА.

Гардем. Өедоръ Кутыгинъ
— Егоръ Колтовской
— Иванъ Полозовъ
— Павелъ Воейковъ
— Николай Макаровъ
— Порфирій Евсюковъ
— Өедоръ Ратчъ
— Матвѣй Фрязинъ
— Александръ Зубовъ
— Андрей Фонъ Моллеръ
— Николай Наумовъ
— Дмитрій Янышевъ
— Владиміръ Жабинъ
— Захаръ Балкъ
— Өедоръ Пыжевъ
— Василій Великопольской
— Николай Стафопуло
— Василій Кайсаровъ
— Дмитрій Сатинъ
— Платонъ Шелгуновъ
— Павелъ Камарашъ
— Алексѣй Мордвиковъ
— Сергѣй Наумовъ
— Евгеній Бердяевъ
— Викентій Петровичъ
— Михаилъ Валькевичъ
— Михаилъ Камарашъ
— Павелъ Розенмейеръ
— Иванъ Нелидовъ
— Николай Дубровинъ
— Александръ Насоновъ
— Василій Небольсинъ
— Григорій Благовъ
— Владиміръ Сурковъ
— Петръ Золотухинъ
— Иванъ Талызинъ
— Павелъ Ивановъ.

1812 года.

Февраля 16 дня.

ВЪ МИЧМАНА.

Гардем. Николай Ершевъ
— Аристархъ Тумило-Денисовичъ
— Никаноръ Тарховъ
— Валеріянъ Новосильцовъ
— Павелъ Панферовъ
— Николай Пущинъ
— Николай Небольсинъ.

Въ Морскую Артиллерію

ВЪ КОНСТАПЕЛИ.

Арт.Кад. Павелъ Суботинъ
— Фролъ Чернолуцкой
— Михаилъ Чистяковъ
— Василій Елагинъ
— Александръ Тверитиновъ
— Платонъ Мэтафтинъ
— Өедоръ Огаревъ
— Василій Толстой.

Сентября 26 дня.

ВЪ МИЧМАНА.

Унт.Оф. Михаилъ Горбуновъ
— Иванъ Поздѣевъ
— Антонъ Барташевичъ
— Петръ Барташевичъ
— Дмитрій Никольской
— Михаилъ Анненковъ
— Аркадій Булычевъ
— Николай Чистяковъ
— Семенъ Юрьевъ
— Владиміръ Постельниковъ
Гардем. Сергѣй Пивовъ.

1812 года.

Сентября 26 дня.

ВЪ МИЧМАНА.

Гардем. Николай Матюшкинъ
— Павелъ Чупрасовъ
— Князь Борисъ Волкон-
ской
— Владиміръ Ахлестышевъ
— Андрей Деливронъ
— Иванъ Ефремовъ
— Петръ Беклешевъ 1
— Алексѣй Беклешевъ 2
— Михаилъ Дубасовъ
— Степанъ Соколовъ
— Петръ Нѣеловъ
— Алексѣй Трескинъ
— Иванъ Болсуновъ
— Николай Набоковъ
— Ефимъ Глотовъ
— Василій Чупрасовъ
— Александръ Рейнеке
— Іосифъ Бахиревъ
— Иванъ Халютинъ
— Филиппъ Станискій
— Дмитрій Даниловъ
— Князь Василій Ишеевъ
— Василій Вахтинъ
— Илья Палтовъ
— Александръ Ладыжен-
ской
— Семенъ Жадовской
— Александръ Свиньинъ
— Иванъ Каратаевъ
— Михаилъ Бухвастовъ
— Андрей Фонъ Дезинъ
— Алексѣй Левшинъ
— Григорій Романовичъ
— Парфенъ Верховской
— Александръ Олешевъ.

1812 года.

Сентября 26 дня.

ВЪ МИЧМАНА.

Гардем. Николай Потемкинъ
— Павелъ Шапочниковъ
— Осипъ Розенмейеръ
— Александръ Ивѣловъ
— Семенъ Озерскій
— Яковъ Гамалѣя
— Петръ Безобразовъ
— Иванъ Слашовъ
— Константинъ Потемкинъ
— Князь Николай Хован-
ской
— Николай Прицкой
— Петръ Герингъ
— Александръ Ѳедоровичъ
— Афанасій Арсеньевъ
— Павелъ Балкашинъ
— Евграфъ Борисовъ
— Дмитрій Зыковъ
— Яковъ Потемкинъ
— Михаилъ Шатковской
— Иванъ Пятовъ
— Александръ Вельяшевъ
— Сергѣй Бутягинъ
— Яковъ Гуляевъ
— Павелъ Шишцбергъ
— Александръ Дьяконовъ
— Николай Тыртовъ
— Маркизъ Александръ де
Траверзе
— Иванъ Перекрестовъ
— Степанъ Василевской
— Зиновій Талаевъ
— Степанъ Мусинъ-Пуш-
кинъ
— Иванъ Граве
— Константинъ Панферовъ.

— 71 —

1812 года.

Сентября 26 дня.

ВЪ МИЧМАНА.

Гардем. Осипъ Китаевъ
— Михаилъ Воейковъ.

Въ Морскую Артиллерію
ВЪ КОНСТАПЕЛИ.

Арт.Кад. Василій Черняевъ
— Сергѣй Колюбакинъ
— Кирилъ Кузьминъ
— Иванъ Петровъ
— Иванъ Бирюлевъ
— Николай Ферлудинъ
— Николай Леницкой
— Дмитрій Веревкинъ
— Николай Диринъ
— Михаилъ Зеленинъ
— Александръ Грековъ.

Всего 155.

1814 года.

Февраля 19 дня.

ВЪ МИЧМАНА.

Унт.Оф. Иванъ Подчертковъ
— Ларіонъ Скрыдловъ
— Ѳедоръ Анучинъ
— Александръ Бухвастовъ
— Левъ Левшинъ
— Александръ Корниловъ
— Николай Миллеръ
— Осипъ Веселаго
— Николай Трамбицкой
Гардем. Григорій Гамалѣя
— Аркадій Лесковъ
— Николай Барановъ.

1814 года.

Февраля 19 дня.

ВЪ МИЧМАНА.

Гардем. Петръ Снавидовъ
— Андрей Крычевскій
— Яковъ Шихмановъ
— Князь Василій Мышец-
  кой
— Петръ Постельниковъ
— Дмитрій Баскаковъ
— Николай Зеленинъ
— Василій Дубровинъ
— Петръ Дурновъ 2
— Павелъ Бартеневъ
— Кирилъ Подвысотской 1
— Елисей Подвысотской 2
— Андрей Лергунъ
— Петръ Фатьяновъ
— Алексѣй Екимовъ
— Петръ Черничевъ
— Николай Михайловъ
— Владиміръ Романовъ
— Князь Алексѣй Кекуа-
  товъ
— Николай Стромиловъ
— Алексѣй Барташевичъ
— Сергѣй Абрютинъ
— Григорій Шуленниковъ
— Николай Корниловъ
— Василій Жадовской
— Николай Сенявинъ
— Василій Шамшевъ
— Петръ Графенъ
— Павелъ Саполовичъ
— Демьянъ Дмитріевъ
— Евгеній Прокофьевъ
— Валеріанъ Жадовской
— Павелъ Кузмищевъ
— Дмитрій Макаровъ.

— 72 —

1814 года.

Февраля 19 дня.

ВЪ МИЧМАНА.

Гардем. Александръ Юрловъ
— Семенъ Суботицъ
— Гавріилъ Лугвеневъ
— Өедоръ Филатовъ
— Николай Полетаевъ
— Григорій Мордвиновъ
— Сергѣй Назимовъ
— Василій Озерскій
— Семенъ Нѣеловъ
— Өедоръ Повалишинъ
— Дмитрій Пѣвцовъ
— Петръ Рудниковъ
— Александръ Греве
— Иванъ Кумнашевъ
— Семенъ Лазаревъ-Станищевъ
— Григорій Ляховъ
— Николай Чегликовъ
— Александръ Нѣеловъ
— Николай Спягинъ
— Николай Масловъ
— Григорій Хрущовъ
— Анатолій Сальковъ
— Василій Повало-Швейковскій
— Андрей Бабарыкинъ
— Михаилъ Хотянцовъ
— Левъ Матафтинъ
— Алексѣй Макаровъ
— Дмитрій Поповъ
— Евграфъ Турушевъ
— Александръ Нелидовъ
— Петръ Дурновъ 1
— Фридрихъ Фонъ Штакельбергъ
— Алексѣй Юрьевъ
— Николай Фонъ-Дезинъ.

1814 года.

Февраля 19 дня.

ВЪ МИЧМАНА.

Гардем. Николай Натрикѣевъ
— Николай Старошершавиновъ
— Порфирій Шафровъ
— Порфирій Шпаевъ.

Въ Морскую Артиллерію
ВЪ КОНСТАПЕЛИ.

Арт.Кад. Владиміръ Кузьминъ
— Александръ Шатихинъ
— Александръ Монеѣевъ
— Александръ Захаровъ
— Иванъ Унферцахтъ
— Павелъ Юзвицкой
— Константинъ Огильви
— Гавріилъ Ренинъ
— Андрей Грековъ
— Павелъ Кутыгинъ.

1815 года.

Іюля 21 дня.

ВЪ МИЧМАНА,

Унт.Оф. Баронъ Фердинандъ Фонъ Врангель
— Петръ Анжу
— Дмитрій Демидовъ
— Алексѣй Воейковъ
— Николай Ханыковъ
— Павелъ Майдановичъ
— Өедоръ Тыртовъ
— Николай Журихинъ
— Василій Бехтѣевъ
— Иванъ Бурдуковъ.

1815 года.

Июля 21 дня.

ВЪ МИЧМАНА.

Гардем. Иванъ Куприяновъ
— Яковъ Дубровинъ
— Алексѣй Мартыновъ
— Михаилъ Жегаловъ
— Егоръ Овсяниковъ
— Баронъ Бернгардъ Фонъ Врангель
— Францъ Фонъ Менсенкампфъ
— Михаилъ Фонъ Кюхельбеккеръ
— Василій Романовъ
— Александръ Пустошкинъ
— Александръ Савинъ
— Петръ Дубасовъ
— Илья Зубовъ
— Иванъ Коробка
— Павелъ Снаксаревъ
— Антонъ Арбузовъ
— Павелъ Рейнеке
— Николай Шишмаревъ
— Андрей Толбузинъ
— Борисъ Верховской
— Ѳедоръ Можайской
— Василій Можайской
— Павелъ Черторижской
— Ѳедоръ Воейковъ
— Гавріилъ Шелгуновъ
— Захаръ Сыромятниковъ
— Николай Петрово-Соловово
— Александръ Стадольской
— Николай Окуловъ
— Карлъ Деливронъ
— Гавріилъ Макаровъ
— Петръ Коробка
— Петръ Пыхачевъ.

1815 года.

Июля 21 дня.

ВЪ МИЧМАНА.

Гардем. Сергѣй Чечеринъ
— Иванъ Кудрявой
— Иванъ Сальковъ
— Петръ Ушаковъ
— Николай Сополовичъ
— Аристархъ Станюковичъ
— Егоръ Ирицкой
— Алексѣй Шамшевъ
— Иванъ Алексѣевъ
— Павелъ Сусловъ
— Иванъ Бушъ
— Василій Френевъ
— Михаилъ Свирской
— Иванъ Келли
— Николай Даниловъ
— Николай Давыдовъ
— Дмитрій Борисовъ
— Андрей Черкасовъ
— Дмитрій Тряпицынъ
— Александръ Максимовичъ
— Николай Чупрасовъ
— Иванъ Бландовъ
— Александръ Макаровъ
— Павелъ Наумовъ
— Петръ Масловъ
— Князь Степанъ Урусовъ
— Павелъ Хомутовъ
— Эмануилъ Филодоръ
— Петръ Уколовъ
— Владиміръ Пятовъ
— Владиміръ Гордынской
— Николай Мирошевской
— Павелъ Дурново
— Василій Мирошевской
— Дмитрій Демецковъ
— Сергѣй Шехавской
— Князь Иванъ Кугушевъ.

1815 года.

Іюля 21 дня.

ВЪ МИЧМАНА.

Гардем. Сергѣй Шишкинъ
— Александръ Ирицкой
— Василій Бѣляевъ
— Алексѣй Золотухинъ
— Александръ Чернявинъ
— Николай Сальковъ
— Дмитрій Сарычевъ.

Въ Морскую Артиллерію
ВЪ КОНСТАПЕЛИ.

Арт. Кад. Никита Рыбаковской
— Григорій Игнатьевъ
— Никита Оберипбесовъ
— Павелъ Верещагинъ
— Евграфъ Ващининъ
— Эрастъ Саблуковъ
— Осипъ Унковской
— Висаріонъ Савинъ
— Христофоръ Рубушъ
— Петръ Юреневъ
— Иванъ Рачинской
— Александръ Гунарьевъ
— Алексѣй Геркенъ.

Всего 99.

1816 года.

Февраля 18 дня.

ВЪ МИЧМАНА.

Унт. Оф. Иванъ Стоговъ
— Петръ Вукотичъ
— Василій Даниловъ
— Николай Завалишинъ
— Михаилъ Лавровъ.

1816 года.

Февраля 18 дня.

ВЪ МИЧМАНА.

Унт. Оф. Василій Савельевъ
— Иванъ Волковъ
— Ѳеофанъ Тищинской
— Николай Вукотичъ
— Илья Антипинъ
Гардем. Валеріанъ Кречетниковъ
— Николай Дубровинъ
— Василій Всеволожскій
— Платонъ Шрамченко
— Семенъ Дмитріевъ
— Дмитрій Жоховъ
— Алексѣй Сташкинъ
— Левъ Черкасовъ
— Василій Шишмаревъ
— Василій Ракѣевъ
— Іосифъ Косаговскій
— Степанъ Колокольцовъ
— Князь Дмитрій Щепинъ-
    Ростовскій
— Князь Дмитрій Волкон-
    скій
— Платонъ Дебогорій-
    Мокріевичъ
— Александръ Логиновъ
— Дмитрій Кузьминъ
— Павелъ Колокольцовъ
— Павелъ Юхаринъ
— Павелъ Скрыдловъ
— Василій Палибинъ
— Степанъ Башуцкой
— Александръ Шулепни-
    ковъ
— Александръ Обловъ
— Евсей Лялинъ
— Николай Колумбусъ
— Яковъ Перфильевъ
— Дмитрій Сиповской.

1816 года.

Февраля 18 дня.

ВЪ МИЧМАНА.

Гардем. Князь Александръ Мы-
　　　　　шецкой
— Баронъ Лаврентій Ле-
　　　вендаль
— Алексѣй Ограновичъ
— Павелъ Скрыплевъ
— Григорій Шишмаревъ
— Яковъ Дмитріевъ
— Иванъ Траибицкой
— Александръ Канабихъ
— Яковъ Колюбакинъ
— Иванъ Тимашовъ
— Елисей Соколовъ
— Пафнутій Савинъ
— Ѳедоръ Вишневскій
— Петръ Дмитріевъ
— Дмитрій Норманской
— Николай Закревской
— Василій Конановичъ-Гор-
　　　батской
— Василій Скорбѣевъ
— Александръ Дурновъ
— Алексѣй Макаровъ
— Сергѣй Дурновъ
— Петръ Ивановъ
— Николай Купріяновъ
— Константинъ Дубасовъ
— Князь Иванъ Кекуатовъ
— Нилъ Веревкинъ
— Князь Дмитрій Путятинъ
— Павелъ Анучинъ
— Михаилъ Жуковъ
— Алексѣй Воейковъ
— Александръ Шумаринъ
— Петръ Вахтинъ
— Василій Борисовъ.

1816 года.

Февраля 18 дня.

ВЪ МИЧМАНА.

Гардем. Александръ Сарычевъ
— Андрей Осташевъ
— Николай Сурковъ
— Николай Лялинъ
— Иванъ Сарычевъ
— Николай Жедринской
— Левъ Фонтонъ.

Всего 77.

1817 года.

Марта 1 дня.

ВЪ МИЧМАНА.

Унт.Оф. Михаилъ Сатинъ
— Борисъ Бодиско
— Александръ Левшинъ
— Яковъ Мандрикъ
— Николай Ограновичъ
— Назаръ Василевскій
— Николай Повалишинъ
— Михаилъ Ограновичъ
— Иванъ Сатинъ
— Николай Николаевъ
Гардем. Николай Тимирязевъ
— Яковъ Мантуровъ
— Михаилъ Бестужевъ
— Алексѣй Яновскій
— Николай Брылкинъ
— Князь Мартынъ Миро-
　　　славичъ
— Семенъ Софіяно
— Дмитрій Козловскій
— Николай Пфейферъ
— Михаилъ Шлеинъ.

1817 года.

Марта 1 дня.

ВЪ МИЧМАНА.

Гардем. Василій Черкасовъ
— Владиміръ Нолянской
— Иванъ Шрамченко
— Михаилъ Долгинцовъ
— Вильгельмъ Фонъ Майдель
— Ѳедоръ Желѣзниковъ
— Александръ Борзенковъ
— Александръ Плотто
— Павелъ Подушкинъ
— Сергѣй Ловейко
— Князь Иванъ Мышецкой
— Николай Дюмутье
— Сергѣй Балкъ
— Нилъ Ограновичъ
— Александръ Баскаковъ
— Николай Абловъ
— Петръ Сарычевъ
— Андрей Бартеневъ
— Эразмъ Стоговъ
— Василій Головачевъ
— Петръ Внуковъ
— Константинъ Крыловъ
— Францъ Кононовичъ-Горбацкой
— Витъ Кучинъ
— Князь Семенъ Ухтомской
— Николай Рыбальскій-Бутовичъ
— Василій Мозалевскій
— Дмитрій Клокачевъ
— Аристархъ Савинъ
— Николай Мальцовъ
— Арсеній Матюшкинъ
— Яковъ Забелла
— Михаилъ Возницынъ.

1817 года.

Марта 1 дня.

ВЪ МИЧМАНА.

Гардем. Александръ Усовъ
— Баронъ Константинъ Менуе
— Андрей Сомовъ
— Александръ Могаривсой
— Ростиславъ Скавидовъ
— Александръ Брылкинъ
— Осипъ Сахновскій
— Нилъ Черкасовъ
— Николай Твороговъ
— Петръ Поскочинъ
— Александръ Сурковъ
— Василій Абрютинъ
— Никаноръ Шафровъ
— Василій Мордасовъ
— Петръ Лутковской
— Василій Колюбакинъ
— Иванъ Шапочниковъ
— Андрей Дешаплетъ
— Никифоръ Ширинкинъ
— Алексѣй Ѳедоровъ.

Всего 73.

ВЪ КОНСТАПЕЛИ.

Марта 1 дня.

Арт.Кад. Петръ Усачевъ
— Николай Шестаковъ
— Иванъ Савицкой
— Павелъ Реутъ
— Сергѣй Постельниковъ
— Ѳедоръ Перской
— Александръ Борисовъ
— Константинъ Козочкинъ.

Всего 8.

1818 года.

Февраля 9 дня.

ВЪ МИЧМАНА.

Унт.Оф.	Платонъ Станицкой
—	Захаръ Дудинской
—	Михаилъ Рейнеке
—	Василій Соколовъ
—	Андрей Чигирь
—	Павелъ Нахимовъ
—	Александръ Кучинъ
—	Александръ Дороховъ
—	Василій Синягинъ
—	Андрей Былимъ-Колосовскій
—	Степанъ Кадьянъ
—	Александръ Цебряковъ
—	Матвѣй Барыбинъ
—	Михаилъ Линденъ
—	Аполлонъ Ивановъ
Гардем.	Николай Тюменевъ
—	Петръ Былимъ-Колосовскій
—	Иванъ Голенищевъ-Кутузовъ
—	Александръ Поздѣевъ
—	Петръ Всеволожской
—	Дмитрій Лермантовъ
—	Иванъ Нахимовъ
—	Николай Всеволожскій
—	Николай Скаржинскій
—	Егоръ Цебриковъ
—	Александръ Котельниковъ
—	Князь Николай Колунчаковъ
—	Михаилъ Шамшевъ
—	Николай Перпинъ
—	Семенъ Шишмаревъ
—	Нилъ Потресовъ.

1818 года.

Февраля 9 дня.

ВЪ МИЧМАНА.

Гардем.	Николай Рейнгольтъ
—	Александръ Верховской
—	Степанъ Микрюковъ
—	Алексѣй Кохъ
—	Василій Головизнинъ
—	Карлъ Геллесемъ
—	Михаилъ Гашотъ
—	Александръ Литке
—	Александръ Ритмейстеръ
—	Дмитрій Скарятинъ
—	Никаноръ Азарьевъ
—	Николай Фофановъ
—	Иванъ Фофановъ
—	Александръ Абрютинъ
—	Александръ Ломенъ
—	Александръ Карелли
—	Петръ Миллеръ
—	Прокофій Митьковъ
—	Сергѣй Кирошевскій
—	Михаилъ Гребенщиковъ
—	Ѳедоръ Животовъ
—	Иванъ Мистровъ
—	Иванъ Рыковъ
—	Александръ Евсюковъ
—	Сергѣй Бехтѣевъ
—	Николай Ивановъ
—	Романъ Галлъ.

Черноморскаго флота.

Гардем.	Александръ Бѣляевъ
—	Алексѣй Кандауровъ
—	Антонъ Перфильевъ
—	Николай Шель
—	Семенъ Лорадзіевъ
—	Михаилъ Шатиловъ
—	Иванъ Бутримовъ
—	Василій Воейковъ.

1818 года.

Февраля 9 дня.

Черноморскаго флота.

ВЪ МИЧМАНА.

Гардем. Александръ Дурново
— Дмитрій Мантуровъ
— Николай Нееловъ
— Князь Петръ Урусовъ
— Павелъ Шашенковъ
— Казиміръ Фонъ Майдель
— Ѳедоръ Козловскій
— Александръ Воиновъ
— Аполлонъ Моисеевъ.

Всего 75.

1819 года.

Марта 3 дня.

ВЪ МИЧМАНА.

Унт.Оф. Павелъ Новосильской
— Дмитрій Завалишинъ
— Степанъ Лихонинъ
— Иванъ Колобовъ
— Михаилъ Шпицбергъ
— Ефремъ Слѣшновъ
— Николай Синицынъ
— Константинъ Цебриковъ
— Дмитрій Рукинъ
— Николай Анненковъ
— Александръ Рыкачевъ
— Владиміръ Даль
— Иванъ Адамовичъ
— Александръ Деливронъ
— Павелъ Вальронтъ
Гардем. Василій Михайловъ
— Павелъ Зеленинъ
— Иванъ Исаевичъ.

1819 года.

Марта 3 дня.

ВЪ МИЧМАНА.

Гардем. Василій Шнееръ
— Дмитрій Мартьяновъ
— Павелъ Закревскій
— Николай Жуковъ
— Валеріанъ Захаровъ
— Михаилъ Финка
— Михаилъ Афремовъ
— Петръ Лялинъ
— Василій Бачмановъ
— Андрей Забѣлла
— Петръ Буевичъ
— Николай Тулубьевъ
— Викентій Тобулевичъ
— Адольфъ Фонъ Розенбахъ
— Иванъ Постельниковъ
— Иванъ Мордвиновъ
— Владиміръ Михайловъ
— Иванъ Колычевъ
— Яковъ Мацкевичъ
— Григорій Борейцусъ
— Василій Бутримовъ
— Александръ Ильинъ
— Николай Матвѣевъ
— Григорій Лаврентьевъ
— Николай Страннолюбскій
— Александръ Даниловъ
— Ларіонъ Маренцъ-Логвиновъ
— Николай Змѣевъ
— Ѳедоръ Колычевъ
— Сергѣй Скарятинъ
— Александръ Нѣеловъ
— Дмитрій Нѣеловъ
— Александръ Тихановичъ
— Николай Небольсинъ
— Иванъ Лесковъ
— Николай Кванчехазевъ.

1819 года.

Марта 3 дня.

ВЪ МИЧМАНА.

Гардем. Дмитрій Барановъ
— Андрей Жедринской
— Андрей Бахтинъ
— Генадій Верховской
— Петръ Талызинъ
— Павелъ Потемкинъ
— Михаилъ Борисовъ
— Егоръ Екимовъ
— Михаилъ Шеленинъ
— Владиміръ Гебауеръ
— Николай Китаевъ
— Григорій Бехтѣевъ
— Иванъ Твороговъ
— Николай Постельниковъ
— Петръ Жедринской
— Алексѣй Бехтѣевъ
— Николай Евагренковъ
— Григорій Макаровъ
— Тимофей Сташкинъ
— Никита Карякинъ
— Константинъ Матафтинъ
— Иванъ Внуковъ.

Всего 76.

ВЪ КОНСТАПЕЛИ.

Арт. Кад. Петръ Реутъ
— Александръ Бровцынъ
— Петръ Снаксаревъ
— Василій Артемьевъ
— Яковъ Полонской
— Степанъ Кожуховъ
— Михаилъ Веденшинъ.

Всего 7.

1819 года.

Сентября 22 дня.

Возвратившіеся изъ путешествія вокругъ свѣта.

ВЪ МИЧМАНА.

Унт. Оф. Ѳеопемптъ Лутковской
Гардем. Степанъ Артюховъ
— Ардальонъ Лутковской.

Всего 3.

1820 года.

Февраля 23 дня

ВЪ МИЧМАНА.

Унт. Оф. Яковъ Юхаринъ
— Михаилъ Бодиско
— Павелъ Тыриновъ
— Алексѣй Сальковъ
— Владиміръ Струковъ
— Карлъ Даль
— Петръ Лайкевичъ
— Николай Поповъ
— Дмитрій Мякининъ
— Сергѣй Нахимовъ
— Павелъ Бурдуковъ
— Александръ Гасвицкой
— Князь Дмитрій Макуловъ
— Александръ Фонъ Фришъ
— Князь Нилъ Мышецкій
Гардем. Николай Бѣляевъ
— Арсеній Голинищевъ-
      Кутузовъ
— Константинъ Былимъ-
      Колосовскій
— Илья Веселаго
— Александръ Геллесемъ.

1820 года.

Февраля 23 дня.

ВЪ МИЧМАНА.

Гардем. Константинъ Митьковъ
— Степанъ Семчевскій
— Александръ Бровцынъ
— Николай Ломенъ
— Николай Нордштеинъ
— Карлъ Фонъ Нолькенъ
— Князь Григорій Нагава
— Андрей Ѳедоровичъ
— Павелъ Пейкеръ
— Князь Дмитрій Шаховской
— Михаилъ Ѳедоровской
— Павелъ Муравьевъ
— Александръ Огильви
— Михаилъ Шалухинъ
— Илья Чернѣевъ
— Александръ Тимиревъ
— Едмундъ Фонъ Розенбахъ
— Александръ Ванословъ
— Андрей Нахимовъ
— Николай Веселаго
— Александръ Шатиловъ
— Александръ Пейкеръ
— Григорій Бозанинъ
— Александръ Фонъ Моллеръ
— Сергѣй Матвѣевъ
— Ѳедоръ Веденяпинъ
— Николай Леслій
— Николай Ивановъ
— Василій Колокольцовъ
— Ларіонъ Шестаковъ
— Алексѣй Басовъ
— Владиміръ Головнинъ
— Иванъ Бутеневъ.

1820 года.

Февраля 23 дня.

ВЪ МИЧМАНА.

Гардем. Ѳедоръ Шатихинъ
— Иванъ Ушяковъ
— Александръ Фонъ Зейгеръ
— Павелъ Титовъ
— Вяслявъ Кононовичъ-Горбацкой
— Михаилъ Андреевъ
— Ѳедоръ Бодиско
— Иванъ Слизуновъ
— Семенъ Арбурій
— Александръ Бѣляевъ
— ГригорійКонкевичъ
— Павелъ Тимирязевъ
— Александръ Фофановъ
— Дмитрій Мартыновъ
— Валеріянъ Тыртовъ
— Александръ Костыговъ
— Нилъ Барановъ
— Иванъ Оберучевъ
— Дмитрій Дубасовъ
— Петръ Кореневъ
— Стратонъ Болтинъ
— Петръ Бестужевъ
— Алексѣй Александровскій
— Николай Кирѣевъ
— Иванъ Рыбальскій-Бутевичъ
— Павелъ Шихмановъ
— Александръ Небольсинъ
— Константинъ Черторижской
— Василій Перской
— Гавріилъ Шишуковъ.

1820 года.

Февраля 23 дня.

ВЪ МИЧМАНА.

Гардем. Крестьянъ Ритмейстеръ
— Евгеній Егорьевскій
— Сергѣй Сомовъ
— Лаврентій Карповъ
— Андрей Юнкеръ
— Алексѣй Синягинъ
— Иванъ Кичѣевъ
— Иванъ Авсовъ
— Николай Головнинъ
— Николай Камарашъ
— Василій Лаврентьевъ
— Николай Андріанопольскій
— Николай Гнѣвашевъ
— Илья Радзимовскій
— Михаилъ Хохловъ
— Иванъ Скорбѣевъ

Всего 99.

1821 года.

Марта 2 дня.

ВЪ МИЧМАНА.

Унт.Оф. Григорій Хитрово
— Григорій Лихонинъ
— Константинъ Алексѣевъ
— Сергѣй Тыриновъ
— Павелъ Чекинъ
— Иванъ Цвиленевъ
— Иванъ Даниловъ
— Ксенофонтъ Еремѣевъ
— Никандръ Потуловъ
— Августъ Римашъ.

1821 года.

Марта 2 дня.

ВЪ МИЧМАНА.

Унт.Оф. Александръ Шамардинъ
— Владиміръ Бодиско
— Левъ Князевъ
— Павелъ Гребенщиковъ
— Сергѣй Черневъ
— Григорій Коробка
Гардем. Сергѣй Сфурса-Жиркевичъ
— Григорій Сымбаровскій
— Николай Морозовъ
— Павелъ Полевъ
— Робертъ Адамсъ
— Александръ Адамсъ
— Василій Ирицкій
— Павелъ Колобовъ
— Николай Метлинъ
— Василій Кротовъ
— Константинъ Михайловскій
— Василій Диковъ
— Константинъ Шпицбергъ
— Михаилъ Масаловъ
— Андрей Коломбусъ
— Ѳедоръ Бѣлявскій
— Владиміръ Рыкачевъ
— Константинъ Полевъ
— Алексѣй Савичъ
— Николай Филатовъ
— Петръ Тулубьевъ
— Петръ Тимиревъ
— Григорій Гревенсъ
— Леонтій Бодиско
— Иванъ Шпееръ
— Петръ Муравьевъ
— Василій Муравьевъ
— Александръ Осетровъ.

1821 года.

Марта 2 дня.

ВЪ МИЧМАНА.

Гардем. Өедоръ Августъ Фонъ Мейснеръ
— Аркадій Өедоровской
— Михаилъ Барановъ
— Степанъ Жихаревъ
— Өедоръ Бровцынъ
— Николай Бровцынъ
— Николай Ендогуровъ
— Петръ Лутковскій
— Петръ Протопоповъ
— Павелъ Селивачевъ
— Николай Чуровскій
— Александръ Алексѣевъ
— Афонасій Тулубьевъ
— Иванъ Тыртовъ
— Петръ Греве
— Осипъ Карягинъ
— Карлъ Фонтонъ
— Сергѣй Селивачевъ
— Дмитрій Кемецкій
— Капитонъ Осетровъ
— Василій Харламовъ
— Өеодосій Бартеневъ
— Баронъ Петръ Фонъ Розенъ
— Сергѣй Дубасовъ
— Левъ Тихановичъ
— Григорій Савельевъ
— Петръ Воеводскій
— Александръ Доливо-Добровольскій
— Өедоръ Семчевскій
— Александръ Басовъ
— Николай Игнатьевъ
— Дмитрій Палицынъ
— Александръ Бирилевъ
— Петръ Дороховъ.

1821 года.

Марта 2 дня.

ВЪ МИЧМАНА.

Гардем. Дмитрій Гаврило
— Алексѣй Наумовъ
— Александръ Карнека
— Иванъ Воилярской
— Петръ Ирицкій
— Павелъ Магаринскій
— Александръ Саблинъ
— Сергѣй Плещѣевъ
— Прокофій Харитоновъ
— Рафаилъ Племянниковъ
— Константинъ Львовъ
— Сергѣй Танагель
— Сергѣй Киреевъ
— Петръ Селивановъ
— Николай Головачевъ
— Александръ Белли.

Всего 94.

1822 года.

Марта 1 дня.

ВЪ МИЧМАНА.

Унт.Оф. Ефимъ Путятинъ
— Карлъ Гедехенъ
— Өедоръ Мистровъ
— Александръ Домошенко
— Иванъ Енгельгардъ
— Николай Котельниковъ
— Степанъ Воеводской
— Яковъ Чернявинъ
— Петръ Бѣляевъ
— Николай Цемутали
Гардем. Иванъ Поскочинъ
— Василій Жадовской.

1822 года.

Марта 1 дня.

ВЪ МИЧМАНА.

Гардем. Иванъ Балавенской
— Лука Волховскій
— Алексѣй Иванчинъ-Писаревъ
— Семенъ Мистровъ
— Матвѣй Былимъ-Колосовскій
— Николай Кандратовичъ
— Александръ Бартеневъ
— Василій Нелидовъ
— Сергѣй Барановъ
— Александръ Путята
— Гавріилъ Сарычевъ
— Василій Максимовъ
— Петръ Вельяшевъ
— Петръ Мишинъ
— Арсеній Басовъ
— Николай Свиньинъ
— Павелъ Горбуновичъ
— Илья Ахматовъ
— Гавріилъ Тарховъ
— Александръ Рудневъ
— Евстафій Бартеневъ
— Александръ Черкасовъ
— Николай Лавровъ
— Михаилъ Потоцкій
— Птоломей Бѣлозеровъ
— Василій Сальковъ
— Петръ Внуковъ
— Николай Бровцынъ
— Иванъ Микрюковъ
— Иванъ Ратмановъ
— Петръ Бутаковъ
— Ѳедоръ Трубачеевъ
— Дмитрій Степовой
— Олимпій Селивановъ
— Иванъ Клеопинъ.

1822 года.

Марта 1 дня.

ВЪ МИЧМАНА.

Гардем. Андрей Кондратовичъ
— Николай Гаврино
— Алексѣй Амуковъ
— Василій Саблинъ
— Александръ Ограновичъ
— Петръ Барановъ
— Петръ Грековъ
— Аполинарій Заринъ
— Михаилъ Страннолюбскій
— Николай Ограновичъ
— Егоръ Броунъ
— Николай Бунякинъ
— Арсеній Толбузинъ
— Валентинъ Меньщиковъ
— Павелъ Чернявинъ
— Князь Николай Урусовъ
— Князь Александръ Ишеевъ
— Николай Купреяновъ
— Василій Щуленниковъ
— Николай Титовъ
— Левъ Пыпинъ
— Андрей Аносовъ
— Евгеній Воейковъ
— Иванъ Арцыбашевъ
— Петръ Фондезинъ
— Григорій Енгельгардъ
— Иванъ Харитоновъ
— Александръ Махаевъ
— Михаилъ Давыдовъ
— Василій Николаевъ
— Николай Румянцовъ
— Дмитрій Племянниковъ.

Всего 80.

1825 года.

Февраля 22 дня.

ВЪ МИЧМАНА.

Унт.Оф.	Павелъ Емельяновъ
—	Ѳедоръ Нордманъ
—	Адольфъ Фонъ Дейберъ
—	Левъ Бубновъ
—	Степанъ Вукотичъ
—	Владиміръ Фонъ Розенбахъ
—	Ѳедоръ Новосильской
—	Михаилъ Корниловъ
—	Владиміръ Корниловъ
—	Константинъ Левинъ
—	Алексѣй Бровцынъ
—	Александръ Наумовъ
—	Александръ Зеленинъ
—	Викторъ Ивановъ
—	Ѳедоръ Маетъ
Гардем.	Николай Нелидовъ
—	Павелъ Сарычевъ
—	Иванъ Троцкой
—	Петръ Кисленской
—	Иванъ Мякининъ
—	Павелъ Фонъ Молдеръ
—	Ѳедоръ Давыдовъ
—	Николай Бурнашевъ
—	Владиміръ Жилинскій
—	Иванъ Тимиревъ
—	Владиміръ Семиковъ
—	Михаилъ Мистровъ
—	Вильгельмъ Лоофсъ
—	Владиміръ Бурдуковъ
—	Дмитрій Рыкачевъ
—	Александръ Рылѣевъ
—	Михаилъ Кострицынъ
—	Петръ Чепелевъ
—	Алексѣй Волковъ
—	Дмитрій Соколовъ
—	Петръ Кострицынъ.

1825 года.

Февраля 22 дня.

ВЪ МИЧМАНА.

Гардем.	Павелъ Рудневъ
—	Александръ Болтинъ
—	Нилъ Ляховъ
—	Леонтій Соколовъ
—	Петръ Сабинъ
—	Кесарь Кутузовъ
—	Николай Воиновъ
—	Алексѣй Значко-Яворскій
—	Александръ Невельской
—	Илья Козочкинъ
—	Василій Аберьяновъ
—	ИванъOgraновичъ
—	Никаноръ Домашенко
—	Сергѣй Корниловъ
—	Александръ Лутковской
—	Иванъ Брюховъ
—	Василій Поповъ
—	Петръ Семиковъ
—	Петръ Волоцкой
—	Василій Храповицкой
—	Василій Чебыкинъ
—	Василій Розе
—	Петръ Оконешниковъ
—	Петръ Титовъ
—	Иванъ Кутузовъ
—	Степанъ Медеръ
—	Дмитрій Савинъ
—	Петръ Головачевъ
—	Иванъ Доливо-Добровольскій
—	Павелъ Клементьевъ
—	Владиміръ Егорьевскій
—	Иванъ Доможировъ
—	Николай Плешивцовъ
—	Никаноръ Безобразовъ
—	Павелъ Купреяновъ.

1825 года.

Февраля 22 дня.

ВЪ МИЧМАНА.

Гардем. Константинъ Эссенъ
— Андрей Бѣлянинъ
— Семенъ Бодде
— Василій Веденяпинъ
— Егоръ Розе
— Василій Станюковичъ
— Александръ Григорьевъ
— Михаилъ Кадниковъ
— Павелъ Миллеръ
— Ѳедоръ Артюховъ
— Ѳедоръ Мертваго
— Самуилъ Мофетъ
— Ѳедоръ Мокрекой
— Александръ Бобоѣдовъ

Всего 86.

1824 года.

Апрѣля 21 дня.

ВЪ МИЧМАНА.

Унт.Оф. Константинъ Истоминъ
— Владиміръ Фонъ Гейзеръ
— Николай Васильевъ 1
— Николай Кадниковъ
— Помпей Ивковъ
— Павелъ Мѣтлинъ
— Николай Семиковъ
— Константинъ Григоровичъ
— Григорій Ермолинскій
— Николай Лисовскій
— Андрей Коровинъ
— Морицъ Вагнеръ
— Дмитрій Кузнецовъ
— Николай Ильяшенко.

1824 года.

Апрѣля 21 дня.

ВЪ МИЧМАНА.

Унт.Оф. Степанъ Машутинъ
Гардем. Александръ Потуловъ
— Иванъ Потуловъ
— Сергѣй Жегаловъ
— Владиміръ Фофановъ
— Александръ Фонъ Мендель
— Александръ Исуповъ
— Михаилъ Чижъ
— Александръ Панфиловъ
— Ѳедоръ Голенищевъ-Кутузовъ
— Андрей Истоминъ
— Александръ Деливронъ
— Парменъ Протасовъ
— Николай Замятнинъ
— Николай Крузе
— Иванъ Ограновичъ
— Андрей Леоновъ
— Дмитрій Стромиловъ
— Михаилъ Соковнинъ
— Кесарь Васильевъ
— Ѳедоръ Коробка
— Степанъ Михайловскій
— Александръ Кононовичъ-Горбацкій
— Павелъ Всеволожскій
— Николай Шамардинъ
— Николай Бутаковъ
— Александръ Стромиловъ
— Александръ Есауловъ
— Иванъ Панфиловъ
— Миронъ Мартьяновъ
— Алексѣй Веденяпинъ
— Яковъ Ахматовъ
— Иванъ Асташевъ
— Василій Болкашинъ.

1824 года.

Апрѣля 21 дня.

ВЪ МИЧМАНА.

- Гардем. Семенъ Лавровъ
- — Николай Ивановъ
- — Яковъ Дмитріевъ
- — Павлинъ Юрасовъ
- — Александръ Богдановичъ
- — Павелъ Золотовъ
- — Михаилъ Елмановъ
- — Нилъ Ловейка
- — Александръ Черкасовъ
- — Михаилъ Шишмаревъ
- — Павелъ Пышинъ
- — Арсеній Лермантовъ
- — Петръ Зенковъ
- — Иванъ Кононовичъ
- — Петръ Никоновъ
- — Дмитрій Безобразовъ
- — Константинъ Лисовскій
- — Ѳедоръ Бунякинъ
- — Викторъ Жарковъ
- — Николай Ильинъ 1
- — Иванъ Броунъ
- — Ѳедоръ Медеръ
- — Иванъ Новосильской
- — Андрей Шамшевъ
- — Князь Алексѣй Ухтомскій
- — Петръ Черкасовъ
- — Михаилъ Абрютинъ
- — Иванъ Немировичъ-Данченко
- — Николай Безобразовъ
- — Иванъ Транковской
- — Василій Стромиловъ
- — Левъ Черневъ
- — Александръ Мартьяновъ
- — Николай Васильевъ 2
- — Василій Ботовъ

1824 года.

Апрѣля 21 дня.

ВЪ МИЧМАНА.

- Гардем. Александръ Тимоѳеевъ
- — Ларіонъ Добровольскій
- — Николай Ильинъ 2
- — Яковъ Угрюмовъ
- — Петръ Лунандинъ
- — Василій Травинъ
- — Иванъ Палибинъ
- — Александръ Веттеръ
- — Князь Сергѣй Ухтомскій
- — Михаилъ Черкасовъ
- — Никита Нееловъ
- — Михаилъ Левинъ
- — Иванъ Квашнинъ-Самаринъ
- — Алексѣй Сухонинъ
- — Иванъ Кэрповъ.

ВЪ КОНСТАПЕЛИ.

- Арт. Кад. Михаилъ Бутаковъ
- — Николай Ладыгинъ
- — Константинъ Дороховъ
- — Петръ Арцыбашевъ
- — Николай Китаетъ
- — Яковъ Стромиловъ
- — Николай Третьяковъ
- — Иванъ Китаевъ
- — Александръ Сумароцкой
- — Николай Микульшинъ
- — Аврелій Нарцызъ Тоурноуеръ
- — Егоръ Толбузинъ
- — Александръ Чепелевъ
- — Андрей Давыдовъ
- — Николай Головачевъ.

Всего 99.

1826 года.

Февраля 27 дня.

ВЪ МИЧМАНА.

Унт.Оф.	Александръ Озеровъ
—	Африканъ Терентьевъ
—	Сергѣй Бочечькаровъ
—	Павелъ Терентьевъ
—	Александръ Богдановъ
—	Ѳедоръ Бубновъ
—	Николай Богдановъ
—	Михаилъ Калугинъ
—	Петръ Исуповъ
—	Сергѣй Карцовъ
—	Борисъ Нордманъ
—	Алексѣй Дмитріевъ
—	Егоръ Богдановъ
—	Ѳедоръ Фонъ Моллеръ
—	Ѳедоръ Рудневъ
Гардем.	Василій Озеровъ
—	Василій Бартеневъ
—	Егоръ Пешманъ
—	Николай Тверитиновъ
—	Алексѣй Крупенниковъ
—	Владиміръ Масаловъ
—	Василій Дросардъ
Унт.Оф.	Нилъ Титовъ
—	Павелъ Мордвиновъ
Гардем.	Александръ Кишкинъ
—	Дмитрій Калугинъ
—	Алексѣй Тверитиновъ
—	Петръ Ушаковъ 2
—	Ардаліонъ Зоммеръ
—	Клавдій Синягинъ
—	Дмитрій Саблинъ
Унт.Оф.	Василій Животовъ
Гардем.	Иванъ Тобизинъ
—	Ѳедоръ Феофилатьевъ
—	Константинъ Адамсъ
—	Кандитъ Ивковъ
—	Вадимъ Васильевъ.

1826 года.

Февраля 27 дня.

ВЪ МИЧМАНА.

Гардем.	Василій Макаровъ
—	Константинъ Коломбусъ
—	Николай Лазаревъ-Станищевъ
—	Богданъ Фонъ Глазенапъ
—	Владиміръ Фонъ Глазенапъ
—	Августъ Тобизинъ
—	Михаилъ Кисленской
—	Алексѣй Нероновъ
—	Стратонъ Савельевъ
—	Денисъ Левшинъ
—	Николай Цедельманъ
—	Николай Вороновъ
—	Николай Алексѣевъ
—	Андрей Шаровъ
—	Николай Палицынъ
—	Александръ Нѣмовъ
—	Егоръ Мертваго
—	Василій Заболоцкій
—	Сергѣй Ѳадѣевъ
—	Василій Дувановъ
—	Павелъ Зайцовъ
—	Гавріилъ Хоматьяновъ
—	Петръ Ушаковъ 1
—	Карлъ Гревенсъ
—	Модестъ Болтинъ
—	Василій Мякининъ
—	Николай Болтинъ
—	Антонъ Крузе
—	Дмитрій Лесковъ
—	Григорій Суровцовъ
—	Владиміръ Семериковъ
—	Иванъ Обернибесовъ
—	Андрей Купреяновъ
—	Иванъ Шишмаревъ.

1826 года.

Февраля 27 дня.

ВЪ МИЧМАНА.

Гардем. Викторъ Лавровъ

ВЪ КОНСТАПЕЛИ.

Арт.Кад Александръ Чагинъ
— Василій Марковъ
— Степанъ Александровъ
— Иванъ Абрютинъ
— Владиміръ Андреевъ
— Владиміръ Каземировъ
— Иванъ Головинъ
— Ѳедоръ Бухаринъ
— Романъ Клостерманъ
— Михаилъ Ограновичъ.

Всего 82.

1826 года.

Сентября 25 дня.

ВЪ МИЧМАНА.

Унт.Оф. Александръ Зеленой
— Дмитрій Рындинъ
— Петръ Давыдовъ
— Евгеній Беренсъ
— Николай Камарашъ
— Лаврентій Загоскинъ
— Иванъ Бородатовъ
— Орестъ Балкъ
— Андрей Рудневъ
— Алексѣй Мавринъ
— Михаилъ Бартеневъ
— Сергѣй Развозовъ
— Николай Фонъ Розенберхъ

1826 года.

Сентября 25 дня.

ВЪ МИЧМАНА.

Унт.Оф. Иванъ Измаиловъ
— Александръ Геслинъ
— Аркадій Ракеевъ
— Владиміръ Ѳедоровскій
— Николай Корсаковъ
— Иванъ Бартрамъ
— Николай Чекинъ
— Всеволодъ Спеньковъ
— Владиміръ Опочининъ
— Захаръ Нестеровъ
— Николай Шамардинъ
— Егоръ Китаевъ
— Несторъ Чебыкинъ
— Евграфъ Всеволожской
— Николай Опочининъ
— Александръ Барановъ
— Вечеславъ Ивковъ
— Осипъ Милюковъ
— Романъ Андреевъ
— Алексѣй Баскаковъ
— Александръ Баскаковъ
— Павелъ Сомовъ 2
— Павелъ Соловцовъ
— Николай Пѣвцовъ
— Лаврентій Жегловъ
— Вечеславъ Плотниковъ
— Павелъ Воейковъ
— Николай Емельяновъ
— Александръ Зайцовъ
— Иванъ Кутузовъ
— Петръ Жуковъ
— Петръ Яновскій
— Степанъ Квашнинъ-Самаринъ
— Александръ Копытовъ
— Владиміръ Жедринской
— Николай Клементьевъ.

1826 года.

Сентября 25 дня.

ВЪ МИЧМАНА.

Кадетъ	Михаилъ Камарашъ
—	Александръ Рындинъ
—	Платонъ Колодкинъ
—	Александръ Киселевъ
—	Николай Поповъ
—	Алексѣй Беклешовъ
—	Петръ Чагинъ
—	Александръ Черноглазовъ
—	Василій Каленовъ
—	Константинъ Поповдопуло
—	Ананій Шихмановъ
—	Василій Куденетовъ
—	Павелъ Сомовъ 1
—	Князь Иванъ Волконской
—	Николай Семыкинъ
—	Дмитрій Чагинъ
—	Іосифъ Борисовъ
—	Николай Зеленецкій
—	Викторъ Гребеньщиковъ
—	Иванъ Чуфаровскій
—	Петръ Кутузовъ
—	Семенъ Палицынъ
—	Василій Фонъ Моллеръ
—	Николай Александровскій
—	Николай Гамалѣя
—	Андрей Губачевскій
—	Павелъ Чихачевъ
—	Фаустъ Воиновъ
—	Петръ Булыгинъ
—	Николай Грековъ
—	Николай Токмачевъ
—	Александръ Точмачевъ.

Всего 81.

1827 года.

Марта 31 дня.

ВЪ МИЧМАНА.

Фельдф.	Павелъ Струговъ
—	Ѳедоръ Антоньевъ
Гардем.	Николай Трескинъ
—	Ѳедоръ Кемецкій
—	Михаилъ Трескинъ
—	Иванъ Трескинъ
—	Николай Лишкинъ
—	Дмитрій Бартеневъ
—	Карлъ Гюленгекъ
—	Алексанрр Протопоповъ
Унт.Оф.	Платонъ Скрыдла
Фельдф.	Князь Порфирій Мансыревъ
—	Савелій Любощинскій
Гардем.	Константинъ Тупылевъ
—	Валеріанъ Балкъ
—	Александръ Третьяковъ
—	Веніаминъ Крупениковъ
—	Павелъ Ротговъ
—	Александръ Фонъ Дейбнеръ
—	Егоръ Мофетъ
—	Григорій Федотовъ
—	Александръ Данилевичъ
—	Константинъ Веселаго
Унт.Оф.	Иванъ Гревенсъ
Гардем.	Константинъ Алферьевъ
Унт.Оф.	Платонъ Яновскій
Гардем.	Петръ Раковскій
—	Михаилъ Обернибесовъ
—	Павелъ Бѣляевъ
—	Александръ Потемкинъ
—	Александръ Гречаниновъ
—	Михаилъ Кубаркинъ
—	Андрей Набатовъ.

1827 года.

Марта 31 дня.

ВЪ МИЧМАНА.

Гардем. Петръ Исаевичъ
— Николай Измайловъ
— Василій Давотчиковъ
— Платонъ Гамалѣя
— Николай Карелли
— Иванъ Перелешинъ
— Николай Валутинъ
— Павелъ Решеткинъ
— Александръ Кореневъ
— Алексѣй Свяцкій
— Иванъ Львовъ
— Николай Кипріяновъ
— Дмитрій Притуповъ
— Дмитрій Калугинъ.

ВЪ КОНСТАПЕЛИ

Арт.Кад. Василій Савинъ
— Иванъ Подушкинъ
— Михаилъ Вышеславцовъ
— Павелъ Саблинъ
— Гавріилъ Сидельниковъ
— Платонъ Гурьевъ
— Владиміръ Бубновъ
— Михаилъ Поздѣевъ
— Николай Копытовъ.

Апрѣля 27 дня.

ВЪ МИЧМАНА.

Гардем. Александръ Борисовъ
— Николай Бартеневъ
— Иванъ Зеленой.

1827 года.

Декабря 14 дня.

Произведенные въ компаніи за отличіе, оказанное въ сраженіи при Наваринѣ.

ВЪ МИЧМАНА.

Гардем. Владиміръ Истоминъ
— Дмитрій Шишмаревъ
— Александръ Кузнецовъ
— Александръ Бѣлаго
— Иліодоръ Стоговъ.

Декабря 21 дня.

ВЪ МИЧМАНА.

Гардем. Алексѣй Кондратовичъ
— Николай Притуповъ
— Владиміръ Пфейферъ
— Константинъ Гусевъ
— Валеріанъ Нерской
— Матвѣй Васильевъ
— Николай Свѣчинской.

ВЪ КОНСТАПЕЛИ,

Арт.Кад. Александръ Гавловскій.

Всего 72.

1828 года.

Апрѣля 25 дня.

ВЪ МИЧМАНА.

Гардем. Семенъ Зеленой
— Николай Третьяковъ
— Карлъ Сидиснеръ
— Михаилъ Ленинъ 2.

1828 года.

Апреля 25 дня.

ВЪ МИЧМАНА.

Гардем.	Дмитрій Черницкій
—	Сергѣй Лениц 1
Фельдф.	Сергѣй Крашенинниковъ
Гардем.	Ѳедоръ Дубасовъ 2
—	Левъ Андреевъ
—	Василій Кузнецовъ
—	Иванъ Транбицкій
—	Александръ Веселаго
—	Никаноръ Диринъ 1
Унт.Оф.	Василій Дубасовъ 1
Гардем.	Николай Невельской
—	Дмитрій Мартьяновъ
—	Кирилъ Рындинъ
—	Алексѣй Кузьминъ
Унт.Оф.	Николай Диринъ 2
Гардем.	Константинъ Реуновъ
—	Петръ Быченскій
—	Семенъ Суховъ
—	Александръ Арбузовъ
—	Левъ Сомовъ
Унт.Оф.	Баронъ Александръ Вревскій
Гардем.	Ѳедоръ Кондратьевъ
—	Алексѣй Безобразовъ
—	Павелъ Протопоповъ
—	Павелъ Гаврино.

ВЪ КОНСТАПЕЛИ.

Арт.Кад.	Иванъ Пресняковъ
—	Николай Ѳедотовъ
—	Левъ Булыгинъ
—	Александръ Михайловскій
—	Левъ Корнильевъ
—	Сава Сафоновъ.

Всего 35.

1829 года.

Марта 20 дня.

ВЪ МИЧМАНА.

Унт.Оф.	Нилъ Давыдовъ 1
Гардем.	Александръ Давыдовъ 2
—	Василій Филиповъ
—	Алексѣй Арбузовъ
Фельдф.	Константинъ Мокѣевъ 1
Унт.Оф.	Романъ Бодде
Гардем.	Николай Скворцовъ
—	Егоръ Мокѣевъ 2
Унт.Оф.	Николай Бочечкаровъ
Гардем.	Сергѣй Кипріяновъ
—	Григорій Христофоровъ
—	Григорій Левицкій
—	Александръ Спицынъ
—	Василій Жегаловъ
—	Александръ Митьковъ
—	Иванъ Комаровскій
—	Иванъ Данске
Гардем.	Валеріанъ Хадыкинъ
—	Александръ Мельницкій
—	Александръ Репьевъ
—	Александръ Барштетъ
—	Антонъ Шеле
—	Николай Вахровъ
—	Александръ Варпаховскій
—	Дмитрій Никитинъ
—	Николай Бракеръ
—	Платонъ Перелишинъ
—	Николай Акуловъ
—	Григорій Кононовичъ
Унт.Оф.	Александръ Веймарнъ
Гардем.	Александръ Клеопинъ 1
—	Алексѣй Пѣвцовъ
—	Михаилъ Липкинъ
—	Николай Пѣтунинъ
Унт.Оф.	Василій Макшѣевъ
Гардем.	Афанасій Фроловъ
—	Иванъ Арбузовъ.

1829 года.

Марта 20 дня.

ВЪ МИЧМАНА.

Гардем.	Павелъ Чижъ
—	Василій Сальковъ
Унт.Оф.	Иванъ Подушкинъ
Гардем.	Иванъ Фоминъ
—	Павелъ Роде 1
—	Костантинъ Блюмъ
—	Ѳедоръ Роде 2
—	Павелъ Юнге 1
—	Костантинъ Сенявинъ
—	Александръ Мартьяновъ
—	Илья Арцыбашевъ
—	Александръ Соколовскій
—	Петръ Фроловъ 2
—	Иванъ Юнге 2
—	Вечеславъ Васильевъ
—	Николай Скобельцынъ
—	Николай Свяцкой
—	Петръ Ахматовъ
—	Николай Клеопинъ
—	Василій Шульгинъ
—	Петръ Макаровъ.

ВЪ КОНСТАПЕЛИ.

Арт.Кад.	Иванъ Грачевъ
—	Юрій Затятинъ
—	Осипъ Куницкой
—	Дмитрій Лихаревъ
—	Ѳедоръ Калугинъ
—	Павелъ Михайловскій
—	Василій Шестаковъ
—	Николай Слѣпцовъ
—	Василій Пѣвцовъ
—	Андрей Бубновъ
—	Петръ Залѣскій
—	Платонъ Хлоповъ.

1829 года.

Марта 20 дня.

ВЪ КОНСТАПЕЛИ.

Арт.Кад.	Князь Александръ Лукомскій
—	Александръ Романовъ
—	Флегонтъ Борзенковъ
—	Василій Транковскій.

Всего 74.

1830 года.

Января 22 дня.

ВЪ МИЧМАНА.

Унт.Оф.	Николай Соковнинъ
—	Александръ Петерсонъ
Гардем.	Дмитрій Мармылевъ
—	Василій Алферьевъ
Фельд.	Николай Молчановъ
Гардем.	Павелъ Саблинъ
Унт.Оф.	Николай Валмасовъ
—	Александръ Матвѣевъ
Гардем.	Яковъ Ушаковъ
Унт.Оф.	Иванъ Ендогуровъ
—	Петръ Арбузовъ
—	Никифоръ Соломахинъ
Гардем.	Павелъ Митуричъ
—	Петръ Шишкинъ
—	Гавріилъ Богдановъ-Калинскій
—	Иванъ Воейковъ
—	Василій Тряско-Лукинскій
Унт.Оф.	Николай Лукьяновъ
Гардем.	Князь Николай Мышецкій
—	Богданъ Геслингъ

1830 года.

Января 22 дня.

ВЪ МИЧМАНА.

Гардем.	Ѳедоръ Новалишинъ
—	Романъ Рудневъ
—	Николай Шеманъ
—	Сергѣй Афанасьевъ
—	Алексѣй Этковъ
—	Петръ Андреевъ
—	Павелъ Транковскій
—	Александръ Имхартъ
—	Николай Григоровъ
—	Алексѣй Милюковъ
—	Алексѣй Оберучевъ
—	Василій Буланинъ
—	Дмитрій Сверчковъ
—	Василій Вечесловъ
—	Егоръ Пахомовъ
—	Степанъ Ивковъ
—	Василій Зенковъ
—	Евфродитъ Стоговъ
—	Павелъ Оболешевъ
—	Илья Гревенсъ
—	Ѳедоръ Скарятинъ
—	Дмитрій Нѣеловъ
—	Николай Мартьяновъ.

ВЪ КОНСТАПЕЛИ.

Арт.Кад.	Степанъ Тулубьевъ
—	Андрей де-Сарде
—	Андрей Суражевской
—	Василій Ирдебеневъ
—	Иванъ Фонъ Мейснеръ
—	Василій Дорофѣевъ
—	Борисъ Ремизовъ
—	Виталій Любимовъ.

Всего 51.

1831 года.

Января 1 дня.

ВЪ МИЧМАНА.

Гардем.	Александръ Кузминъ-Короваевъ
Унт.Оф.	Андрей Никановъ
Гардем.	Константинъ Залѣсскій
—	Александръ Пфейферъ
Унт.Оф.	Павелъ Нечаевъ
Гардем.	Павелъ Андросовъ
—	Петръ Миллеръ
—	Иванъ Миллеръ
Фельдф.	Иполитъ Абрютинъ
Гардем.	Константинъ Соколоскій
—	Алексѣй Лупандинъ
Унт.Оф.	Карлъ Пасьетъ
—	Владиміръ Развозовъ
—	Николай Фонъ Моллеръ
—	Германъ Пфейферъ
—	Павелъ Петровскій
—	Осипъ Давыдовъ
—	Павелъ Мертваго
—	Павелъ Спицынъ
—	Василій Безумовъ
—	Александръ Шишмаревъ
—	Андрей Балкашинъ
—	Никифоръ Смирновъ
—	Константинъ Мочульскій
—	Александръ Токаревскій
—	Егоръ Веригинъ
—	Александръ Повалишинъ
—	Валеріанъ Богдановъ
—	Павелъ Колчинъ
—	Ростиславъ Валронтъ
—	Петръ Острогорскій
—	Владиміръ Жильцовъ
—	Левъ Пыхачевъ
—	Петръ Перелѣшинъ
—	Романъ Розе.

1831 года.

Января 1 дня.

ВЪ МИЧМАНА.

Унт.Оф. Яковъ Перфильевъ
— Илья Забудской
— Николай Клеопинъ
— Николай Курочѣдовъ
— Владиміръ Карелли.

Января 16 дня.

ВЪ ПРАПОРЩИКИ
Сухопутной Артиллеріи.

Арт.Кад. Евграфъ Зоммеръ
— Егоръ Скворцовъ
— Александръ Афанасьевъ
— Николай Чернышевъ
— Николай Ловейко
— Иванъ Прейсъ
— Платонъ Кемецкій
— Нилъ Кемецкій
— Ѳедоръ Юнкманъ
— Николай Травинъ
— Павелъ Фоминъ
— Иванъ Зимнинскій
— Капитонъ Бѣлозеровъ
— Егоръ Подушкинъ
— Ипполитъ Головнинъ
— Владиміръ Кузминъ-Ко-
    роваевъ.

Декабря 31 дня.

Фельдф. Николай Совинъ
— Петръ Митуричъ
Унт.Оф. Владиміръ Войдтъ
— Александръ Акуловъ.

1831 года.

Декабря 31 дня.

ВЪ МИЧМАНА.

Унт.Оф. Николай Сахаровъ
— Петръ Скворцовъ
— Албертъ Проффенъ
— Баронъ Александръ
    де-Ридель
Гардем. Александръ Каменскій
— Александръ Софіано
— Иванъ Ракѣевъ
Унт.Оф. Викторъ Жаворонковъ
Гардем. Михаилъ Дюгамель
Унт.Оф. Алексѣй Реуновъ
— Иванъ Белли
— Василій Гордѣевъ
Гардем. Иванъ Качаловъ
— Николай Головинскій
— Николай Давыдовъ
— Иванъ Изыльметьевъ
— Левъ Кульчицкій
— Евграфъ Кардо-Сысоевъ
Унт.Оф. Дмитрій Францъ
Гардем. Василій Зеленецкій
— Михаилъ Тироль
— Василій Моллеръ
— Петръ Сальковъ
— Иванъ Лутонинъ
— Иванъ Слѣпцовъ
— Аркадій Воеводскій
— Карлъ Крузенштернъ
— Василій Быковъ
— Яковъ Крузенштернъ
— Михаилъ Доводчиковъ
— Николай Величко
— Николай Рудаковъ
— Павелъ Тироль
— Леонардъ Нолькенъ
— Владиміръ Шульманъ
— Павелъ Этковъ.

1851 года.

Декабря 31 дня.

ВЪ МИЧМАНА.

Гардем. Павелъ Степановъ
— Михаилъ Нахимовъ
— Олимпъ Ивковъ
— Петръ Аболешевъ
— Порфирій Чебыкинъ
— Ѳедоръ Франкъ
— Иванъ Стреппель
— Осипъ Саблинъ
— Андрей Кайгородовъ
— Графъ Константинъ Толстой
— Петръ Шубинъ
— Константинъ Веригинъ
— Константинъ Кузьминъ-Короваевъ
— Петръ Наумовъ
— Владиміръ Спафарьевъ
— Левъ Толмачевъ
— Гавріилъ Безобразовъ
— Александръ Гавриловъ
— Дмитрій Карамышевъ.

Всего 115.

1852 года.

Апрѣля 10 дня.

ВЪ МИЧМАНА.

Гардем. Николай Краббе.

Декабря 21 дня.

Унт.Оф. Аникита Озерскій
— Павелъ Кузнецовъ
— Никифоръ Глотовъ
Гардем. Генадій Невельской.

1852 года.

Декабря 21 дня.

ВЪ МИЧМАНА.

Гардем. Егоръ Деденевъ
Унт.Оф. Петръ Никоновъ
Гардем. Владиміръ Гильдебрантъ
— Алексѣй Бутаковъ
Фельд. Василій Солоповъ
— Павелъ Казакевичъ
Гардем. Алексѣй Куницкій
— Александръ Станюковичъ
Фельд. Нилъ Зеленой
Унт.Оф. Михаилъ Бухвастовъ
— Иванъ Варваци
Гардем. Василій Меркуловъ
— Степанъ Остелецкій
— Николай Плехановъ
Унт.Оф. Александръ Григорьевъ
— Ѳедоръ Левшинъ
Гардем. Афонасій Юрьевъ
— Николай Андреевъ
— Дементій Розе
— Александръ Афанасьевъ
— Дмитрій Всеволожскій
— Михаилъ Комаровскій
— Левъ Будищевъ
— Михаилъ Елагинъ
— Василій Теличеевъ
— Михаилъ Тютрюмовъ
— Николай Шульгинъ 1
— Егоръ Белли
— Порфирій Жеребцовъ
— Василій Розенбергъ
— Александръ Тимиревъ
— Андрей Венеціановъ
— Ѳедоръ Юшковъ 2
— Константинъ Драсардъ
— Александръ Алексинъ
— Иванъ Назимовъ
— Сергѣй Макаровъ.

1832 года.

Декабря 21 дня.

ВЪ МИЧМАНА.

Гардем. Николай Рябининъ
— Дмитрій Вахровъ
— Михаилъ Тырковъ
— Платонъ Ковровъ
— Иванъ Нечаевъ
— Леонтій Гильцебахъ
— Павелъ Шульгинъ 2
— Семенъ Карелли
— Владиміръ Рылѣевъ
— Николай Палицынъ
— Михаилъ Казнаковъ
— Петръ Бессарабскій
— Князь Всеволодъ Мы-
       щецкій
— Григорій Михайловскій
— Илья Абрютинъ
— Василій Шлейферъ
— Александръ Юнкманъ
— Виталій Волоцкой 2
— Александръ Чашниковъ
— Михаилъ Вишняковъ
— Егоръ Гайтани
— Василій Соколовъ
— Петръ Подушкинъ
— Николай Юшковъ 1
— Константинъ Жегаловъ
— Александръ Мараки
— Александръ Милюковъ.

Всего 69.

1834 года.

Января 10 дня.

ВЪ МИЧМАНА.

Фельд. Ѳедоръ Вендрихъ.

1834 года.

Января 10 дня.

ВЪ МИЧМАНА.

Фельд. Леонтій Гарнакъ
Унт.Оф. Дмитрій Мордвиновъ
— Ѳеодосій Веселаго
— Ѳедоръ Андреевъ
Гардем. Августъ Сталь
Унт.Оф. Эдуардъ Бреверъ
— Николай Волоцкой
— Павелъ Истоминъ
Гардем. Василій Топпеліусъ
— Петръ Борейша
— Вечеславъ Шишкинъ
Фельд. Алексѣй Ивановъ
Унт.Оф. Василій Ракѣевъ
— Владиміръ Кореневъ
Фельд. Константинъ Явленскій
Гардем. Александръ Померан-
           цовъ
— Петръ Бахтуровъ
— Александръ Соколовъ 1
— Александръ Соколовъ 2
— Алексѣй Алсуфьевъ
— Никаноръ Арбузовъ
— Александръ Миллеръ
— Николай Краснопольскій
Унт.Оф. Евграфъ Комаровскій
Гардем. Александръ Развозовъ
— Алексѣй Рагозинскій
— Павелъ Шкотъ
— Иванъ Угла
— Алексѣй Любимовъ
— Василій Высоцкій
— Арсеній Машинъ
— Князь Павелъ Гагаринъ
— Анастасій Калитѣевскій
— Дмитрій Чашниковъ
— Николай Ресинъ
— Михаилъ Масловъ.

1854 года.

Января 10 дня.

ВЪ МИЧМАНА.

Гардем. Николай Прокофьевъ
— Петръ Свицынъ
— Иванъ Антоновскій
— Павелъ Жеребцовъ
— Александръ Жегаловъ
— Иванъ Шишмаревъ
— Антонъ Подушкинъ.

Всего 44.

Декабря 19 дня.

Фельд. Иванъ Сколковъ
Гардем. Өедоръ Сиверсъ
— Николай Горкавенко
Фельд. Александръ Шигоринъ
— Людвигъ Вендрихъ
Унт.Оф. Василій Погодинъ
Фельд. Михаилъ Колодкинъ
Унт.Оф. Алексѣй Сверчковъ
Гардем. Никита Вульфъ
Унт.Оф. Иванъ Сущовъ
— Николай Вейсъ
— Александръ Аболешевъ
Гардем. Князь Дмитрій Лукомскій
— Николай Шестаковъ
— Евгеній Шульманъ
Фельд. Петръ Балкашинъ
Гардем. Тимофей Хадыкинъ
— Прокофей Окуловъ
— Ефимъ Осташевъ
Унт.Оф. Петръ Савинковъ
— Морицъ Толь
— Карлъ Кледтъ
Гардем. Густавъ Фохтъ
Унт.Оф. Константинъ Каменскій
Гардем. Карлъ Фрейгангъ.

1854 года.

Декабря 19 дня.

ВЪ МИЧМАНА.

Гардем. Петръ Брантъ
— Владиславъ Слизинъ
— Николай Сементовскій
Унт.Оф. Николай Польской
Гардем. Павелъ Величковскій
— Петръ Рамклу
— Петръ Подкользинъ
— Өедоръ Роткирхъ
— Владиміръ Ладкинъ
— Павелъ Бухвастовъ
— Флавіанъ Терентьевъ
— Николай Бутаковъ
— Василій Коротцевъ
— Иванъ Краснопольскій
— Вадимъ Шишкинъ
— Өедоръ Росляковъ
— Петръ Замятнинъ
— Самуилъ Торклусъ
— Павелъ Антоньевъ
— Иванъ Тарасовъ
— Петръ Величковскій
— Дмитрій Өоминъ
— Иванъ Подъяпольскій
— Владиміръ Десятовъ
— Михаилъ Быковъ
— Егоръ Огильви
— Анатолій Орловъ
— Өедоръ Опочининъ
— Николай Говеніусъ
— Нилъ Азарьевъ
— Александръ Кленке
— Николай Сульменевъ
— Иванъ Загорянскій-Кисель
— Николай Грековъ
— Петръ Ферлудинъ
— Иванъ Лихаревъ.

— 98 —

1854 года.

Декабря 19 дня.

ВЪ МИЧМАНА.

Гардем.   Николай Азарьевъ
—   Кондратій Штофрегенъ
—   Баронъ Всеволодъ Штейнгель
—   Александръ Развозовъ
—   Александръ Кудрявой
—   Александръ Рудаковъ
—   Викторъ Тимиревъ
—   Николай Милоцасъ
—   Василій Токмачевъ.

ВЪ ПРАПОРЩИКИ
въ 3-й Ластовый Экипажъ.

Гардем.   Петръ Берковистъ
                Всего 71.

1855 года.

Декабря 21 дня.

ВЪ МИЧМАНА.

Унт.Оф.   Германъ Ренненкампфъ
—   Германъ Пецъ
—   Егоръ Ротастъ
Гардем.   Иванъ Панафидинъ
Фельд.   Дмитрій Акуловъ
Гардем.   Степанъ Лѣсовскій
—   Нилъ Вараксинъ
—   Александръ Жегаловъ
Фельд.   Ѳедоръ Гагеманъ
Унт.Оф.   Илья Шумовъ
—   Баронъ Отто Будбергъ
—   Александръ Касаткинъ
Фельд.   Петръ Казакевичъ
Гардем.   Отто Мунстергельмъ.

1855 года.

Декабря 21 дня.

ВЪ МИЧМАНА

Гардем.   Николай Слюдовъ
—   Павелъ Ѳедоровскій
—   Карлъ Роопъ
—   Алексѣй Поповъ
—   Павелъ Шевандинъ
—   Иванъ Стромиловъ
—   Николай Козянинов
—   Павелъ Берхъ
—   Ѳедоръ Дурасовъ
Фельд.   Николай Гревенсъ
Гардем.   Евгеній Кореневъ
—   Александръ Остолоповъ
—   Николай Сергѣевъ
—   Оскаръ Ренненкампфъ
—   Юрій Комаровъ
—   Николай Куницкій
—   Николай Христофоровъ
Унт.Оф.   Дмитрій Свѣшниковъ
—   Баронъ Василій Таубе
Гардем.   Александръ Заводовскій
—   Александръ Васильевъ
—   Егоръ Бокъ
—   Петръ Сульменевъ
—   Ѳедоръ Кернъ
—   Романъ Белли
—   Владиміръ Мордвиновъ
—   Фердинандъ Франкъ
—   Степанъ Челищевъ
—   Сергѣй Скворцовъ
—   Константинъ Афанасьевъ
Унт.Оф.   Николай Погодинъ
Гардем.   Александръ Жеваховъ
Унт.Оф.   Сергѣй Загорянскій-Кисель
Гардем.   Сергѣй Кудрявцовъ
—   Александръ Андроновъ
—   Николай Франкъ.

1855 года.

Декабря 21 дня.

ВЪ МИЧМАНА.

Гардем. Авениръ Ивковъ
— Графъ Николай Стен-
    бокъ
— Степанъ Казинъ
— Михаилъ Сущовъ
— Павелъ Михайловъ
— Ѳедоръ Сиверсъ.

Всего 56.

1856 года.

Декабря 23 дня.

ВЪ МИЧМАНА.

Фельд. Павелъ Смолякъ
— Карлъ Петерсонъ
Унт.Оф. Густавъ Берхъ
— Павелъ Максимовичъ
Гардем. Любимъ Сильяндеръ
Фельд. Николай Качаловъ
Гардем. Григорій Кригеръ
— Константинъ Посьетъ
— Николай Балкашинъ
— Павелъ Всеволожскій
— Василій Романовичъ
— Константинъ Тироль
— Николай Юрьевъ
— Яковъ Харламовъ
Унт.Оф. Карлъ Рененкампфъ
— Густавъ Эрдманъ
Гардем. Иванъ Шубинскій
— Павелъ Шубинскій
— Дмитрій Папа-Егоровъ
Фельд. Сергѣй Михайловскій
Гардем. Петръ Назимовъ.

1856 года.

Декабря 23 дня.

ВЪ МИЧМАНА.

Унт.Оф. Рихардъ Толь
Гардем. Ѳедоръ Сталь
— Семенъ Подушкинъ
Унт.Оф. Александръ Раббе-Ка-
    литинъ
Гардем. Николай Олешевъ
— Алексѣй Челищевъ
— Платонъ Лисянскій
— Александръ Перской
Унт.Оф. Александръ Зеленой
Гардем. Сергѣй Левашевъ
Унт.Оф. Эдуардъ Коцебу
Гардем. Павелъ Дубенскій
— Левъ Безумовъ
— Поликарпъ Пузино
— Александръ Ершовъ
— Ефимъ Квецинскій
— Александръ Реймерсъ
— Александръ Свѣшниковъ
— Дмитрій Юрьевъ
— Николай Машинъ
— Михаилъ Линицкій
— Иванъ Легатовичъ
— Михаилъ Перелешинъ
— Константинъ Тироль
— Петръ Ѳоминъ
— Василій Бурхановскій
— Николай Канинъ
— Яковъ Головнинъ
— Константинъ Алексинъ
— Иванъ Трубниковъ
— Александръ Гревенсъ
— Карлъ Жерве
— Михаилъ Алѣевъ
— Баронъ Николай Фри-
    дериксъ
— Орестъ Пузино.

1856 года.

Декабря 23 дня.

ВЪ МИЧМАНА.

Гардем. Платонъ Воеводскій
— Алексѣй Доводчиковъ
— Константинъ Мейснеръ
— Николай Вистингаузенъ
— Павелъ Христофоровъ
— Василій Зайкинъ
— Иванъ Волженской
— Князь Андрей Оболенскій
— Григорій Яковлевъ
— Павелъ Левицкій
— Николай Жандръ
— Баронъ Дмитрій Фридериксъ
— Василій Змѣевъ
— Константинъ Гельфрейхъ
— Михаилъ Швенднеръ
— Павелъ Хлуденевъ
— Николай Латышевъ
— Ѳедоръ Юнгъ
— Андрей Богдановъ
— Петръ Доводчиковъ
— Евгеній Цацъ
— Дмитрій Рудаковъ
— Николай Вараксинъ.

Всего 79.

1857 года.

Декабря 23 дня.

ВЪ МИЧМАНА.

Гардем. Евгеній Назимовъ
Унт.Оф. Николай Путиловъ
Гардем. Баронъ Леонтій Николаи

1857 года.

Декабря 23 дня.

ВЪ МИЧМАНА.

Гардем. Алексѣй Горкавенко
— Николай Ивашинцовъ
Фельдф. Сергѣй Тютчевъ
Унт.Оф. Александръ Агѣевъ
Фельд. Николай Колюбакинъ
— Андрей Рененкампфъ
Унт.Оф. Павелъ Перелешинъ
Гардем. Андрей Назимовъ
Унт.Оф. Яковъ Катинъ
Гардем. Владиміръ Кузнецовъ
— Леонидъ Муравьевъ
— Баронъ Фердинандъ Штакельбергъ
Унт.Оф. Ѳедоръ Брюммеръ
Гардем. Александръ Яновскій
— Алексѣй Бартеневъ
— Герасимъ Сфурса-Жиркевичъ
— Иванъ Крамаревъ
— Левъ Языковъ
Унт.Оф. Александръ Опочининъ
Гардем. Дмитрій Давыдовъ
— Иванъ Давыдовъ
— Александръ Вольфъ
Унт.Оф. Константинъ Зассъ
— Константинъ Левинъ
— Иванъ Богдановъ
— Александръ Мендель
— Иванъ Рудневъ
Унт.Оф. Иванъ Канинъ
Гардем. Иванъ Горталовъ
— Григорій Бутаковъ
— Баронъ Александръ Белинсгаузенъ
— Павелъ Шигоринъ
— Николай Стеценко
— Отто Руктишель.

1857 года.

Декабря 23 дня.

В МИЧМАНА.

Гардем. Владимір Мейснеръ
— Князь Иванъ Ширин-
      скій Шихматовъ
— Никита Поповъ
— Алексѣй Мазуровъ
— Петръ Шумовъ
— Михаилъ Львовъ
— Александръ Анрепъ
— Василій Макаровъ
— Павелъ Булыгинъ
— Владимір Арбузій
— Князь Евгеній Ширин-
      скій Шихматовъ
— Василій Ершевъ
— Петръ Швенднеръ
— Модестъ Семеновъ
— Иванъ Завойка
— Баронъ Александръ Мен-
      гденъ
— Сергѣй Сенявинъ
— Иванъ Богдановъ
— Василій Воцкій.

Всего 56.

1858 года.

Декабря 21 дня.

В МИЧМАНА.

Гардем. Князь Александръ Ши-
      ринскій-Шихматовъ
Фельдф. Абрамъ Асланбеговъ
— Михаилъ Ратьковъ
— Князь Михаилъ Голи-
      цынъ.

1858 года.

Декабря 21 дня.

В МИЧМАНА.

Фельдф. Константинъ Озерскій
— Иванъ Петрушевскій
Унт.Оф. Анатолій Давыдовъ
— Фердинандъ Гине
— Александръ Языковъ
— Робертъ Диккеръ
Гардем. Григорій Чайковскій
— Александръ Губерти
Унт.Оф. Николай Боголюбовъ
Гардем. Ѳедоръ Вараксинъ
— Николай Соболевскій
— Николай Чириковъ
Унт.Оф. Сергѣй Яновъ
Гардем. Николай Турчаниновъ
— Воинъ Римскій-Корсаковъ
— Степанъ Панютинъ
— Богданъ Головачевъ
Унт.Оф. Аполлонъ Говоровъ
— Ардаліонъ Зиновьевъ
Гардем. Владимір Давыдовъ
— Викторъ Головачевъ
— Петръ Свѣчинъ
— Александръ Лихонинъ
— Дмитрій Шестаковъ
— Петръ Сухонинъ
— Графъ Александръ
      Апраксинъ
— Баронъ Оскаръ Розенъ
— Владимір Сухотинъ
— Абрамъ Зассъ
— Андрей Поповъ
— Анастасій Попандопуло
— Константинъ Анрепъ
— Павелъ Антроповъ
— Петръ Болговской
— Вильгельмъ Реймерсъ
— Василій Головцинъ.

1858 года.

Декабря 21 дня.

ВЪ МИЧМАНА.

Гардем. Дмитрій Аникѣевъ
— Петръ Слѣпцовъ
— Маркъ Серебряковъ
— Павелъ Головинъ
— Владиміръ Яновъ
— Константинъ Ершевъ
— Михаилъ Давыдовъ
— Иванъ Палеологъ
— Михаилъ Мокѣевъ
— Ларіонъ Сарычевъ.

Всего 50.

1859 года.

Декабря 21 дня.

ВЪ МИЧМАНА.

Фельдф. Густавъ Шилингъ
— Ѳедоръ Данненштернъ
Гардем. Константинъ Нордштейнъ
Унт.Оф. Николай Тыртовъ
Фельдф. Карлъ Буксгевденъ
— Романъ Баженовъ
Гардем. Василій Костинъ
Унт.Оф. Александръ Андреевъ
Гардем. Александръ Кирдановскій
Унт.Оф. Баронъ Ѳедоръ Деллингсгаузенъ
Гардем. Сергѣй Сухонинъ
Унт.Оф. Николай Нѣмчиновъ
— Викторъ Борейша
— Николай Сухорудскій
Гардем. Василій Стеценко
— Михаилъ Анрепъ.

1859 года.

Декабря 21 дня.

ВЪ МИЧМАНА.

Гардем. Александръ Леонтьевъ
— Михаилъ Бутаковъ
Фельдф. Вильгельмъ Гейкингъ
Унт.Оф. Эммануилъ Эбелингъ
Гардем. Александръ Леонтьевъ
— Петръ Владыкинъ
— Капитонъ Бубновъ
— Павелъ Гершау
Унт.Оф. Сергѣй Колзаковъ
— Александръ Ивановъ
Гардем. Дмитрій Тырковъ
Унт.Оф. Александръ Баженовъ
Гардем. Людвигъ Фонъ-Деръ-Реккъ
— Александръ Вараксинъ
— Егоръ Серебряковъ
— Григорій Майдель
— Александръ Сталь
Унт.Оф. Князь Василій Ширинскій-Шихматовъ
Гардем. Николай Лазаревъ-Станищевъ
— Ермолай Боумгартенъ
— Отто Петерсонъ
— Владиміръ Мацкевичъ
— Яковъ Боде
— Карлъ Боумгартенъ
— Левкій Ершевъ
— Александръ Ситниковъ
Унт.Оф. Яковъ Глотовъ
Гардем. Иванъ Бутаковъ
— Николай Станюковичъ
— Николай Лыкошинъ
— Кирилъ Пасынковъ
— Владиміръ Левенштернъ
— Николай Сушковъ
— Александръ Корсаковъ.

1859 года.

Декабря 21 дня.

ВЪ МИЧМАНА.

Гардем. Иванъ Греве
— Петръ Уньковскій 2
— Романъ Северюковъ
— Николай Епанчинъ
— Князь Григорій Лобановъ-Ростовскій
— Николай Кузьминъ-Короваевъ
— Иванъ Уньковскій 1
— Александръ Елагинъ
— Платонъ Мазуровъ
— Петръ Дашковъ
— Иванъ Кадьянъ
— Александръ Арсеньевъ
— Александръ Корсаковъ.

Всего 63.

1841 года.

Января 8 дня.

ВЪ МИЧМАНА.

Фельдф. Иванъ Тыртовъ
Унт.Оф. Александръ Обуховъ
Гардем. Порфирій Зеленой
Фельдф. Николай Назимовъ
Гардем. Петръ Карповъ
Унт.Оф. Михаилъ Гагемейстеръ
Фельдф. Андреянъ Левинъ
Гардем. Павелъ Небольсинъ
— Александръ Ивашкинъ
— Константинъ Бахъ
— Петръ Рененкампфъ
Унт.Оф. Павелъ Матвѣевъ
Гардем. Костантинъ Голенко.

1841 года.

Января 8 дня.

ВЪ МИЧМАНА.

Гардем. Николай Головачевъ
— Михаилъ Лыкошинъ
— Дмитрій Головачевъ
Унт.Оф. Яковъ Головнинъ
Гардем. Іосифъ Ѳедоровичъ
— Николай Половцовъ
Унт.Оф. Платонъ Северюковъ
— Максимъ Нолькенъ
Гардем. Василій Чубаровъ
— Фердинандъ Гессъ
Унт.Оф. Леонидъ Борисовъ
Гардем. Алексѣй Боголюбовъ
— Григорій Воейковъ
— Павелъ Куприяновъ
— Ѳедоръ Аристовъ
— Григорій Головнинъ
— Михаилъ Головачевъ
— Михаилъ Трусовъ
— Петръ Аникѣевъ
— Петръ Брылкинъ
— Баронъ Клементій Гоппгартенъ
— Николай Аристовъ
— Яковъ Возницынъ
— Александръ Топеліусъ
Унт.Оф. Александръ Глотовъ
Гардем. Николай Повало-Швыйковскій
— Алексѣй Свѣчинъ
— Александръ Загоскинъ
— Дмитрій Спицынъ
— Александръ Кроунъ
— Андрей Воейковъ
— Владиміръ Греве
— Александръ Лесли
— Михаилъ Повало-Швыйковскій.

— 104 —

1841 года.

Января 8 дня.

ВЪ МИЧМАНА.

Гардем. Петръ Масловъ
— Петръ Звягинъ
— Михаилъ Михайловъ
— Алексѣй Лутонинъ
— Андрей Розенталь
— Александръ Греве
— Баронъ Александръ Фридериксъ
— Карлъ Бракель
— Александръ Тебеньковъ
— Алексѣй Сорохтинъ
— Василій Рогаль-Левицкій
— Леонтій Эйлеръ
— Петръ Бредихинъ
— Карлъ Арнольдъ
— Михаилъ Быченскій
— Алексѣй Яновъ
— Константинъ Голофре.

Всего 64.

1841 года.

Декабря 22 дня.

ВЪ МИЧМАНА.

Фельдф. Ѳедоръ Топпеліусъ
Унт.Оф. Алексѣй Епанчинъ
Фельдф. Владиміръ Коростовецъ
Гардем. Михаилъ Ѳедоровскій
Фельдф. Александръ Бачмановъ
Гардем. Карлъ Рененкампфъ
— Василій Гавришенковъ
Унт.Оф. Алексѣй Моисеевъ
Фельдф. Баронъ Эдуардъ Деллингсгаузенъ.

1841 года.

Декабря 22 дня.

ВЪ МИЧМАНА.

Унт.Оф. Петръ Тихменевъ
— Сергѣй Сколковъ
— Дмитрій Лесли
Гардем. Людвигъ Рененкампфъ
Унт.Оф. Маркизъ Иванъ де-Траверзе
Фельдф. Ѳедоръ Рекк
Унт.Оф. Матвѣй Кослянцовъ
Гардем. Михаилъ Нещуровъ
— Баронъ Отто Карпеланъ
— Александръ Озерскій
— Князь Павелъ Максутовъ
— Викторъ Елагинъ
— Иванъ Романовичъ
— Ѳедоръ Сарычевъ
— Иванъ Левицкій
— Рюрикъ Коцебу
Унт.Оф. Ѳедоръ Крузенштернъ
Гардем. Константинъ Татариновъ
— Гавріилъ Лазаревъ
— Викторъ Говоровъ
— Ѳедоръ Тыртовъ
— Дмитрій Брылкинъ
— Павелъ Клугенъ
Унт.Оф. Венеаминъ Савичъ
— Михаилъ Гельфрейхъ
Гардем. Эрастъ Добровольскій
— Александръ Мусинъ Пушкинъ
— Александръ Киткинъ
— Николай Добровольскій
— Николай Лихонинъ
— Баронъ Оскаръ Клетъ
— Романъ Сорохтинъ
— Робертъ Нолькенъ
— Сергѣй Тырковъ.

1841 года.

Декабря 22 дня.

ВЪ МИЧМАНА.

Гардем.	Баронъ Павелъ Унгернъ-Штернбергъ
—	Павелъ Герингъ
—	Порфирій Зайкинъ
—	Михаилъ Юрьевъ
—	Евгеній Милюковъ
—	Константинъ Колонъ
—	Александръ Бабарыкинъ
—	Афанасій Сомовъ
—	Спиридонъ Попандопуло
—	Иванъ Лихаревъ
—	Николай Жегаловъ
—	Алексѣй Балкъ
—	Иванъ Леонтьевъ
—	Ѳедоръ Болговской
—	Михаилъ Сытинъ
—	Александръ Комаровскій
—	Михаилъ Дудинскій
—	Андрей Комаровъ.

Въ Ластовые Экипажи.

ВЪ ПРАПОРЩИКИ.

Гардем.	Иванъ Троицкой
—	Платонъ Блохинъ.

Всего 63.

1842 года.

Декабря 30 дня.

Фельд.	Михаилъ Епанчинъ
Унт.Оф.	Павелъ Македонскій
Гардем.	Густавъ Энкель
—	Михаилъ Шварцъ.

1842 года.

Декабря 30 дня.

ВЪ МИЧМАНА.

Унт.Оф.	Баронъ Антонъ Унгернъ-Штернбергъ
Фельд.	Василій Перелешинъ
Гардем.	Левъ Свѣшниковъ
Унт.Оф.	Леонтій Тургеневъ
Фельд.	Адольфъ Паукеръ
Гардем.	Карлъ Вреде
Унт.Оф.	Дмитрій Валмасовъ
Гардем.	Михаилъ Верещагинъ
—	Константинъ Пилкинъ
—	Александръ Можайскій
—	Ѳедоръ Денисьевъ
—	Иванъ Прасаловъ
—	Николай Ханыковъ
—	Павелъ Селивановъ
—	Карлъ Фонъ Дезинъ
Унт.Оф.	Романъ Мирбахъ
Гардем.	Сергѣй Елагинъ
Унт.Оф.	Владиміръ Акуловъ
—	Андрей Рындинъ
Гардем.	Ѳедоръ Андреевскій
—	Николай Озерскій
—	Александръ Ладыженскій
—	Баронъ Александръ Левенштернъ
—	Графъ Эдуардъ Наленчъ-Рачинскій
—	Михаилъ Забѣлинъ
Унт.Оф.	Павелъ Ракѣевъ
Гардем.	Александръ Христофоровъ
—	Владиміръ Бурхановскій
—	Иванъ Мусинъ-Пушкинъ
—	Викторъ Поповъ
—	Князь Александръ Оболенскій.

1842 года.

Декабря 30 дня.

ВЪ МИЧМАНА.

Гардем. Баронъ Алексѣй Гейсмаръ
— Александръ Степановъ
— Баронъ Вильгельмъ Бухгольцъ
— Александръ Ханыковъ
— Баронъ Александръ Унгернъ-Штернбергъ
— Александръ Бартошевичъ
— Владиміръ Мерлинъ
— Павелъ Борисовъ
— Павелъ Романовъ
— Василій Кроунъ
— Владиміръ Апыхтинъ
— Григорій Шамшевъ
— Петръ Свѣшниковъ
— Семенъ Былимъ-Колосовскій
— Михаилъ Куроѣдовъ
— Викентій Поповъ
— Петръ Волковъ
— Николай Новиковъ
— Князь Николай Вадбольскій.

Всего 54.

1843 года.

Января 13 дня.

ВЪ МИЧМАНА.

Гардем. Иванъ Лихачевъ
Унт.Оф. Василій Бергъ

1843 года.

Января 13 дня.

ВЪ МИЧМАНА.

Гардем. Ѳедоръ Дудинскій
— Николай Рудневъ
— Гавріилъ Новиковъ.

Всего 5.

1844 года.

Августа 9 дня.

ВЪ МИЧМАНА.

Унт.Оф. Николай Андреевъ
— Петръ Давыдовъ
Гардем. Егоръ Кроунъ
Унт.Оф. Николай Бѣлавенецъ
— Константинъ Небольсинъ
Гардем. Дмитрій Волковъ
— Аполлонъ Глѣбовъ
— Иванъ Лачиновъ
Фельд. Графъ Михаилъ Оруркъ
— Николай Ратьковъ
Гардем. Владиміръ Кишкинъ
Фельд. Василій Можайскій
Гардем. Николай Брылкинъ
— Робертъ Валтеръ
— Владиміръ Скарятинъ
— Михаилъ Золотиловъ
— Александръ Зеленой
— Александръ Жандръ
— Михаилъ Кумшъ
— Петръ Быковъ
— Петръ Зотовъ
— Иванъ Степановъ
Фельд. Ѳедоръ Барановъ
Гардем. Николай Зассъ
Унт.Оф. Алексѣй Свѣчинъ.

1844 года.

Августа 9 дня.

ВЪ МИЧМАНА.

Унт.Оф.	Николай Беклешовъ
—	Сергѣй Тверитиновъ
Гардем.	Дмитрій Ушаковъ
Унт.Оф.	Василій Обезьяниновъ
—	Густавъ Федерлей
—	Николай Денисьевъ
—	Андрей Рененкампфъ
Гардем.	Платонъ Клугенъ
—	Михаилъ Бѣлкинъ
—	Михаилъ Осташевъ
—	Дмитрій Перфильевъ
Унт.Оф.	Князь Александръ Урусовъ
Фельд.	Дмитрій Доможировъ
Гардем.	Николай Поскочинъ
—	Князь Алексѣй Кекуатовъ
—	Графъ Николай Гудовичъ
—	Павелъ Коршуновъ
—	Петръ Черкасовъ
—	Василій Карауловъ
—	Петръ Матвѣевъ
—	Алексѣй Шумовъ
Унт.Оф.	Владиміръ Смольяниновъ
Гардем.	Николай Перелешинъ
—	Ѳедоръ Желтухинъ
—	Августъ Беръ
—	Дмитрій Пиловъ
—	Владиміръ Клеркеръ
—	Андрей Обезьяниновъ
—	Алексѣй Нордштейнъ
—	Владиміръ Одинцовъ
—	Василій Ивановъ
—	Валеріанъ Макшѣевъ
—	Николай Боумгартенъ
—	Владиміръ Болговской
—	Валеріанъ Иванчинъ
Унт.Оф.	Степанъ Шиловскій.

1844 года.

Августа 9 дня.

ВЪ МИЧМАНА.

Гардем.	Николай Ломенъ
—	Ѳедоръ Чагинъ
—	Сергѣй Воеводскій
—	Князь Александръ Кекуатовъ
—	Николай Домашенко
—	Александръ Ладыженскій
—	Дмитрій Кудрявой
—	Глѣбъ Шишмаревъ
—	Викторъ Кореневъ
—	Алфредъ Петерсонъ.

Всего 71.

1845 года.

Августа 1 дня.

ВЪ МИЧМАНА.

Гардем.	Ѳедоръ Оленичь-Гнененко
Унт.Оф.	Баронъ Людвигъ Бухгольцъ
—	Владиміръ Энгельгардтъ
Гардем.	Николай Савичъ
—	Николай Дерперъ
—	Владиміръ Третьяковъ
Унт.Оф.	Николай Одинцовъ
Гардем.	Баронъ Григорій Фондеръ-Реккъ
—	Николай Можайскій
—	Петръ Селивановъ
—	Александръ Паріано
—	Григорій Головнинъ
Унт.Оф.	Николай Обезьяниновъ
Гардем.	Михаилъ Коргановъ
—	Варооломей Сокевнинъ

1845 года.

Августа 1 дня.

ВЪ МИЧМАНА.

Фельд.	Василій Захарьинъ
Гардем.	Николай Скарятинъ
—	Глѣбъ Ушаковъ
Унт.Оф.	Николай Савинскій
Гардем.	Готлибъ Анрепъ
—	Всеволодъ Мельницкій
Унт.Оф.	Павелъ Теглевъ
Фельд.	Григорій Гедеоновъ
Гардем.	Петръ Троицкой
—	Алексѣй Болтинъ
Унт.Оф.	Василій Шульцъ
Гардем.	Василій Бѣлогрудовъ
—	Михаилъ Романовичъ
Фельд.	Баронъ Василій Вреде
Унт.Оф.	Сергѣй Боумгартенъ
Гардем.	Александръ Эльфсбергъ
—	Андрей Куроѣдовъ
Унт.Оф.	Николай Шишкинъ
Гардем.	Александръ Армфельдъ
Унт.Оф.	Василій Васильевъ
—	Павелъ Максимовъ
Гардем.	Иванъ Ресинъ
—	Ѳедоръ Потресовъ
—	Ѳедоръ Коскуль
Унт.Оф.	Иванъ Чеславскій
Гардем.	Константинъ Скрыплевъ
—	Порфирій Ѳедоровскій
Унт.Оф.	Иванъ Штакельбергъ
Гардем.	Баронъ Николай Бухгольцъ
—	Константинъ Эбелингъ
—	Василій Мацкевичъ
—	Александръ Селивановъ
—	Степанъ Котовъ
—	Константинъ Богдановичъ
—	Константинъ Савинскій

1845 года.

Августа 1 дня.

ВЪ МИЧМАНА.

Гардем.	Логинъ Степановъ
—	Николай Шамшевъ
Унт.Оф.	Графъ Дмитрій Апраксинъ
Гардем.	Александръ Полубояриновъ
—	Андреянъ Талаевъ
Унт.Оф.	Карлъ Топеліусъ
Гардем.	Николай Персидскій
—	Графъ Эрастъ Татищевъ
—	Антонъ Ивановъ
—	Никандръ Борисовъ
—	Клавдій Ирдибеевъ
—	Александръ Тавастъ
—	Павелъ Бѣлавенецъ
—	Гуго Клебекъ

Всего 64.

1846 года.

Августа 21 дня.

Фельд.	Василій Кошкуль
Унт.Оф.	Григорій Губчицъ
Фельд.	Петръ Шестаковъ
Гардем.	Михаилъ Коцебу
Унт.Оф.	Оскаръ Кремеръ
Гардем.	Дмитрій Бутаковъ
Унт.Оф.	Никандръ Зеленой
—	Князь Николай Ухтомскій
Гардем.	Константинъ Крыловъ
—	Сергѣй Шварцъ
Унт.Оф.	Иванъ Масальскій
—	Евгеній Лесли
—	Александръ Эбелингъ
—	Морицъ Блофіельдъ

1846 года.

Августа 21 дня.

ВЪ МИЧМАНА.

Гардем. Аркадій Шипуновъ
Фельд. Ѳома Кроунъ
— Иванъ Свѣшниковъ
Унт.Оф. Андреянъ Головачевъ
— Павелъ Киткинъ
Гардем. Николай Лесли
Унт.Оф. Николай Ѳедоровичъ
— Робертъ Лундъ
Фельд. Алексѣй Беклешевъ
Гардем. Николай Шванъ
Унт.Оф. Генадій Ратьковъ
— Баронъ Аксель Бойе
— Владиміръ Калмыковъ
Гардем. Григорій Забудскій
— Николай Макаровъ
— Петръ Понафидинъ
Унт.Оф. Павелъ Риманъ
— Графъ Александръ Толстой
Гардем. Иванъ Бурмейстеръ
— Николай Эльвингъ
Унт.Оф. Яковъ Любимовъ
Гардем. Александръ Прасоловъ
— Петръ Васильевъ
— Василій Крюковъ
— Никаноръ Клокачевъ
Унт.Оф. Владиміръ Назимовъ
— Ѳедоръ Артюковъ
— Александръ Тимирязевъ
Гардем. Сергѣй Вяземскій
Унт.Оф. Баронъ Платонъ Врангель
Гардем. Андрей Жеребцовъ
— Петръ Брылкинъ
— Владиміръ Ратьковъ
— Иванъ Глотовъ.

1846 года.

Августа 21 дня.

ВЪ МИЧМАНА.

Гардем. Баронъ Дмитрій Энгельгардъ
— Александръ Ивановъ
— Илья Грассъ
— Павелъ Поповъ
— Николай Тимирязевъ
— Афанасій Палеологъ
— Александръ Балкъ
Унт.Оф. Августъ фонъ Аммондтъ
Гардем. Николай Иванчинъ
— Князь Николай Ширинскій Шихматовъ
— Павелъ Геркенъ
— Петръ Ивановъ
— Николай Ковалевскій
— Ѳедоръ Ушаковъ
— Эрнестъ Анрепъ
— Павелъ Понафидинъ
— Аркадій Елагинъ
— Александръ Ладыгинъ
— Василій Ильинъ
— Александръ Головачевъ
— Алексѣй Кузнецовъ
— Виславъ Святополкъ-Мирскій.

Всего 70.

1847 года.

Августа 18 дня.

ВЪ МИЧМАНА.

Фельд. Карлъ Фонъ Вейсенбергъ
— Сергѣй Денисьевъ
Унт.Оф. Николай Берсеневъ.

1847 года.

Августа 18 дня.

ВЪ МИЧМАНА.

Унт.Оф.	Константинъ Сухинъ
—	Викторъ Зарудный
Фельд.	Михаилъ Бѣлиховъ
Гардем.	Дмитрій Насоновъ
Унт.Оф.	Петръ Полозовъ
Фельд.	Романъ Греве
—	Иванъ Зузинъ
Гардем.	Алексѣй Кирѣевской
Унт.Оф.	Ипполитъ Вогакъ
—	Баронъ Вильгельмъ Дистерло
—	Константинъ Гирсъ
Гардем.	Яковъ Коростовецъ
—	Павелъ Назимовъ
Унт.Оф.	Иванъ Дровецкой
Гардем.	Алексѣй Львовъ
—	Князь Леонидъ Ухтомскій
Унт.Оф.	Алексѣй Плещеевъ
Гардем.	Павелъ Горчаковъ
Унт.Оф.	Петръ Соболевъ
Гардем.	Иванъ Николевъ
—	Егоръ Григорьевъ
—	Владиміръ Бартошевичъ
—	Андрей Бартошевичъ
—	Михаилъ Герингъ
—	Петръ Пилкинъ
—	Николай Харламовъ
—	Александръ Козляниновъ
—	Николай Воеводскій
Унт.Оф.	Баронъ Александръ Шлипенбахъ
—	Николай Берюлевъ
Гардем.	Михаилъ Ладыженскій
Унт.Оф.	Анастасій Стафопуло
Гардем.	Николай Перендскій
—	Алексѣй Токмачевъ

1847 года.

Августа 18 дня.

ВЪ МИЧМАНА.

Гардем.	Николай Болсуновъ
Унт.Оф.	Василій Аныхтинъ
Гардем.	Карлъ Руссау
—	Аркадій Викторовъ
—	Иванъ Шишкинъ
—	Василій Кандауровъ
Унт.Оф.	Платонъ Куроѣдовъ
Гардем.	Иванъ Харламовъ
Унт.Оф.	Графъ Николай Оруркъ
Гардем.	Иванъ Подчертковъ
—	Николай Верховскій
Унт.Оф.	Михаилъ Масленицкой
Гардем.	Василій Халютинъ
—	Модестъ Новиковъ
—	Василій Рыковъ
—	Валеріанъ Вицкій
—	Николай Смагинъ
—	Александръ Верховскій
—	Петръ Обезьяниновъ
Унт.Оф.	Михаилъ Одинцовъ
Гардем.	Антонъ Сталь
—	Михаилъ Бубновъ
—	Николай Ильинъ
—	Александръ Алымовъ
—	Александръ Дернеръ
—	Викторъ Кострицынъ
—	Князь Константинъ Баратовъ
—	Ипполитъ Мистровъ
—	Октавій Гильхенъ

Всего 66.

1848 года.

Іюня 13 дня.

ВЪ МИЧМАНА.

Унт.Оф.	Михаилъ Берюлевъ
—	Николай Осетровъ
Фельд.	Николай Шиллингъ
—	Леонардъ Гаддъ
Унт.Оф.	Иванъ Бѣлавенецъ
Фельд.	Алексѣй Ратьковъ
Унт.Оф.	Николай Макалинскій
—	Павелъ Ѳедоровичъ
—	Владиміръ Бутаковъ
Гардем.	Василій Киркоръ
—	Густавъ Егершельдъ
—	Агапій Голенищевъ-Кутузовъ
—	Тимофей Можайскій
—	Порфирій Лыкошинъ
Унт.Оф.	Фердинандъ Коскуль
Гардем.	Алексѣй Каринъ
—	Александръ Новало-Швыйковскій
Фельд.	Алексѣй Племянниковъ
Унт.Оф.	Баронъ Карлъ Гейкингъ
—	Ѳедоръ Деливронъ
Гардем.	Алексѣй Головачевъ
—	Михаилъ Головнинъ
Унт.Оф.	Николай Кошевскій
Гардем.	Николай Вулизма
—	Василій Пазухинъ
—	Карлъ Пальмфельдтъ
Унт.Оф.	Николай Лосевъ
—	Василій Кораловъ
Унт.Оф.	Владиміръ Титовъ
—	Князь Александръ Ухтомскій
Гардем.	Владиміръ Палеологъ
—	Константинъ Китаевъ
—	Николай Чихачевъ
—	Алексѣй Литвиновъ.

1848 года.

Іюня 13 дня.

ВЪ МИЧМАНА.

Гардем.	Александръ Гротенгельмъ
Унт.Оф.	Евгеній Энгелгардъ
Гардем.	Петръ Токаревскій
—	Владиміръ Бартошевичъ
—	Николай Болтинъ
—	Ѳедоръ Поповъ
—	Владиміръ Вальховскій
Унт.Оф.	Георгъ Лундъ
Гардем.	Викторъ Маринъ
—	Петръ Коцебу
—	Левъ Ханыковъ
—	Дмитрій Обезьяниновъ
—	Владиміръ Пилкинъ
—	Николай Костомаровъ
—	Константинъ Ситниковъ
—	Николай Селивановъ
—	Константинъ Головинскій
—	Алексѣй Гелессемъ
—	Арсеній Висленевъ
—	Александръ Андреевъ
—	Князь Владиміръ Путятинъ
—	Николай Верещагинъ
—	Александръ Панферовъ
—	Константинъ Артюковъ
—	Твердиславъ Кузминъ-Короваевъ
—	Николай Шкотъ
—	Петръ Чеславскій
—	Александръ Смагинъ
—	Спиридонъ Дандри
—	Владиміръ Рудневъ
—	Николай Піотровичъ
—	Петръ Рудневъ
—	Александръ Игнатьевъ.

1848 года.

Іюня 13 дня.

ВЪ МИЧМАНА.

Гардем. Князь Александръ Мышецкій
— Николай Соколовъ
— Всеволодъ Тыртовъ
— Александръ Деменковъ.

1849 года.

Іюня 1 дня.

ВЪ МИЧМАНА.

Фельд. Николай Большевъ
— Николай Бошнякъ
— Князь Александръ Максутовъ
— Николай Прибытковъ
Гардем. Аполлонъ Прибытковъ
Фельд. Николай Тресковскій
Гардем. Александръ Бутаковъ
Унт.Оф. Василій Давыдовъ
— Александръ Сильверстванъ
— Дмитрій Акимовъ
Гардем. Князь Михаилъ Вадбольскій
— Николай Величко
— Сергѣй Поль
— Алексѣй Тресковскій
— Павелъ Валуевъ
Унт.Оф. Петръ Лессли
Гардем. Иванъ Яновскій
Унт.Оф. Николай Симоновъ
— Михаилъ Чегловъ
— Отто Гаддъ
Гардем. Константинъ Шкотъ
Унт.Оф. Владиміръ Брылкинъ.

1849 года.

Іюня 1 дня.

ВЪ МИЧМАНА.

Гардем. Яковъ Волковъ
Унт.Оф. Иванъ Потемкинъ
Гардем. Дмитрій Юрьевъ
Унт.Оф. Гавріилъ Томиловъ
Гардем. Николай Рогаль-Левицкій
— Князь Дмитрій Максутовъ
— Николай Авсовъ
Унт.Оф. Александръ Нордвикъ
Гардем. Иванъ Кулибинъ
— Алфредъ Горнборгъ
— Николай Завалишинъ
— Николай Повалишинъ
Унт.Оф. Дмитрій Головнинъ
Гардем. Сергѣй Салтыковъ
— Антонъ Піотровичъ
— Платонъ Ермолаевъ
— Александръ Канинъ
— Дмитрій Шафровъ
Унт.Оф. Алексѣй Степановъ
Гардем. Семенъ Нееловъ
Унт.Оф. Аполлонъ Андреевъ
Гардем. Яковъ Шафровъ
— Николай Михайловъ
— Рафаилъ Альтманъ
— Павелъ Поповъ
— Лавръ Козляниновъ
Унт.Оф. Алексѣй Корниловъ
Гардем. Михаилъ Шишмаревъ
— Сергѣй Головнинъ
— Петръ Калитинъ
— Нилъ Глазовъ
— Алексѣй Рессинъ
— Николай Трусовъ
— Ѳедоръ Титовъ
— Василій Сарычевъ.

1849 года.

Іюня 1 дня.

ВЪ МИЧМАНА.

Гардем. Константинъ Пенкинъ
— Аполлонъ Свиньинъ
— Константинъ Коведяевъ
— Петръ Исаевичъ
— Николай Болговской
— Василій Чистаковъ
— Дмитрій Брылкинъ
— Николай Купреяновъ.

Всего 65.

1850 года.

Августа 9 дня.

ВЪ МИЧМАНА.

Унт.Оф. Дмитрій Ломенъ
Фельд. Яковъ Сербинъ
Унт.Оф. Константинъ Мокріевичъ
Фельд. Сергѣй Бѣлиховъ
Гардем. Иванъ Канаржевскій
— Владиміръ Давыдовъ
Унт.Оф. Левъ Пономаревъ
Гардем. Станиславъ Канаржевскій
Унт.Оф. Дмитрій Арсеньевъ
— Карлъ Кульстремъ
— Ѳедоръ Повалишинъ
— Ѳедоръ Полозовъ
— Эдмундъ Тизенгаузенъ
— Николай Игнатьевъ
Гардем. Владиміръ Шамшевъ
Фельд. Петръ Зузинъ
Унт.Оф. Ѳедоръ Нарбутъ
— Александръ Розенбергъ

1850 года.

Августа 9 дня.

ВЪ МИЧМАНА.

Унт.Оф. Алексѣй Герингъ
— Павелъ Розенмейеръ
— Николай Вульфертъ
Фельд. Алексѣй Костинъ
Гардем. Александръ Чагинъ
— Владиміръ Ждановъ
Унт.Оф. Николай Лутовиновъ
Гардем. Николай Колокольцевъ
— Аполлонъ Саблинъ
— Николай Баскаковъ
— Михаилъ Баскаковъ
— Александръ Фельдгаузенъ
— Михаилъ Лихаревъ
— Александръ Козьминъ
— Андрей Толбухинъ
Унт.Оф. Петръ Жерве
Гардем. Николай Давыдовъ
— Гавріилъ Повало-Швыйковскій
— Князь Константинъ Кекуатовъ
Фельд. Николай Шумовъ
Гардем. Алексѣй Долговъ
— Генадій Челѣевъ
— Василій Бопль
Унт.Оф. Павелъ Наумовъ
— Иванъ Зеленинъ
Гардем. Яковъ Зайцевъ
— Петръ Колюбакинъ
— Модестъ Нееловъ
— Викторъ Азарьевъ
— Павелъ Зубовъ.

Всего 48.

1851 года.

Августа 7 дня.

ВЪ МИЧМАНА.

Фельд.	Илья Алымовъ
Гардем.	Демьянъ Клокачевъ
—	Николай Рыкачевъ
Унт.Оф.	Ѳедоръ Изыльметьевъ
Фельд.	Владиміръ Веселаго
Гардем.	Дмитрій Гольдбахъ
Унт.Оф.	Леонтій Леоповъ
Гардем.	Николай Остолоповъ
—	Леонардъ Ташаперно
Унт.Оф.	Николай Валькевичъ
Гардем.	Францъ Деливронъ
Унт.Оф.	Павелъ Зеленой
Гардем.	Николай Акимовъ
Унт.Оф.	Николай Перелешинъ
Фельд.	Дмитрій Михайловъ
Унт.Оф.	Николай Сеславинъ
—	Князь Эсперъ Ухтом-ский
Фельд.	Ѳедоръ Давыдовъ
Гардем.	Августъ Коцебу
Унт.Оф.	Сергѣй Валькевичъ
Гардем.	Петръ Бунинъ
—	Михаилъ Палеологъ
Гардем.	Дмитрій Костинъ
—	Николай Матюшкинъ
Унт.Оф.	Аполлонъ Куломзинъ
Гардем.	Александръ Андросовъ
—	Константинъ Трусовъ
—	Яковъ Зубовъ
Унт.Оф.	Николай Ковалевскій
Гардем.	Всеволодъ Сарычевъ
—	Павелъ Римскій-Корсаковъ
—	Аполлонъ Скарятинъ.

1851 года.

Августа 7 дня.

ВЪ МИЧМАНА.

Гардем.	Александръ Жадовскій
—	Иванъ Бѣгичевъ
—	Иванъ Манюкъ
—	Николай Пилкинъ
Унт.Оф.	Андрей Поль
Гардем.	Александръ Лундъ
—	Павелъ Костомаровъ
—	Петръ Тыртовъ
—	Николай Воейковъ
—	Князь Николай Путятинъ
—	Владиміръ Борисовъ
Унт.Оф.	Алексѣй Орловъ
Гардем.	Александръ Табулевичъ
—	Александръ Саковичъ
—	Владиміръ Гедеоновъ
Фельд.	Алексѣй Верховскій
Гардем.	Владиміръ Артюковъ
—	Владиміръ Алтуфьевъ
—	Дмитрій Бѣгичевъ
—	Владиміръ Хитрово
—	Николай Захарьинъ
—	Петръ Ивеловъ
—	Петръ Степановъ
—	Ѳедоръ Литке
—	Владиміръ Чашинъ
—	Митрофанъ Балтинъ
—	Иванъ Полочаниновъ
—	Яковъ Киселевъ
—	Николай Бачмановъ
—	Владиміръ Ладыженскій.

Всего 62.

1852 года.

Августа 13 дня.

ВЪ МИЧМАНА.

Фельд.	Петръ Вальронтъ
—	Александръ Колокольцовъ
Фельд.	Николай Козаковъ
—	Николай Копытовъ
Гардем.	Владиміръ Богдановичъ
—	Николай Сусловъ
—	Оскаръ Горъ
Унт.Оф.	Иванъ Повалишинъ
—	Эдуардъ Фонъ Дезинъ
—	Степанъ Акимовъ
Фельд.	Николай Неваховичъ
Унт.Оф.	Петръ Яновъ
—	Валеріанъ Нелединскій
—	Александръ Ряманъ
Гардем.	Левъ Батьяновъ
—	Николай Протопоповъ
Унт.Оф.	Лавръ Доливо-Добровольскій
—	Левъ Теше
—	Евгеній Гестеско
Гардем.	Михаилъ Батьяновъ
Унт.Оф.	Александръ Веселаго
Гардем.	Аркадій Сатинъ
—	Константинъ Моисѣевъ
—	Аркадій Скарятинъ
Унт.Оф.	Баронъ Карлъ Штальбергъ
Гардем.	Николай Шамшинъ
—	Николай Чистяковъ.

1852 года.

Августа 13 дня.

ВЪ МИЧМАНА.

Гардем.	Дмитрій Болсуновъ
—	Николай Гавриловъ
—	Иванъ Телегинъ
—	Аркадій Лавровъ
—	Александръ Мартьяновъ
—	Василій Клокачевъ
Унт.Оф.	Василій Коновницынъ
—	Андрей Сазановичъ
Гардем.	Петръ Беклемишевъ
—	Дмитрій Мономаховъ
Унт.Оф.	Павелъ Костыревъ
Гардем.	Николай Беклемишевъ
—	Михаилъ Новосильской
Унт.Оф.	Михаилъ Игнатьевъ
Гардем.	Николай Любимовъ
—	Андрей Милюковъ
—	Павелъ Канинъ
—	Иванъ Лаухинъ
—	Александръ Бровцынъ
—	Николай Завалишинъ
—	Рейнгольдъ Гренквистъ
—	Максимъ Геншъ
Унт.Оф.	Дмитрій Михайловъ
—	Глѣбъ Шишмаревъ
Гардем.	Александръ Брылкинъ
—	Ѳедоръ Тимирязевъ
—	Владиміръ Батуринъ
—	Алексѣй Чагинъ
—	Леонидъ Раденъ
—	Николай Бурцевъ
—	Платонъ Захарьинъ
—	Николай Дуриово
—	Леонидъ Сарычевъ.

1852 года.

Августа 13 дня.

ВЪ МИЧМАНА.

Гардем. Яковъ Воеводскій
— Николай Макшѣевъ
— Платонъ Киселевъ
— Владиміръ Невельской.

1852 года.

Августа 13 дня.

Въ Ластовый Экипажъ.

ВЪ ПРАПОРЩИКИ.

Гардем. Павелъ Мясоѣдовъ.

Всего 65.

ПРИЛОЖЕНІЯ

и

ПРИМѢЧАНІЯ.

ПРИЛОЖЕНIЕ I

Высочайшiй указъ объ основанiи школы математическихъ и навигацкихъ наукъ, 14 Января 1701 года.

Великiй Государь, Царь и Великiй Князь Петръ Алексѣевичъ, всея Великiя и Малыя и Бѣлыя Россiи Самодержецъ, ревнуя древлѣбывшимъ Грекоправославнымъ Пресвѣтлосамодержавнѣйшимъ Монархомъ, премудро управляющимъ во всякомъ усмотрѣнiи Государствiе Самодержавiя своего и инымъ въ Европѣ нынѣ содержащихся и премудро тщательно управляемыхъ государствiй Пресвѣтлодержавнѣйшимъ Монархомъ же и Рѣчи Посполитыя управителемъ, указалъ, Именнымъ Своимъ Великаго Государя повелѣнiемъ, въ Государствѣ Богохранимыя Своея Державы Всероссiйскаго Самодержавiя, на славу Всеславнаго Имени Всемудрѣйшаго Бога, и Своего Богосодержимаго храбропремудрѣйшаго царствованiя, во избаву же и пользу Православнаго Христiанства, быть Математическихъ и Навигацкихъ, то есть, мореходныхъ хитростно наукъ ученiю. Во учителехъ же тѣхъ наукъ быть Англинскiя земли урожденнымъ: Математической—Андрею Данилову сыну Фархварсону, Навигацкой—Степану Гвыну, да Рыцарю Грызу; и вѣдать тѣ науки всякимъ въ снабдѣнiи управленiемъ во Оружейной палатѣ Боярину Ѳедору Алексѣевичу Головину съ товарищи, и тѣхъ наукъ ко ученiю усмотря избирать добровольно хотящихъ, иныхъ же паче и сопринужденiемъ; и учинить неимущимъ во прокормленiе поденной кормъ усмотря ариѳметикѣ или геометрiи; ежели кто сыщется отчасти искуснымъ, по пяти алтынъ въ день, а инымъ же по гривнѣ и меньше, разсмотрѣвъ коегождо искуства ученiя; а для тѣхъ наукъ опредѣлить дворъ въ Кадашевѣ мастерскія палаты, называемой большой полотянной, и объ очисткѣ того двора послать въ мастерскую палату Постельничему Гаврилѣ Ивановичу Головнину Свой Великаго Государя указъ, и, взявъ тотъ дворъ и усмотрѣвъ всякія нужныя въ немъ потребы, строитъ изъ доходовъ отъ оружейныя палаты.

Подлинный указъ за скрѣпою думнаго дьяка Автомона Иванова.

ПРИЛОЖЕНІЕ II

Письмо Директора Морской Академіи Сент-Илера, 1 марта 1715 года, къ Графу Андрею Артамоновичу Матвѣеву.

Мой Государь!

Извѣстился я, что Его Царское Величество, нашъ Высокодержавный Государь, извѣстнымъ есть о ссорѣ, какъ сказывается, которая есть между Вашимъ Сіятельствомъ и мною. Я прихожу къ Вамъ всепокорно просить, чтобъ оную прекратить, и меня допустить ко изслѣдованію моихъ обязательствъ, — наконецъ, чтобы мы могли имѣть славу возставить Академію въ одномъ порядкѣ, изъ чегобы Его Величество могло получить прибыль, какъ оная предложена была.

Въ томъ разсужденіи, я хочу Ваше Сіятельство гораздо обнадежить, что я прихожу ему пожелать (?) всѣ тѣ озлобленія учиненныя мнѣ, и забвенію предать, понеже чрезъ тѣ наговоры, которые Ваше Сіятельство учинили Его Свѣтлости, Пресвѣтлѣйшему моему государю Князю Меншикову, которой мнѣ угрожалъ палками бить, чтобъ научить жить народъ французской — сказывалъ онъ.

Ваше Сіятельство не неизвѣстно, что такихъ потчиваній не чинятъ шляхтичу, въ содержаніи нашей Европы; и еще меньше того такой особѣ, которая имѣетъ честь быть въ характерѣ въ генеральномъ управленіи Академіи Цесарской.

Забвенію предадимъ, покорно прошу Васъ, всѣ тѣ безсовѣства, и случимся въ согласіи добро служить нашему Высокодержавному Государю и пресѣчемъ единомышленно всё при случаѣ жалобы.

Ваше Сіятельство можетъ быть обнадежено, что я буду имѣть всегда къ Вамъ весь респектъ, и все почитаніе, должное Вашему характеру.

ПРИЛОЖЕНІЕ III.

Проектъ Морской Академіи, представленный Барономъ Сент-Илеромъ, въ 1713 году.

Его Величество имѣетъ сочинить корпусъ двухъ или трехъ сотъ младыхъ шляхтичевъ выбранныхъ лѣтъ 15 и до 24-хъ; велѣть ихъ одѣть всѣхъ одноцвѣтно и учредить ихъ въ 10 бригадахъ равнымъ числомъ; дать имъ бригадира и подбригадира.

Бригадиръ имѣетъ быть искусной корабельной Капитанъ-поручикъ, а подбригадиръ поручикъ, и надобно имъ дать комманданта [правителя], дабы онъ во всемъ томъ имѣлъ генеральное правленіе.

Его Величество имѣетъ именовать такого господина, котораго заблагоразсудитъ, и которой бы искуснѣйшій былъ въ навигаціи.

Надобно имѣть одного или двухъ мастеровъ математическихъ и гидрографическихъ [водоученіе], также рисовальнаго мастера; поставить домъ, въ которомъ бы были многіе большіе покои, и надобно, чтобъ оный домъ былъ въ арсеналѣ (*), ежели возможно, или неподалеку отъ него; чтобъ всякой мастеръ имѣлъ свой покой для ученія кадетъ [въ томъ, что до него надлежитъ], — сіе есть имя, которое надобно, чтобъ имѣли тѣ, которые сочинятъ вышереченный предложенный корпусъ.

Когда все то учинено и установлено будетъ, то надобно, чтобъ кадетовъ къ нему водилъ бригадиръ и подбригадиръ во вся утра — въ 6-мъ часу лѣтомъ, а зимою въ 7-мъ; и да идутъ они въ салы (**),

---

(*) Адмиралтейство. (**) Залы.

установленные для экзерциции ихъ, гдѣ найдутся мастеры для письма, рисованія, математическіе, отъ фортификаціи и гидрографіи.

Побывъ два часа въ той экзерциціи да идутъ они въ ридю(?), гдѣ будутъ мастеры танцованія, фехтованія и копейнаго ученія, отъ которыхъ они будутъ учиться дважъ часа всему, что можетъ послужить учинить ихъ досужими.

Два часа послѣ полденъ да найдутся они въ назначенномъ мѣстѣ въ арсеналѣ для мушкетнаго ученія; оставя ружье свое да идутъ они въ салу строенія, гдѣ корабельные мастеры и искуснѣйшіе офицеры будутъ имъ толковать чрезъ правило манеру, какъ корабли строить, и пропорціи всѣхъ штукъ, которыя тѣ корабли составляютъ.

Оттоль да ведутъ ихъ въ пушечную школу для обученія.

Бригадиръ и подбригадиръ, входя въ школы, имѣютъ свои бригады осмотрѣть и радѣть, чтобъ молчаніе было; такожъ чтобъ всякой поочередно дѣло свое дѣлалъ. Да поставятъ они часоваго у дверей всякой школы, дабы никто вонъ не выходилъ безъ позволенія, которое не надобно давать, развѣ для добрыхъ рацій.

А которое время останется и послѣ школъ, то да употребятъ къ тому, чтобъ они были при дѣлахъ, которые будутъ дѣлаться въ арсеналѣ, такожъ къ тому, чтобъ они учились знать добрыя и худыя качества товаровъ служащихъ къ оснащенію кораблей.

Адмиралъ, комендантъ ихъ и арсенальный интендантъ [надзиратель] да выбираютъ, съ согласія съ радѣющимъ о ученіи кадетовъ, тѣхъ, которые будутъ взрослѣе и охотнѣе въ инженерахъ быть, и да велятъ имъ чертить планы [подошвы] или мѣстоположеніи разныхъ мѣстъ, безъ плану, ниже картъ тѣмъ мѣстамъ; и какъ они то дѣло сдѣлаютъ и доношеніе о томъ учинятъ, да идутъ они на экзаменъ [досмотрѣніе], въ присутствіи помянутыхъ адмирала и прочихъ, къ инженеру отъ пристани, которой въ то время да даетъ имъ надобные совѣты, дабы имъ трудиться въ своемъ дѣлѣ правильнѣе.

Да будутъ ихъ раздавать по кораблямъ, когда учинятъ какое либо вооруженіе, и да служатъ они на оныхъ, какъ солдаты, и будутъ дѣлать всѣ фонкціи [дѣла] безъотмѣны, яко чиня часть солдатскихъ ротъ. Въ то время, какъ они будутъ на морѣ, тогда для содержанія и приращенія знаній [наукъ], которыя они поняли въ пристани, комендантъ ихъ, съ согласія съ капитаномъ отъ корабля, да назначатъ четыре часа опредѣленные для разныхъ экзерциціи ихъ. Первой часъ на пилотажъ [или навигацію] и на гидрографію [или водоученіе], чѣмъ да учитъ ихъ пилотъ [штюрманъ] сущій на кораблѣ. Офицеръ радѣющій о кадетахъ да присутствуетъ тѣмъ показаніямъ и смотритъ, дабы пилотъ, имѣющій оныхъ учить, исправлялъ свою должность и тщился научить ихъ всему, что онъ самъ знаетъ въ дѣлѣ своемъ.

Вторый, да будетъ опредѣленъ на мушкетную науку и на воинскія ученій сею экзерциціею, да будетъ командовать офицеръ ими командующій.

Третій, да будетъ употребленъ на пушечную экзерцицію, толико въ теоріи, которую да будетъ учить корабельной первой констапель, какъ въ практикѣ, которая возможетъ чиниться съ деку или между двухъ палубовъ, какъ лучше разсудятъ.

Четвертый, да употребится на корабельные морскіе дѣла или экзерциціи, когда время на то позволитъ, и да будетъ тою экзерциціею командовать главной капитанъ или капитанъ секундъ, ежели первому дѣло случится для службы. Оной капитанъ да велитъ ту корабельную экзерцицію дѣлать кадетамъ всякому поочередно, да учитъ ихъ надъ всякимъ дѣломъ и толкуетъ имъ случаи, въ которыхъ надобно тѣ экзерциціи употреблять. По возвращеніи изъ всякой компаніи да дѣлаютъ роспись кадетамъ, которые служили; на сторонѣ той росписи да значатъ, какъ всякой изъ нихъ поступалъ, какой успѣхъ они учинили и какое радѣніе они имѣли во ученіи. Ту же роспись да подпишутъ и свидѣтельствуютъ командантъ отъ эскадры, капитанъ отъ всякаго корабля и офицеры приставленные къ кадетамъ. Гидрографическій мастеръ да раздѣлитъ свои школы на разные классы [чины], для раздаванія своихъ лекцій [ученій], смотря по склонности и понятности оныхъ кадетъ. Которые только начнутъ и никакого начала имѣть не будутъ, да учитъ онъ тѣхъ аріометикѣ для надобныхъ счетовъ, и начальнымъ дефиниціямъ [окончаніямъ], геометрическимъ терминамъ, которые употребляютъ въ навигаціи и корабельномъ ходу.

А которые нѣчто уже знаютъ, тѣмъ да дастъ онъ описаніе о сферѣ [глобусѣ], и да будетъ имъ толковать разныя карты и вразумитъ имъ употребленіе оныхъ. Въ навигаціи такожъ да будетъ онъ ихъ учить раздѣленію времени, числу златому, эпакту, теченіямъ, прибавленіямъ и убавленіямъ моря, употребленію циркуля и морскаго компаса.

Потомъ да учитъ онъ ихъ, какъ знать инструменты, служащіе смотрѣть на астры (телѣса небесныя), какъ тѣ инструменты дѣлаются, и какъ они употребляются. Еще да будетъ онъ ихъ учить способу, какъ имѣть доброе разсужденіе о корабельномъ деревѣ, въ стаціи(?) [премѣненіе] компаса, такожъ да учитъ онъ ихъ способу, какъ на бусолъ [или компасъ] смотрѣть и какъ его поправлять.

Учинившіе наибольше успѣху да будутъ обучены въ ходѣ корабельномъ.

Два штюрмана изъ флота да присутствуютъ навсегда при гидрографическомъ ученіи и да учатъ школьниковъ, не гораздо обученныхъ, какъ дѣлать ариѳметическія правила, и какъ имъ употреблять инструменты, касающіеся до ихъ дѣла.

Поручики и прапорщики да присутствуютъ регулярно по вси дни въ школахъ и при экзерциціяхъ, дабы практику дѣлать того, что они выучили.

Во вси мѣсяцы да чинятся двѣ конференціи въ присутствіи Его Величества или адмирала, команданта отъ кадетъ и аресенальнаго интенданта, такожъ въ присутствіи мастеровъ отъ школъ и экзерциціи, и да будетъ одна отъ тѣхъ конференцій для экзамену [поспрашиванія и смотрѣнія] поручиковъ и прапорщиковъ, а другая ради кадетъ.

Ежели въ томъ экзаменѣ найдутся такіе, чтобъ знали все то, что потребно есть въ дѣлѣ ихъ; то таковые да будутъ свобождены присутствовать въ школахъ и при экзерциціяхъ, однакожъ да будутъ ихъ вопрашивать о всемъ во вси три мѣсяцы къ тому опредѣленные мастеры при вышеименованныхъ офицерахъ, а которые не будутъ отвѣтствовать такъ какъ надобно на вопросы, которые имъ учинятся, тѣ да будутъ принуждены паки присутствовать въ школахъ и при экзерциціяхъ.

Экзаменъ имѣетъ быть чиненъ съ равною правдою безъ всякой льготы, ниже отмѣны во всемъ, что доброй навигаторъ долженъ знать.

Морскіе офицеры, которые будутъ на корабляхъ, да держитъ всякой особливо журналъ о навигаціи своей, и да чинятъ они сами потребные при смотрѣніи въ пути своемъ; а при возвращеніи изъ компаніи да будутъ они принуждены о всемъ томъ донесть во Академію, дабы то разсмотрѣно было отъ гидрографическаго мастера при адмиралѣ или какомъ иномъ офицерѣ для того дѣла опредѣленіемъ.

Да изберутъ съ согласія со офицеры командующими кадетовъ мѣсто на брегу при водѣ, которое бъ могло быть атаковано и оборонено, гдѣ да сдѣлаютъ редутъ; а то для того, чтобъ кадетовъ обучать одиножды или дважды въ мѣсяцъ въ атакѣ и оборонѣ того редута. Для сей экзерциціи да дадутъ имъ ружье и порохъ потребной, такожъ нѣсколько снастей для случая, ежели ихъ заставятъ транжементъ отворять [раскапывать]; а въ доношеніи, которое имѣетъ чиниться Его Величеству о поступкѣ кадетовъ да упомянутъ о сердцѣ храбрости и досугѣ, которой они въ той экзерциціи покажутъ.

Изъ того корпуса да берутъ въ офицеры для флота, повышая ихъ отъ градуса до градуса по старости и по успѣхомъ, которые всякой можетъ учинить, а то безъ кривды ниже похлѣбства и несмотря ни на кого.

Когда кого изъ онаго корпуса возмутъ въ чинъ, да будетъ его мѣсто наполнено другимъ, чтобъ число, которое кадетамъ постановятъ, всегда было полное.

(Глав. морс. арх. Дѣла Графа Апраксина, папка 14-ая № 9.)

ПРИЛОЖЕНІЕ IV.

Аттестація о Гардемаринахъ.

Корабли.	Ревель		С. Екатерина.
Имена.	Ларіонъ Голенищевъ Кутузовъ.		Князь Александръ Юсуповъ.
Сколько кто имѣлъ компаній, и въ которыхъ годахъ.	721. 722. 723. 724.		721. 722. 723. 724.
На которыхъ корабляхъ.	на Ревелѣ. на Фрейдмак. на Ингерманл.		на Св. Екатер. тоже тоже въ отп. въ дом.
При которыхъ командирахъ.	к. Аржитяж. к. Бенгу. к. Бернштъ. к. Брантъ.		при Казлянковѣ.
Куда имѣли вояжъ.	до Красной горки. вить острововъ. до Березо		Горъ.
Сколько времени въ вояжѣ были.	3 3 2 4 мѣсяца.		3 мѣсяца.
Кто какую науку знаетъ, и кто не знаетъ.	Штурманскую.	знаетъ	ничего незнаетъ.
	Констапельскую.	знаетъ	не знаетъ
	Солдатскую экзерцицію.	знаетъ	знаетъ
	Матрозскую работу.	отчасти знаетъ	не знаетъ
	Корабельное правленіе морскую практику.	отчасти знаетъ	не знаетъ

ПРИЛОЖЕНІЕ V.

Патентъ Подпоручика Корабельнаго, Гардемарину Воину Римскому-Корсакову.

Нынѣшняго 11-го настоящаго мѣсяца Іуліа 1722, Королевское Величество, бывши въ Версаліи, изволилъ избрать достойныхъ для отправленія подпоручества на военныхъ корабляхъ Его Величества, и признал, что Воинъ Римской-Корсаковъ, Россійской Гардемаринъ имѣетъ къ тому достоинство принадлежащее для искуснаго отправленія; и Его Величество, съ совѣта Его Высочества Дука Орліана Его дяди и Регента, изволилъ приказать его пожаловать Подпоручикомъ корабельнымъ и онымъ рангомъ и всѣ прерогативы ему надлежатъ, подъ позволеніемъ Свѣтлѣйшаго Высочайшаго Графа отъ Тулуза, Адмирала Французскаго и Вицъ-Адмираломъ, Контръ-Адмираломъ, Командоромъ, Капитаномъ, которымъ отсылается отъ Его Величества, и всѣмъ прочимъ офицеромъ морскимъ, что надлежитъ объявить онаго Воина Римскаго-Корсакова въ ономъ чину Подпоручикомъ корабельнымъ и вещи заключающія ко оному рангу и для свидѣтельства воли Его Величества мнѣ повелѣлъ ему отправить оной патентъ, которой соизволилъ подписать Своею рукою и повелѣлъ мнѣ приписаться совѣтному секретарю.

Подлинный подписанъ Королевскаго Величества рукою.
Подписался Секретарь Королевской Флеріо.

(Гл. Морс. арх. разб. Кол. дѣла, Папка 49, № 38).

—

Другіе акты, которые предполагалось сначала печатать въ приложеніяхъ, вошли въ текстъ, или вполнѣ, или въ выпискахъ.

ПРИМѢЧАНІЯ

КЪ ОЧЕРКУ ИСТОРІИ МОРСКАГО КАДЕТСКАГО КОРПУСА.

1. Высочайшій указъ 1720 г. января 13, при обнародованіи книги «Уставъ Морской».

2. Собственноручная записка Государя Петра Великаго, которую приводитъ Академикъ Н. Г. Устряловъ въ своей статьѣ: «Лефортъ и потѣхи Петра Великаго.»

3. Журналъ Адмиралтействъ-Коллегіи, 1729 г., іюнь, № 3817.

4. Разсказъ Императрицы Елисаветы Петровны, приведенный въ книгѣ «Подлинные анекдоты Петра Великаго», изданные Штелиномъ.

5. Копія съ подлиннаго указа (смотри Приложеніе 1) находится въ Главномъ Морскомъ архивѣ, въ дѣлахъ Коллежскихъ, панкѣ 96, № 26. На лентѣ Высочайше пожалованной (1838 г.) на знамя Морскаго Кадетскаго Корпуса, основаніе Навигацкой школы положено въ 1699 г., августа 19-го. Это согласно съ показаніемъ Голикова, который въ V томѣ Дополненій къ дѣяніямъ Петра Великаго, на стр. 294 говоритъ: «сей ученый мужъ (Фарварсонъ) въ отсутствіе Его Величества въ Воронежъ, открылъ оную школу, почему и полагается основаніе оныя 19 августа сего 1699 г.» Объ этомъ же предметѣ смотри: Записки Гидрографическаго Департамента, часть IV, стр. 312, статью: «О началѣ Морскаго Корпуса»; и «Дѣянія,» Т. 1. стр. 355.

6. Прибавленіе къ Московскимъ Губернскимъ Вѣдомостямъ, 1842 г. «Сухарева башня,» И. М. Снегирева.

7. Академическія ежемѣсячныя сочиненія, 1765 г., Т. 1, стр. 489.

8. Большая часть свѣдѣній о Магнитскомъ и Фарварсонѣ взята

изъ жизнеописаній ихъ, составленныхъ В. Н. Берхомъ. «Жизнеописаніе Россійскихъ Адмираловъ,» часть I.

9. Прошеніе Англичанъ, сохранившееся въ дѣлахъ Гидрографическаго Департамента Морскаго Министерства.

10. Именные Царскіе указы 1709 г. декабря 15 и 1710 г. января 5. Главн. Морск. арх. Коллежскія дѣла, папка 96, № 26. Нѣкоторые изъ Высочайшихъ указовъ, на которые здѣсь ссылаемся, не вошли въ Полное Собраніе Законовъ, но сохранились въ дѣлахъ Главнаго Морскаго архива, или въ полныхъ копіяхъ, или только въ отрывкахъ и указаніяхъ на нихъ.

11. Письмо Государя къ Новгородскому Вице-Губернатору Корсакову: «Вѣдомства его городовъ дворянъ и ихъ дѣтей, отъ 30 до 10 лѣтъ, представить къ смотру къ 1-му декабря, и взять у всѣхъ комендантовъ сказки за ихъ руками, чтобы всѣ до единаго были на тотъ смотръ, подъ потеряніемъ чести и живота.» Дѣянія, Т. IV, стран. 241. Изъ списка погребенныхъ въ Александро-Невской Лаврѣ видно, что этотъ Корсаковъ былъ Яковъ Никитичъ Римской-Корсаковъ, отецъ извѣстнаго впослѣдствіи Вице-Адмирала Воина Яковлевича, умершаго въ 1769 г.

12. Батоги — палки; а «кошкою» называлась плеть съ короткою плетеною рукояткою и нѣсколькими хвостами, обыкновенно пятью или семью; иногда каждый хвостъ оканчивался узелкомъ. Хотя батоги были однимъ изъ самыхъ обыкновенныхъ наказаній Навигацкой школы, но не рѣдко употреблялись и кошки. Во флотѣ онѣ существовали довольно долго, для наказанія нижнихъ чиновъ, за важныя преступленія.

13. Дѣянія, Т. V, стран. 111.

14. Указъ 1709 г. декабря 15 см. примѣч. 10.

15. Высочайшій указъ 1713 г. января 26. Глав. Морс. арх. дѣла Коллежскіе.

16. Полное Собраніе Законовъ Т. V. 1714 г. № 2798; алтыны и деньги взяты изъ дѣлъ Глав. Морс. арх.

17. Письма Государя къ Графу Ѳ. М. Апраксину, и разныя дѣла Навигацкой школы.

18. Ариѳметика Магницкаго, первое изданіе, Моск. 1703 г.

19. Рукопись, содержащая въ себѣ записки о морскихъ наукахъ;

в библіотекѣ Гидрогр. Депар. по каталогу № 31364. Хотя на рукописи и поставленъ позднѣйшій годъ, но по многимъ признакамъ она (кромѣ новыхъ прибавленій) есть копія съ записокъ, по которымъ проходили въ Навигацкой школѣ.

20. «Новое Галанское карабельное строеніе и пр. снесено чрезъ Карлуса Алярда.» Москва, 1709 г. Книга весьма рѣдкая. Библ. Гидр. Департ. № 5216 и графа Толстаго, каталогъ № 4, стр. 502. V часть Записокъ Гидр. Департ.

21. «Опытъ Россійской библіографіи» Сопикова, часть I, предувѣдомленіе.

22. Подлинная росписка Магнитскаго въ полученіи денегъ; въ дѣлахъ Главнаго Морск. архива.

23. Карты, гравированныя ими, сохранились въ архивѣ Гидрографическаго Департамента и Русскомъ отдѣленіи библіотеки Академіи Наукъ.

24. Эти свѣдѣнія заимствованы изъ связки подлинныхъ дѣлъ Навигацкой школы, находящихся у извѣстнаго нашего писателя Бориса Михайловича Федорова, который позволилъ ими воспользоваться.

25. Дѣянія, Т. III, стр. 73 и Т. XI, стр. 497. Въ текстѣ вмѣсто 1709 года, ошибочно поставленъ 1706.

26. Дѣянія, Т. IV. стр. 106.

27. «Сухарева башня.» Смотри примѣч. 6.

28. Тамъ же.

29. Изъ бумагъ Б. М. Федорова. Смотри примѣчаніе 24.

30. «Біографіи Россійскихъ Генералиссимусовъ и Генералъ-Фельдмаршаловъ.» Бантыша-Каменскаго. Часть I, Біографія графа Ѳ. М. Апраксина.

31. Дѣянія, Т. XI, стр. 348.

32. Родная сестра Ѳ. М. Апраксина, Марѳа Матвѣевна, была въ замужствѣ за Царемъ Ѳеодоромъ Алексѣевичемъ.

33. Глав. Морск. архива, дѣла графа Апраксина, «Письма отъ разныхъ персонъ.»

34. Жизнеописаніе Зотова, составленное В. Н. Берхомъ. «Жизнеописанія Россійскихъ Адмираловъ,» Часть II.

35. Изъ дѣлъ графа Апраксина; смотри примѣч. 33.

36. Копіи съ Высочайшихъ указовъ. Главн. Морс. архив., въ дѣлѣ «Объ ученіи школьниковъ.» Въ докладѣ Комитета учрежденнаго для образованія флота, 1805 г., стр. 3. Приказъ Морскаго флота, названъ просто «приказомъ;» а Адмиралтейская канцелярія — «канцеляріею военннаго флота.» Это не есть ошибка, потому что въ старинныхъ дѣлахъ одно и тоже присутственное мѣсто не рѣдко титуловали различно.

На страницѣ 34-ой, въ первой строкѣ, число 36 напечатано по ошибкѣ.

37. Рукописный экземпляръ Атласа Ремезова находится въ библіотекѣ Румянцовскаго музеума; а свѣдѣніе о съемкѣ рѣки Дона взято изъ атласа Адмирала Крюйса, изданнаго на Русскомъ и Голландскомъ языкахъ.

38. Нѣсколько листовъ есть въ Румянцовскомъ музеумѣ и въ библіотекѣ Академіи Наукъ, но полнаго экземпляра не сохранилось. Издатель атласа есть тотъ же Иванъ Кириловъ, который въ 1727 году составилъ книгу «Цвѣтущее состояніе Всероссійскаго Государства;» напечатанную въ Москвѣ, 1831 года. Въ спискахъ Навигацкой школы, въ 1706 году, въ числѣ учениковъ показанъ Иванъ Кириловъ.

39. Полное Собраніе Законовъ, Т, V, 1714 г., № 2762.

40. Смотри Приложеніе II.

41. Гл. Морск. арх., дѣла графа Апраксина, папка 14, № 9.

42. Библ. Гидрогр. Департ. рукопись № 21,877. Краткое извлеченіе изъ этого проекта находится въ Полномъ Собраніи Законовъ, Т. XLIV. Книг. Морс. Штатовъ, страница 3, примѣчаніе къ № 2937.

43. Полн. Собр. Зак., Т. V, № 2937.

44. Смотр. Приложеніе I. Третій Англичанинъ Грейсъ или Грызъ, еще въ январѣ 1709 года, поѣхавъ въ гости, въ пятомъ часу ночи, на Стрѣтенкѣ у мяснаго ряда, попалъ на разбойниковъ, которые его ограбили и убили.

45. Инструкція Морской Академіи. Полн. Собр. Зак. Т. V. № 2937.

46. Мазанки — дома, построенные на Голландскій манеръ, по утвержденному образцу.

47. Въ «Отечественныхъ запискахъ» Свиньина, 1825 г. Томъ XXIV, составленная по оффиціальнымъ документамъ статья «Адмиралтейство.» «Историческое географическое и топографическое описаніе С. Петербурга», соч. Богданова, изданное Рубаномъ въ 1779 г. Современные виды Петербурга и планъ его, 1737 г., находящійся въ Эрмитажной Е. И. В. библіотекѣ.

48. Дѣла Гл. Морс. арх., Письма Матвѣева къ Апраксину, 1716 г. февр. 6 и 17. Папк. 16, № 19.

49. Жизн. Опис. Адмир. часть I, стр. 48.

50. Смотри примѣчаніе 48.

51. Журналъ Неплюева, въ Отечествен. Запискахъ Свиньина.

52. Голъ — корабельный кузовъ.

53. Въ залѣ собраній Адмиралтействъ-Совѣта, книга № 2, съ собственноручными указами и резолюціями Государя Петра Великаго.

54. Адмиралтейскаго Регламента артикулъ 59.

55. Біографія Матвѣева, въ «Словарѣ достопамятныхъ людей Русской земли.» Бантыша-Каменскаго.

56. Жизн. Адмир., часть I, стр. 49.

57. По дѣламъ видно, что полковникъ и лейбъ гвардіи маіоръ Писаревъ управлялъ Академіею уже въ январѣ 1719 года.

58. Заглавіе ея «Практика художества статистическаго и механическаго.» Жизнеоп. Адмир. часть I, стр. 59.

59. Дѣла Глав. Морс. архива и Біографія Писарева въ Жизнеоп. Адмир. и Словарѣ достоп. людей.

60. Въ первые годы существованія Навигацкой школы, около Сухаревой башни, грабили даже солдатъ.

61. Прежде это было еще строже: при отпускахъ учениковъ читали имъ Государевъ указъ, въ которомъ было сказано: «кто въ срокъ не явится, повиненъ ссылкѣ на каторгу, а буде весьма отбудетъ, то повиненъ смерти.»

62. Въ Словарѣ дост. людей, біографія А. Л. Нарышкина.

63. Глав. Морс. арх. разныя дѣла съ подлинными Коллежскими опредѣленіями и приговорами, по доношеніямъ и требованіямъ Академической конторы.

64. По крайней мѣрѣ въ 1723 году, на Ревельской эскадрѣ,

было 23 Академіи школьника. Разб. Кол. Архив. Папка 15 (или 5 нельзя разобрать), № 32.

65. Въ библіотекѣ Гидрографич. Департ. находится маленькая (около 2-хъ футъ длины), модель корабельнаго кузова, по надписи принадлежавшая Навигацкой школѣ. Можетъ быть надпись и справедлива, модель дѣйствительно старинная; но ее нельзя смѣшивать съ «голомъ» сдѣланнымъ при Нарышкинѣ. Голъ долженъ былъ имѣть большіе размѣры, потому что для него назначалась особенная комната.

66. Окладъ жалованья получаемаго каждымъ лицомъ, разумѣется, не былъ все время одинъ и тотъ же, а нѣсколько измѣнялся. Здѣсь для подмастерьевъ и навигаторовъ выбраны изъ многихъ дѣлъ среднiе оклады; а профессорамъ поставлены большіе изъ получаемыхъ ими.

67. Полн. Собр. Зак. Т. IV, и дѣла Морской Академіи въ Глав. Морск. архивѣ.

68. Дѣла Глав. Морск. Архив. инструкція или «пункты» данные Писаревымъ, 1719 г. марта 10, для руководства коммиссару и учителю Московской школы.

69. Не на что было купить самыхъ необходимыхъ инструментовъ и классныхъ матеріяловъ; съ августа мѣсяца остановилась даже поставка дровъ. Для отправленія съ геодезистами осталось только два квадранта и четыре «худыхъ» теодолита. Глав. Морс. арх. разб. Кол. дѣла папк. 82, № 29.

70. Тамъ же.

71. Разб. Коллежск. архив. пап. 96, № 26.

72. Смотр. біографію извѣстнаго Адмирала Ушакова, въ Слов. дост. людей, Бантыша-Каменскаго.

73. Нельзя не удивляться богатырскому сложенію тогдашней молодежи; съ трудомъ вѣрится даже оффиціальному акту, что учениковъ иногда гоняли сквозь полкъ «три раза». По нѣкоторымъ соображеніямъ видно, что въ строю было не менѣе 500 человѣкъ; слѣдовательно число ударовъ было 1500.

74. Записки Кошихина.

75. Журналъ Петра Великаго, часть II, стр. 180.

76. Государемъ Петромъ Великимъ повелѣно въ Морскую Академію назначать преимущественно дворянъ Новгородскихъ, Псков-

скихъ, Ярославскихъ и Костромскихъ «яко живущихъ при водяныхъ сообщеніяхъ.» Съ того времени и до сихъ поръ, въ числѣ воспитанниковъ Академіи и Корпуса было и есть множество дворянъ этихъ губерній. Въ спискахъ встрѣчаются фаміліи, изъ которыхъ сынъ, отецъ и дѣдъ служили на флотѣ.

77. Семенъ Ивановичъ Мордвиновъ, впослѣдствіи Адмиралъ и Андреевскій кавалеръ. Смотри рукописный журналъ его, въ библіотекѣ Гидрог. Департ. № 10,792; изъ него есть большія выписки у В. Н. Берха, въ біографіи Мордвинова.

78. Encyclopédie méthodique, «marine.»

79. Высочайшіе указы 1718 г. декабря 30 и 1723 г. мая 20. Впослѣдствіи (указъ Адмиралт. Коллегіи 1723 г. ноября 12) жалованье гардемаринамъ назначено, также «противъ гвардіи солдатъ,» полнаго 17 руб. въ годъ; а за вычетомъ на мундиръ—13 р. 17 алт. 2 деньги. Кромѣ того мясныхъ денегъ по 1 р. 12 алт. 2 деньги; хлѣба 5 четвертей и соли 3 пуда въ годъ. Впрочемъ за хлѣбъ выдавали деньгами по Московской цѣнѣ. Въ 1739 году жалованье было старшаго оклада 25 р. 9 к. и за вычетомъ на мундиръ — 16 руб; младшаго 17 р. 73 к., и за вычетомъ — 12 р.

80. Въ Главн. Мореск. архивѣ многіе журналы Адмир. Колл; списки гардемаринской роты и другія дѣла.

81. Артикулъ 65.

82. Журн. Адм. Кол. разныхъ годовъ и Полное Собр. Закон. Т. XI. № 8367.

83. Ж. А. К. 1746 г. октября 21, № 3453.

84. Жизнеоп. Адмир. часть I, стр. 323 и слѣдующее за тѣмъ выписано изъ Ж. А. К. 1746 г. февраль, № 497.

85. Ж. А. К. 1748 г., іюнь, № 2114.

86. Ж. А. К. 1724 г., іюня 3, и 1748 г., май, № 1313.

87. Ж. А. К. 1747 г., декабрь, № 3875.

88. Ж. А. К. 1738 г., ноября 20.

89. Ж. А. К. 1739 г., мартъ, № 737.

90. Ж. А. К. 1744 г., марта 5, № 600.

91. Ж. А. К. 1747 г., ноября 11 и декабрь № 4086.

92. Ж. А. К. 1748 г., октябрь, № 3182; 1749 г., мартъ, № 842 и сентябрь № 3174 и 1750 г., августъ, № 2248.

93. Ж. А. К. 1739 г., февраля 8.

94. Ж. А. К. 1748 г., октябрь, № 3182. Нумеръ этого примѣчанія въ текстѣ пропущенъ; но онъ долженъ стоять на страницѣ 64-ой, на концѣ 6-ой строки снизу, при словѣ «эспантоны.»

95. Ж. А. К. 1748 г., октябрь, № 3345, въ которомъ ссылаются на опредѣленіе графа Апраксина 1716 г., февраля 7.

96. Ж. А. К. 1728 г., октябрь, № 6673.

97. Ж. А. К. 1743 г., марта, № 772.

98. Ж. А. К. 1748 г., февраль, № 392.

99. Ж. А. К. 1748 г., октябрь, № 3235.

100. Изъ многихъ дѣлъ Глав. Морс. архив.

101. Высочайшій указъ 1718 г., мая 27.

102. Глава XIV.

103. Морской Уставъ Государя Петра Великаго, книга III, глава 20-ая.

104. Глав. Морс. арх. Коллеж. дѣла, папка 133, № 33 и нѣкоторыя другія.

105. Книга III, глава 1-ая, толкованіе эртикула 53-го.

106. Полн. Собр. Зак. Т. XI, 1743 г., № 8719. Это примѣчаніе относится къ фразѣ непосредственно за нимъ слѣдующей; также смот. Ж. А. К. 1740 г., декабрь, № 3674.

107. Журн. Адм. Кол. 1748 г., декабрь № 3674.

108. Ж. А. К. 1732 г., декабрь, № 7800.

109. Въ эту должность даже особенно велѣно было назначать дворянъ.

110. Журн. Адм. Кол. 1744 г., декабрь, № 3298.

111. Обычай ставить вмѣсто себя рекрута не относился только къ гардемаринамъ; офицеры, которые по болѣзни не могли оставаться на службѣ, при увольненіи отъ нея, также ставили за себя 2, 3 и даже до 6 человѣкъ рекрутъ.

112. Журн. Адм. Кол. 1722 г., іюль, № 792 и 1737 г. іюнь, № 2792.

113. Жизнеоп. Адмир., часть III, стр. 270.

114. Описаніе этихъ «шалостей» могло бы доставить богатый матеріалъ, для нѣсколькихъ комедій, драмъ и даже трагедій изъ нравовъ того времени. Какъ лѣта гардемаринъ заключались между 13

и 60-ю годами, такъ и въ шалостяхъ, были различныя степени, начиная отъ дѣтской прогулки безъ позволенія начальства, до интересныхъ и самыхъ разнообразныхъ похожденій стараго гардемарина, скрывавшагося въ бѣгахъ.

115. Наказывали розгами, кошками и гоняли сквозь строй юнцъ рутенами. Въ Ревелѣ по опредѣленію Коллегіи, одинъ гардемаринъ прошелъ сквозь полкъ «семь разъ.» Ж. А. К. 1745 г., ноябрь, № 3748.

116. Ж. А. К. 1748 г., май № 1429.

117. Журналы Мордвинова и Неплюева.

118. Тамъ же и Главн. Морск. арх. разб. Кол. дѣла, папка 49, № 38 и пап. 69, № 39.

119. Журн. Адм. Кол. 1749 г., май № 1416.

120. Изъ многихъ дѣлъ Главн. Морск. архив. Замѣтимъ здѣсь, что Адмиралтействъ-Коллегія очень заботилась объ исправности своей типографіи. Когда Алексѣй Ивановичъ Нагаевъ просилъ позволенія печатать свой атласъ въ типографіи Академіи наукъ, «въ которой исправнѣе станъ и лучше краска,» то Коллегія немедленно приказала свою типографію привести въ такое же состояніе, и на необходимые для этого расходы отпустила денегъ.

121. Ж. А. К. 1727 г., № 4095 и 4475.

122. Ж. А. К. 1730 г., № 2010.

123. Ж. А. К. 1739 г., іюнь, № 3243.

124. Ж. А. К. 1749 г., апрѣль, № 1249.

125. Ж. А. К. 1750 г., октябрь, № 2924.

126. Изъ нѣсколькихъ журналовъ Адмиралт. Коллегіи и также біографій Нагаева и Чирикова, находящихся въ «Жизнеописаніи Адмираловъ» В. Н. Берха.

127. «Собраніе списковъ, содержащее имена всѣхъ служившихъ въ Россійскомъ флотѣ и пр.» изданное Н. Л. Голенищевымъ-Кутузовымъ въ 1764 г.

128. Ж. А. К. 1727 г., май № 3525 и Глав. Морс. арх. разборн. Кол. дѣла, папка 96, № 26.

129. Ж. А. К. 1730 г., декабрь, № 8975.

130. «Описаніе С.Петербурга,» Богданова.

131. Ж. А. К. 1732 г., іюнь, № 3841. Въ журналѣ сказано «каменный;» но потомъ въ дѣлахъ вездѣ упоминается деревянный. Надо предположить описку въ журналѣ, или перемѣну каменнаго дома на деревянный. Домъ на углу набережной большой Невы и третьей линіи, въ которомъ помѣщалась Морская Академія и типографія, сентября 29 1763 года, повелѣно сдать въ вѣдомство Академіи Художествъ. Гл. Морс. арх. разб. Кол. дѣла папка 229, № 8 и 153, № 21.

132. Глав. Морск. архив. разбор. Кол. дѣла, папк. 133, № 21.

133. Ж. А. К. 1740 г., декабрь, № 5296, (или 5276, нельзя разобрать).

134. Ж. А. К. 1741 г., сентября 22.

135. Ж. А. К. 1729 г., апрѣль, № 2615.

136. Ж. А. К. 1730 г., сентябрь, № 6054.

137. Разныя дѣла Глав. Морск. архив.

138. Ж. А. К. 1727 г., августъ, № 5432.

139. Ж. А. К. 1727 г., ноябрь, № 1982 и августъ, № 5387.

140. Полн. Собр. Зак. Книга Морскихъ штатовъ, 1732 г., № 6273.

141. Высочайшіе указы 1736 г. мая 6 и декабря 31, и 1737 г., февраля 9.

142. Слова Высочайшаго указа 1741 г., марта 2.

143. Пол. Соб. Зак. Т. XI. Указъ о рекрутскомъ наборѣ 1741 г. января 19 и отмѣна этихъ правилъ, въ указѣ того же года, марта 2.

144. Ж. А. К. 1739 г., май, № 2400.

145. Ж. А. К. 1739 г., марта 27, № 1447.

146. Ж. А. К. 1736 г., май, № 2649 и 1739 г., іюнь, № 2649. Вообще на флотъ по 1736 годъ недопущено было болѣе двухъ милліоновъ рублей; и на Морскую Академію отпускалась малая часть назначенной суммы.

147. Ж. А. К. 1747 года, іюля 8, № 2330.

148. Гл. Морск. арх. разб. дѣла, папка 82, № 29.

149. Ж. А. К. 1731 г., февраля 20. Съ самаго основанія Навигацкой школы, нижніе классы, въ которыхъ учили Русской грамотѣ, назывались «Русской школой,» а въ которыхъ учили ариѳметикѣ — «Цифирной школой»; въ нихъ находились и дворяне и разно-

чицы. Съ основаніи Морской Академіи въ Петербургѣ, какъ при ней, такъ и при Московской школѣ на Сухаревой башнѣ, были Русскія и Цифирныя школы. Въ 1717 году, (октября 29) Высочайшимъ указомъ повелѣно было «плотничьихъ, матросскихъ и кузнецкихъ дѣтей и братей ихъ и свойственниковъ, которые моложе 16 лѣтъ, обучать Русской грамотѣ и ариѳметикѣ;» а по достиженіи шестнадцатилѣтняго возраста опредѣлять ихъ къ адмиралтейскимъ мастерствамъ, смотря по способности. Школы, образованныя для этой цѣли, назывались «адмиралтейскими» и находились во всѣхъ портовыхъ городахъ: Кронштадтѣ, Ревелѣ, Тавровѣ (на Дону), Казани, Архангельскѣ и Астрахани. Въ нихъ поступали дѣти всѣхъ нижнихъ чиновъ Морскаго вѣдомства, какъ то: матросъ, морскихъ солдатъ, мастеровыхъ, писарей и т. п. Учителя избирались изъ мѣстныхъ жителей, — чаще свои морскіе — или присылались изъ Морской Академіи. Надзиратели же или дядьки были изъ старыхъ матросъ, которые уже не могли нести другой службы. Сначала этими школами завѣдывала Адмиралтейская Мундирная Контора, а съ 1721 г. (февраля 4) общій надзоръ имѣла Академическая Контора; а ближайшій, въ каждомъ городѣ, своя Контора надъ портомъ. Въ этихъ школахъ ученики не получали жалованья, а только провіантъ: муки 1½ четв., крупъ 6 малыхъ четвериковъ и 12 ф. соли. Изъ получаемаго провіанта они имѣли общую пищу: хлѣбъ и кашу «безъ всякаго харча». Въ Петербургѣ при Академіи, Русская и Цифирная школы имѣли тоже значеніе, что и Адмиралтейскія, но кромѣ того въ нихъ учились и дворяне кандидаты въ Морскую Академію, не умѣвшіе еще читать и писать. Дѣтей нижнихъ чиновъ, по достиженіи 16 лѣтъ, вообще назначали въ матросы, мастеровые и т. п., а особенно способныхъ, по окончаніи ариѳметики, посылали въ классы Академіи, гдѣ они слушали Морскія науки, и потомъ по экзамену поступали въ подштурмана на флотъ. Сначала ученики носили сермяжные кафтаны и канифасныя штаны, потомъ (Ж. А. К. 1730 г., апрѣль № 2622.) кафтаны и штаны дѣлались фризовые. Впослѣдствіи видно, что воротники и обшлага у кафтановъ были сермяжные и шапки красныя. Въ 1745 году, отмѣнили эти воротники и обшлага, а шапки положили имѣть зеленаго сукна. Въ этомъ же году (Ж. А. К. ноябрь, № 3504) кромѣ провіанта положено, по примѣру гарнизонныхъ школъ, производить ученикамъ довольствіе изъ остаточныхъ суммъ отъ неполнаго комплекта. Въ 1746 (марта 3) положено мундиръ строить отъ Коммиссаріата, а провіантомъ и жалованьемъ довольствовать вообще, какъ адмиралтейскихъ служителей. Въ 1748 (Ж. А. К. августъ, № 2562), способныхъ къ фронту учениковъ начали обучать ружейной экзерциціи, нарочно для нихъ сдѣланными «деревянными» мушкетами. Съ основанія Морскаго Корпуса эти школы поступили въ его вѣдѣніе, но какъ продовольствіе и обмундированіе учениковъ шло не отъ Корпуса, и распредѣленіемъ учениковъ занималась сама Адмиралтействъ-Коллегія, то на долю канцеляріи Корпуса оставалась одна затруднительная переписка; по этому Нагаевъ и просилъ объ отчисленіи школъ отъ Корпуса.

Кромѣ Адмиралтейскихъ школъ, были еще школы, основанныя Государемъ Петромъ Великимъ въ каждой губерніи и при большихъ монастыряхъ и Архіерейскихъ домахъ. Губернскія школы состояли подъ вѣдѣніемъ Адмиралтействъ-Коллегіи, которая всегда желала отстранить ихъ отъ себя, какъ заведенія не принадлежащія Морскому вѣдомству. Такимъ образомъ въ 1724, Коллегія предлагала присоединить Губернскія школы къ Архіерейскимъ и отдать въ вѣдѣніе Правительствующаго Синода. На основаніи этого въ 1726 году, Верховный Тайный совѣтъ соединилъ ихъ съ Семинаріями и подчинилъ Синоду; но въ 1731 году (іюля 21) Сенатъ обратилъ ихъ опять въ вѣдѣніе Адмиралтейской-Коллегіи. Между тѣмъ нѣкоторыя школы, какъ напримѣръ Новгородская, уничтожились по неимѣнію учениковъ; въ другихъ, учители, по старости лѣтъ, отправлены на прокормленіе въ монастыри и т. п. Объ иной школѣ, Коллегія не могла получить ни какихъ свѣдѣній, а донесенія другой, ходили по всѣмъ вѣдомствамъ и нигдѣ не принимались; наконецъ въ 1744 г. (ноябрь, № 2991, Ж. А. К.) послѣдовалъ указъ объ уничтоженіи Ариѳметическихъ школъ и соединеніи ихъ съ Гарнизонными. Объ учителяхъ же, посланныхъ въ разное время въ эти школы изъ Академіи, шла многіе годы переписка.

Названія школъ Русскихъ, Цифирныхъ, Губернскихъ, и Адмиралтейскихъ не рѣдко употребляются въ книгахъ одно вмѣсто другаго, и приводятъ въ затрудненіе читателя; по этому мы считали не лишнимъ войти здѣсь въ нѣкоторыя подробности.

150. Глав. Морс. арх. разб. дѣла папк. 96, № 26.

151. Ж. А. К. 1731 г., іюнь, № 3694.

152. Ж. А. К. 1742 г., май, № 1448, и 1743 г., декабрь, № 3774.

153. Записки Гидрогр. Департ. часть VI, стр. 424; въ «Жизнеописан. Адмирал.» Біографія Фарварсона; Ж. А. К. 1745 г., августъ, № 2535 и дѣла Морск. Академіи.

154. О посылкѣ учителей въ Англію, взято изъ Журнал. Адмиралт. Коллегіи съ 1743 — 1750 годъ.

155. Зап. Гидр. Депар. часть IX, «Сѣверная экспедиція», 1733 — 43 год.

156. Ж. А. К. 1748 г., сентябрь, № 2950.

157. Ж. А. К. 1732 г., іюнь, № 4776 и 1740 г., апрѣль, № 1543.

158. Ж. А. К. 1743 г., декабрь № 3774.

159. Пол. Собр. Закон. Т. XLIV; Книга Морскихъ штатовъ, 1752 г., № 10,062.

160. Тамъ же.

161. Опись дома при сдачѣ его въ вѣдѣніе Корпуса; современная гравюра, съ которой снятъ находящійся въ книгѣ видъ Минихова дома; «Словарь достопамятныхъ Русскихъ людей», Бантышъ-Каменскаго и сохранившаяся до сихъ поръ живопись на стѣнахъ корпуснаго конференцъ-зала. Она закрыта досками и штукатуркой, но ее осматривали при передѣлкахъ въ 1843 году.

162. См. примѣчаніе 159.

163. Глав. Морс. арх. разб. дѣла папк. 264, № 9.

164. Тамъ же.

165. Журналы Адмир. Коллегіи съ 1752 — 1756 год и разныя дѣла Глав. Морс. архива.

166. Въ Жизнеописаніи Нагаева, составленномъ В. Н. Берхомъ, есть противорѣчіе въ числѣ исключенныхъ воспитанниковъ; не относя это къ ошибкѣ В. Н., полагаю, что у него въ рукахъ были другіе акты, съ другими числами; въ старинныхъ дѣлахъ подобныя вещи не рѣдкость.

167. Указы Правительствующаго Сената 1758 г., мая 6 и ноября 18.

168. Смотри Біографію Нагаева въ «жизнеопис. Адмираловъ,» часть IV.

169. Опись дома въ дѣлахъ Гл. Морск. архива.

170. См. примѣчаніе 159.

171. Глав. Морс. архив. разбор. дѣла, папка 265, № 9.

172. Журналы Адмир. Кол., разб. Кол. дѣла папк. 292, № 28 и другія дѣла.

173. Журналъ Адмир. Кол. Полное Собр. Закон. Томъ XIV и XV № 11519, № 11640, № 11694. Глав. Морс. арх. дѣло о соединеніи Морскаго Корпуса съ Сухопутнымъ и друг. дѣла.

174. Журналы А. К. за это время; краткая біографія Кутузова въ Запискъ. Гидр. Деп. часть VII стр. 403, и нѣсколько другихъ дѣлъ.

175. Глав. Морс. арх. раз. Кол. дѣла, папк., 293, № 21. Донесеніе Кутузова Адм. Кол. 1762 г., сентября 25.

176. Полное Собр. Закон. XLIV, Книга Морс. штатовъ; Штатъ Морс. Корпуса 1764 г, № 12,189.

177. Описаніе знаменъ, сдѣланное при сдачѣ двухъ изъ нихъ, 2-ой и 3-ей роты, въ С. Петербург. арсеналъ, и Журн. Адм. Кол. 1755 г., мартъ, страница 66.

178. Пол. Собр. Зак. Книга морскихъ штатовъ; Штатъ Морскаго Корпуса 1783 г.

179. Подлинный Высочайшій указъ, сохранявшійся въ фамильныхъ бумагахъ Голенищева-Кутузова.

180. Изъ дѣлъ арх. Морскаго Кадетскаго Корпуса.

181. Пол. Собр. Зак. Книга Морск. штат., Штатъ Морск. Корпуса 1792 года.

182. Смотр. примѣчаніе 179.

183. Многія дѣла изъ архив. Морскаго Корпуса и разсказы современниковъ.

184. Программа инспектора Полетики въ арх. Мор. Корпуса.

185. Корпусные приказы за эти годы. Котельниковъ состоялъ на службѣ въ Академіи наукъ, и по переводѣ Корпуса въ Кронштадтъ остался въ Петербургѣ. На его мѣсто, по рекомендаціи графа Чернышева, поступилъ (1772 г., апрѣля 5) Англичанинъ Джонъ Робинзонъ. Въ 1773 году, по представленію Кутузова, онъ сдѣланъ

главнымъ инспекторомъ надъ классами и произведенъ въ чинъ премьеръ-маіора; а въ маѣ 1774 года, по причинѣ избранія его въ профессоры Эдинбургскаго университета, отправился въ Шотландію. При отъѣздѣ, Робизонъ взялся увѣдомлять Корпусъ обо всѣхъ новыхъ открытіяхъ по морской части, и обѣщалъ докончить начатое имъ на Русскомъ языкѣ сочиненіе: «*Морское математическое наставленіе*, содержащее въ себѣ потребныя основанія геометріи, тригонометріи, навигаціи, механики, физики, теоріи корабельной архитектуры и кораблевожденія», и еще бралъ съ собою трехъ учениковъ. За все это Государыня Императрица повелѣла производить ему въ годъ жалованья по четыреста рублей. Гл. Мор. арх. разб. дѣла, шк. 104, № 28.

186. Изъ фамильныхъ бумагъ Голенищева-Кутузова и брошюры «о Морскомъ Кадетскомъ Корпусѣ, дополненіе къ помѣщенной въ Отечественныхъ Запискахъ статьѣ о Военно-Учебныхъ заведеніяхъ въ царствованіе Императора Павла I.» Сочиненіе Л. Голенищева-Кутузова. С. Петербургъ 1840 г. отдѣльная брошюра въ 22 страницы.

187. Таяже. Свидѣтельство этой брошюры, относительно числа перевезенныхъ кадетъ опровергаютъ очевидцы, и говорятъ, что перевезено было не «половина» Корпуса, а только одна рота.

188. Таже брошюра Кутузова и черновая тетрадь отвѣтовъ, на вопросы сдѣланные канцеляріи Морскаго Корпуса.

189. Объ этихъ пушечкахъ упоминается въ печатныхъ запискахъ Данилова, артиллерійскаго офицера, который ихъ дѣлалъ. По надписи, находящейся въ музеумѣ Корпуса надъ этими пушками, онѣ пожалованы 8 ноября 1796 года, но это невѣрно.

190. Изъ фамильныхъ бумагъ Голенищева-Кутузова. Описаніе этого происшествія подписано самимъ Логиномъ Ивановичемъ и переплетено вмѣстѣ съ подлиннымъ Высочайшимъ рескриптомъ, который напечатанъ на страницѣ 168.

191. Брошюра, о которой говорится въ примѣчаніи 186, и разсказы современниковъ.

192. Изъ копій съ подлинныхъ документовъ, собранныхъ однимъ бывшимъ Корпуснымъ офицеромъ, для составленной имъ біографіи П. К. Карцова. Авторъ этой біографіи, позволилъ мнѣ пользоваться

всѣми собранными имъ матеріалами, но не позволилъ объявлять его имени.

193. Изъ матеріаловъ для біографіи П. К. Карцова.

194. Оттуда же и изъ «Исторической записки о бывшей въ Переславлѣ-Залѣсскомъ флотиліи Петра I», составленной Алекс. Розовымъ. Москва 1852 г., и также изъ современныхъ газетныхъ извѣстій.

195. Зап. Гидр. Депар. часть IV. біографія П. Я. Гамалѣя, составленная Ѳедоромъ Алексѣевичемъ Андреевымъ, молодымъ офицеромъ, подававшимъ прекрасныя надежды и погибшимъ при крушеніи Корабля Ингерманландъ. О пожарахъ взято изъ матеріаловъ для біогр. Карцова.

196. Засвидѣтельствованная копія полнаго штата, хранящаяся въ архивѣ Морскаго Корпуса; въ Собраніи Законовъ помѣщена только коротенькая табель о жалованьѣ офицеровъ.

197. Изъ матеріаловъ для біографіи П. К. Карцова.

198. Многія подробности заимствованы изъ современныхъ писемъ Лейтенанта Морскаго Корпуса А. Н. З., писанныхъ къ его родителямъ въ деревню.

199. Смотри журналъ посѣщеній Государя Императора.

200. Большая часть свѣдѣній находящихся въ этой VIII главѣ заимствованы изъ дѣлъ Морскаго Корпуса.

ФЛАГЪ, ЗНАМЯ И ГЕРБЪ МОРСКАГО КАДЕТСКАГО КОРПУСА.

Флагъ бѣлый съ синимъ крестомъ, въ срединѣ красный овалъ и въ немъ шпага, градштокъ и руль, какъ означено на рисункѣ.

Знамя бѣлое съ синимъ крестомъ, въ срединѣ двуглавый орелъ въ оранжевомъ овалѣ, окруженномъ золотымъ вѣнкомъ; въ клювахъ и лапахъ орелъ держитъ карты четырехъ морей: Балтійскаго, Чернаго, Каспійскаго и Бѣлаго. Внизу овала, на голубой лентѣ, года 1752 — 1852. По угламъ креста, вензелевыя изображенія имени Государя Императора и гербы Корпуса, золотые.

Гербъ: черный двуглавый орелъ, въ срединѣ его красный щитъ, окруженный голубою лентою, Высочайше пожалованной на знамя Корпуса; въ лапахъ орла два якоря.

Очеркъ Исторіи Морскаго Кадетскаго Корпуса составленъ, большею частію, по подлиннымъ актамъ. Въ примѣчаніяхъ указаны источники, въ числѣ которыхъ первое мѣсто занимаютъ дѣла Главнаго Морскаго архива, относящіяся собственно до морскихъ училищъ. Отъ частныхъ архивовъ Навигацкой школы и Морской Академіи не осталось и слѣдовъ; архивъ Морскаго Корпуса, совершенно истребленный пожаромъ 1771 года, впослѣдствіи также значительно пострадалъ отъ пожаровъ, перевозки и проч. При недостаткѣ дѣлъ, путеводною нитью служили для меня подлинные журналы Адмиралтейской Коллегіи, — впрочемъ едва доступные по своей громадности. Журналы эти, за каждый мѣсяцъ, составляютъ томъ листоваго формата, заключающій въ себѣ отъ 600 до 1500 листовъ. Упомянувъ объ этомъ, считаю долгомъ искренне благодарить Александра Петровича Соколова, извѣстнаго публикѣ своими многочисленными сочиненіями по части морской литературы; онъ, какъ добрый товарищъ, дружески помогалъ моему труду своими указаніями и матеріалами, въ числѣ которыхъ были также и выписки изъ Коллежскихъ журналовъ за нѣсколько лѣтъ.

Добросовѣстно старался я выполнить предпринятый мною трудъ, и если книга имѣетъ много слабыхъ сторонъ, вина этому — не недостатокъ усердія, а недостатокъ матеріаловъ и умѣнья ихъ обработать. Цѣль моя достигнута — моряки совоспитанники теперь имѣютъ, хотя краткую и не краснорѣчивую, но правдивую исторію заведенія ихъ воспитавшаго и полный списокъ произведенныхъ въ офицеры въ продолженіе столѣтняго существованія Морскаго Корпуса.

Ѳ. Веселаго.

ОГЛАВЛЕНІЕ.

	стран.
ГЛАВА I. Школа Математическихъ и Навигацкихъ Наукъ съ 1701 по 1715 г.	1.
ГЛАВА II. Морская Академія съ 1715 по 1725 г.	35.
ГЛАВА III. Гардемарины съ 1716 по 1752 г.	59.
ГЛАВА IV. Морская Академія съ 1725 по 1752 г.	78.
ГЛАВА V. Морской Шляхетный Кадетскій Корпусъ съ 1752 по 1762 г.	115.
ГЛАВА VI. Морской Кадетскій Корпусъ съ 1762 по 1796 г.	141.
ГЛАВА VII. Морской Кадетскій Корпусъ съ 1796 по 1825 г.	165.
ГЛАВА VIII. Морской Кадетскій Корпусъ съ 1825 по 1852 г.	185.
Списокъ воспитанниковъ, произведенныхъ въ офицеры въ продолженіе 100 лѣтъ	1.
Приложенія и примѣчанія	117.

ПОРТРЕТЫ

Его Императорскаго Высочества Государя Великаго Князя, Константина Николаевича, Августѣйшаго Шефа Морскаго Корпуса. Государя Императора Петра Великаго. Государыни Императрицы Елисаветы Петровны.

Директоровъ Корпуса: А. И. Нагаева. П. К. Карцова. И. Ө. Крузенштерна. Н. П. Римскаго-Корсакова. Н. Г. Казина.

Инспекторовъ Классовъ: Н. Г. Курганова. П. Я. Гамалѣя. М. Ф. Горкавенко. Начальника учительской Гимназіи Н. В. Кузнецова.

II

Точный снимокъ съ собственноручнаго указа Государя Петра Великаго.

ВИДЫ ЗДАНІЙ

Сухарева Башня. Кикина палаты. Морской Корпусъ въ 1752 году. Морской Корпусъ въ Кронштадтѣ. Морской Корпусъ въ 1852 году.

РАСКРАШЕННЫЯ ФОРМЫ ОДЕЖДЫ

Гардемаринъ 1724 года. Кадетъ 1752 года. Кадетъ 1780 года. Гренадеръ 1780 года. Гардемаринъ 1807 года. Оберъ офицеръ 1812 года. Кадетъ 1812 года. Штабъ офицеръ 1852 года. Унтеръ офицеръ 1852 года.

Гербъ Морскаго Кадетскаго Корпуса.
Флагъ судовъ эскадры Морскаго Корпуса.
Знамя Высочайше пожалованное Корпусу въ день празднованія столѣтія, 15 декабря 1852 года.

www.ingramcontent.com/pod-product-compliance
Lightning Source LLC
Chambersburg PA
CBHW080050190426
43201CB00035B/2150